Volkswirtschaftslehre – mathematisch gedacht

Mark Sellenthin

Volkswirtschaftslehre – mathematisch gedacht

Springer Gabler

Mark Sellenthin
Hochschule Koblenz
Koblenz, Deutschland

ISBN 978-3-658-13904-9 ISBN 978-3-658-13905-6 (eBook)
DOI 10.1007/978-3-658-13905-6

Die Deutsche Nationalbibliothek verzeichnet diese Publikation in der Deutschen Nationalbibliografie; detaillierte bibliografische Daten sind im Internet über http://dnb.d-nb.de abrufbar.

Springer Gabler

Gedruckt auf säurefreiem und chlorfrei gebleichtem Papier

Springer Gabler ist Teil von Springer Nature
Die eingetragene Gesellschaft ist Springer Fachmedien Wiesbaden GmbH
Die Anschrift der Gesellschaft ist: Abraham-Lincoln-Str. 46, 65189 Wiesbaden, Germany

Vorwort

Die Volkswirtschaftslehre ist durchzogen von anwendungsorientierten mathematischen Modellen und Denkansätzen. In der theoretischen Forschung dominieren Ansätze der Differenzial- und Integralrechnung, während in der empirischen Analyse statistische und insbesondere ökonometrische Ansätze weit verbreitet sind. Man könnte also meinen, Wirtschaftswissenschaftler, ob nun Betriebs- oder Volkswirte wären umfassend in der Anwendung statistischer und mathematischer Methoden geschult, doch weit gefehlt!

Während eine wirtschaftswissenschaftliche akademische Karriere in Hochschulen, Universitäten oder außeruniversitären Forschungseinrichtungen ohne fundierte Methodenkenntnisse undenkbar erscheint, sind in der akademischen Lehre die theoretischen Inhalte und die quantitativen Methoden zumeist relativ streng voneinander getrennt. Im Studium werden die Methoden häufig als propädeutische Veranstaltungen abgehandelt oder aber die Vorlesungen der Mathematik und Statistik werden „der reinen Lehre" folgend, streng mathematisch-theoretisch und mit geringem Praxisbezug gelehrt. In der Lehre wird häufig den Studierenden die stringente mathematische Lösung und Beweisführung statt der konkrete Anwendungsnutzen quantitativer Methoden vermittelt. Dies schafft Frust bei Studierenden, die sich durch die Mathematik und Statistik „beißen" und in der Regel bereits kurze Zeit nach der bestandenen Klausur das Wissen wieder vergessen, bzw. verdrängt haben. Auf der anderen Seite leben viele Theorievorlesungen, insbesondere in der Volkswirtschaftslehre, von verbalen Erläuterungen und grafischen Darstellungen und einer recht geringen mathematischen Untermauerung der vermittelten theoretischen Konzepte.

Dieses Buch geht einen anderen Weg. Mathematik wird als lebendiger, integraler Bestandteil des wirtschaftswissenschaftlichen Studiums verstanden, ohne den weder ein tieferes theoretisches Verständnis noch eine empirische Anwendung, z. B. in Projekt- oder Abschlussarbeiten, möglich ist.

Im Folgenden werden daher die theoretischen Konzepte der Volkswirtschaftslehre durch grundlegende mathematische Konzepte dargestellt. Es werden wesentliche Konzepte aus der Mikro- und der Makroökonomik mithilfe mathematischer Ansätze dargestellt. Der Anwendungsnutzen mathematischer Methoden steht dabei im Vordergrund

und soll daher anhand von Musteraufgaben illustriert werden. Das Buch kann daher als Begleitlektüre für Theorievorlesungen, aber auch als Hilfestellung bei Mathematikvorlesungen für Wirtschaftswissenschaftler dienen.

Der vorliegende Text richtet sich an Bachelorstudierende, die eine Einführung in die mathematische Modellierung grundlegender Modelle der Mikro- und Makroökonomik wünschen. Das Buch kann aber auch gewinnbringend für die Vermittlung anwendungsorientierter Übungsaufgaben in den Mathematikvorlesungen für Wirtschaftswissenschaftler eingesetzt werden. Das Buch soll daher weder rein theoretisch-orientierte Lehrbücher der Volkswirtschaftslehre noch „der reinen Lehre" folgende Werke der Mathematik und Statistik ersetzen!

Das vorliegende Lehrbuch ist im Rahmen meiner Lehrtätigkeit an der Hochschule Koblenz entstanden. Es deckt die wesentlichen Inhalte der Vorlesungen „Einführung in die Volkswirtschaftslehre und Mikroökonomie (VWL I)" und „Makroökonomie und Angewandte Wirtschaftspolitik (VWL II)" ab. Daneben sind auch Inhalte der Veranstaltungen „Dynamische mathematische Modellierung und Lineare Optimierung" und die spieltheoretischen Inhalte von „Nationale und Internationale Netzwerke" enthalten. Ich bin daher zunächst meinen Studierenden zum Dank verpflichtet, die in den letzten Semestern, häufig unbewusst, an der Verbesserung des Manuskripts mitgewirkt haben! Des Weiteren danke ich meinen Kollegen Prof. Dr. Georg Schlichting und Prof. Dr. Hans-Dieter Gerner, die das Manuskript gelesen und kommentiert haben.

Ein Lehrbuch zu schreiben bedeutet, in der Freizeit immer wieder am Manuskript zu sitzen, um Verbesserungen umsetzen zu können. Von daher möchte ich mich auch bei meiner Frau Antje für die nötigen Freiheitsgrade bedanken!

Ein Dank gilt auch dem Springer-Verlag für die gute Zusammenarbeit und die reibungslose Umsetzung des Projekts!

Das Buch ist meinen Kindern Tim, Linnéa, Florian und Raphael gewidmet.

Koblenz, Deutschland
im Dezember 2016

Prof. Dr. Mark Sellenthin

Inhaltsverzeichnis

1 Einführung in die Volkswirtschaftslehre

1.1 Mikro- und Makroökonomik

Traditionell wird die Volkswirtschaftslehre in Mikroökonomik, Makroökonomik und Finanzwissenschaften, bzw. Wirtschaftspolitik unterteilt. Die Mikroökonomik untersucht in erster Linie das individuelle Verhalten der Konsumenten und Produzenten und die Konsequenzen für Preisbildung und Allokation. Unter Allokation versteht man in diesem Zusammenhang die Zuordnung knapper Ressourcen auf verschiedene Verwendungsmöglichkeiten. Grundlage ist das Knappheitsproblem und die daraus resultierende Notwendigkeit des rationalen Handelns, um knappe Güter mit unbegrenzten Bedürfnissen in Einklang zu bringen. Analysegegenstand in der Mikroökonomik sind die Bestimmungsfaktoren des Angebots, der Nachfrage und die daraus resultierende Preisbildung in vollständigen Märkten. In einer Annäherung an die Realität werden die doch recht stringenten Annahmen des mikroökonomischen Ansatzes schrittweise „aufgeweicht", um Marktschwächen und Marktunvollkommenheiten Rechnung zu tragen. Die mikroökonomischen Ansätze, die in diesem Buch präsentiert werden, sind der neoklassischen Ökonomik zuzurechnen. Die Makroökonomik abstrahiert von individuellem Verhalten zu den Aggregaten Haushalte, Unternehmen, Staat und Ausland und analysiert gesamtwirtschaftliche Phänomene, wie die Entstehung von Volkseinkommen, Zinsen, Inflation oder Beschäftigung. Die makroökonomischen Ansätze sind überwiegend der keynesianischen Ökonomik zuzurechnen. Während die mikroökonomischen Ansätze in der Regel statischer Natur sind, werden in der Makroökonomik die aggregierten Größen dynamisch im Zeitverlauf auf nationaler, regionaler und sektoraler Ebene betrachtet. Die Finanzwissenschaften betrachten die wirtschaftlichen Aspekte der öffentlichen Haushalte, der Staatsfinanzen und der Besteuerung. Die Finanzwissenschaften werden traditionell in die Ausgaben und Einnahmen des Staates unterteilt. Während auf der Einnahmenseite die Besteuerung und deren Wirkung, d. h. Inzidenz, betrachtet wird, beschäftigt sich die Ausgabenseite mit der Wirtschaftspolitik und deren Wirkung auf makroökonomische Größen.

M. Sellenthin, *Volkswirtschaftslehre – mathematisch gedacht*,
DOI 10.1007/978-3-658-13905-6_1

In den letzten Jahren wurde insbesondere der mikroökonomische Ansatz auf eine Vielzahl von Fragestellungen außerhalb der „klassischen" wirtschaftswissenschaftlichen Anwendungsfelder ausgedehnt. So findet dieser Ansatz mittlerweile Anwendung im Bereich der ökonomischen Analyse des Rechts („Law & Economics"), der Familie („Family Economics") oder auch der Analyse von Kriminalität („Economics of Crime").

1.2 Statik vs. Dynamik in der wirtschaftswissenschaftlichen Analyse

In der volkswirtschaftlichen Analyse wird grundsätzlich zwischen statischen und dynamischen Analyseansätzen unterschieden. In der statischen Analyse werden Gleichgewichtspunkte ermittelt und mithilfe der komparativ-statischen Analyse miteinander verglichen. Der Fokus der statischen Analyse liegt im Bereich der Gleichgewichtsanalyse. Die Zeit wird bei statischen Modellen ausgeblendet. Dominantes Anwendungsgebiet der statischen Analyse ist die neoklassische mikroökonomische Theorie. Wichtige Anwendungsgebiete der statischen Analyse sind die Preisbildung in verschiedenen Marktformen, die Ermittlung von ökonomischen Optima (Haushaltsoptimum, Minimalkostenkombination, Gewinnmaximum etc.) und die anreizorientierte Verhaltensanalyse. Mathematisch wird die statische Analyse in erster Linie mithilfe der Verfahren der Differenzial- und Integralrechnung vorgenommen.

In der dynamischen Analyse wird das dynamische Verhalten von Funktionen im Zeitverlauf untersucht. Hier spielt die Zeit als Variable eine wesentliche Rolle. Im Rahmen der dynamischen Analyse wird ebenfalls untersucht, ob Gleichgewichte erreicht werden, wobei das Hauptaugenmerk dynamischer Analyse nicht die eigentliche Gleichgewichtsanalyse, sondern das Verhalten im Zeitverlauf, darstellt. Mathematisch wird die dynamische Analyse in erster Linie mit Hilfe von Differenzen- und Differenzialgleichungen vorgenommen. Dynamische Analysen werden überwiegend in der makroökonomischen Theorie durchgeführt, wobei es auch in der Mikroökonomik vereinzelt dynamische Ansätze gibt, die in diesem Buch vorgestellt werden.

1.3 Analysemethoden in der Volkswirtschaftslehre

Traditionell widmet sich die Volkswirtschaftslehre der Analyse von Gleichgewichtszuständen und deren Stabilitätseigenschaften. Das dominante wissenschaftliche Paradigma in der mikroökonomischen Analyse, welches sich auch im Lehrangebot deutscher Hochschulen und Universitäten widerspiegelt, ist die neoklassische Ökonomik. Die dazugehörige Methodik bedient sich in erster Linie der Marginalanalyse mithilfe des mathematischen Instruments der Differenzial- und Integralrechnung. In diesem Kontext sind, vereinfacht ausgedrückt, wirtschaftstheoretische Analysen im Grunde genommen nichts weiter als eine Anwendung der mathematischen Kurvendiskussion mit wirtschaftswissenschaftlicher Interpretation. In der makroökonomischen Analyse wiederum spielen keynesianische Ansätze eine herausragende Rolle und dazugehörige Analyseansätze fokussieren auf Multiplikator- und Einkommenseffekten. Die Lehre von neoklassischen mikroökonomischen Ansätzen und keynesianischen makroökonomischen Ansätzen sind die beherrschenden Erklärungsansätze im Bachelorstudium an deutschen Hochschulen und Universitäten. Die Stärke dieser Ansätze liegt in deren einfacher Modellstruktur und häufig eindeutigen Ergebnissen. Diese Ansätze prägen die wirtschaftswissenschaftliche Grundausbildung im In- und Ausland. Nichtsdestotrotz haben diese Ansätze Schwierigkeiten, realwirtschaftliche Phänomene zu erklären und zu prognostizieren. Daher haben sich in den letzten Jahrzehnten alternative Ansätze herausgebildet, die zwar von der Modellstruktur häufig keine eindeutigen Ergebnisse liefern können, jedoch in der Lage sind, Teilaspekte von wirtschaftlichem Handeln besser voraussagen zu können. Hier spielen spieltheoretische Modelle eine wichtige Rolle, da hier insbesondere Interaktionsmuster besser als mit klassischen mathematischen Methoden abgebildet werden können. Spieltheoretische Modelle spielen eine nicht zu unterschätzende Rolle in dem relativ jungen Forschungsfeld der evolutorischen Ökonomik und bei der Erklärung von sozialwissenschaftlichem Verhalten. Da sich dieses Buch in erster Linie an Bachelorstudierende der Wirtschaftswissenschaften richtet, liegt der Hauptfokus auf der Darstellung der traditionellen mathematischen Inhalte. Da aber gerade spieltheoretische Modelle die Entscheidungssituation für Studierende besser verständlich machen, werden auch im Einzelfall spieltheoretische Modelle zur Analyse von Interaktionsmustern verwendet. In der wirtschaftswissenschaftlichen Forschung wurden zwar in den letzten Jahren gerade im Bereich der Simulationsmodelle große Fortschritte gemacht, da diese jedoch für die Bachelorausbildung eine untergeordnete Rolle spielen, werden diese Methoden im weiteren Text nicht erläutert.

1.3.1 Mathematische Methoden in den Wirtschaftswissenschaften

Die Grundausbildung in den Wirtschaftswissenschaften ist durchzogen von mathematischen Modellen. Ziel dieses Buches ist es, die wesentlichen mathematischen Analyseansätze, die für ein Bachelorstudium der Wirtschaftswissenschaften benötigt werden, zu vermitteln. Die mathematischen Methoden bedienen sich in erster Linie der Instrumente und Ansätze der Differenzial- und Integralrechnung. Diese Ansätze werden verwendet, um statische Gleichgewichte zu ermitteln und zu analysieren. Für die dynamischen Ansätze werden die zeitlich-abhängigen Modelle der Differenzen- und Differenzialgleichungen vorgestellt und für die Analyse dynamischer Prozesse verwendet. Da viele Studierende, gerade zu Beginn ihres Studiums, Schwierigkeiten mit der Anwendung mathematischer Verfahren haben, zielt dieses Buch auf einen möglichst hohen Anwendungsbezug der vorgestellten Modelle und Verfahren. So werden im weiteren Text zunächst die erforderlichen mathematischen Inhalte, die überwiegend auf der Mathematik der gymnasialen Oberstufe basieren, wiederholt und in der wirtschaftswissenschaftlichen Anwendung vorgestellt. Im Anschluss werden die Modellstrukturen der theoretischen Modelle allgemein erläutert und anhand von Zahlenbeispielen berechnet. Das Buch liefert damit eine kurze Darstellung der wesentlichen Modelle der volkswirtschaftlichen Grundausbildung im Bachelorstudium und darüber hinaus Übungsaufgaben für Einführungsveranstaltungen der Mathematik für Wirtschaftswissenschaftler.

1.3.2 Spieltheorie in den Wirtschaftswissenschaften

Neben der Gleichgewichtsanalyse, bei der mathematisch Differenzial- und Integralrechnung angewandt werden, und den dynamischen mathematischen Verfahren der Differenzen- und Differenzialgleichungen hat in den letzten Jahren die Spieltheorie als Analyseansatz in der Volkswirtschaftslehre an Bedeutung gewonnen. Die Ansätze der Differenzial- und Integralrechnung sowie die dynamischen Analyseansätze setzen relativ starke Verhaltensannahmen bei den ökonomischen Akteuren voraus. In der Mainstream-Ökonomie wird vom sogenannten Homo oeconomicus ausgegangen. Der Homo oeconomicus ist das Leitbild des ökonomisch handelnden Menschen, der die Entscheidungen unter relativ starken Verhaltensannahmen trifft. Der Homo oeconomicus ist jederzeit über alle entscheidungsrelevanten Fakten informiert, hat keinerlei Schwierigkeiten bei der Verarbeitung auch sehr komplexer Entscheidungsprozesse und ist nur am eigenen Nutzen interessiert. Die Konsequenz ist, dass der Homo oeconomicus jederzeit eine konsistente Reihenfolge bei Entscheidungsprozessen bilden kann und immer die Entscheidung trifft, die den eigenen Nutzen maximiert. Die Folge ist, dass sich durch diese starken Annahmen, ökonomische Handlungen prognostizieren lassen. Die Homo-oeconomicus-Annahmen spielen eine dominante Rolle bei der Modellierung von Entscheidungsverhaltens, sowohl in der Mikro- als auch der Makroökonomik. Allerdings blendet die Homo-oeconomicus-Annahme wichtige Faktoren bei der Entscheidungsfindung in der Realität aus. So handeln in der Praxis viele Menschen nicht ausschließlich nach egoistischen Motiven, sondern im Einzelfall spielt auch altruistisches Verhalten eine wichtige Rolle. Des Weiteren stehen bei einer Entscheidung häufig nicht alle entscheidungsrelevanten Informationen zur Verfügung, bzw. die kognitiven Kapazitäten reichen nicht aus, alle relevanten Fakten eingehend zu untersuchen. Im realen Leben spielen in diesem Kontext insbesondere Informationsasymmetrien eine nicht zu unterschätzende Rolle, z. B. wenn ein Autoverkäufer mehr Informationen über den Zustand des zu verkaufenden Kraftfahrzeuges hat, als der potenzielle Käufer. Diese Informationsasymmetrien führen in der Praxis häufig zu nicht optimalen Entscheidungssituationen. Da die Informationsbeschaffung in der Realität mit Kosten verbunden ist, orientieren sich Entscheider häufig nicht an allen verfügbaren Informationen, sondern orientieren sich an anderen Teilnehmern im Markt. Die Folge kann typisches „Herdenverhalten" beispielsweise im Aktienmarkt sein, wenn Aktionäre ihre Aktien in erster Linie dann verkaufen, wenn andere Aktionäre dies ebenfalls tun.

Dies bedeutet, dass in der gängigen ökonomischen Theorie häufig eindeutige Gleichgewichte ermittelt werden können, die aber die ökonomische Praxis nur unzureichend erklären können. In diesem Zusammenhang spielt die Spieltheorie eine wichtige Rolle. Mit Hilfe von spieltheoretischen Modellen können Interaktionsmuster der Akteure und in der Praxis relevante Phänomene, wie Herdentriebverhalten oder Kritische-Masse-Phänomene, erklärt werden.

1.3.3 Statistische Methoden in der Volkswirtschaftslehre und Volkswirtschaftliche Gesamtrechnung

In der makroökonomischen Analyse, die insbesondere Gegenstand von Kap. 4 ist, spielt der Kreislaufgedanke eine wichtige Rolle. In einer geschlossenen Volkswirtschaft ohne Außenhandel, wie in Abb. 1.1 dargestellt, besteht die Wirtschaft aus den privaten Haushalten, den Unternehmen und dem Staat. Die Haushalte erbringen Arbeitskraft und beziehen Einkommen Y von den Unternehmen und vom Staat. Der Staat stellt öffentliche Güter bereit und bezahlt Güterkäufe an die Unternehmen. Unternehmen und Haushalte bezahlen Steuern T an den Staat. Die Haushalte geben einen Teil ihres Einkommens für Konsumausgaben C aus. Der Teil des verfügbaren Einkommens, der nicht konsumiert wird, wird über das Vermögensänderungskonto gespart (S). Gemäß dem Kreislaufgedanken zirkuliert das Einkommen durch den Wirtschaftskreislauf, so dass im Gleichgewicht die Sparsumme S den Investitionen I entspricht. In der Abbildung sind nur die Geldströme dargestellt.

Das Kreislaufmodell stellt die Grundlage für die amtliche Datenerfassung dar. Auf Grundlage dieses Modells werden in Deutschland und auch auf internationaler Ebene die makroökonomischen Variablen erfasst. Im Rahmen der Volkswirtschaftlichen Gesamtrechnung wird die Entstehungs-, Verwendungs- und Verteilungsrechnung durchgeführt,

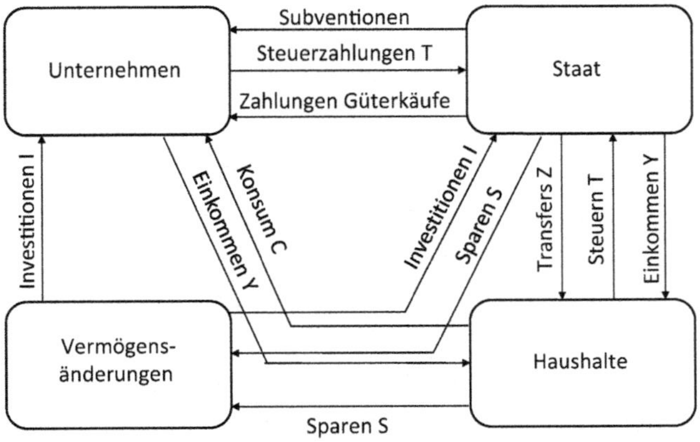

Abb. 1.1 Der Wirtschaftskreislauf

die die Grundlage für vielfältige wirtschaftspolitische Entscheidungen darstellt. Im Zuge der Entstehungsrechnung wird analysiert, wo das Volkseinkommen, gemessen durch das Bruttoinlandsprodukt (BIP), erwirtschaftet wird. Die Verwendungsrechnung geht der Frage nach, wofür das Volkseinkommen verwendet wird, während die Verteilungsrechnung untersucht, wie das Volkseinkommen verteilt ist.

Die Entstehungsrechnung bezieht sich auf die Angebotsseite und erlaubt die Analyse von Spezialisierungsmustern einer Volkswirtschaft, da untersucht wird, welche volkswirtschaftlichen Sektoren und Branchen Beiträge zum Volkseinkommen leisten. Dieser Ansatz wird auch Wertschöpfungsansatz genannt, da er erlaubt, die Wertschöpfung, d. h. den Beitrag einzelner Branchen zum BIP, zu untersuchen. Wertschöpfung stellt vereinfacht die Differenz aus Bruttoproduktionswert und Vorleistungen, aggregiert über die gesamte Wertschöpfungskette, dar.

Beispiel

In der Landwirtschaft werden Äpfel produziert. Die Bauern zahlen Löhne und Gehälter in Höhe von 30.000 €. Die Äpfel werden für 100.000 € an die Getränkeindustrie verkauft. In der Getränkeindustrie werden Löhne und Gehälter in Höhe von 150.000 € gezahlt. Die Getränkeindustrie verarbeitet die Äpfel zu Apfelsaft und verkauft diesen an den Einzelhandel für 400.000 €. Der Einzelhandel wiederum zahlt Löhne und Gehälter in Höhe von 200.000 € und verkauft den Apfelsaft an Endverbraucher für 800.000 €.

Nach der Entstehungsrechnung wird die Wertschöpfung für jede einzelne Wertschöpfungsstufe ermittelt. Dabei entspricht die Wertschöpfung je Produktionsstufe dem Bruttoproduktionswert abzüglich Vorleistungen. Der Bruttoproduktionswert entspricht, wenn vereinfacht von Steuern und anderen Abgaben abstrahiert wird, dem Umsatz. Die Wertschöpfung der Landwirtschaft ist daher

$$Wertschöpfung_L = Bruttoproduktionswert\colon 100.000 - Vorleistungen\colon 0 = 100.000\,€$$

Für die Getränkeindustrie gilt daher

$$Wertschöpfung_I = 400.000 - 100.000 = 300.000\,€$$

Für den Handel ergibt sich die Wertschöpfung

$$Wertschöpfung_H = 800.000 - 400.000 = 400.000\,€$$

Nach der Entstehungsrechnung entspricht das Volkseinkommen der Summe der Wertschöpfungsanteile der einzelnen Sektoren

$$Volkseinkommen\ BIP = Wertschöpfung_L + Wertschöpfung_I + Wertschöpfung_H$$

Im vorliegenden Beispiel ergibt sich daher ein Volkseinkommen in Höhe von

$$Volkseinkommen\ BIP = 100.000 + 300.000 + 400.000 = 800.000\,€$$

Im Rahmen des Wertschöpfungsansatzes kann somit untersucht werden, welche Bedeutung einzelne Sektoren und Branchen in einer Volkswirtschaft haben. So trägt im vorigen Beispiel der Handel 50 % zur gesamten Wirtschaftsleistung der Wirtschaft bei. Die Entstehungsrechnung wird in der Praxis häufig verwendet, um industriepolitische Interventionen des Staates zu untermauern und zu rechtfertigen, da hier direkt die Angebotsseite einer Volkswirtschaft untersucht wird.

Die Verwendungsrechnung analysiert die Nachfrageseite einer Volkswirtschaft. Sie zielt insbesondere auf die Verwendung des Volkseinkommens und hierbei insbesondere auf die makroökonomisch-relevanten Größen privater Konsum, Staatsausgaben, Investitionen und Außenbeitrag. Im wirtschaftswissenschaftlichen Grundstudium werden diese Nachfragegrößen in erster Linie modellgestützt mithilfe der Gleichgewichtsbedingung für den Gütermarkt

$$Y = C + I + G + Ex - Im$$

näher analysiert. Eine nähere Untersuchung der Nachfrageseite wird im keynesianischen Gütermarktmodell in Kap. 4 durchgeführt.

Die Verteilungsrechnung untersucht die Verteilung des Volkseinkommens auf selbstständige und unselbstständige Arbeit. Der Anteil der unselbstständigen Arbeit am Volkseinkommen besteht aus der Summe aus Löhnen und Gehältern aggregiert über die gesamte Wertschöpfungskette einer Volkswirtschaft. Die Einkünfte aus selbstständiger Arbeit stellen vereinfacht die Gewinne aggregiert über die gesamte Wertschöpfungskette dar.

Beispiel

Wir greifen auf die Zahlen aus oben genanntem Beispiel einer Wertschöpfungskette für die Produktion von Apfelsaft zurück. Die Löhne und Gehälter auf den einzelnen Produktionsstufen waren

$$\text{Löhne \& Gehälter}_L = 30.000$$
$$\text{Löhne \& Gehälter}_I = 150.000$$
$$\text{Löhne \& Gehälter}_H = 200.000$$

Die Einkünfte aus unselbstständiger Arbeit sind daher die Summe aus Löhnen & Gehältern aggregiert über alle Produktionsstufen, also

$$\text{Einkünfte unselbstständige Arbeit} = 380.000\,€$$

Für die Ermittlung der Einkünfte aus selbstständiger Arbeit (Gewinne) werden von den Bruttoproduktionswerten die Vorleistungen und Löhne & Gehälter subtrahiert. Wir erhalten daher für die Landwirtschaft

$$Gewinn_L = 100.000 - 0 - 30.000 = 70.000$$

Für die Getränkeindustrie erhalten wir dementsprechend

$$Gewinn_I = 400.000 - 100.000 - 150.000 = 150.000$$

Für den Handel ergibt sich daher

$$Gewinn_H = 800.000 - 400.000 - 200.000 = 200.000$$

Die Einkünfte aus selbstständiger Arbeit betragen daher

$$Gewinne = Gewinn_L + Gewinn_I + Gewinn_H = 420.000\,€$$

Das Volkseinkommen als Summe aus Einkünften unselbstständiger Arbeit und selbstständiger Arbeit (Gewinnen) ergibt daher vereinfacht, wenn wir von Steuern und Abgaben abstrahieren:

$$Volkseinkommen\ BIP = 380.000 + 420.000 = 800.000\,€$$

Die unterschiedlichen Berechnungsmethoden des Volkseinkommens führen immer zum gleichen Ergebnis, d. h. unabhängig davon, ob nach der Entstehungs-, Verwendungs- oder Verteilungsrechnung vorgegangen wird, ergibt sich am Ende immer das gleiche Bruttoinlandsprodukt.

Die Volkswirtschaftliche Gesamtrechnung wird in Deutschland vom Statistischen Bundesamt und den Statistischen Landesämtern erfasst und zur Verfügung gestellt. Ein Großteil der Daten ist daher, auch auf Regionalniveau, für statistische Analysen frei verfügbar. Gerade durch die Verfügbarkeit makroökonomischer Daten spielt die statistische Datenanalyse eine wichtige Rolle in der Volkswirtschaftslehre. Neben der Mathematik als Modellierungswerkzeug hat daher auch die Statistik eine herausragende Bedeutung für die Analyse wirtschaftswissenschaftlicher Zusammenhänge. Gerade im wirtschaftswissenschaftlichen Bachelorstudium werden häufig im Rahmen von Projekt- oder Bachelorarbeiten Kenntnisse im Bereich der deskriptiven Statistik vorausgesetzt. Durch die zunehmende Verfügbarkeit von Mikrodaten werden außerdem die multivariaten Methoden für die wissenschaftliche Anwendung bereits im Grundstudium relevant.

1.4 Wirtschaftswissenschaftliche Paradigmen

In den Wirtschaftswissenschaften existieren verschiedene konkurrierende Paradigmen. Ein Paradigma in diesem Zusammenhang ist eine generell akzeptierte Denkweise, die methodologische Konzepte und Vorgehensweisen mit einschließt. Ein Paradigma kann auch als Denkschule bezeichnet werden, in der verschiedene grundsätzlich akzeptierte Vorstellungen über die Realität und deren wissenschaftliche Analyse gebündelt werden. In der Volkswirtschaftslehre können grundlegend drei Paradigmen oder Weltanschauungen unterschieden werden.

Im neoklassischen Paradigma ist die Preisbildung ein zentrales Element der wissenschaftlichen Analyse. Faktor- und Güterpreise werden frei auf Märkten gebildet und sind grundsätzlich flexibel. Es gilt ferner das Say'sche Theorem, demnach generiert jedes Angebot die dazugehörige Nachfrage. Der begrenzende Faktor in der neoklassischen Analyse ist daher die Angebotsseite und nicht die Nachfrageseite. Durch Preisanpassungen werden Angebot und Nachfrage zum Ausgleich gebracht. Dies gilt sowohl auf den Güter- als auch auf den Faktormärkten, wodurch alle Märkte automatisch ein stabiles Gleichgewicht erreichen. Im neoklassischen Paradigma findet sich ein großes Vertrauen in die Selbstheilungskräfte des Marktmechanismus. Die neoklassische Theoriebildung orientiert sich in erster Linie an der langen Frist. Da die Preisbildung friktionsfrei verläuft, ist eine staatliche Intervention nicht notwendig. Da Güter- und Faktorpreise als flexibel erachtet werden, kann de facto Unterbeschäftigung nur in kurzfristigen Ungleichgewichtssituationen auftreten. Das wirtschaftspolitische Gegenstück zum neoklassischen Paradigma ist die Haltung des Wirtschaftsliberalismus. Die Aufgabe des Staates besteht in erster Linie darin, die wirtschaftspolitischen Rahmenbedingungen für eine freie Preisbildung zu schaffen. Greift der Staat dennoch in den Marktmechanismus ein, so führt dies nach dieser Auffassung zu einer Destabilisierung des Marktes, da Politikinterventionen, aufgrund von Staats- und Bürokratieversagen, falsch dosiert und mit zeitlicher Verzögerung den marktwirtschaftlichen Rahmen und die Preisbildung stören. Wichtige Vertreter und „Gründungsväter" der neoklassischen Schule sind Antoine Cournot (1801–1877), John Stuart Mill (1806–1873), Leon Walras (1834–1910), Alfred Marshall (1842–1924), Vilfredo Pareto (1848–1923) und Arthur Cecil Pigou (1877–1959). Die grundlegenden Prinzipien des neoklassischen Paradigmas wurden bereits von den Klassikern gelegt. Zu deren wichtigsten Gründungsvätern sind Adam Smith (1723–1790), Jaques Turgot (1727–1781), Thomas Malthus (1766–1834), Jean Baptiste Say (1767–1832) und David Ricardo (1772–1823) zu rechnen.

Das keynesianische Paradigma entstand im Wesentlichen im Fahrwasser der ersten Weltwirtschaftskrise, die 1929 an der New Yorker Wall Street die Aktienkurse zum Absturz brachte und weitreichende weltwirtschaftliche Folgen hatte. Die grundlegenden Auffassungen gehen auf die *Allgemeine Theorie der Beschäftigung, des Zinses und des Geldes* (1936) von John Maynard Keynes (1883–1946) zurück. Eine wesentliche Annahme dieses Paradigmas ist, dass die Nachfrageseite statt der Angebotsseite wesentlicher Bestimmungsgrund für Produktion und Beschäftigung ist. In diesem Zusammenhang spielt insbesondere die Konsumfunktion eine herausragende Rolle. Grundsätzlich werden im keynesianischen Paradigma Gleichgewichtstendenzen zwar nicht geleugnet, aber da Güter- und Faktorpreise kurzfristig als konstant erachtet werden, finden Märkte nicht über den Preismechanismus, sondern in erster Linie über eine Mengenanpassung ins Gleichgewicht. Die Folge sind Gleichgewichte bei Unterbeschäftigung. Das keynesianische Paradigma orientiert sich in erster Linie an der kurzen Frist. Legendär ist in diesem Zusammenhang das Zitat von Keynes „...in the long run we are all dead. Economists set themselves too easy, too useless a task if in tempestuous seasons they can only tell us that when the storm is long past the ocean is flat again" (Keynes 1923, S. 80). Das wirtschaftspolitische Gegenstück zum keynesianischen Paradigma ist der wirtschaftspolitische Interventionismus, nach dessen Auffassung staatliche Interventionen notwendig sind, da Märkte grundsätzlich nicht stabil sind. Wichtigste Aufgabe des Staates und der zentralen Notenbank ist es daher, aktiv Stabilisierungspolitik zu betreiben, um durch den Einsatz von fiskal- und geldpolitischen Instrumenten die Wirtschaft zu stabilisieren.

Das neoklassische Paradigma ist insbesondere in der mikroökonomischen Analyse das dominante Paradigma, während keynesianische Ansätze vorwiegend in der makroökonomischen Analyse Anwendung finden. In den letzten 20 Jahren hat zunehmend das evolutorische Paradigma Einzug in die wirtschaftswissenschaftliche Analyse gehalten.

Das Paradigma der evolutorischen Ökonomik basiert auf den naturwissenschaftlichen Ansätzen der Variation und Selektion, die auf Charles Darwin (1809–1882) zurückgehen. Begründet wurde der evolutorische Ansatz in den Wirtschaftswissenschaften durch Joseph Schumpeter (1883–1950), der in seiner Veröffentlichung *Theorie der wirtschaftlichen Entwicklung* (1912) erstmals die Wirtschaftsentwicklung als „Prozess der schöpferischen Zerstörung" dargestellt hat und von Nelson und Winter (1982) näher modelliert wurde. Demnach hängt die Wirtschaftsentwicklung einer Region zunächst von den bisher angesiedelten Unternehmen, d. h. dem bisher erreichten Spezialisierungsmuster, ab. Des Weiteren spielt der Unternehmer als Entrepreneur eine wichtige Rolle, da dieser „Neue Kombinationen" existierender Verfahren und Produkte in den Markt bringt. Neue Kombinationen, die wir heute als Innovationen bezeichnen würden, sind neue Produkte, die Einführung eines neuen Produktionsprozesses, die Entwicklung eines neuen Marktes, die Entdeckung einer neuen Ressourcenbasis und die Entwicklung einer neuen Organisationsform. Der Entrepreneur ist dabei derjenige, der den Prozess der schöpferischen Zerstörung in Gang setzt und auf den Markt bringt. Der Selektionsmechanismus ist dabei der Markt, der dazu führt, dass sich nur „erfolgreiche" Innovationen durchsetzen. Diese Sicht auf die wirtschaftliche Entwicklung spielt insbesondere bei netzwerkbasierten Innovationen eine wichtige Rolle, bei der der Erfolg eines Produkts davon abhängt, wie viele andere Anwender dieses Produkt nutzen. Wichtige Beispiele in diesem Zusammenhang sind Betriebssysteme und andere technologische Standards. Nachdem sich ein technologischer Standard durchgesetzt hat, wirken die Bewahrungskräfte, da häufig ein Umsteigen auf andere Standards mit Kosten verbunden ist. Diese Bewahrungstendenzen können in der Praxis so stark sein, dass sich selbst inferiore Standards auf Dauer halten können. Das evolutorische Paradigma wird auch als VSB-Paradigma, nämlich Variation-Selektion-Bewahrung bezeichnet. In der wirtschaftspolitischen Anwendung der evolutorischen Perspektive spielt der Innovationssystemansatz, der insbesondere in den 1990er-Jahren entwickelt wurde, eine wichtige Rolle. Wichtige Publikationen in diesem Zusammenhang sind Lundvall (1992), Nelson (1993), Edquist (1997) und der Sammelband *Oxford Handbook of Innovation* von Fagerberg et al. (2005). Die charakteristischen Eigenschaften dieses Ansatzes sind nach Edquist (1997) der Fokus auf Innovationen und Lernprozessen und damit einer wissensbasierten Wettbewerbsfähigkeit von Innovationssystemen und Volkswirtschaften. Der Ansatz ist empirisch ausgerichtet und fokussiert auf einer historischen und interdisziplinären Analyse der Wettbewerbsfähigkeit, da nach dem evolutorischen Paradigma insbesondere irreversible Entscheidungen hinsichtlich Spezialisierung und Standardbildung eine wesentliche Rolle für den Wachstumsprozess spielen. Wesentlicher Analysegegenstand sind Netzwerke und Interaktionsmuster, da aus zahlreichen empirischen Studien bekannt ist, dass Unternehmen Innovationen und technologische Entwicklungen selten isoliert, aber häufig im Zusammenspiel mit Kunden, Lieferanten und anderen Wissensproduzenten, wie Hochschulen und außeruniversitären Forschungseinrichtungen, entwickeln. Der Innovationssystemansatz ist aus der empirischen Perspektive ein Benchmarking-Ansatz, bei dem in empirischen Studien unterschiedliche Innovationssysteme verglichen werden, um wettbewerbsförderliche Institutionen, im Sinne von informellen und formellen Regelwerken, herauszuarbeiten. Für die Forschungs- und Innovationspolitik spielt der Innovationssystemansatz sowohl auf der nationalen als auch auf der europäischen Ebene eine mittlerweile herausragende Rolle.

Gerade in der wirtschaftswissenschaftlichen Grundausbildung im Rahmen eines Bachelorstudiums spielen das neoklassische und das keynesianische Paradigma eine herausragende Rolle. Die wesentlichen Ansätze des neoklassischen Paradigmas werden im Rahmen der statischen Analyse in Kap. 3 präsentiert. Die keynesianischen Ansätze werden im Rahmen der dynamischen Analyse in Kap. 4 vorgestellt. Da sich die evolutorischen Ansätze noch nicht als allgemeine Lehrmeinung in der Volkswirtschaftslehre durchgesetzt haben, werden diese im vorliegenden Buch vernachlässigt. Einzelne Aspekte, wie häufigkeitsabhängige Prozesse oder Standard- und Normbildung, werden im Rahmen von spieltheoretischen Exkursen im Laufe des Buches präsentiert.

Weiterführende Literatur

Backhaus K, Erichson B, Plinke W, Weiber R (2015) Multivariate Analysemethoden: Eine anwendungsorientierte Einführung. Springer Gabler, Wiesbaden

Becker GS (1993) Der ökonomische Ansatz zur Erklärung menschlichen Verhaltens. Mohr Siebeck, Tübingen

Cleff T (2015) Deskriptive Statistik und Explorative Datenanalyse: Eine computergestützte Einführung mit Excel, SPSS und STATA. Springer Gabler, Wiesbaden

Edquist C (1997) Systems of innovation – technologies, institutions and organizations. Pinter, London

Fagerberg J, Mowery DC, Nelson RR (2005) The Oxford handbook of innovation. Oxford University Press, Oxford

Faure M, Skogh G (2003) The economic analysis of environmental policy and law. Elgar, Cheltenham

Keynes JM (1923) A tract on monetary reform. Macmillan and Co., S 80

Keynes JM (1936) Allgemeine Theorie der Beschäftigung, des Zinses und des Geldes. Duncker & Humblot, München

Kosfeld R, Eckey H-F, Türck M (2016) Deskriptive Statistik: Grundlagen – Methoden – Beispiele – Aufgaben. Springer Gabler, Wiesbaden

Lundvall BA (1992) National systems of innovation: towards a theory of interactive learning. Pinter, London

Nelson RR (1993) National innovation systems: a comparative analysis. Oxford University Press, Oxford

Nelson RR, Winter S (1982) An evolutionary theory of economic change. Harvard University Press, Cambridge
Schäfer H-B, Ott C (2012) Lehrbuch der ökonomischen Analyse des Zivilrechts. Springer Gabler, Wiesbaden
Schumpeter J (1912) Theorie der wirtschaftlichen Entwicklung. Duncker & Humblot, Berlin
Smith A (1999) Der Wohlstand der Nationen. dtv, München (Erstveröffentlichung 1776)
Wildmann L (2007) Einführung in die Volkswirtschaftslehre, Mikroökonomie und Wettbewerbspolitik. Oldenbourg, München

Rationale Entscheidung 2

2.1 Individualismus und Homo oeconomicus

Die Volkswirtschaftslehre beschäftigt sich mit der wissenschaftlichen Analyse wirtschaftlicher Phänomene. Die Volkswirtschaftslehre als Teil der Sozialwissenschaften betrachtet dabei wirtschaftliches Handeln aus verschiedenen Blickwinkeln. So werden im Rahmen der Mikroökonomik Anreize und damit die Auswirkungen individueller Handlungen auf das Zustandekommen von aggregierten Gleichgewichtszuständen untersucht. Wichtige Grundfragen, die mit dem mikroökonomischen Ansatz behandelt werden, sind daher beispielsweise, wie Ordnung ohne eine zentrale Verwaltungsinstanz, quasi durch Adam Smiths „unsichtbare Hand", zustande kommen kann oder wie Preise und die Konstellation von Inputs und Outputs erklärt werden können. Bei diesen Fragen werden Individuen quasi wie Atome aufgefasst, deren Zusammenwirken, analog zu den Naturwissenschaften, Naturgesetzen folgt, sodass am Ende individuelle Wahlhandlungen das „große Ganze" erklären. Bei dieser Sichtweise ist das Individuum eine stabile Einheit und der einzige Handlungsträger in einer Gesellschaft. Das Verhalten der aggregierten Gesellschaft ist somit restlos durch individuelle Entscheidungen erklärt. Methodologisch ist diese Position dem methodologischen Individualismus zuzuordnen. Die Kontraposition ist der methodologische Holismus, der in den Sozialwissenschaften eine breite Anwendung gefunden hat. Bei Anwendung dieses Ansatzes bestimmt die Gesellschaft als Aggregat das individuelle Verhalten. In der Konsequenz ist das Individuum nicht länger für seine Handlungen verantwortlich, sondern durch gesellschaftliche Zwänge determiniert. Dies bedeutet, die Umwelt bzw. Gesellschaft bestimmt das individuelle Verhalten und entwickelt sich selbst nach über-individuellen Gesetzen. Als Illustration beider Ansätze kann die „Entscheidung" dienen, statt eines „ordentlichen" wirtschaftswissenschaftlichen Studiums eine kriminelle Karriere einzuschlagen. Nach dem methodologischen Individualismus ist die Entscheidung für eine kriminelle Kar-

M. Sellenthin, *Volkswirtschaftslehre – mathematisch gedacht*,
DOI 10.1007/978-3-658-13905-6_2

riere eine rein individuelle Abwägung von Kosten- und Nutzenaspekten. So vergleicht ein potenzieller Bankräuber den Nutzen eine Bank auszurauben, sprich den möglichen Gewinn in Form des Tresorinhalts, mit den Kosten des Banküberfalls. Die Kosten des Banküberfalls sind die Jahre, die man beim „Erwischtwerden" im Gefängnis verbringen muss, d. h. den möglichen diskontierten Verdienstausfall, bewertet mit der Wahrscheinlichkeit „geschnappt" zu werden. Bei den Kosten können natürlich noch mögliche Alternativkosten berücksichtigt werden. Wenn die Kosten-Nutzen-Analyse positiv zugunsten eines Banküberfalls ausfällt, wird der vorher unbescholtene Bürger kriminell werden und die Bank überfallen. Die Entscheidung, kriminell zu werden, ist also restlos durch individuelle Anreize und Entscheidungen determiniert. Umgekehrt wird im Rahmen des methodologischen Holismus die kriminelle Karriere ausschließlich über gesellschaftliche Zwänge determiniert. So wird kriminelles Verhalten nicht als echte Wahlhandlung begriffen, sondern als logische Konsequenz gesellschaftlicher Phänomene, wie Sozialisation und lokales Umfeld. Ein Bankräuber trifft nach diesem Ansatz keine Entscheidung, sondern die kriminelle Karriere ist durch das kriminelle Umfeld, wie ebenfalls kriminelle Freunde, Eltern und Milieus determiniert. Nach dem individualistischen Ansatz ist also das Aggregat die Folge individueller Entscheidungen, während getreu dem holistischen Ansatz das Aggregat individuelles Verhalten bestimmt. In den Wirtschaftswissenschaften wird grundsätzlich Verhalten nach dem methodologischen Individualismus erklärt. Dennoch zeigt die Realität, dass häufig sowohl individuelle Anreize, aber auch gesellschaftliche Zwänge in der Form von Regeln, Normen, Konventionen, die sowohl gesetzlich verankert sind, aber auch durch Erziehung und Sozialisation „gelernt" wurden, wichtig sind, um reale Entscheidungen und Verhalten erklären zu können. Eine Integration beider grundsätzlich konträren Ansätze erscheint schwierig, ist aber wichtig, um reale Phänomene, wie Kritische-Masse-Phänomene oder das Entstehen von gesellschaftlichen Normen, einigermaßen befriedigend analysieren zu können. Im vorliegenden Lehrbuch werden daher die gängigen wirtschaftswissenschaftlichen Theorien und Ansätze mithilfe des individualistischen Ansatzes erläutert. Diese gängigen Lösungsansätze bedienen sich in erster Linie der Mathematik als Hilfsmittel und kommen in der Regel zu eindeutigen Lösungen. Um jedoch die Praxisrelevanz des vermittelten Stoffes zu erhöhen, werden spieltheoretische Modelle in den Text integriert, die aufzeigen, welche Rolle eine Integration beider sozialwissenschaftlicher Paradigmen spielen kann. In der Praxis orientieren sich Individuen natürlich zum einen an ihren individuellen Präferenzen, handeln aber auch häufig danach, wie sich andere Individuen verhalten. So ist in der Praxis häufig „Herdenverhalten" anzutreffen, das nicht befriedigend durch rein individuelle Ansätze erklärt werden kann. In diesem Fall können die in diesem Buch vorgestellten Modelle der Spieltheorie dazu beitragen, die Analyse individueller Präferenzen und kollektiver „Zwänge" zusammenzuführen, um Verhalten in der Praxis besser erklären zu können.

Die neoklassische Ökonomik, die in erster Linie Anwendung im mikroökonomischen Ansatz findet, geht vom Menschenbild des Homo oeconomicus aus. Dieses Verhaltensmodell des ausschließlich wirtschaftlich handelnden Menschen geht davon aus, dass Entscheider über lückenlose Informationen über sämtliche Entscheidungsalternativen und deren Konsequenzen verfügen. Handelnde nach diesem Menschenbild sind nur am eigenen Nutzen interessiert, handeln also rein egoistisch. Da der Homo oeconomicus jederzeit über alle entscheidungsrelevanten Informationen verfügt, keinerlei Schwierigkeiten mit der Verarbeitung komplexer Entscheidungsprozesse hat und immer über eine eindeutige Präferenzordnung verfügt, wählt er immer die Alternative, die den maximalen Nutzen verspricht. Diesem Verhaltensmodell folgend, handelt das Individuum getreu dem Rationalprinzip, das auch ökonomisches Prinzip genannt wird. Das Rationalprinzip wird ferner in Maximal- und Minimalprinzip unterteilt. Im Rahmen des Maximalprinzips wird versucht, mit einem gegebenen Input den maximalen Output zu erwirtschaften, während versucht wird, im Minimalprinzip einen gegebenen Output mit möglichst geringem Input zu erreichen. Das Maximalprinzip kommt im vorliegenden Buch in erster Linie bei der Gewinnmaximierung im Unternehmen und der Nutzenmaximierung der Konsumenten zum Tragen, während das Minimalprinzip in erster Linie im Rahmen der Ermittlung der Minimalkostenkombination in der Produktionstheorie relevant wird. Der Homo oeconomicus handelt daher getreu dem Prinzip des methodologischen Individualismus, nachdem letztlich alle Eigenschaften eines sozialen Systems (wie Haushalte, Unternehmen, Gesellschaften, Gruppen) von den Eigenschaften und Anreizsystemen der Individuen abhängen.

2.2 Entscheidungstheorie

Der Homo oeconomicus wird in der neoklassischen Ökonomik als Referenz für das zu erwartende Verhalten der Akteure verwendet. In der Praxis sind jedoch selten alle Annahmen dieses Verhaltensmodells erfüllt. Insbesondere die Annahme der vollständigen Information ist regelmäßig in Frage zu stellen. Wenn aber vollständige Informationen in einer Entscheidungssituation fehlen, können Fehlallokationen, wie im Fall der adversen Selektion, auftreten. Bei Informationsmängeln orientieren sich die Akteure an anderen Faktoren, wie Erwartungen, dem persönlichen Risikoempfinden oder aber daran, wie sich andere Akteure entscheiden. In diesem Abschnitt soll eine Einführung in die Entscheidungstheorie anhand des Spiels gegen die Natur gegeben werden. Die folgende Tab. 2.1 zeigt eine Entscheidungssituation, bei der der Spieler zwischen vier verschiedenen Alternativen wählen kann.

Tab. 2.1 Spiel gegen die Natur

	N_1	N_2	N_3	N_4	N_5
A_1	12	12	12	0	4
A_2	8	8	8	6	6
A_3	12	8	8	4	4
A_4	16	12	4	0	4

Wir gehen von einem Obstbauern aus, der zwischen vier verschiedenen Anpflanzungen A_1 bis A_4 wählen kann. Es können fünf verschiedene exogene Umweltzustände eintreten, die der Obstbauer nicht beeinflussen kann. Bei Umweltzustand N_1 wird die Obstsaison regnerisch, mild mit viel Sonne und relativ hohen Auszahlungen. Dieser Zustand tritt mit einer Wahrscheinlichkeit von $p = 0{,}1$, also 10 % ein. Bei Zustand N_2 wird die Saison regnerisch, mild mit wenig Sonne und einer Eintrittswahrscheinlichkeit von ebenfalls 10 %, also $p = 0{,}1$. Bei Zustand N_3 ist das Wetter durchwachsen mit wenig Regen, mild und wenig Sonne und einer Eintrittswahrscheinlichkeit von $p = 0{,}5$. Umweltzustand N_4 ist von schlechtem Wetter mit trockenem, sonnigen Wetter und Bodenfrost geprägt. Dieser Umweltzustand tritt mit einer Wahrscheinlichkeit von $p = 0{,}2$ ein. Bei Umweltzustand N_5 ist ebenfalls mit niedrigen Auszahlungen bei trockenem und kaltem Wetter mit wenig Sonne bei einer Eintrittswahrscheinlichkeit von $p = 0{,}1$ zu rechnen. Die Frage ist nun, welche Anpflanzung sollte der Obstbauer wählen, um seine Auszahlungen zu maximieren?

Zunächst ist zu prüfen, ob eine dominante Strategie vorliegt. Eine dominante Strategie liegt dann vor, wenn es, ungeachtet der Strategiewahl des Gegners (in diesem Fall der „Spieler" Natur N), eine und nur eine einzige optimale Strategiewahl als optimale Antwort gibt. In diesem Fall liegt keine dominante Strategie vor. Die Alternative A_4 liefert zwar im Falle von N_1 die optimale Wahl, würde allerdings im Falle des Eintretens von N_4 zur schlechtesten Auszahlung führen.

Wenn keine dominante Strategie vorliegt, kann die Risikoeinstellung des Spielers geprüft werden. Wir unterscheiden in diesem Kontext zwischen risikofreudigen, risikoaversen und risikoneutralen Akteuren. Ein risikofreudiger Spieler liebt das Risiko und wählt immer die Alternative, die die höchste Auszahlung verspricht. Risikofreudige Spieler lassen sich nicht von Eintrittswahrscheinlichkeiten irritieren und gehen immer volles Risiko. In unserem Fall würde ein risikofreudiger Spieler die Strategie wählen, die die höchste Auszahlung verspricht, dies ist in unserem Beispiel die Strategie A_4. Die risikofreudige Strategie wird auch Maximax-Strategie genannt, da sie den maximalen Nutzen generieren kann. Diese Strategie wird auch von Spielern gewählt, die mit dem Rücken zur Wand stehen und nur noch auf Sieg setzen können, wie z. B. ein Akteur, der kurz vor der Pleite steht und sich bei seiner Bank ein letztes Mal 10.000 € geliehen hat und diese im Roulette auf eine Zahl setzt, um die bevorstehende Pleite doch noch zu verhindern.

Risikoaverse Akteure wiederum scheuen das Risiko und versuchen, einen sicheren Mindestnutzen zu erzielen. Risikoaversion kann man anhand eines kleinen Beispiels erläutern: Ein Student hat in den Semesterferien die Möglichkeit, in der Landwirtschaft auszuhelfen. Der Student erhält bei gutem Wetter eine Auszahlung von 50 € pro Tag und bei schlechtem Wetter, da nicht gearbeitet werden kann, eine Aufwandsentschädigung in Höhe von 10 € pro Tag. Die Eintrittswahrscheinlichkeit von gutem Wetter sei 50 %, also $p = 0{,}5$. Auf Dauer und im Durchschnitt wird der Student ein Einkommen in Höhe des Erwartungswertes, also $E = 0{,}5 \cdot 10 + 0{,}5 \cdot 50 = 30$ € erzielen. Wenn der Student nun risikoavers ist, dann bewertet er ein sicheres niedrigeres Einkommen genauso hoch, wie ein Einkommen, das dem Erwartungswert entspricht, da der Student neben dem Einkommen auch noch das Gut „Sicherheit“ nachfragt. Da der Student mit dem Einkommen aus der Ferientätigkeit kalkulieren möchte, könnte er daher dem Landwirt anbieten, zu einem festen Gehalt, das niedriger als der Erwartungswert ist, z. B. 20 € pro Tag zu arbeiten. Der Student würde daher einen unsicheren Lohn, der dem Erwartungswert entspricht, gegen ein festes Gehalt eintauschen. In diesem Fall würde das Risiko auf den Landwirt übergehen und der Landwirt würde quasi den Studenten gegen Verdienstausfall in Folge schlechten Wetters versichern. Die Kosten des Risikos wären in diesem Fall die Differenz aus unsicherem Erwartungswert und sicherem Einkommen, also in unserem Beispiel 10 €. Der Landwirt kann in diesem Fall das Risiko besser tragen, da er über viele Jahre und unterschiedliche Wetterlagen auf Dauer und im Durchschnitt immer den Erwartungswert generieren wird, während der Student sein Einkommen nur in relativ kurzer Zeit generieren kann. In der Volkswirtschaftslehre spricht man auch von dem sogenannten Sicherheitsäquivalent. Dies ist das sichere Einkommen, das ein Akteur genauso hoch bewertet, wie den Erwartungswert des unsicheren Einkommens. Auf dieser Basis funktionieren Versicherungen, da sie die Risiken vieler Versicherten über einen längeren Zeitraum „poolen“ können und damit mit dem Erwartungswert kalkulieren können. Bezogen auf unser Ausgangsbeispiel bedeutet dies, dass der risikoaverse Obstbauer die Strategie wählt, die einen sicheren Mindestnutzen generiert, dies wäre die Strategie A_2, die eine Auszahlung von mindestens 6 Einheiten generiert. Die risikoaverse Strategie wird auch Maximin-Strategie genannt. Die Strategien Maximax und Maximin sind vor allem dann relevant, wenn Entscheidungssituationen einmalig auftreten. Bei beiden Strategien bleiben die Eintrittswahrscheinlichkeiten unberücksichtigt, d. h. wichtige entscheidungsrelevante Informationen fließen nicht in das Entscheidungsverhalten ein. So tritt der Umweltzustand N_3 mit einer Wahrscheinlichkeit von 50 %, also $p = 0{,}5$ ein und diese wichtige Information bleibt bei beiden risikoorientierten Strategien unberücksichtigt.

Sollen alle Informationen der Entscheidungssituationen verarbeitet werden, dann sind die Erwartungswerte der einzelnen Strategien zu ermitteln.

$$E(A_n) = \sum (N_m * p(m)) \text{ mit } A_n \text{ und } N_m$$

Für die Strategie A1 bedeutet dies $E(A_1) = 12 \cdot 0{,}1 + 12 \cdot 0{,}1 + 12 \cdot 0{,}5 + 0 \cdot 0{,}2 + 4 \cdot 0{,}1 = 8{,}8$. Für die anderen Strategien ergeben sich Erwartungswerte von $E(A_2) = 7{,}4$, $E(A_3) = 7{,}2$, $E(A_4) = 5{,}2$. Da die Strategie A_1 den höchsten Erwartungswert hat, wird ein risikoneutraler Obstbauer diese Anpflanzung wählen, da diese auf Dauer und im Durchschnitt die höchste Auszahlung verspricht. Eine Entscheidung, bei der die Eintrittswahrscheinlichkeiten berücksichtigt werden, wird auch Entscheidung nach dem Erwartungswertprinzip genannt.

In der Literatur wird ein Modell, bei dem der Spieler unabhängig von der Wahl des anderen Spielers entscheidet, häufig als Spiel gegen die Natur bezeichnet. Mit diesem Spiel können Entscheidungsregeln abgeleitet werden und es bildet die Grenze zwischen

Entscheidungstheorie, d. h. Handeln bei parametrisierter Umgebung, und Spieltheorie, d. h. Interaktion und interdependentes Handeln. In der ökonomischen Theorie spielt das Erwartungswertprinzip eine wichtige Rolle, da hier alle verfügbaren Informationen verwertet werden. Allerdings ist in diesem Kontext darauf hinzuweisen, dass Wahrscheinlichkeiten in der Praxis häufig falsch eingeschätzt werden. So werden Ereignisse mit relativ hoher Wahrscheinlichkeit, z. B. die Lungenkrebswahrscheinlichkeit bei Rauchern, häufig unterschätzt, während Ereignisse mit relativ niedriger Wahrscheinlichkeit, z. B. die Wahrscheinlichkeit, bei einem Flugzeugabsturz zu sterben, regelmäßig überschätzt.

2.3 Spieltheorie

Die rationale Entscheidung nach dem Homo-oeconomicus-Prinzip blendet wichtige Faktoren, wie Informationsasymmetrien und unvollständige Information aus. In der Entscheidungstheorie sind zumindest Eintrittswahrscheinlichkeiten bekannt und das daraus resultierende Verhalten schließt diese Informationen und auch die Risikoeinstellung der Akteure mit ein. In der Realität orientieren sich die Spieler allerdings nicht immer an objektiven Informationen und Wahrscheinlichkeitseinschätzungen, sondern an dem Verhalten der anderen Spieler. In diesem Kontext wird die Interaktion mit den anderen ökonomischen Akteuren relevant, um Entscheidungen besser analysieren und vorhersagen zu können. Hier kann die Spieltheorie Erklärungsmodelle liefern, die zwar nicht so schön eindeutig zu berechnen sind, wie die neoklassischen Modelle, die sich an Gleichgewichtszuständen orientieren, dennoch bieten sie wichtige Einsichten in das Verständnis realwirtschaftlicher Entscheidungssituationen. Dieser Abschnitt bietet daher eine Einführung in die spieltheoretischen Modelle, die für das Verständnis der Volkswirtschaftslehre relevant sind.

Während für die Mainstream-Ökonomie die Umwelt fest durch extern vorgegebene Parameter definiert ist, spielt in der spieltheoretischen Analyse die Interaktion eine wichtige Rolle. Die ökonomische Umwelt wird in diesem Kontext als interaktives Spiel aufgefasst und analysiert. Die Spieltheorie erlaubt damit die Analyse sozialer und wirtschaftlicher Interaktion und fokussiert verstärkt auf den Anreizstrukturen, die sich durch wirtschaftliches und soziales Handeln ergeben.

In der Spieltheorie wird zwischen sequenziellen und simultanen Spielen unterschieden. Bei sequenziellen Spielen entscheiden die Spieler nacheinander auf Basis des vorangegangen Zuges. Hier spielt die Reihenfolge der Entscheidung eine wichtige Rolle und aus der Zugreihenfolge können sich Vor- oder Nachteile ergeben. Sequenzielle Spiele werden mit Spielbäumen dargestellt, während simultane Entscheidungssituationen in der Matrixform dargestellt werden. Zur Illustration der Analysemethoden in der Spieltheorie wird der Kampf der Geschlechter verwendet.

Im Kampf der Geschlechter muss sich ein Paar auf eine Aktivität einigen. Beide Spieler haben unterschiedliche Präferenzen, bevorzugen aber eine koordinierte Lösung. Wir gehen daher davon aus, dass der Mann M lieber Fußball schaut statt ins Kino zu gehen, während seine Partnerin Frau F am liebsten ins Kino geht. Wenn beide Spieler simultan entscheiden, ergibt sich die Matrixdarstellung des Spiels in Abb. 2.1.

In der Spieltheorie wird zwischen Zeilen- und Spaltenspieler unterschieden. Der Zeilenspieler, in diesem Beispiel der Mann M, hat die Wahl zwischen den beiden Zeilenstrategien Kino und Fußball. Die Auszahlungen für den Zeilenspieler sind immer in der ersten Zahl vor dem Komma dargestellt. Der Spaltenspieler, in diesem Beispiel die Frau F, stehen die Spaltenstrategien Kino und Fußball zur Wahl und die Auszahlung des Spaltenspielers sind immer nach dem Komma erfasst. Dies bedeutet, dass bei der Strategiewahl Mann: Kino und Frau: Kino für den Mann eine Auszahlung in Höhe von 3 erzielt wird und für die Frau eine Auszahlung in Höhe von 4. Die Auszahlungen bei spieltheoretischen Modellen sind immer ordinal-skaliert, d. h. eine höhere Auszahlung geht mit einem höheren Nutzen einher und prinzipiell wird eine höhere Auszahlung gegenüber einer niedrigeren bevorzugt. Zur Analyse von simultanen Spielen werden als graphische Hilfsmittel Pfeile verwendet, die die Strategiewahl beschreiben, wenn der Gegenspieler sich entsprechend entschieden hat, wie in Abb. 2.2 dargestellt.

Wenn sich nun die Frau für die Strategie Kino entscheidet, wäre die beste Strategiewahl des Mannes ebenfalls die Strategie Kino. Entscheidet sich die Frau für Fußball, dann wäre die beste Antwort des Mannes die Strategie Fußball, da die Auszahlung für den Mann von 3 auf 4 steigen würde. Die Pfeile bilden also jeweils die beste Strategiewahl des Spielers ab, wenn sich der „Gegner" entsprechend entschieden hat. In diesem Spiel gibt es keine sogenannte dominante Strategie, die unabhängig von der Strategiewahl des Gegners immer die höchste Auszahlung hat.

▶ Eine **dominante Strategie** ist in der Spieltheorie die Strategiewahl, die unabhängig von der Strategiewahl des Gegners immer die höchste Auszahlung liefert.

Abb. 2.1 Der Kampf der Geschlechter als simultanes Spiel

		Frau	
		Kino	Fußball
Mann	Kino	3,4	1,1
	Fußball	2,2	4,3

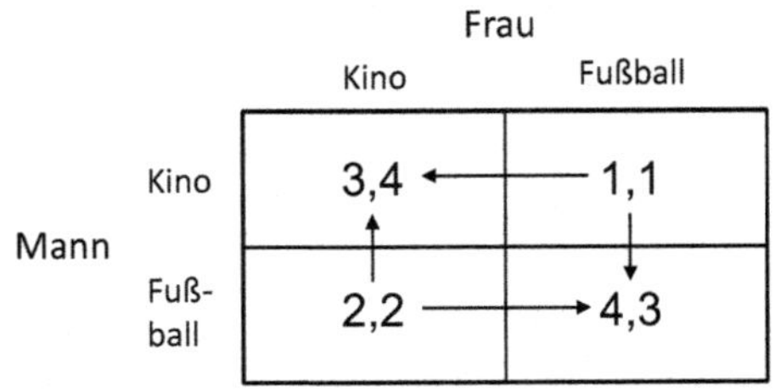

Abb. 2.2 Der Kampf der Geschlechter als simultanes Spiel: Analyse

Da im Kampf der Geschlechter beide Partner eine koordinierte Strategiewahl bevorzugen, ziehen beide Spieler gemeinsame Aktivitäten, also entweder Kino/Kino oder Fußball/Fußball, vor. In der simultanen Betrachtungsweise hat das Spiel kein Gleichgewicht. Spieler M bevorzugt die Lösung Fußball/Fußball und Spielerin F die Lösung Kino/ Kino. Der wichtigste Gleichgewichtsbegriff in spieltheoretischen Modellen ist das Nash-Gleichgewicht.

▶ Ein **Nash-Gleichgewicht** liegt dann vor, wenn keiner der rational-handelnden Spieler einen Anreiz besitzt, bei gegebener Strategiewahl des Gegners, die eigene Strategiewahl zu ändern.

Ein eindeutiges Nash-Gleichgewicht liegt im Kampf der Geschlechter nicht vor. Eine eindeutige Lösung kann nur dann erzielt werden, wenn wir die simultane Entscheidungssituation in Richtung einer sequenziellen Entscheidung verändern. Wenn wir davon ausgehen, dass der Mann in weiser Voraussicht bereits Tickets für ein Fußballspiel gekauft hat, dann könnte der Spielbaum wie in Abb. 2.3 modelliert werden.

Bei sequenziellen Spielen wird die Entscheidungssituation mit einem Spielbaum illustriert. Spieler M beginnt und hat die Wahl zwischen Fußball und Kino. Wählt der Mann Fußball, dann hat die Frau F die Wahl zwischen Kino und Fußball. Die Auszahlungen betragen für M: Fußball und F: Kino jeweils 2 Nutzeneinheiten. Wählt die Frau im zweiten Schritt statt Kino die Strategie Fußball, dann erhält M die Auszahlung von 4 und F die Auszahlung von 3. Wählt M im ersten Zug Kino, dann kann F wieder zwischen Kino und Fußball wählen. Im Falle von F: Kino erhält der Mann als Auszahlung

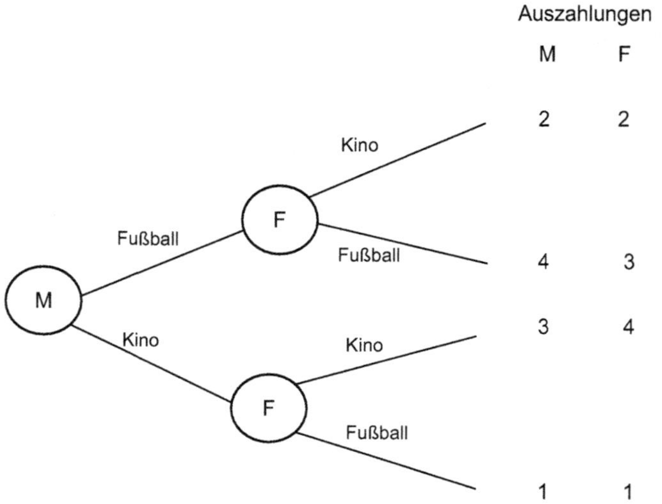

Abb. 2.3 Der Kampf der Geschlechter als sequenzielles Spiel: Der Mann zieht zuerst

3 und die Frau die Auszahlung 4. Die niedrigste Auszahlung wird realisiert, wenn der Mann alleine ins Kino geht und die Frau alleine im Fußballstadion sitzt, dies würde in einer Auszahlung von jeweils 1 Nutzeneinheit resultieren. Bei der Spielbaumdarstellung spielt die Informationsmenge eine wichtige Rolle, diese ist mit den fett-gedruckten Kreisen dargestellt und zeigt an, dass die jeweiligen Spieler wissen, in welcher Art von Spiel sie sich gerade befinden. Sequenzielle Spiele in Spielbaumdarstellung werden durch Rückwärtsinduktion gelöst. Dafür wird das Spiel in Teilspiele zerlegt und für jedes Teilspiel eine optimale Antwort des jeweiligen Spielers mit Pfeilen dargestellt. Die optimale Antwort in Teilspielen wird teilspielperfektes Gleichgewicht genannt. Abb. 2.4 zeigt die Lösung des Spiels, zerlegt in teilspielperfekte Gleichgewichte.

Teilspiele sind durch die Kastendarstellung illustriert. Im ersten Teilspiel, wenn sich also M für Fußball entschieden hat, ist die optimale Antwort von F durch die Strategiewahl Fußball per Pfeil dargestellt, da für F 3 > 2 vorliegt. Wählt also M: Fußball, dann wird F ebenfalls Fußball wählen. Das alternative Teilspiel, wenn M Kino wählt, würde zur Strategiewahl von F: Kino führen, da in diesem Teilspiel für F gilt 4 > 1. Da beide Spieler über die Informationsmenge die Struktur des Spiels und die optimalen Antworten des „Gegners" kennen, wird sich im ersten Zug der Mann für Fußball entscheiden, da im Vergleich der beiden nachfolgenden Teilspiele gilt 4 > 3. Die Lösung in sequenziellen Spielen wird für die einzelnen Teilspiele durch Pfeile angezeigt, so dass am Ende beide im Fußballstadion landen werden, wenn der Mann den ersten Zug hat. Wenn nun alternativ die Frau den ersten Zug im Kampf der Geschlechter hat, dann ergibt sich folgender Spielbaum (Abb. 2.5) mit dazugehöriger Lösung.

In diesem Fall wird das Paar am Ende gemeinsam im Kino landen! Wir sehen also, dass bei einer präferierten koordinierten Lösung, wenn also beide Spieler den Abend gemeinsam verbringen möchten, am Ende der Spieler die höchste Auszahlung hat, der den ersten Zug macht. Wenn die Frau die Kinotickets schon besorgt hat, wird der

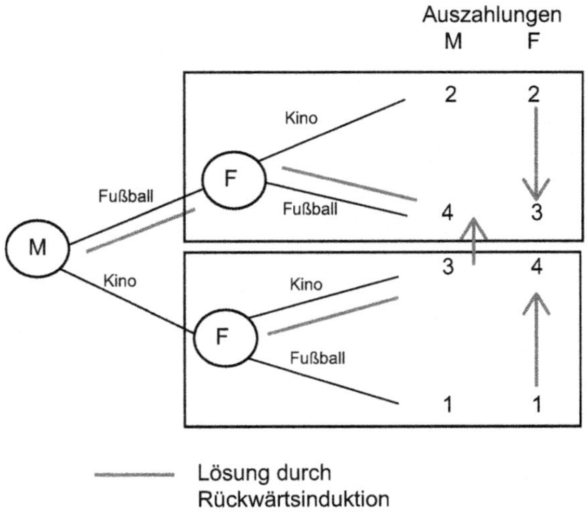

Abb. 2.4 Der Kampf der Geschlechter als sequenzielles Spiel: Analyse

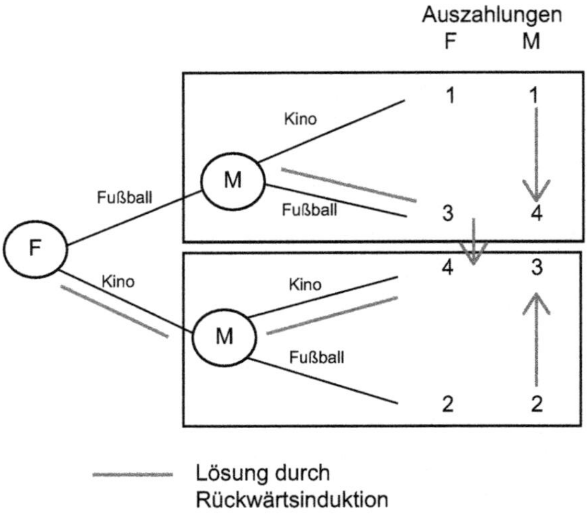

Abb. 2.5 Der Kampf der Geschlechter als sequenzielles Spiel – Die Frau zieht zuerst

Mann auch gemeinsam mit ihr ins Kino gehen, bzw. wenn der Mann bereits Fußballtickets beschafft hat, landen beide am Ende gemeinsam im Stadion. Im Ergebnis bedeutet dies, dass Spiele, die simultan gespielt werden, nicht immer eindeutige Lösungen haben, aber durch die Einführung einer zeitlichen Abfolge der Entscheidung bisweilen eindeutig gelöst werden können. Im Falle des Kampfes der Geschlechter spricht man auch von einem „first-mover-advantage", da der Spieler mit dem ersten Zug am Ende die höchste Auszahlung bekommt. Wenn wir von einer einmaligen Spielsituation ausgehen, dann ergibt sich bei dem Kampf der Geschlechter ein Spieler mit hoher Auszahlung und ein Spieler mit niedrigerer Auszahlung. Bei wiederholtem Spielen können sich durchaus im Zeitverlauf zwei dynamische Gleichgewichte, die zwischen Fußball/Fußball und Kino/Kino wechseln, einstellen!

Die Spieltheorie trägt sicherlich zum Verständnis realer Entscheidungssituationen bei und hat in den letzten Jahren eine hohe Verbreitung in der Lehre erfahren. Da jedoch, gerade im Bachelorbereich der wirtschaftswissenschaftlichen Grundausbildung, nach wie vor mathematische Methoden dominieren, werden im weiteren Verlauf des Buches die spieltheoretischen Ansätze als Exkurse zu den mathematisch-orientierten Ansätzen präsentiert. In diesem Kapitel hingegen werden die grundlegenden Modelle und deren Anreizstrukturen dargestellt.

2.3.1 Individuelle vs. kollektive Rationalität

In der Realität existiert häufig ein Konflikt zwischen individueller und kollektiver Rationalität, wie in folgender Spielsituation, dem Gefangenen-Dilemma, dargestellt. Wir gehen von zwei Spielern I, II aus, die die Wahl zwischen zwei alternativen Strategien

C: *cooperate* und *D*: *defect* haben. Die beiden Spieler möchten eine Bank ausrauben und werden auf der Flucht von der Polizei erwischt. Da lediglich schwache Indizien vorliegen, werden die beiden Bankräuber getrennt voneinander befragt. Dabei können die Spieler kooperieren und schweigen, d. h. die Strategie *C* wählen. Alternativ kann jeder Spieler ausplaudern und den anderen Spieler des Bankraubs bezichtigen, d. h. Strategie *D* wählen. Es gilt die Kronzeugenregelung, dies bedeutet, derjenige Spieler, der den anderen „in die Pfanne haut", wird mit Haftverschonung belohnt, während der andere Spieler streng bestraft wird. Wenn beide kooperativ spielen und schweigen, bekommen sie lediglich aufgrund der Indizienlage eine kurze Haftstrafe. Die Auszahlung wird in Nutzeneinheiten ordinal angegeben und es gilt $4 > 3 > 2 > 1$. Die Struktur des Spiels ist in Abb. 2.6 dargestellt.

Spielen beide Spieler kooperativ, erhalten beide ein Auszahlung von 3 Nutzeneinheiten. Wenn beide Spieler ausplaudern und den anderen Spieler „verpfeifen", dann erhalten beide eine Gefängnisstrafe, die der Auszahlung von 2 entspricht. Spielt Spieler *I* kooperativ und schweigt während Spieler *II* ihn in die Pfanne haut, dann wird Spieler *II* mit der Auszahlung 4 belohnt, während Spieler *I* mit der niedrigsten Auszahlung 1 bestraft wird. Die Analyse in Abb. 2.7 zeigt, dass für beide Spieler jeweils die nicht-kooperative Strategie *D* eine dominante Strategie darstellt. Das Nash-Gleichgewicht liegt bei der Auszahlung $2, 2$, dies bedeutet, am Ende wird keiner der Spieler kooperieren und schweigen, sondern jeweils den anderen Spieler des Bankraubs bezichtigen. Im Ergebnis führt die individuell-rationale Wahl zum kollektiv niedrigsten Ergebnis, da die aggregierten Auszahlungen am niedrigsten ausfallen. Die kollektiv-rationale Lösung, d. h. die Lösung die die aggregierte Wohlfahrt beider Spieler maximiert, wäre die kooperative Lösung C, C mit den Auszahlungen $3, 3$ gewesen. Ein Maßstab der Bewertung verschiedener Allokationen

Abb. 2.6 Das Gefangenen-Dilemma

		II: C	II: D
I	C	3,3	1,4
I	D	4,1	2,2

Abb. 2.7 Das Gefangenen-Dilemma: Analyse

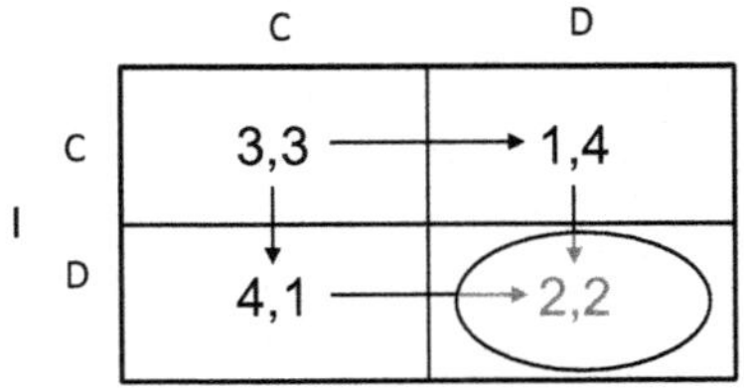

stellt in diesem Zusammenhang das Pareto-Optimum dar. Das Pareto-Optimum ist eine Situation, bei der sich keiner der Akteure verbessern kann, ohne dass sich ein anderer Akteur verschlechtert. Eine Allokation ist daher ineffizient, wenn sich mindestens ein Akteur verbessern könnte, ohne dass sich ein anderer Akteur verschlechtert. Das Nash-Gleichgewicht, d. h. das Ergebnis individuell-rationaler Entscheidungen D, D ist die einzige Allokation, die nicht pareto-optimal ist. Die anderen drei Felder C, C; C, D; D, C stellen jeweils Pareto-Optima dar, da eine mögliche Verbesserung eines Spielers immer zu Lasten einer Verschlechterung des Gegenspielers führen würde.

Das Gefangenen-Dilemma zeigt, dass individuelle und kollektive Rationalität auseinander fallen können. In der Realität treten soziale Dilemma-Situation häufig auf. Typische Beispiele sind die Nutzung gemeinschaftlicher Ressourcen im Umweltbereich und bei der Bereitstellung öffentlicher Güter. So haben in der globalen Fischerei grundsätzlich alle Unternehmen ein Interesse daran, die gemeinsamen Fischbestände zu erhalten. Um dies zu erreichen, müssen allerdings die Fangquoten eingehalten werden, d. h. die Unternehmen müssen die kooperative Strategie C wählen. Da auf den Weltmeeren eine Überwachung der Einhaltung der Fangquoten aber aufgrund hoher Kosten kaum möglich ist, haben individuelle Fischer einen starken Anreiz, die Fangquote zu überschreiten, um den eigenen Gewinn zu erhöhen, d. h. die nicht-kooperative Strategie D zu wählen. Wenn dies allerdings alle Fischer machen, werden am Ende die Fischbestände überfischt. Dies bedeutet, die individuell-rationale Entscheidung die Fangquote zu überschreiten, um den individuellen Gewinn zu maximieren, konterkariert die kollektiv-rationale Strategie, die Fischbestände stabil zu halten.

Das dargestellte Gefangenen-Dilemma geht von einer einmaligen Spielsituation aus. Tritt die Spielsituation jedoch wiederholt auf, dann kann sich durchaus die kooperative Strategie C durchsetzen. Eine weitere Lösungsmöglichkeit ist die sogenannte „Mafia-Lösung". Demnach werden nicht-kooperativ spielende Bankräuber, die „auspacken", hart von der kriminellen Organisation bestraft. Dies verändert allerdings die Spielmatrix, da der nicht-kooperativen Strategie zusätzliche Kosten auferlegt werden.

2.3.2 Häufigkeitsabhängigkeit von Entscheidungen und Kritische Masse

Obwohl häufig individuelle und kollektive Rationalität auseinanderfallen, setzen sich in der Praxis dennoch kooperative Verhaltensnormen durch. Dies kann dadurch erklärt werden, dass es in vielen Situationen sinnvoll ist, auf einen kurzfristigen Vorteil zu verzichten, um langfristig höheren Nutzen zu erhalten. Gehen wir von folgendem Beispiel aus:

Zur Förderung der regionalen Wirtschaftsentwicklung soll ein Technologiezentrum entstehen (z. B. zur Förderung der Entwicklung und Diffusion von IT in einer Region). Dieses Zentrum kann jedoch nur entstehen, wenn eine ausreichend große Anzahl von Unternehmen kooperiert und das Zentrum finanziert. Das Technologiezentrum kommt der gesamten Region zugute, also auch den Unternehmen, die sich nicht am Aufbau beteiligen. Es handelt sich also um ein typisches öffentliches Gut. Gegeben seien daher $n = 100$ Unternehmen, die zwischen zwei Strategien C und D, wählen können. Die kooperative Strategie C bedeutet, dass Unternehmen sich am Aufbau beteiligen, während die defekte Strategie D bedeutet, dass Unternehmen sich nicht daran beteiligen. Der Nutzen der Strategie C sei $N(C) = 150$; der Nutzen der Strategie D sei $N(D) = 200$. Die Kostenfunktion ist mit $K(n) = 200 - 2n$ beschrieben, wobei n die Anzahl der Unternehmen ist, die sich am Aufbau beteiligen (d. h. C wählen). Der Nettonutzen der kooperativen Strategie ist daher

$$NN(C) = 150 - (200 - 2n) = -50 + 2n$$

Der Nettonutzen der nicht-kooperativen Strategie ist

$$NN(D) = 200 - (200 - 2n) = 2n$$

Die Auszahlungen, d. h. der Nettonutzen der einzelnen Strategien, ist in Abb. 2.8 dargestellt. Die nicht-kooperative Strategie D, d. h. wenn sich die Unternehmen nicht an der Finanzierung beteiligen, ist auch hier eine dominante Strategie, da die Auszahlungen immer oberhalb der kooperativen Strategie C liegen. Allerdings zeigt sich im Mehr-Personen-Gefangenen-Dilemma, dass es Situationen gibt, in denen der Nettonutzen der kooperativen Strategie höher ist als der Nettonutzen der nicht-kooperativen Strategie. So ist in Punkt A der Nettonutzen der kooperativen Strategie höher im Vergleich zu der Situation, wenn keiner kooperiert, also $n = 0$. Die kritische Masse Typ A wird ermittelt,

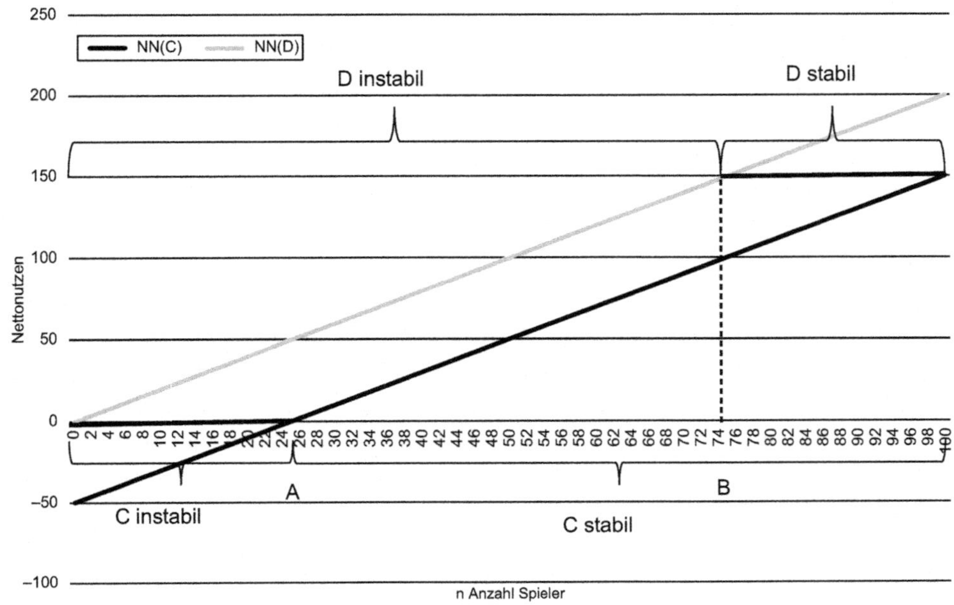

Abb. 2.8 Das Mehr-Personen-Gefangenen-Dilemma

indem der Nettonutzen der kooperativen Strategie mit dem Nettonutzen der nicht-kooperativen Strategie bei $n = 0$ gleichgesetzt wird:

$$-50 + 2n = 2 \cdot 0$$

Umstellen nach n ergibt

$$n = 25$$

Dies bedeutet, wenn mindestens 25 Personen kooperieren und sich an der Finanzierung des Technologiezentrums beteiligen, dann ist der Nettonutzen höher als wenn sich keiner an der Finanzierung beteiligt. Ab der kritischen Masse $n = 25$ wird kooperatives Verhalten stabil, vor dieser kritischen Grenze instabil. Da nicht-kooperatives Verhalten immer dominant ist, gibt es allerdings auch eine obere kritische Grenze, ab der es sich nicht mehr lohnt, in die Kooperation, d. h. die Finanzierung, einzusteigen. Dies ist bei Punkt *B* der Fall. Punkt B wird ermittelt, indem der Nettonutzen der nicht-kooperativen Strategie mit dem Nettonutzen der kooperativen Strategie bei $n = 100$ gleichgesetzt wird:

$$2n = -50 + 2 \cdot 100$$

Umstellen nach n führt zu

$$n = 75$$

Dies bedeutet, wenn bereits 75 Personen, bzw. Unternehmen die Finanzierung sicherstellen, lohnt es sich nicht mehr für ein einzelnes Unternehmen, in die Kooperation einzusteigen. Ab der kritischen Masse Typ B wird die nicht-kooperative Strategie *D* stabil, vorher ist sie instabil.

Wenn nun die kritische Masse Typ A vor Typ B liegt, ist Kooperation wahrscheinlich, da nur 25 % der Unternehmen nötig sind, damit der Nettonutzen der Kooperation höher ist im Vergleich zu einer Situation, wenn das Technologiezentrum nicht realisiert wird. Das Mehr-Personen-Gefangenen-Dilemma modelliert einen häufigkeitsabhängigen Prozess, bei der das Zustandekommen und die Stabilität von kooperativen Verhaltensnormen davon abhängt, ob bereits eine kritische Masse von kooperationswilligen Teilnehmern erreicht wurde.

Mit Kritische-Masse-Phänomenen kann das Zustandekommen von Verhaltensweisen und Standards beschrieben und analysiert werden. Ein Beispiel in diesem Zusammenhang ist das Tragen von Fahrradhelmen. Grundsätzlich ist natürlich das Tragen eines Fahrradhelms sinnvoll, um sich vor Kopfverletzungen zu schützen, dennoch fahren einige Radfahrer ohne Helm. Mögliche Begründungen könnten sein, dass man sich durch den Helm die Frisur zerstört oder aber generell als Schwächling angesehen werden könnte. Das Tragen eines Helms wird erst dann akzeptiert, wenn eine kritische Masse an „Helmträgern" in der Population realisiert wurde. Der Nutzen des Fahrens mit Helm kann mit der folgenden Nutzenfunktion dargestellt werden

$$NN(C) = 0{,}85n - 20$$

Der Nutzen des „ohne Helm Fahrens“ sei mit folgender Funktion dargestellt:

$$NN(D) = 0{,}6n$$

Wie in Abb. 2.9 illustriert, liegt die kritische Masse, ab der sich der Verhaltensstandard „Helm Tragen“ durchgesetzt hat, beim Schnittpunkt beider Funktionen.

$$0{,}85n - 20 = 0{,}6n$$
$$n = 80$$

Dies bedeutet, wenn sich 80 % der Radfahrer für das Tragen eines Helms entschieden haben, werden am Ende alle mit Helm unterwegs sein. Fahren allerdings weniger als 80 % der Radfahrer mit Helm, so hat sich der Standard (noch) nicht durchgesetzt. Kritische-Masse-Phänomene zeigen, dass sich Menschen nicht nur an den eigenen Präferenzen, sondern auch am Verhalten anderer Menschen orientieren. Verhalten sich andere Menschen kooperativ, so steigt der Nutzen, wenn man sich selbst ebenfalls kooperativ verhält.

Wie bisher gezeigt wurde, besteht in der Realität häufig ein Konflikt zwischen individueller und kollektiver Rationalität. Individuelles Handeln getreu dem Homo oeconomicus führt nicht automatisch zu kollektiv-rationalen Ergebnissen. Das Zustandekommen von kooperativem Verhalten ist daher wichtig, um das Gemeinwohl zu fördern. Gerade für Unternehmen ist kooperatives Verhalten mit (kurzfristigen) Kosten verbunden, denen ein entsprechender (langfristiger) Ertrag entgegenstehen sollte, damit sich kooperatives Verhalten auch für gewinnmaximierende Unternehmen lohnt. In diesem Zusammenhang spielen die Verteilungsgewinne kooperativen Verhaltens eine wichtige Rolle. Eine Zusammenarbeit lohnt sich für ein Unternehmen nur, wenn die Superadditivitätsbedingung erfüllt ist, d. h. wenn die Auszahlungen der einzelnen Unternehmen

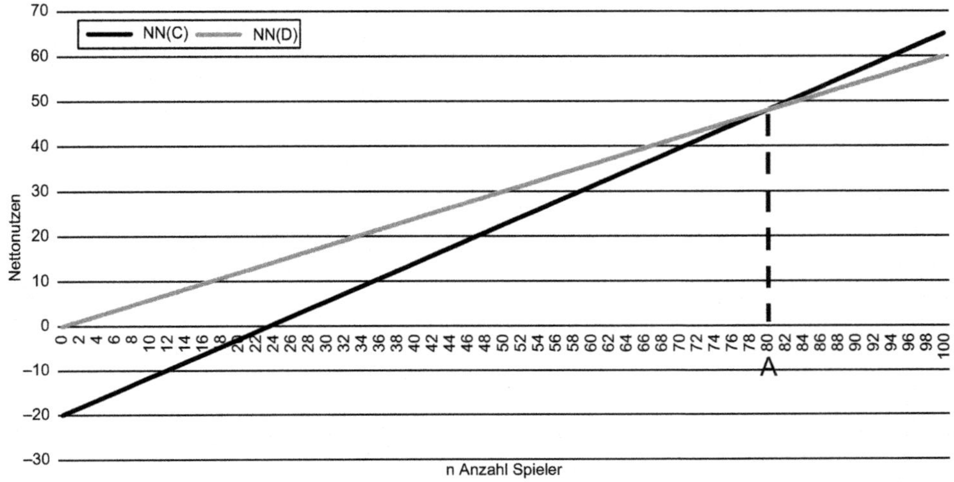

Abb. 2.9 Kritische-Masse-Phänomen

kleiner sind als die Summe der Koalition. Die Superadditivitätsbedingung wird in der Praxis auch häufig als Synergie-Effekt bezeichnet. Die Koalition kann dabei ein Unternehmenszusammenschluss, eine Zusammenarbeit in einem Cluster oder Netzwerk, oder aber die Gründung eines gemeinsamen Unternehmens, eines Joint-Ventures, sein. Im folgenden Kooperationsspiel sind verschiedene Verteilungsverfahren dargestellt.

Wir gehen davon aus, dass sich drei Unternehmen zu einem Joint-Venture zusammenschließen möchten. Die folgende charakteristische Funktion $V(C)$ zeigt die Zuordnung der Auszahlungen oder Gewinne zu den einzelnen Koalitionen C. Die Unternehmen seien der Einfachheit halber mit den Zahlen $1, 2, 3$ bezeichnet (Tab. 2.2).

Die Superadditivitätsbedingung ist erfüllt, da die Auszahlung der Koalition $1, 2, 3$ eine größere Auszahlung $V(1, 2, 3) = 24$ als die Summe der Einzelauszahlungen der einzelnen Unternehmen, also $2 + 4 + 6 = 12$ hat. Die Wahl des Verteilungsverfahrens setzt wichtige Anreize für eine mögliche Kooperation. Bei der Gleichverteilung erhält jedes Unternehmen den gleichen Teil vom Gesamtgewinn, d. h. jedes Unternehmen erhält

$$W_1 = W_2 = W_3 = \left(\frac{24}{3}\right) = 8$$

Die Gleichverteilung wird vermeintlich als „gerecht“ eingeschätzt, obwohl weder die Anfangsbestände der einzelnen Unternehmen noch die Grenzproduktivitäten in Subkoalitionen berücksichtigt werden. Unternehmen 1 wird vermutlich die Gleichverteilung begrüßen, während Unternehmen 3 sich wohl eher nicht an der Koalition beteiligen würde, da das Unternehmen alleine schon eine Auszahlung von 6 realisieren könnte. Das Verfahren ist daher nicht anreizkompatibel. Ein alternatives Verteilungsverfahren ist die Zugewinnverteilung, bei der der Zugewinn nach Köpfen aufgeteilt wird, aber die Grundausstattung erhalten bleibt. Die Auszahlungen für die einzelnen Unternehmen sind demnach

$$W_1 = 2 + \left(\frac{1}{3}\right)(24 - 12) = 6$$
$$W_2 = 4 + \left(\frac{1}{3}\right)(24 - 12) = 8$$
$$W_3 = 6 + \left(\frac{1}{3}\right)(24 - 12) = 10$$

Tab. 2.2 Die charakteristische Funktion $V(C)$ der Koalitionen C im Kooperationsspiel

Koalition C	Auszahlung $V(C)$
1	2
2	4
3	6
1, 2	10
1, 3	12
2, 3	14
1, 2, 3	24

Der Vorteil der Zugewinnverteilung ist, dass jedes Unternehmen seine Ausgangsausstattung behält. Diese Art der Verteilung gilt auch als vermeintlich „gerechtes“ Verteilungsverfahren. Doch auch hier werden die Grenzproduktivitäten in etwaigen Subkoalitionen nicht berücksichtigt und daher gilt das Verfahren als nicht anreizkompatibel. Die Zugewinngemeinschaft ist in Deutschland das gesetzliche Verteilungsverfahren bei Eheschließungen, wenn nichts anderes in einem Ehevertrag vereinbart wurde. Alternativ können die Gewinne nach Anteilen aufgeteilt werden. Dazu wird der Gesamtgewinn entsprechend den Anteilen an der Ausgangsausstattung aufgeteilt. Demnach erhalten wir die folgenden Auszahlungen für die Unternehmen:

$$W_1 = 24\left(\frac{2}{12}\right) = 4$$
$$W_2 = 24\left(\frac{4}{12}\right) = 8$$
$$W_3 = 24\left(\frac{6}{12}\right) = 12$$

Der Vorteil dieses Verteilungsverfahrens ist, dass die Anteile der Ausgangsausstattung berücksichtigt werden. Da die Subkoalitionen und damit die Grenzproduktivitäten nicht berücksichtigt werden, wird auch dieses Verfahren als nicht anreizkompatibel eingestuft. So würde Unternehmen 3 sicherlich eine Anteilsverteilung begrüßen, während sich Unternehmen 1 nicht an einer Kooperation beteiligen würde.

Bei den bisherigen Verteilungsverfahren wurde nur der Gesamtgewinn der „großen“ Koalition und ggfs. die Ausgangsausstattung, bzw. deren Anteile berücksichtigt, während Informationen über mögliche Subkoalitionen ausgeblendet wurden. Die Berücksichtigung aller Subkoalitionen erfolgt beim Shapley-Verfahren, bei dem der durchschnittliche Grenzbeitrag jedes Unternehmens gemittelt über alle möglichen Koalitionen, Berücksichtigung findet. Für das vorliegende Zahlenbeispiel ergibt sich für Unternehmen 1 der folgende Shapley-Wert:

$$W_1 = \left(\frac{2-0}{3\cdot 1}\right) + \left(\frac{(10-4)+(12-6)}{3\cdot 2}\right) + \left(\frac{24-14}{1\cdot 3}\right) = 6$$

Im Nenner sind dabei jeweils die Anzahl der möglichen Koalitionen multipliziert mit der Anzahl der Teilnehmer dargestellt, während im Zähler die Beiträge des Unternehmens aufgeführt werden. So gibt es insgesamt drei Zweier-Koalitionen, also im Nenner $3 \cdot 2$. Im Zähler findet sich der Beitrag von Unternehmen 1 in den Zweier-Koalitionen. Wenn also Unternehmen 1 und Unternehmen 2 zusammenarbeiten, ergibt sich eine Auszahlung von $V(1{,}2) = 10$. Davon wird in dieser Koalition die Auszahlung von Unternehmen 2, also $V(2) = 4$ abgezogen, um den Beitrag von Unternehmen 1 zu erhalten. Des Weiteren kann bei den Zweier-Koalitionen Unternehmen 1 mit Unternehmen 3 koalieren. Die Auszahlung dieser Koalition wäre $V(1{,}3) = 12$ abzüglich der Auszahlung für Unternehmen

Tab. 2.3 Kooperationsspiel: Auszahlungen nach Verteilungsverfahren

	Unternehmen 1	Unternehmen 2	Unternehmen 3
Gleichverteilung	8	8	8
Zugewinnverteilung	6	8	10
Anteilsverteilung	4	8	12
Shapley-Verfahren	6	8	10

$3 = V(3) = 6$ ergibt den Beitrag von Unternehmen 1 in dieser Koalition. Für die beiden anderen Unternehmen ergeben sich die folgenden Shapley-Werte:

$$W_2 = \left(\frac{4-0}{3\cdot 1}\right) + \left(\frac{(10-2)+(14-6)}{3\cdot 2}\right) + \left(\frac{24-12}{1\cdot 3}\right) = 8$$
$$W_3 = \left(\frac{6-0}{3\cdot 1}\right) + \left(\frac{(12-2)+(14-4)}{3\cdot 2}\right) + \left(\frac{24-10}{1\cdot 3}\right) = 10$$

Die Verteilung nach dem Shapley-Verfahren ist anreizkompatibel, da Informationen über alle möglichen Subkoalitionen und die entsprechenden Grenzproduktivitäten berücksichtigt werden. Die Auszahlungen sind in Tab. 2.3 in der Übersicht dargestellt.

Das Kooperationsspiel zeigt, dass die Wahl des Verteilungsverfahrens einen Einfluss auf die Anreize zur Kooperation hat. Bei dem gewählten einfachen Zahlenbeispiel mit drei Unternehmen sind zwar die Unterschiede nicht besonders ausgeprägt, es zeigt sich dennoch, dass insbesondere für kleine Unternehmen mit niedriger Ausgangsausstattung die Gleichverteilung Kooperationsbeziehungen interessant machen kann, während große Unternehmen gerade an der Anteilsverteilung Gefallen finden würden. Die Gleich-, Zugewinn- und Anteilsverteilung sind jedoch nicht anreizkompatibel, da wesentliche Informationen über Grenzbeiträge in Subkoalitionen unberücksichtigt bleiben. Das Shapley-Verfahren berücksichtigt diese Informationen. Der Shapley-Wert kann in einer leicht abgewandelten Version als Macht-Index berechnet werden, um die Machtverhältnisse in politischen Gremien zu modellieren.

Beispiel

In einem politischen Gremium sitzen drei Parteien. Partei A verfügt über 55 % der abgegebenen Stimmen, Partei B 25 % und Partei C 20 %. Politische Entscheidungen können mit einer Mehrheit von 70 % der Stimmen durchgesetzt werden. Daraus ergibt sich der folgende Abstimmungskörper

$$v = (70;\ 55, 25, 20)$$

Der Shapley-Wert in der Anwendung als Machtindex wird auch als Shapley-Shubik-Index bezeichnet und geht davon aus, dass die Reihenfolge des Eintritts in eine

Koalition von Belang ist. Bei drei Parteien sind $3! = 6$ Möglichkeiten, d. h. Permutationen, einer Anordnung der drei Parteien möglich, wie in Tab. 2.4 dargestellt.

Bei der ersten Koalition ABC kommt der Partei B eine entscheidende Rolle für das Zustandekommen der Mehrheit von 70 % der Stimmen zu, da A alleine nur auf 55 % der Stimmen kommen würde, sind die 25 % der Stimmen von B nötig, um die Mehrheitsregel zu erfüllen. Da beim Shapley-Shubik-Index die Reihenfolge des Koalitionsbeitritts eine entscheidende Rolle spielt, wird Partei B eine 1 zugeordnet, da diese Partei in dieser Koalition den entscheidenden Spieler, d. h. den sogenannten Pivotspieler stellt. Bei der nächsten Koalition ACB ist Partei C der Pivotspieler, da ohne C die Mehrheit nicht erreicht wird. Bei den folgenden vier Koalitionen ist jeweils Partei A der Pivotspieler. In der Summe erzielt somit Partei A insgesamt 4 Pivots während die Parteien B und C auf jeweils 1 Pivot kommen.

Der Shapley-Shubik-Index ist definiert als

$$W_i = \frac{\textit{pivotale Permutationen Spieler } i}{n!}$$

Wir erhalten somit die folgenden Shapley-Werte:

$$W_A = \frac{4}{6} = \frac{2}{3} \approx 66{,}67$$
$$W_B = \frac{1}{6} \approx 16{,}67$$
$$W_C = \frac{1}{6} \approx 16{,}67$$

Der Shapley-Shubik-Index zeigt somit die tatsächliche Macht der einzelnen Koalitionspartner auf. Partei A verfügt über 55 % der Stimmen, hat aber aufgrund der Mehrheitsverhältnisse ein tatsächliches Stimmgewicht von 66,67 %. Die Parteien B und C haben das gleiche faktische Stimmgewicht, obwohl Partei B insgesamt mehr Wähler auf sich vereinen konnte als Partei C.

Tab. 2.4 Der Shapley-Wert als Machtindex

Permutationen	Partei A	Partei B	Partei C
A, B, C	0	1	0
A, C, B	0	0	1
B, A, C	1	0	0
B, C, A	1	0	0
C, A, B	1	0	0
C, B, A	1	0	0
Pivots	4	1	1
Shapley-Wert	4/6	1/6	1/6

Weiterführende Literatur

Holler MJ, Illing G (2008) Einführung in die Spieltheorie. Springer, Heidelberg
Riechmann T (2010) Spieltheorie. Vahlen, München
Schelling TC (1978) Micromotives and macrobehavior. Norton, New York
Weise P, Brandes W, Eger T, Kraft M (2005) Neue Mikroökonomie. Physica, Heidelberg

Statische Analyse in der Volkswirtschaftslehre: Mikroökonomik

3

3.1 Einführung in die Mikroökonomik und Marginalanalyse

Die Mikroökonomik untersucht in erster Linie das individuelle Verhalten der Konsumenten und Produzenten und die Konsequenzen für Preisbildung und Allokation. Der Preis bzw. die Preisbildung spielt eine zentrale Rolle in der Organisation und Koordination wirtschaftlicher Aktivitäten. Das Preis-Mengen-Diagramm, wie in Abb. 3.1 dargestellt, kann daher auch überspitzt als das „Totem" der Mikroökonomik aufgefasst werden, anhand dessen die Vorgehensweise in diesem Kapitel illustriert werden kann. Im Rahmen der Haushaltstheorie wird zunächst auf Basis der individuellen Nutzenfunktion das Haushaltsoptimum ermittelt. In der Folge wird die aggregierte volkswirtschaftliche Nachfragekurve hergeleitet (Abschn. 3.3.2). Im Rahmen der Unternehmens- und Produktionstheorie wird über den optimalen Einsatz der Produktionsfaktoren und die Ermittlung des Gewinnmaximums das Betriebsoptimum individueller Unternehmen hergeleitet. Über das Betriebsoptimum wird die aggregierte volkswirtschaftliche Angebotsfunktion hergeleitet (Abschn. 3.4.3). Wenn Angebots- und Nachfragefunktionen vorliegen, kann die Preisbildung in verschiedenen Marktformen ermittelt und analysiert werden (Abschn. 3.5). In Abschn. 3.2 werden die Vorteile der Arbeitsteilung analysiert, während in Abschn. 3.6 die mikroökonomische Analyse um die Betrachtung von Marktschwächen erweitert wird.

In der mikroökonomischen Theorie hat sich, von der mathematischen Methode betrachtet, die Marginalanalyse durchgesetzt. Im Rahmen der Marginalanalyse wird u. a. untersucht, um wie viele Geldeinheiten die Gesamtkosten ansteigen, wenn die Produktionsmenge um eine (infinitesimal) kleine Einheit gesteigert wird. Für praktische wirtschaftliche Entscheidungen spielen Marginalbetrachtungen ebenfalls eine nicht zu unterschätzende Rolle, so möchte z. B. ein Unternehmer gerne wissen, um wie viele Geldeinheiten der Umsatz steigt, wenn er einen zusätzlichen Verkäufer einstellt. Wenn

M. Sellenthin, *Volkswirtschaftslehre – mathematisch gedacht*,
DOI 10.1007/978-3-658-13905-6_3

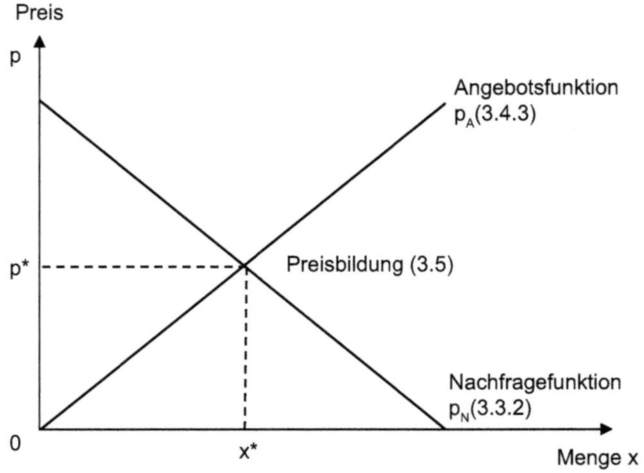

Abb. 3.1 Die Preisbildung

die Umsatzsteigerung (d. h. der Grenzumsatz) höher ist als die zusätzlichen Kosten des Verkäufers (d. h. die Grenzkosten), wird der Unternehmer vermutlich den Verkäufer einstellen. Im Rahmen der mikroökonomischen Modellbildung wird die Marginalanalyse mithilfe der Differenzialrechnung durchgeführt.

Die Differenzialrechnung ist ein mathematisches Werkzeug, um Veränderungen an solchen Vorgängen zu studieren, die man durch Funktionen beschreiben kann. Nach Schwarze (2011) sind wirtschaftstheoretische Analysen, vereinfacht ausgedrückt, nichts weiter als mathematische Kurvendiskussionen mit einer ökonomischen Interpretation der Ergebnisse. Im Rahmen einer vollständigen Kurvendiskussion werden Funktionen auf ihren Definitionsbereich, die Nullstellen, Randuntersuchungen (z. B. Verhalten der Funktion im Unendlichen), Stetigkeit, Steigung, Krümmung und Extremwerte untersucht. Außerdem kann die Funktion grafisch dargestellt werden, um den Sachverhalt zu illustrieren. In der Volkswirtschaftslehre ist jedoch eine verkürzte Form der Kurvendiskussion möglich. So ist der Definitionsbereich wirtschaftswissenschaftlicher Funktion i. d. R. positiv, da z. B. bei einer Produktionsfunktion negative Produktionsmengen inhaltlich keinen Sinn ergeben. Stetigkeit wird bei ökonomischen Funktionen häufig vorausgesetzt. Das Krümmungsverhalten ergibt sich aus den theoretischen Annahmen der einzelnen Modelle. So sind z. B. Transformationskurven oder Produktionsfunktionen konkav, während Indifferenzkurven und Isoquanten konvex sind. Herausragende Bedeutung haben in der volkswirtschaftlichen Anwendung der Kurvendiskussion die Bestimmung und Analyse der ersten Ableitungsfunktion. So ist häufig die Analyse und Interpretation der Ableitungsfunktion (z. B. die Grenzkostenfunktion) wichtiger als die Analyse der eigentlichen Stammfunktion. Des Weiteren nimmt die Bestimmung von Extremwerten eine wichtige Rolle ein. Im Rahmen der Preisbildung spielt die Ermittlung des Gewinnmaximums eine bedeutende Rolle, während in der Produktionstheorie die rechnerische Herleitung der Minimalkostenkombination ein wichtiger Teil der Analyse ist. Die

Kurvendiskussion wird also verwendet, um wirtschaftswissenschaftliche Funktionen zu analysieren und zu interpretieren.

Eine Funktion $y = f(x)$ ist dabei eine Vorschrift, die reelle Zahlen aus einer Menge x eindeutig reellen Zahlen aus der Menge y zuordnet. Zur Einführung sei folgende Nachfragefunktion (Preis-Absatz-Funktion, Abb. 3.2) und Kostenfunktion dargestellt.

In einem Markt gelte die Nachfragefunktion oder auch Preis-Absatz-Funktion genannt:

$$p(x) = 10 - 0{,}2x$$

Der Preis p ist dabei eine Funktion der Konsummenge x.

Bei einem hohen Preis p ist die nachgefragte Konsummenge x gering. Sinkt der Preis, dann steigt die nachgefragte Menge im Markt. Der Schnittpunkt mit der Preisachse wird als Prohibitivpreis oder Maximalpreis bezeichnet, da dies die maximale Zahlungsbereitschaft der Konsumenten darstellt. Der Schnittpunkt mit der Mengenachse definiert die Sättigungsmenge. Rechnerisch wird der Prohibitivpreis ermittelt, indem die Menge $x = 0$ gesetzt wird und bei der Sättigungsmenge gilt $p(x) = 0$. Für den Unternehmer sind insbesondere die Erlöse, die er mit seinen Produkten erzielen kann, relevant. Die Erlöse, auch Umsätze genannt, ergeben sich aus dem Produkt aus abgesetzter Menge und dem erzielten Preis, also $E(x) = p(x)x$. Im konkreten Beispiel beträgt die Erlösfunktion

$$E(x) = p(x)x = (10 - 0{,}2x)x = 10x - 0{,}2x^2$$

Des Weiteren hat das Unternehmen eine lineare Kostenfunktion, die den Zusammenhang zwischen den Kosten $K(x)$ und der abgesetzten Menge x modelliert.

$$K(x) = 2x + 60$$

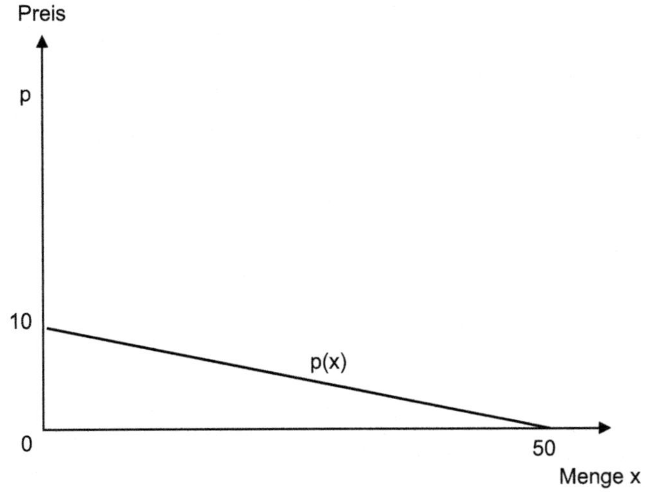

Abb. 3.2 Die Nachfragefunktion

Die variablen Bestandteile der Kostenfunktion, also die Kosten, die mit x multipliziert werden, werden als variable Kosten $K_v(x)$ bezeichnet. Die Konstante der Kostenfunktion sind die Fixkosten K_{fix}, die unabhängig von der abgesetzten Menge anfallen. Dies können Kosten für Gebäude, Verwaltung etc. sein. In der wirtschaftswissenschaftlichen Analyse spielen insbesondere die Ableitungsfunktionen eine wichtige Rolle. Der erste Ableitungswert einer Funktion informiert über Richtung und Stärke der Änderung der abhängigen Variable, in der Regel y, bei geringfügiger Änderung des Wertes der unabhängigen Variable, in der Regel x. Der erste Ableitungswert einer Funktion $y = f(x)$ an einer Stelle x_0 informiert über den Anstieg der Tangente an der Graphen der Funktion. Nach den Ableitungsregeln für Potenzfunktionen gilt:

Definitionen und Formeln
Ableitungsregeln – Übersicht

Regel für Potenzfunktionen

$$f(x) = x^n;\ f'(x) = nx^{n-1}$$

Regel für den konstanten Summanden

$$f(x) = c;\ f'(x) = 0$$

Summenregel

$$F(x) = f(x) + g(x);\ F'(x) = f'(x) + g'(x)$$

Regel für den konstanten Faktor

$$f(x) = cg(x);\ f'(x) = cg'(x)$$

Partielles Ableiten
Die Ableitungsregeln gelten analog auch für den Mehrvariablenfall. In diesem Fall spricht man von partiellem Ableiten. Für die Variable, nach der partiell abgeleitet wird, gelten die „normalen" Ableitungsregeln für Potenzfunktionen, während die anderen Variablen wie Konstanten behandelt werden. Konstanten ergeben abgeleitet 0, wenn sie alleine stehen. Sind Konstanten als Faktoren multiplikativ mit der abzuleitenden Variablen verknüpft, müssen sie nach der Regel für den konstanten Faktor „mitgeschleppt" werden.

$$f(x_1, x_2) = cx_1^{\alpha} x_2^{\beta}$$

Die partielle Ableitung nach x_1 lautet

$$\left(\frac{\delta f}{\delta x_1}\right) = \alpha c x_1^{\alpha-1} x_2^{\beta}$$

Die partielle Ableitung nach x_2 lautet

$$\left(\frac{\delta f}{\delta x_2}\right) = \beta c x_1^{\alpha} x_2^{\beta-1}$$

Die Regeln für partielles Ableiten entsprechen der Ceteris-paribus-Bedingung der Volkswirtschaftslehre. Diese besagt, dass immer nur eine Variable variiert wird, während alles andere konstant gehalten wird. Damit können Änderungen einzelner Variablen analysiert werden.

In Bezug auf die Kostenfunktion erhalten wir die Ableitung der Kostenfunktion, also die Grenzkosten, mit $K'(x) = 2$. Dies bedeutet, dass mit jeder zusätzlichen Produktionseinheit die Gesamtkosten um 2 Geldeinheiten ansteigen. Für den Unternehmer ist insbesondere die Gewinnfunktion relevant. Die Gewinnfunktion ergibt sich aus der Differenz aus Erlös- und Kostenfunktion:

$$G(x) = E(x) - K(x)$$
$$G(x) = 10x - 0{,}2x^2 - (2x + 60) = -0{,}2x^2 + 8x - 60$$

Die Nullstellen der Gewinnfunktion, die Gewinnschwellen, werden ermittelt, indem die nullgesetzte Gewinnfunktion nach x aufgelöst wird. Nach der Lösungsformel für quadratische Gleichungen, der ABC-Formel, ergibt sich daher:

$$x_{1,2} = \frac{-B \pm \sqrt{B^2 - 4AC}}{2A}$$

Bezogen auf die Gewinnfunktion ist $A = -0{,}2$, $B = 8$ und $C = -60$.

$$x_{1,2} = \frac{-8 \pm \sqrt{8^2 - 4(-0{,}2)(-60)}}{2(-0{,}2)}$$
$$x_1 = 10;\ x_2 = 30$$

Dies bedeutet, dass ab einer Produktionsmenge von $x_1 = 10$ Gewinn erzielt wird. Die untere Gewinnschwelle wird auch Break-even-Point genannt. Die obere Gewinnschwelle liegt bei $x_2 = 30$, d. h. zwischen einer Produktionsmenge von 10 und 30 wird Gewinn erzielt, unterhalb von 10 und oberhalb von 30 Einheiten generiert das Unternehmen Verluste. Eines der wesentlichen Unternehmensziele ist die Maximierung der Gewinne. Das Gewinnmaximum liegt in der Mitte der beiden Gewinnschwellen und ist mathematisch als Hochpunkt der Gewinnfunktion definiert.

Definitionen und Formeln

Für Extremwerte und Wendepunkte gelten die folgenden notwendigen und hinreichenden Bedingungen:

Hochpunkt einer Funktion: $f'(x) = 0;\ f''(x) < 0$
Tiefpunkt einer Funktion: $f'(x) = 0;\ f''(x) > 0$
Wendepunkt einer Funktion: $f''(x) = 0;\ f'''(x) \neq 0$

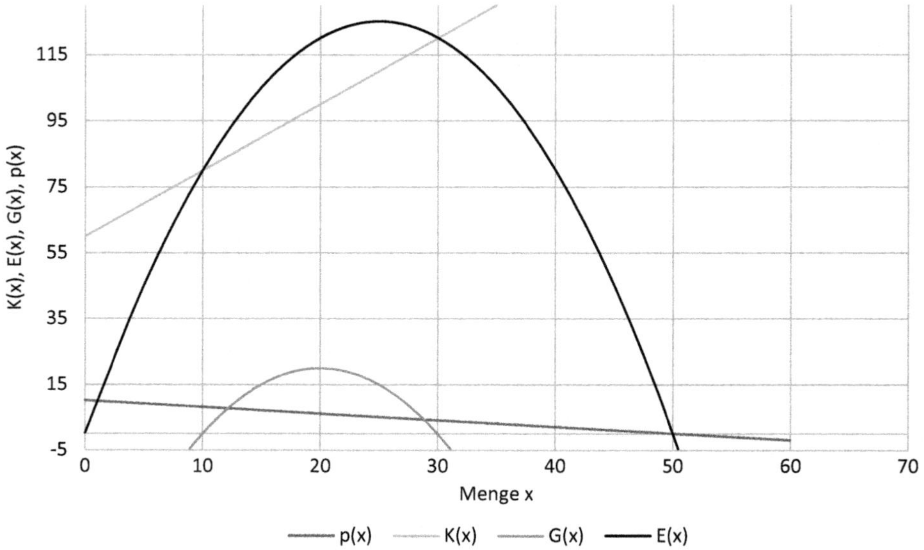

Abb. 3.3 Kosten-, Erlös-, Gewinn- und Preis-Absatz-Funktion

Das Gewinnmaximum stellt den Hochpunkt der Gewinnfunktion dar. Die notwendige Bedingung für die Existenz eines Extremwerts ist $f'(x) = 0$, d. h. für die Gewinnfunktion $G'(x) = 0$. Die hinreichende Bedingung für ein Maximum lautet $f''(x) < 0$, also für die Gewinnfunktion $G''(x) < 0$. Nach Anwendung der Ableitungsregeln erhalten wir als Grenzgewinnfunktion:

$$\begin{aligned} G'(x) &= -0{,}4x + 8 = 0 \\ -0{,}4x &= -8 \\ x &= 20 \end{aligned}$$

Prüfen, ob ein Maximum vorliegt, führt zu $G''(x) = -0{,}4 < 0 \rightarrow Max!$

Das Gewinnmaximum liegt daher an der Stelle $x = 20$ Einheiten. Der Gewinn beträgt dann $G(20) = 20$ Geldeinheiten. In Abb. 3.3 sind Preis-Absatz-, Kosten-, Erlös- und Gewinnfunktion dargestellt.

3.2 Arbeitsteilung und Kuppelproduktion

Arbeitsteilung und Handel werden in der volkswirtschaftlichen Theorie häufig als Garant für Wohlstand und Wachstum gesehen. Wir gehen von einem historischen Beispiel aus, dass bereits von David Ricardo (1772–1823) untersucht wurde. Zwischen England und Portugal wurde Handel von Textilien und Wein betrieben. Insgesamt stehen in England, wie in Tab. 3.1 gezeigt, 230 Inputeinheiten zur Verfügung, während Portugal 150

Tab. 3.1 Absolute Kostenvorteile: Ausgangssituation

	Tuch	Wein	Input: gesamt	Output: Tuch	Output: Wein
England	80	150	230	1	1
Portugal	90	60	150	1	1

Tab. 3.2 Absolute Kostenvorteile: Spezialisierung und Handel

	Input: gesamt	Input: Tuch	Input: Wein	Output: Tuch	Output: Wein
England	230	230	0	2,875	0
Portugal	150	0	150	0	2,5

Tab. 3.3 Komparative Kostenvorteile: Ausgangssituation

	Tuch	Wein	Input: gesamt	Output: Tuch	Output: Wein
England	100	150	250	1	1
Portugal	90	60	150	1	1

Inputeinheiten in der Form von Arbeitseinheiten zur Verfügung stehen. Zur Produktion von einer Outputeinheit Tuch werden in England 80 Inputeinheiten und in Portugal 90 Inputeinheiten benötigt. Hinsichtlich der Weinproduktion werden zur Produktion einer Outputeinheit in England aufgrund ungünstiger klimatischer Bedingungen 150 Inputeinheiten und in Portugal 60 Inputeinheiten benötigt. England hat also in diesem Beispiel einen absoluten Kostenvorteil in der Tuchproduktion, während Portugal über einen absoluten Kostenvorteil in der Weinproduktion verfügt.

Wenn sich beide Länder auf einen Handel der Güter einigen können, wäre es günstig, wenn sich jedes Land auf das Gut mit den niedrigsten absoluten Kosten spezialisieren würde. Für England bedeutet dies, die gesamten 230 Inputeinheiten auf die Textilindustrie aufzuteilen. Mit 230 Inputeinheiten können in England insgesamt 2,875 Outputeinheiten Tuch produziert werden. England spezialisiert sich also ausschließlich auf die Produktion von Textilien. Umgekehrt produziert Portugal mit 150 Inputeinheiten ausschließlich 2,5 Outputeinheiten Wein. Die Arbeitsteilung und der Handel der Güter haben Vorteile, da ohne Arbeitsteilung insgesamt 4 Outputeinheiten produziert werden, während durch Spezialisierung und Arbeitsteilung insgesamt 5,375 Outputeinheiten hergestellt werden können. Durch Arbeitsteilung und Handel wird also gemäß dem Maximalprinzip bei gleichem Input der Output maximiert, wie in Tab. 3.2 dargestellt.

In England nimmt der Input in Form von Arbeitseinheiten zu und steigt von 230 Inputeinheiten auf 250 Inputeinheiten. Gleichzeitig verschlechtert sich die Kostensituation, da nun für die Produktion einer Outputeinheit Tuch 100 statt vormals 80 Arbeitseinheiten gebraucht werden. In Portugal bleibt die Situation unverändert. In diesem Fall hat nun Portugal einen absoluten Kostenvorteil, da Portugal sowohl Tuch als auch Wein kostengünstiger herstellen kann als England, wie in Tab. 3.3 gezeigt.

Obwohl England gegenüber Portugal einen absoluten Kostennachteil hat, lohnt sich Arbeitsteilung und Handel. Wenn England alle 250 Arbeitseinheiten in der Produktion von Textilien einsetzt, entstehen 2,5 Outputeinheiten Tuch. England hat also einen komparativen Kostenvorteil in der Textilindustrie. Produziert Portugal weiterhin ausschließlich Wein, so werden durch die bestehenden 150 Arbeitseinheiten weiterhin 2,5 Outputeinheiten Wein produziert. Portugal hat einen komparativen Kostenvorteil in der Weinindustrie. In Summe beträgt die gesamte Outputmenge nun 2,5 Einheiten Tuch und 2,5 Outputeinheiten Wein, also insgesamt 5 Outputeinheiten beider Güter (Tab. 3.4).

Das Beispiel zeigt, dass Arbeitsteilung und Handel grundsätzlich die Produktionsmenge erhöht. Die Inputfaktoren werden durch Handel effizienter, gemäß dem Maximalprinzip, eingesetzt. Für die Spezialisierung einer Volkswirtschaft sind die absoluten Kostenvorteile nachrangig. Viel bedeutsamer sind die komparativen Kostenvorteile einer Volkswirtschaft. Obwohl im genannten Beispiel England einen absoluten Kostennachteil hat, liegen komparative Kostenvorteile in der Textilindustrie vor, die durch Arbeitsteilung und internationalen Handel genutzt werden können. Dieses Beispiel zeigt also, dass Handel grundsätzlich vorteilhaft sein kann, trifft aber keine Aussagen darüber, ob die Handelsgewinne letztlich „gerecht" aufgeteilt werden.

Durch Spezialisierung und Arbeitsteilung werden Produktionsprozesse effizienter. In einer arbeitsteiligen Wirtschaft stellt sich also grundsätzlich die Frage, welcher Akteur welche Produktionsprozesse übernimmt und wie später die Gewinne aufgeteilt werden. Im Beispiel produziert England ausschließlich Textilien und Portugal ausschließlich Wein, über Verteilungsgewinne konnten keine Aussagen getroffen werden.

Zur Fokussierung auf die Allokationsentscheidung und zur analytischen Vereinfachung gehen wir davon aus, dass zwei Güter von einem Unternehmen in sogenannter Kuppelproduktion hergestellt werden sollen. Damit ist sichergestellt, dass der Unternehmer die Produktion möglichst effizient gestalten wird, da Verteilungsaspekte unberücksichtigt bleiben können. Der Unternehmer hat verschiedene Nebenbedingungen, die die Produktion der einzelnen Güter regulieren, zu berücksichtigen. Stellen wir uns in diesem Kontext einen Landwirt vor, der auf seinem Hof Kühe und Pferde bewirtschaftet. Die Kühe dienen der Erzeugung von Milch und die Pferde werden an Reiterinnen vermietet. Vereinfachend gehen wir davon aus, dass der Landwirt lediglich drei Nebenbedingungen berücksichtigen muss. Aufgrund der Melkanlage können maximal 10 Kühe gehalten werden. Die Weidefläche beschränkt die Haltung auf maximal 6 Pferde. Aufgrund der Stallkapazitäten können entweder 16 Kühe oder 8 Pferde oder eine Kombination aus Pferden und Kühen gehalten werden. Bei den Erlösen aus beiden ökonomischen Aktivitäten gehen wir ferner davon aus, dass die Erlöse pro Kuh bei 30 € liegen und 20 € je

Tab. 3.4 Komparative Kostenvorteile: Spezialisierung und Handel

	Input: gesamt	Input: Tuch	Input: Wein	Output: Tuch	Output: Wein
England	250	250	0	2,5	0
Portugal	150	0	150	0	2,5

Pferd. Wie viele Kühe und Pferde soll der Landwirt halten, damit seine Erlöse maximiert werden?

Fassen wir die Ausgangsfragestellung noch einmal mathematisch zusammen:

Definition der Variablen:

$$x_1\text{: } \textit{Kühe};\ x_2\text{: } \textit{Pferde}$$

Nebenbedingungen:
Kapazität der Melkanlage:

$$x_1 \leq 10$$

Weidefläche für Pferdehaltung:

$$x_2 \leq 6$$

Stallkapazitäten

$$x_1 + 2x_2 \leq 16$$

Zielfunktion:

$$\textit{Erlöse: } E(x) = 30x_1 + 20x_2 \rightarrow \textit{Max}!$$

Um das Optimierungsproblem graphisch lösen zu können, werden zunächst die Ungleichungen in Gleichungen umgeformt und nach der Variablen x_2 umgeformt, wie in Abb. 3.4 dargestellt.

Die Nebenbedingungen sind als lineare Funktionen eingezeichnet. Die aufgrund der simultanen Berücksichtigung aller Nebenbedingung mögliche Bewirtschaftung ist mit der fett gedruckten Linie dargestellt. Diese Linie wird Transformationskurve oder auch Produktionsmöglichkeitenkurve genannt und stellt die tatsächlich realisierbare Produktion

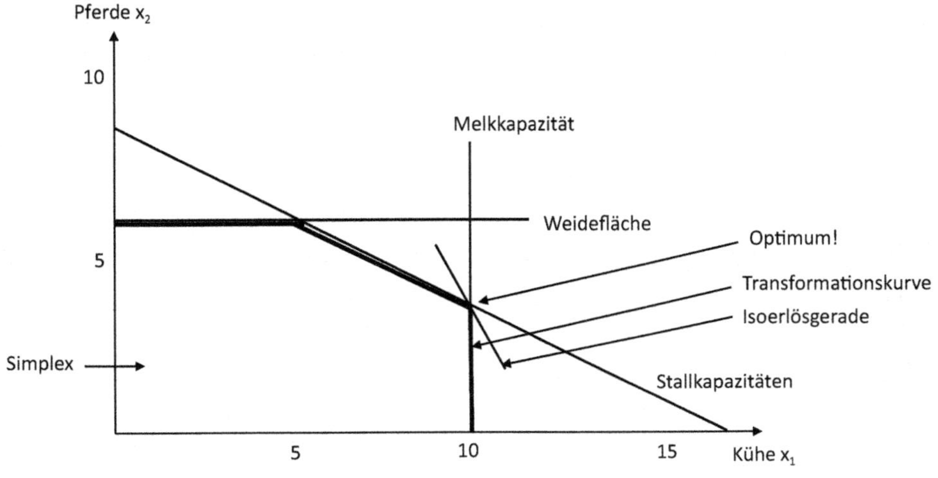

Abb. 3.4 Transformationskurve bei drei Nebenbedingungen

dar. Da auf dieser Linie alle Produktionsfaktoren effizient eingesetzt werden, wird diese Kurve auch noch als Effizienzkurve bezeichnet. Die Erlöse beider ökonomischer Aktivitäten werden mit der Isoerlösgerade grafisch dargestellt. Die Steigung der Isoerlösgeraden wird durch das Preisverhältnis der beiden Güter, in unserem Falle Kühe und Pferde, dargestellt. Daher hat die Isoerlösgerade in unserem Fall die Steigung von

$$-\left(\frac{p_1}{p_2}\right) = -\left(\frac{30}{20}\right) = -\frac{3}{2}.$$

Im Tangentialpunkt von Transformationskurve und Isoerlösgerade liegt das Optimum.

Die Fläche unterhalb der Transformationskurve wird Simplex genannt. Mathematisch werden lineare Optimierungsprobleme dieser Art mit dem Simplex-Algorithmus gelöst.

Damit der Simplex-Algorithmus durchgeführt werden kann, müssen die Ungleichungen in Gleichungen umgeformt werden. Dazu werden Schlupfvariablen eingeführt.

$$\begin{aligned} x_1 + u_1 &= 10 \\ x_2 + u_2 &= 6 \\ x_1 + 2x_2 + u_3 &= 16 \end{aligned}$$

Für jede Nebenbedingung wird eine Schlupfvariable u_i eingeführt und das Simplex-Tableau aufgestellt. Dazu werden die Variablen tabellarisch angeordnet. In Zeile IV. ist die Zielfunktion mit negativen Vorzeichen eingetragen (Tab. 3.5).

Zielsetzung beim Simplex-Algorithmus ist die Umformung des Tableaus, bis in der Zielzeile (IV) keine negativen Zahlen auftreten. Die größte negative Zahl der Zielzeile definiert die Pivot-Spalte. Die Pivot-Spalte definiert die Variable, die den höchsten Optimierungserfolg in diesem Rechenschritt verspricht. Da Kühe einen Erlös in Höhe von 30 € generieren, ist es lohnenswert, im ersten Rechenschritt nach dieser Variable, also x_1 , zu optimieren. Im nächsten Schritt ist die Pivot-Zeile zu ermitteln. Die Pivot-Zeile definiert die stärkste Nebenbedingung in Bezug auf die gewählte Pivot-Spalte. Dazu wird die Konstante der jeweiligen Gleichung durch den Koeffizienten der Pivot-Spalte dividiert.

$$\begin{aligned} I\colon \frac{10}{1} &= 10 \\ III\colon \frac{16}{1} &= 16 \end{aligned}$$

Die stärkste Restriktion ist in diesem Fall die Gl. I, da 10 < 16. Pivot-Zeile und Pivot-Spalte definieren zusammen das Pivot-Element. Mithilfe des Simplex-Algorithmus wird

Tab. 3.5 Simplex: Ausgangstableau

Nr.	x_1	x_2	u_1	u_2	u_3	Z	Konstant
I	1	0	1	0	0	0	10
II	0	1	0	1	0	0	6
III	1	2	0	0	1	0	16
IV	−30	−20	0	0	0	1	0

nun die Spalte des Pivot-Elements durch Elementarumformungen zu einem Einheitsvektor umgeformt, bei dem nur das Pivot-Element mit dem Wert 1 übrig bleibt. Am Rand der Tab. 3.6 sind die Rechenwege dargestellt.

Wir ziehen also von Gl. III die Gl. I ab und zur Gl. IV addieren wir 30 mal die Gl. I. Damit erhalten wir in der Spalte der Variablen x_1 einen Einheitsvektor (siehe Tab. 3.7).

In der Zielzeile IV sehen wir nun, dass dort noch negative Koeffizienten auftreten, damit kann das Optimum noch nicht erreicht sein. Die Pivot-Spalte ist die Variable mit dem höchsten negativen Wert, in unserem Fall also die Variable x_2. Die Pivot-Zeile wird wieder über die stärkste Restriktion ermittelt:

$$II\colon\ \frac{6}{1} = 6$$

$$III'\colon\ \frac{6}{2} = 3$$

Da $3 < 6$ ist die stärkste Restriktion die Gl. III′, die damit die Pivot-Zeile definiert. Das Pivot-Element ist der Treffpunkt von Pivot-Spalte und Pivot-Zeile. Aus Vereinfachungsgründen wird die Gl. III′ durch 2 dividiert (Tab. 3.8).

Um in der zweiten Spalte einen Einheitsvektor zu erzeugen, wird nun von Gl. II die Gl. III″ abgezogen. Zu Gl. IV′ wird 20 mal die Gl. III″ addiert (Tab. 3.9).

Tab. 3.6 Simplex: Ausgangstableau

Nr.	x_1	x_2	u_1	u_2	u_3	Z	Konstant	
I	**1**	0	1	0	0	0	10	
II	0	1	0	1	0	0	6	
III	1	2	0	0	1	0	16	$-I.$
IV	−30	−20	0	0	0	1	0	$+30 \cdot I.$

Tab. 3.7 Simplex-Tableau nach einer Umformung

Nr.	x_1	x_2	u_1	u_2	u_3	Z	Konstant	
I	1	0	1	0	0	0	10	
II	0	1	0	1	0	0	6	
III′	0	2	−1	0	1	0	6	: 2
IV′	0	−20	30	0	0	1	300	

Tab. 3.8 Simplex-Tableau nach zwei Umformungen

Nr.	x_1	x_2	u_1	u_2	u_3	Z	Konstant	
I	1	0	1	0	0	0	10	
II	0	1	0	1	0	0	6	$-III''.$
III″	0	**1**	−1/2	0	1/2	0	3	
IV′	0	−20	30	0	0	1	300	$+20 \cdot III''.$

Tab. 3.9 Simplex-Endtableau

Nr.	x_1	x_2	u_1	u_2	u_3	Z	Konstant
I	1	0	1	0	0	0	10
II′	0	0	1/2	1	−1/2	0	3
III″	0	1	−1/2	0	1/2	0	3
IV″	0	0	20	0	10	1	360

Tab. 3.10 Standard-Minimum-Problem: Primales LO-Problem

	x_1	x_2	Mindestmengen
Vitamin *A*	0,1	0	≥0,3
Vitamin *B*	0,1	0,1	≥1
Vitamin *C*	0,1	0,2	≥1,4
Kosten	4	3	Min!

Da in der Zielzeile IV″ keine negativen Zahlen auftreten, ist das Optimum erreicht. Die Ergebnisse können im Endtableau abgelesen werden.

$$x_1 = 10;\ x_2 = 3;\ Z = 360$$

Der Landwirt sollte also 10 Kühe und 3 Pferde bewirtschaften und würde damit einen Erlös in Höhe von 360 € erwirtschaften. Die Schlupfvariablen u_i zeigen die Auslastung hinsichtlich der Nebenbedingungen. Der Einheitsvektor bei Schlupfvariable u_2 bedeutet, dass diese Nebenbedingung, d. h. die Weidefläche für Pferde, nicht voll ausgeschöpft wird. Die Melkanlage dargestellt durch Schlupfvariable u_1 und die Stallkapazität (u_3) sind voll ausgelastet. In der Zielzeile sind die sogenannten Schattenpreise oder Opportunitätskosten der Restriktionen ablesbar. Die Schattenpreise zeigen an, um wie viele Einheiten der Wert der Zielfunktion ansteigt, wenn die Kapazität der Nebenbedingung um eine Einheit gesteigert wird. D. h. wenn die Kapazität der Melkanlage um eine Einheit erhöht würde, dann würde der Umsatz um 20 € ansteigen und eine Erhöhung der Stallkapazität um eine Einheit würde den Umsatz um 10 € ansteigen lassen. Bei einer Veränderung einer Nebenbedingung ändert sich in der Regel auch die optimale Allokation der beiden Güter x_1; x_2. Beim vorliegenden Beispiel handelt es sich um ein typisches Standard-Maximum-Problem, da die Zielfunktion, in diesem Beispiel die Erlösfunktion, maximiert werden soll und die Nebenbedingungen als Maximalmengen, bzw. Kapazitätsbeschränkungen, vorliegen.

Wenn die Zielfunktion minimiert werden soll und die Nebenbedingungen als Mindestmengen vorliegen, liegt ein Standard-Minimum-Problem oder Diät-Problem vor, wie im folgenden Beispiel illustriert. Zwei Multi-Vitamin-Präparate x_1; x_2 enthalten drei Vitamine *A*; *B*; *C*. Von den Vitaminen sollen die in der Tab. 3.10 angegebenen Mindestmengen eingenommen werden. Die Kosten von x_1 sind 4 € und von x_2 3 €. Wie viele Einheiten der Präparate sollen eingenommen werden, damit die Kosten minimiert werden?

Der Simplex-Algorithmus ist nur für Maximierungsaufgaben bei Nebenbedingungen der Art „≤" anwendbar. Um dennoch das Standard-Minimum-Problem mit dem Simplex-Algorithmus lösen zu können, macht man sich die Dualität der linearen Optimierung zu Nutze. So kann jede Minimierungsaufgabe durch Transponieren in ein Maximierungsproblem umgewandelt werden. Das zugrunde liegende Originalproblem wird als primales LO-Problem und das korrespondierende transponierte Problem als duales LO-Problem bezeichnet. Jeder Problemvariablen des primalen Problems entspricht eine Schlupfvariable des dualen Problems. Die Zielfunktionskoeffizienten des primalen LO-Problems bilden dabei die rechte Seite des dualen Problems, während die rechte Seite des primalen Problems zur Zielfunktionszeile des dualen Problems wird. Daraus ergibt sich die Tab. 3.11.

Während bei der Ursprungsaufgabenstellung die Minimierung der Kosten bei Einhaltung von Mindestmengen, also ein Mengenproblem, im Vordergrund stand, liegt im dualen Problem die Maximierung des Vitaminbedarfs bei Einhaltung von „Höchst"-Kosten, also ein Preisproblem, im Fokus der Analyse. Das mathematische Modell mit Schlupfvariablen lautet:

$$0{,}1u_1 + 0{,}1u_2 + 0{,}1u_3 + x_1 = 4$$
$$0{,}1u_2 + 0{,}2u_3 + x_2 = 3$$

Daraus ergibt sich das folgende Simplex-Tableau (Tab. 3.12).

Die Pivot-Spalte ist Spalte u_3 und die Pivot-Zeile ist Zeile II., da diese die stärkste Restriktion darstellt. Um einen Einheitsvektor erzeugen zu können, wird daher Zeile II. mit 5 multipliziert (Tab. 3.13).

Die Zeile I. wird mit 10 multipliziert und dann Zeile II′. subtrahiert, während zu Zeile III. das 1,4 fache von Zeile II′. addiert wird (Tab. 3.14).

Tab. 3.11 Standard-Maximum-Problem: Duales LO-Problem

	Vitamin *A*	Vitamin *B*	Vitamin *C*	Kosten
x_1	0,1	0,1	0,1	≤4
x_1	0	0,1	0,2	≤3
Mindestmengen	0,3	1	1,4	

Tab. 3.12 Duales LO-Problem: Ausgangstableau

Nr.	u_1	u_2	u_3	x_1	x_2	Z	Konstant	
I	0,1	0,1	0,1	1	0	0	4	
II	0	0,1	0,2	0	1	0	3	·5
III	−0,3	−1	−1,4	0	0	1	0	

Tab. 3.13 Duales LO-Problem: Tableau nach einer Umformung

Nr.	u_1	u_2	u_3	x_1	x_2	Z	Konstant	
I	0,1	0,1	0,1	1	0	0	4	$\cdot 10 - II'$
II′	0	0,5	**1**	0	5	0	15	
III	−0,3	−1	−1,4	0	0	1	0	$+1{,}4 \cdot II'$

Tab. 3.14 Duales LO-Problem: Tableau nach zwei Umformungen

Nr.	u_1	u_2	u_3	x_1	x_2	Z	Konstant	
I′	**1**	0,5	0	10	−5	0	25	
II′	0	0,5	1	0	5	0	15	
III′	−0,3	−0,3	0	0	7	1	21	$+0,3 \cdot I'$

Tab. 3.15 Duales LO-Problem: Tableau nach drei Umformungen

Nr.	u_1	u_2	u_3	x_1	x_2	Z	Konstant	
I′	1	0,5	0	10	−5	0	25	
II′	0	0,5	1	0	5	0	15	·2
III″	0	−0,15	0	3	5,5	1	28,5	

Tab. 3.16 Duales LO-Problem: Tableau nach vier Umformungen

Nr.	u_1	u_2	u_3	x_1	x_2	Z	Konstant	
I′	1	0,5	0	10	−5	0	25	$\cdot 2 - II''$
II″	0	**1**	2	0	10	0	30	
III″	0	−0,15	0	3	5,5	1	28,5	$+0,15 \cdot II''$

Tab. 3.17 Duales LO-Problem: Endtableau

Nr.	u_1	u_2	u_3	x_1	x_2	Z	Konstant
I″	2	0	−2	20	−20	0	20
II″	0	1	2	0	10	0	30
III‴	0	0	0,3	3	7	1	33

Die Pivot-Spalte kann nun aus u_1; u_2 gewählt werden, da beide Werte gleich groß sind. Bei Wahl der Pivot-Spalte u_1 ergibt sich als Pivot-Zeile die Zeile I′. Zur Erzeugung eines Einheitsvektors wird Zeile III′ mit 0,3·I′ addiert (Tab. 3.15).

Die Pivot-Spalte ist nun u_2 und die Pivot-Zeile II′. Um einen Einheitsvektor zu erzeugen, wird Zeile II′ mit 2 multipliziert (Tab. 3.16).

Im nächsten Schritt wird Zeile I′ mit 2 multipliziert und die Zeile II″ subtrahiert, während Zeile III″ mit 0,15·II″ addiert wird (Tab. 3.17).

Da in der Zielfunktionszeile keine negativen Werte stehen, ist das Optimum erreicht und das Ergebnis kann direkt abgelesen werden.

$$x_1 = 3;\; x_2 = 7;\; Z = 33$$

Da in den Spalten u_1, u_2 Einheitsvektoren sind, werden von den Vitaminen A, B jeweils die Mindestmengen erreicht. Von Vitamin C wird der Mindestbedarf überschritten. Die graphische Darstellung des Standard-Minimum-Problems ist in Abb. 3.5 dargestellt.

In der Realität hat ein Unternehmer natürlich nicht nur drei Nebenbedingungen. Je mehr Nebenbedingungen bei der Produktion gegeben sind, desto „runder“ wird die Transformationskurve. Wenn wir in einer Volkswirtschaft von einer gesamtwirtschaftlichen Transformationskurve mit, zumindest theoretisch, unendlich vielen Nebenbedingungen ausgehen, ergibt sich die Transformationskurve in Abb. 3.6.

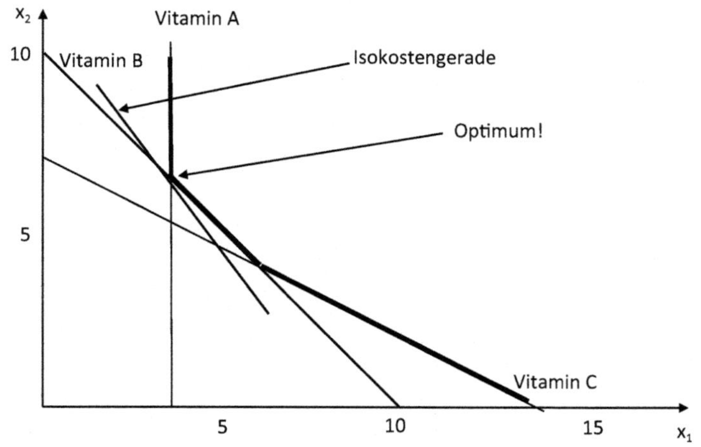

Abb. 3.5 Das Standard-Minimum-Problem

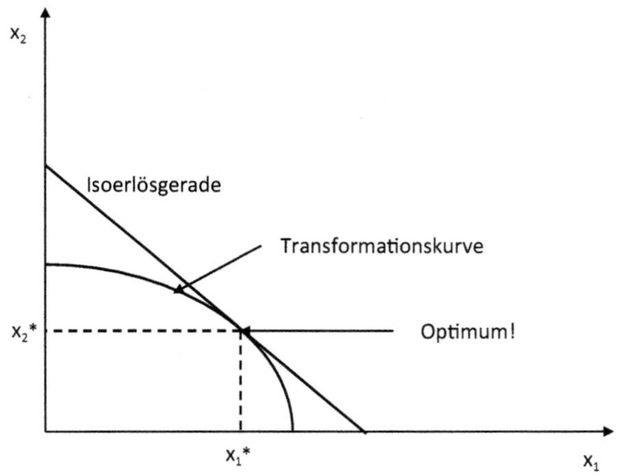

Abb. 3.6 Die Transformationskurve

Die Steigung der Transformationskurve wird Grenzrate der Transformation genannt. Im Optimum entspricht die Grenzrate der Transformation (GRT) dem Preisverhältnis der Güter. Das Konzept der Transformationskurve wird auch verwendet, um die Opportunitätskosten, auch Alternativkosten genannt, zu erläutern. Als Opportunitätskosten wird der entgangene Nutzen der nächstbesten (nicht-gewählten) Alternative bezeichnet. Stellen wir uns in diesem Zusammenhang vor, ein Studierender hätte die Wahl zwischen dem Besuch einer VWL-Vorlesung, die er mit einem Nutzen von 100 Nutzeneinheiten bewertet, dem Besuch eines Fitnessstudios, dem ein individueller Nutzen von 90 Nutzeneinheiten zugesprochen wird oder der Alternative im Bett zu bleiben, welche mit 80 Nutzeneinheiten bewertet wird. So entsprechen die Opportunitätskosten der VWL-Vorlesung dem Nutzen der nächsten Alternative, also dem Fitnessstudio mit 90 Nutzeneinheiten. Beim Fitnessstudio wiederum liegen die Alternativkosten bei 100 Einheiten, da der Besuch der VWL-Vorlesung die nächstbeste Alternative gewesen wäre. Würde der Student im Bett liegen bleiben, hätte er zwar einen Nutzen in Höhe von 80 Einheiten, müsste diesem jedoch Alternativkosten in Höhe von 100 Einheiten, nämlich dem entgangenen Nutzen der VWL-Vorlesung entgegenrechnen. Eine rationale Entscheidung hat daher immer zum Ziel, die Opportunitäts- oder Alternativkosten zu minimieren. Opportunitätskosten sind natürlich individuell und variabel im Zeitverlauf. Dies zeigt letztlich, dass der Markt ein Diskriminierungsmechanismus ist. Immer wenn wir uns für eine Option entscheiden, entscheiden wir uns gleichzeitig gegen eine Anzahl von Alternativen. Das Konzept der Opportunitätskosten zeigt auch, dass wir davon ausgehen können, dass bei Entscheidungen explizit oder implizit Kosten-Nutzen-Erwägungen Berücksichtigung finden, da wir zum einen den konkreten Nutzen einer Alternative bewerten, zum anderen aber auch die (Alternativ-)Kosten einer Entscheidung berücksichtigen müssen. In Abb. 3.7 sind zwei Konsumgüter x_1; x_2 aufgeführt. Wenn wir nun vom Punkt P_1 ausgehen und planen, auf der Transformationskurve zum Punkt P_2 zu wandern, so zeigt sich, dass wir dazu $-\Delta x_2$ abgeben müssen, um $+\Delta x_1$ zu erhalten. Die Opportunitätskosten sind daher

$$Opportunitätskosten = \left(\frac{-\Delta x_2}{+\Delta x_1}\right)$$

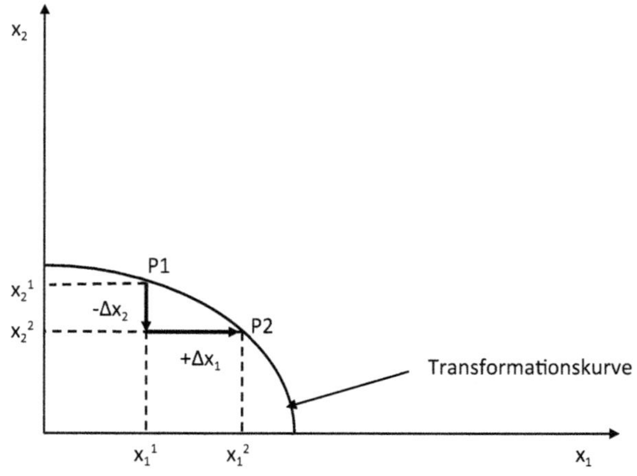

Abb. 3.7 Die Transformationskurve und Opportunitätskosten

3.3 Haushaltstheorie: Die Nachfrageseite

Im Rahmen der Haushaltstheorie wird die Konsumentscheidung der individuellen Konsumenten untersucht. Die Haushaltstheorie beruht auf drei grundsätzlichen Annahmen. Gemäß der ersten Annahme gehen wir von vollständigen Präferenzen der Konsumenten aus. Dies bedeutet, dass die Konsumenten in der Lage sind, alle existierenden Güter, bzw. Güterbündel miteinander zu vergleichen und in eine eindeutige Reihenfolge zu bringen. Wenn also das Gut A dem Gut B vorgezogen wird, dann gilt A > B. Die zweite Annahme geht von der Transitivität der Präferenzen aus. Dies bedeutet, wenn das Gut A dem Gut B vorgezogen wird (also A > B) und das Gut B wiederum dem Gut C vorgezogen wird (also B > C), dann wird in logischer Konsequenz auch das Gut A dem Gut C vorgezogen (als A > C). Die dritte Annahme geht davon aus, dass die Bedürfnisse der Konsumenten noch nicht befriedigt sind und die Konsumenten als Folge rational entscheiden. Das bedeutet, dass ein Konsument nie einen Konsumplan B aus einer gegebenen Budgetmenge wählen wird, wenn in dieser Budgetmenge ein anderer Konsumplan A enthalten ist, den er dem Konsumplan B vorzieht.

3.3.1 Nutzenfunktionen und Haushaltsoptimum

Der Nutzen eines Konsumenten wird durch die Nutzenfunktion $U(x)$ dargestellt. Der Nutzen hängt von der Konsummenge x ab, wie in Abb. 3.8 dargestellt.

Der Nutzen U steigt mit zunehmender Konsummenge x. Die Nutzensteigerung, die bei der Ausdehnung der Konsummenge um eine (infinitesimal) kleine Einheit entsteht, wird als Grenznutzen bezeichnet. Der Grenznutzen $U'(x)$ kann durch die Steigung der Nutzenfunktion, also durch die 1. Ableitung, bestimmt werden. Der Grenznutzen nimmt mit der Konsummenge ab, d. h. der zusätzliche Nutzen einer Konsumeinheit ist bei

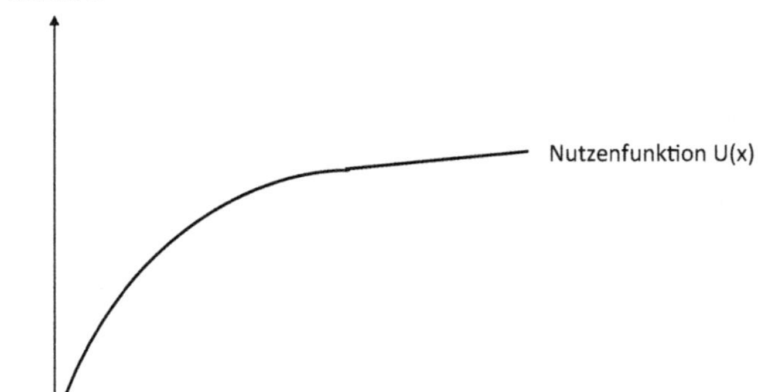

Abb. 3.8 Die Nutzenfunktion bei einem Konsumgut

geringer Konsummenge höher und nimmt mit der Konsummenge stetig ab. Dieser Sachverhalt wird auch als 1. Gossensches Gesetz bezeichnet: „die Größe eines und desselben Genusses nimmt, wenn wir mit Bereitung des Genusses ununterbrochen fortfahren, fortwährend ab, bis zuletzt Sättigung eintritt" (Gossen 1927).

Beispiel

Der Nutzen eines speiseeisliebenden Studierenden im Hochsommer kann mit der Nutzenfunktion $U(x) = 10\sqrt{x}$, wobei x die Anzahl der Eiskugeln definiert, beschrieben werden. Die Nutzenfunktion wird in Abb. 3.9 graphisch dargestellt.

Der Gesamtnutzen steigt mit jeder Kugel Eis an. In der Tab. 3.18 ist der Gesamtnutzen $U(x)$, der marginale Grenznutzen $U'(x)$ und der jeweilige Grenznutzen in diskreten Einheiten $\Delta U'(x)$ für die ersten neun Kugeln Eis aufgeführt.

Die erste Kugel schmeckt immer am besten, deshalb steigt der Nutzen von 0 auf 10. Der Grenznutzen $U'(x)$ ist der marginale Nutzenzuwachs bei einer (infinitesimal) kleinen Einheit. Dieser beträgt daher $U'(1) = 5$. Wenn wir nun von diskreten Einheiten ausgehen, so steigt der Nutzen durch den Konsum einer Eiskugel von $U(0) = 0$ auf $U(1) = 10$. Der diskrete Grenznutzen ist daher $\Delta U'(1) = 10$. Durch den Verzehr der zweiten Kugel steigt der Gesamtnutzen auf $U(2) = 14{,}1$. Der marginale Grenznutzen beträgt $U'(2) = 3{,}5$. Bezogen auf diskrete Einheiten beträgt der diskrete Grenznutzen $\Delta U'(2) = 4{,}1$. Dies bedeutet, dass durch den Konsum der zweiten Kugel Eis der Gesamtnutzen zwar steigt, der zusätzliche Nutzen der zweiten Kugel, also der Grenznutzen, jedoch fällt. Wenn der Eisliebhaber nun immer mehr Eis konsumiert, so steigert er zwar bei neun Kugeln den Nutzen auf $U(9) = 30$, der Grenznutzen sinkt allerdings weiter bis auf $U'(9) = 1{,}7$. Die Grenznutzenfunktion ist die erste Ableitung der Nutzenfunktion, also

$$U'(x) = 5x^{-0{,}5} = \left(\frac{5}{\sqrt{x}}\right)$$

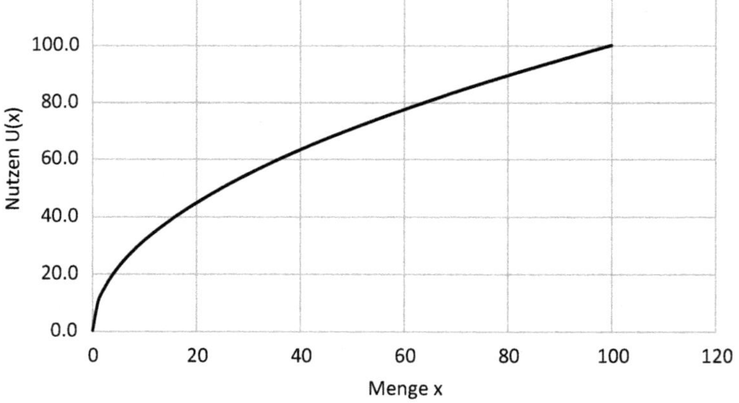

Abb. 3.9 Die Nutzenfunktion für Speiseeis

Tab. 3.18 Nutzen und Grenznutzen

x	0	1	2	3	4	5	6	7	8	9
U(x)	0	10,0	14,1	17,3	20,0	22,4	24,5	26,5	28,3	30
U′(x)	0	5	3,5	2,9	2,5	2,2	2,0	1,9	1,8	1,7
ΔU′(x)	0	10	4,1	3,2	2,7	2,4	2,1	2,0	1,8	1,7

Bisher hatten wir die Nutzenfunktion bei einem Konsumgut betrachtet. In der Regel wird jedoch der Nutzen durch mehrere Güter beeinflusst. Zur Vereinfachung gehen wir davon aus, dass der Nutzen durch zwei Güter (bzw. zwei Güterbündel) variiert werden kann, wie in Abb. 3.10 am Beispiel der Konsumgüter Bier und Brot dargestellt.

Das Nutzenniveau wird durch die Indifferenzkurven I in der Form $x_2 = f(x_1)$ dargestellt. Auf der Indifferenzkurve gilt das gleiche Nutzenniveau und zwar unabhängig davon, ob nun viel Brot und wenig Bier konsumiert wird oder umgekehrt! Den Konsumenten ist es also letztlich egal, d. h. sie sind indifferent, ob nun viel Bier und wenig Brot oder wenig Bier und viel Brot konsumiert sind, solange sie sich auf der gleichen Indifferenzkurve befinden. Dabei unterstellen wir, dass die Güter Brot und Bier perfekte Substitute sind. Man muss sich die Darstellung mit Indifferenzkurven als eine dreidimensionale Darstellung vorstellen. Auf der Ordinate und Abszisse werden die beiden Güter x_2 und x_1 dargestellt und das Nutzenniveau wird durch den Abstand vom Ursprung des Koordinatensystems abgetragen. D. h. je weiter weg vom Ursprung sich die Indifferenzkurve befindet, desto höher ist das Nutzenniveau. Die Indifferenzkurve I_1 hat also ein niedrigeres Nutzenniveau als I_2. Die Form der Indifferenzkurven leitet sich aus der Nutzenfunktion ab und der konvexe Verlauf ergibt sich durch den abnehmenden Grenznutzen der Konsumgüter. Indifferenzkurven können sich nicht schneiden und die Konstante der Funktion der Indifferenzkurve ergibt

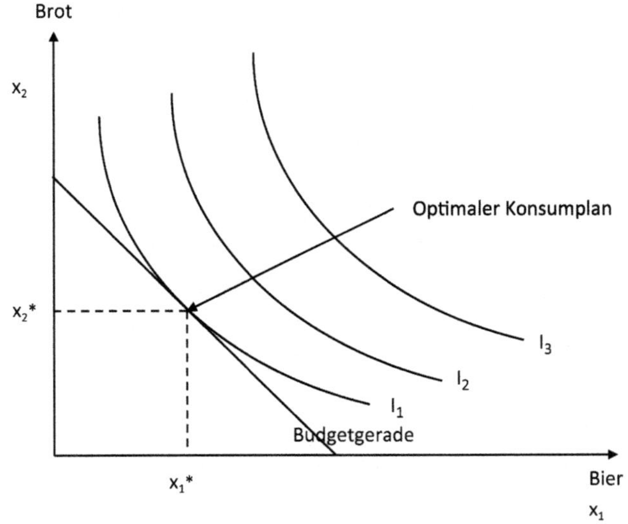

Abb. 3.10 Indifferenzkurven, Budgetgerade und der optimale Konsumplan

sich aus dem Nutzenniveau. Die negative Steigung der Indifferenzkurve zeigt, auf wie viel Brot man verzichten muss, wenn man bei gleichem Nutzenniveau den Bierkonsum erhöhen möchte. Dieses Austauschverhältnis der Güter nennt man Grenzrate der Substitution und mathematisch ist diese als 1. Ableitung der Indifferenzkurve definiert. In der Abbildung ist auch die Budgetgerade eingezeichnet. Dies ist die Nebenbedingung bei der Wahl des optimalen Konsumplans. Auch hier gilt: Je weiter vom Ursprung entfernt, desto höher ist das zur Verfügung stehende Einkommen, bzw. Budget des Konsumenten. Steigt das Einkommen, bzw. Budget des Konsumenten, so verschiebt sich die Budgetgerade parallel nach rechts, bzw. bei Einkommenseinbußen verschiebt sich die Budgetgerade parallel nach links. Die Steigung der Budgetgeraden wird durch das Preisverhältnis der beiden Güter ermittelt. Der optimale Konsumplan liegt dort, wo die Steigung der Budgetgeraden der Steigung der Indifferenzkurve, also der Grenzrate der Substitution, entspricht.

Definitionen und Formeln

Nutzenfunktion: $U(x_1, x_2) = cx_1^{\alpha} x_2^{\beta}$

Grenznutzen: $(\delta U/\delta x_1) = \alpha c x_1^{(\alpha-1)} x_2^{\beta}$ und $(\delta U/\delta x_2) = \beta c x_1^{\alpha} x_2^{(\beta-1)}$

Gleichung Indifferenzkurve I: $x_2 = f(x_1)_{|U=U_0=const}.$

Grenzrate der Substitution GRS: $x_2' = (dx_2/dx_1)_{|U=U_0=const.}$

Kosten der Konsumentscheidung $K(x_1, x_2) = p_1 x_1 + p_2 x_2$

Gleichung Budgetgerade B: $x_2 = (K/p_2) - (p_1/p_2)x_1$

Steigung Budgetgerade B': $x_2' = -(p_1/p_2)$

Haushaltsoptimum: $GRS = -(p_1/p_2)$

Beispiel

Gegeben sei die Nutzenfunktion $U(x_1, x_2) = 10x_1^{0,25} x_2^{0,75}$. Die Preise der beiden Konsumgüter seien $p_1 = 1$; $p_2 = 3$. Gesucht ist der optimale Konsumplan, unter der Annahme, dass ein Nutzenniveau von $U = 80$ erreicht werden soll. Wie in Abb. 3.10 zu erkennen ist, liegt der optimale Konsumplan an der Stelle, an der sich die Indifferenzkurve und die Budgetgerade tangieren. Im Tangentialpunkt muss daher die Steigung beider Funktionen identisch sein. Wir ermitteln daher im ersten Rechenschritt die Gleichung der Indifferenzkurve in der Form $x_2 = f(x_1)$. Da ein Nutzenniveau von $U = 80$ erreicht werden soll, wird daher das vorgegebene Nutzenniveau in die Nutzenfunktion eingesetzt und nach x_2 umgestellt:

$$U(x_1, x_2) = 80 = 10x_1^{0,25} x_2^{0,75}$$

$$8 = x_1^{0,25} x_2^{0,75}$$

$$x_2^{0,75} = \left(\frac{8}{x_1^{0,25}}\right) = \left(\frac{8}{x_1^{\frac{1}{4}}}\right)$$

Damit x_2 alleine steht, muss nun mit dem Kehrwert von $0{,}75 = 3/4$ potenziert werden. Der Kehrwert von $3/4$ ist $4/3$:

$$x_2 = \left(\frac{8}{x_1^{\frac{1}{4}}}\right)^{\frac{4}{3}}$$

Gemäß den Potenzgesetzen werden Potenzen potenziert, indem die Exponenten multipliziert werden, also ergibt sich als Gleichung der Indifferenzkurve:

$$x_2 = \left(\frac{8^{\frac{4}{3}}}{x_1^{\left(\frac{1}{4}\right)\left(\frac{4}{3}\right)}}\right) = \left(\frac{16}{x_1^{\frac{4}{12}}}\right) = \left(\frac{16}{x_1^{\frac{1}{3}}}\right)$$

$$x_2 = \left(\frac{16}{x_1^{\frac{1}{3}}}\right) = 16x_1^{-\left(\frac{1}{3}\right)}$$

Im zweiten Rechenschritt wird die Steigung der Indifferenzkurve bestimmt. Die Steigung der Indifferenzkurve, die auch Grenzrate der Substitution genannt wird, ist die 1. Ableitung der Indifferenzkurve. Nach Anwendung der Ableitungsregeln für Potenzfunktionen erhalten wir für die Grenzrate der Substitution:

$$GRS = x_2' = -\left(\frac{16}{3}\right)x_1^{-\left(\frac{4}{3}\right)} = -\left(\frac{16}{3x_1^{\frac{4}{3}}}\right)$$

Im dritten Schritt wird die Gleichung der Budgetgeraden in der Form $x_2 = f(x_1)$ hergeleitet. Die Budgetgerade ergibt sich aus dem zur Verfügung stehenden Budget und den Güterpreisen

$$K = p_1x_1 + p_2x_2 = 1x_1 + 3x_2$$

Umstellen nach x_2 ergibt die Gleichung der Budgetgerade

$$x_2 = \left(\frac{\mathrm{K}}{3}\right) - \left(\frac{1}{3}\right)x_1$$

Im vierten Schritt wird die durch Ableitung die Steigung der Budgetgerade ermittelt.

$$x_2' = -\left(\frac{1}{3}\right)$$

Die Steigung der Budgetgerade entspricht immer dem negativen Preisverhältnis. Von daher kann Schritt drei und vier auch übersprungen werden!

Der optimale Haushalts- bzw. Konsumplan liegt dort, wo die Steigung der Indifferenzkurve, also die GRS und die Steigung der Budgetgerade, also das Preisverhältnis, identisch sind. Im fünften Rechenschritt werden daher die Steigungen beider Funktionen gleich gesetzt und nach x_1 aufgelöst:

$$GRS = -\left(\frac{p_1}{p_2}\right)$$

$$-\left(\frac{1}{3}\right) = -\left(\frac{16}{3x_1^{\frac{4}{3}}}\right)$$

$$-3x_1^{\frac{4}{3}} = -48$$

Division durch (-3) ergibt:

$$x_1^{\frac{4}{3}} = 16$$

Da x_1 alleine stehen soll, wird nun wieder mit dem Kehrwert von $4/3$ also $3/4$ potenziert:

$$x_1 = 16^{\frac{3}{4}} = 8$$

Um die optimale Konsummenge von x_2 zu ermitteln, wird nun der errechnete Wert von x_1 in die Gleichung der Indifferenzkurve eingesetzt:

$$x_2 = \frac{16}{x_1^{\frac{1}{3}}} = \frac{16}{8^{\frac{1}{3}}} = 8$$

Daraus ergibt sich der optimale Konsumplan bei einer Konsummenge von $x_1 = 8$ und $x_2 = 8$ Gütereinheiten.

Wenn sich das Einkommen, bzw. das Budget verändert, verändert sich auch die Lage der Budgetgeraden. Wenn wir davon ausgehen, dass sich das Einkommen des Konsumenten erhöht, so verschiebt sich die Budgetgerade parallel nach rechts, wie in Abb. 3.11. dargestellt. Die Budgeterhöhung führt zu einer Erhöhung des Nutzens, da nun eine höhere Indifferenzkurve I_2 tangiert wird. Gleichzeitig steigen in diesem Falle die Konsummengen beider Konsumgüter auf x_1' und x_2'. Im Falle einer Reduzierung des Einkommens, z. B. durch Besteuerung, verschiebt sich die Budgetgerade nach links mit der Konsequenz einer Reduzierung des Nutzenniveaus und der Konsummengen beider Güter.

Wenn wir nun von einer Preissenkung bei Bier x_1 ausgehen, dann dreht sich die Budgetgerade nach außen. Da sich der Preis von Brot x_2 nicht ändert, liegt der Drehpunkt der Budgetgerade beim Schnittpunkt der Budgetgerade mit der y-Achse. Als Folge der Preissenkung wird ein insgesamt höheres Nutzenniveau I_2 erreicht und es ändern sich die Konsummengen der beiden Güter. Die Senkung des Preises von x_1 und die Konsequenzen sind in Abb. 3.12 dargestellt. Falls der Preis von x_1 steigt, dreht sich die Budgetgerade nach innen mit der Folge, dass ein niedrigeres Nutzenniveau tangiert wird bei niedrigeren Konsummengen der beiden Güter.

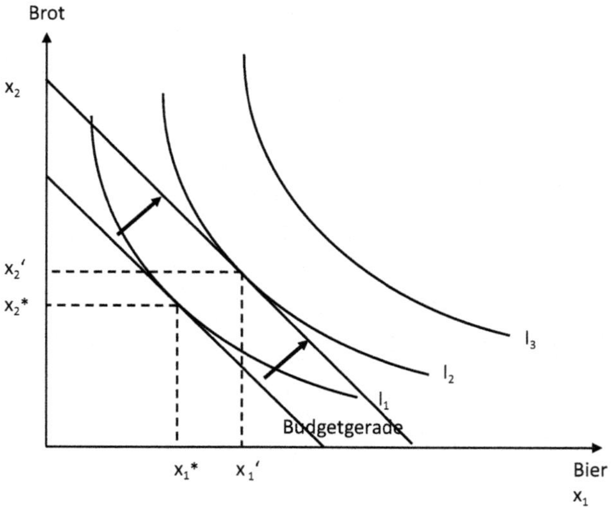

Abb. 3.11 Wirkung einer Einkommenserhöhung

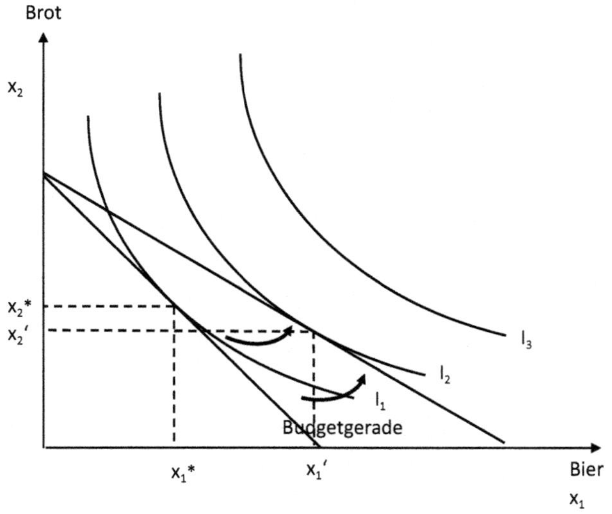

Abb. 3.12 Wirkung einer Preissenkung

Alternativ kann das Haushaltsoptimum mit dem Lagrange-Verfahren ermittelt werden. Das Lagrange-Verfahren ist das Standardverfahren in den Wirtschaftswissenschaften zur Optimierung unter Nebenbedingungen. Das Verfahren zeichnet sich durch eine standardisierte Vorgehensweise aus, bei der neben der eigentlichen Lösung für die beiden Güter auch noch eine zusätzliche Variable, nämlich λ („Lambda“) ermittelt wird. Dieses λ stellt den Grenzwert im Optimum dar.

Beispiel

Gegeben sei die Nutzenfunktion $U = U(x_1, x_2) = 10x_1^{0,5}x_2^{0,6}$. Die Preise der Konsumgüter seien $p_1 = 8$; $p_2 = 12$ Geldeinheiten. Das zur Verfügung stehende Einkommen sei 440 €.

Gesucht ist die optimale Aufteilung des Budgets auf die beiden Güter, bei der der Nutzen maximiert wird.

Im Rahmen des Lagrange-Verfahrens werden nacheinander acht Rechenschritte durchgeführt, um die Lösung zu ermitteln.

Im ersten Schritt wird eine Zielfunktion aufgestellt. Im Rahmen dieser Aufgabe soll der Nutzen maximiert werden, d. h. die Zielfunktion ist die Nutzenfunktion:

$$ZF\colon\ U = 10x_1^{0,5}x_2^{0,6}$$

Im zweiten Schritt wird die Nebenbedingung definiert. In unserem Beispiel besteht die Nebenbedingung zum einen aus dem zur Verfügung stehenden Budget und zum anderen aus den Preisen der beiden Konsumgüter. Daraus lässt sich die Nebenbedingung modellieren:

$$NB\colon\ 440 = 8x_1 + 12x_2$$

Im dritten Schritt wird die Lagrange-Funktion gebildet, bei der die Zielfunktion und die Nebenbedingung addiert werden. Dabei wird zunächst die Nebenbedingung so umgeformt, dass diese 0 ergibt:

$$0 = 440 - 8x_1 - 12x_2$$

Dann wird die neue Variable λ eingeführt und mit der Nebenbedingung multipliziert:

$$L = 10x_1^{0,5}x_2^{0,6} + \lambda(440 - 8x_1 - 12x_2)$$

Im vierten Schritt werden partielle Ableitungen der Lagrange-Funktion gebildet. Für die Optimierung unter Nebenbedingungen gilt, dass alle partiellen Ableitungen gleich 0 sein müssen:

$$I.\ \left(\frac{\delta L}{\delta x_1}\right) = 5x_1^{-0,5}x_2^{0,6} - 8\lambda = 0$$

$$II.\ \left(\frac{\delta L}{\delta x_2}\right) = 6x_1^{0,5}x_2^{-0,4} - 12\lambda = 0$$

$$III.\ \left(\frac{\delta L}{\delta \lambda}\right) = 440 - 8x_1 - 12x_2 = 0$$

Die partiellen Ableitungen I, II und III werden nach den gleichen Ableitungsregeln gebildet, wie im „normalen“ Ein-Variablen-Fall.

Im fünften Schritt werden die partiellen Ableitungen I und II jeweils nach der Variablen λ umgestellt. Die Umstellung der ersten partiellen Ableitung I nach λ führt zu:

$$I.\left(\frac{\delta L}{\delta x_1}\right) = 5x_1^{-0,5}x_2^{0,6} - 8\lambda = 0$$

$$I.\left(\frac{\delta L}{\delta x_1}\right) = 5x_1^{-0,5}x_2^{0,6} = \left(\frac{5x_2^{0,6}}{x_1^{0,5}}\right) = 8\lambda$$

$$I.\,\lambda = 0{,}625\left(\frac{x_2^{0,6}}{x_1^{0,5}}\right)$$

Die Umstellung der ersten partiellen Ableitung II nach λ liefert:

$$II.\left(\frac{\delta L}{\delta x_2}\right) = 6x_1^{0,5}x_2^{-0,4} - 12\lambda = 0$$

$$II.\left(\frac{\delta L}{\delta x_2}\right) = 6x_1^{0,5}x_2^{-0,4} = \left(\frac{6x_1^{0,5}}{x_2^{0,4}}\right) = 12\lambda$$

$$II.\,\lambda = 0{,}5\left(\frac{x_1^{0,5}}{x_2^{0,4}}\right)$$

Im sechsten Schritt werden die beiden partiellen Ableitungen I und II, die im vorigen Rechenschritt nach λ umgestellt wurden gleichgesetzt und nach einer der beiden Variablen aufgelöst:

$$I(\lambda) = II(\lambda)$$

$$0{,}625\left(\frac{x_2^{0,6}}{x_1^{0,5}}\right) = 0{,}5\left(\frac{x_1^{0,5}}{x_2^{0,4}}\right)$$

Die beiden Brüche werden nach den gängigen Bruchrechenregeln durch „Überkreuz-Multiplikation“ aufgelöst und dadurch „verschwinden“ die gebrochenen Exponenten, da, gemäß den Potenzgesetzen, bei Multiplikation von Potenzen mit gleicher Basis die Exponenten addiert werden.

$$0{,}625x_2^{0,6+0,4} = 0{,}5x_1^{0,5+0,5}$$

$$0{,}625x_2 = 0{,}5x_1$$

$$x_2 = 0{,}8x_1$$

Im siebten Schritt wird das Ergebnis des letzten Rechenschritts in die partielle Ableitung III eingesetzt, um den optimalen Haushaltsplan zu ermitteln.

$$\begin{aligned} III&: 440 - 8x_1 - 12x_2 = 0 \\ III&: 440 - 8x_1 - 12(0{,}8x_1) = 0 \\ III&: 440 - 17{,}6x_1 = 0 \\ III&: 440 = 17{,}6x_1 \\ x_1 &= 25 \\ x_2 &= 0{,}8x_1 = 20 \end{aligned}$$

Der optimale Haushaltsplan, bei dem der Nutzen bei gegebenem Budget von 440 € maximiert wird, liegt bei $x_1 = 25$ und $x_2 = 20$ Einheiten.

Im achten Schritt wird der Wert des Langrange-Multiplikators λ ermittelt. Dafür wird das Ergebnis in eine der beiden ermittelten Formeln für λ eingesetzt:

$$\lambda = 0{,}625\left(\frac{x_2^{0,6}}{x_1^{0,5}}\right) = 0{,}625\left(\frac{20^{0,6}}{25^{0,5}}\right) = 0{,}75$$

Dieses λ ist der Grenzwert der Lösung im Optimum. Da es sich bei der Zielfunktion um eine Nutzenfunktion handelt, bedeutet dies, dass der Nutzen um $\lambda = 0{,}75$ steigt, wenn die Konstante der Nebenbedingung, d. h. das Budget von 440 € um eine Einheit erhöht wird. Vereinfacht interpretiert, bedeutet dies, wenn das Budget von 440 auf 441 € erhöht wird, dann steigt der Nutzen um $\lambda = 0{,}75$ Einheiten. Die Variable λ beschreibt also in der Haushaltstheorie den Grenznutzen im Optimum.

3.3.2 Die Nachfragekurve und Güterklassifikation

Die individuelle Nachfragekurve wird aus einer Indifferenzkurvenkarte bei Variation eines Produktpreises hergeleitet, wie in Abb. 3.13 dargestellt. Auf der linken Seite ist die bekannte Indifferenzkurvenkarte für eine Person dargestellt. Auf der rechten Seite ist das Verhältnis zwischen dem Preis von x_1 also p_1 und der nachgefragten Menge abgebildet. Die Budgetgerade spiegelt das Einkommen und das Preisverhältnis der Güter wider. Wir gehen zunächst von Budgetgerade B_0 aus, die die Indifferenzkurve I_3 tangiert. Als Konsequenz wird von Gut x_1 die Gütermenge x_1^1 zum Preis von p_1^1, auf der rechten Seite der Abbildung abgetragen, nachgefragt. Die Mengen und Preise hinsichtlich des Gutes x_2 werden vernachlässigt, der Fokus liegt auf Menge und Preis von x_1. Nun gehen wir von einer Preiserhöhung von x_1 auf den neuen Preis p_1^2 aus. Graphisch führt eine Preiserhöhung zu einer Drehung der Budgetgeraden nach innen, wie durch B_1 illustriert. Durch die Preiserhöhung wird nun eine niedrigere Indifferenzkurve mit niedrigerem Nutzenniveau, nämlich I_1 tangiert und für x_1 sinkt die nachgefragte Menge auf x_1^2. Daraus ergibt sich auf der rechten Seite der Graphik die Nachfragefunktion, bzw. Preis-Absatz-Funktion $p(x)$

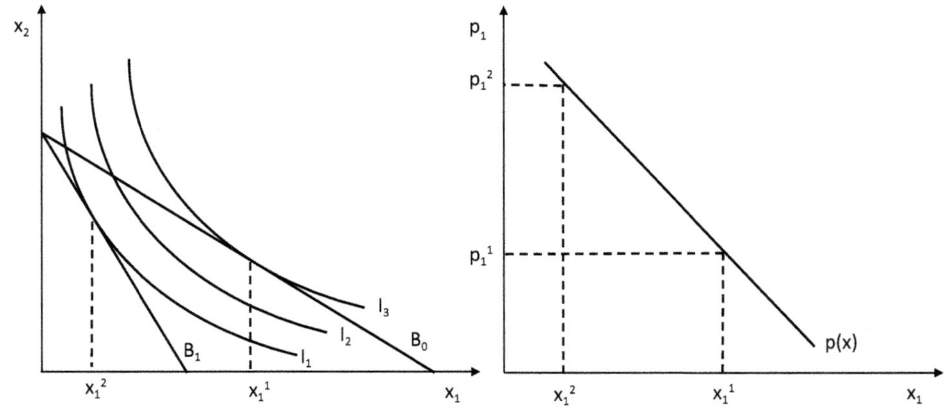

Abb. 3.13 Herleitung der individuellen Nachfragefunktion

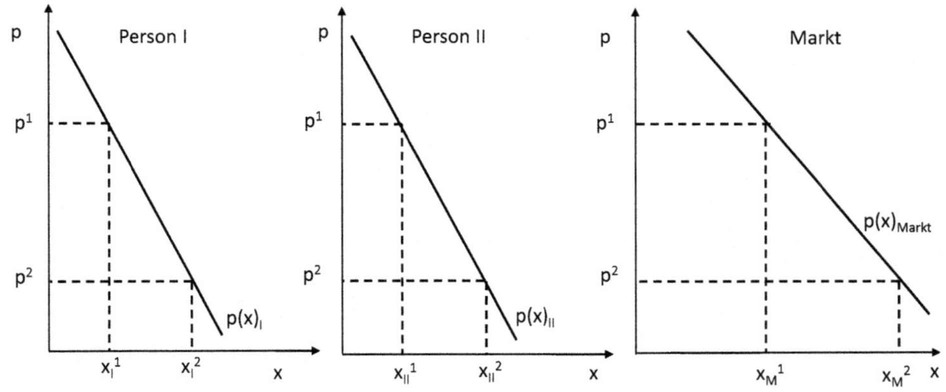

Abb. 3.14 Herleitung der aggregierten Nachfragekurve

für Gut x_1. In der Regel kann in der mikroökonomischen Theorie von einem negativen Verhältnis zwischen Preis und Menge ausgegangen werden, d. h. eine Preiserhöhung führt in der Regel zu einem Nachfragerückgang.

Über horizontale Addition der Nachfragemengen im Hinblick auf die einzelnen Preise kann die aggregierte Nachfragefunktion im Markt hergeleitet werden. Wie in Abb. 3.14 gezeigt, besteht vereinfacht der Markt aus zwei Personen die jeweils über eine individuelle Nachfragekurve verfügen. Die Nachfragemengen im Markt ergeben sich durch die horizontale Addition. So fragt Person I zum Preis von p^1 die Menge x_I^1 nach, während Person II bei diesem Preis die Menge x_{II}^1 nachfragt. Durch Addition der individuellen Nachfragemengen ergibt sich die Marktnachfragemenge $x_M^1 = x_I^1 + x_{II}^1$. Fällt nun der Preis auf p^2, so steigen die individuellen Nachfragemengen auf x_I^2 für Person I und x_{II}^2 für Person II. Die nachgefragte Menge im Markt beträgt dann $x_M^2 = x_I^2 + x_{II}^2$.

Mithilfe von Elastizitäten können die Nachfragefunktion, bzw. die damit modellierten Güter beschrieben werden. Dabei kann der Preis variiert werden und die Auswirkung auf die Nachfragemenge, mithilfe der Preiselastizität der Nachfrage, analysiert werden. Des Weiteren kann das zur Verfügung stehende Einkommen, bzw. Budget variiert werden und die Auswirkung auf die Nachfragemenge, mithilfe der Einkommenselastizität, genauer untersucht werden. Zudem bestehen zwischen vielen Güter wechselseitige Interdependenzen. So kann die Preiserhöhung eines Gutes dazu führen, dass ein anderes Gut mehr oder weniger nachgefragt wird. Diese Art von Interdependenzen wird mit der Kreuzpreiselastizität der Nachfrage genauer analysiert.

Elastizitätsfunktionen haben im allgemeinen Fall folgende Form:

$$\varepsilon = \frac{f'(x)x}{f(x)}$$

Der griechische Buchstabe ε (Epsilon) wird gemeinhin als Abkürzung für Elastizitätsfunktionen verwendet. Streng genommen handelt es sich bei Elastizitäten nicht um Funktionen, sondern um Differenzialgleichungen, denn es kommt sowohl die Stammfunktion $f(x)$ als auch die Ableitung $f'(x)$ vor. Verbal handelt es sich also bei der Elastizität ε um eine Ableitungsfunktion $f'(x)$, die mit der Variablen x multipliziert wird und anschließend durch die Stammfunktion $f(x)$ dividiert wird. Im vorliegenden Buch gehen wir aus Gründen der Vereinfachung und zur Förderung des besseren Verständnisses von einer prozentualen Änderung der Größen aus. Mathematisch korrekt handelt es sich allerdings um infinitesimal kleine Änderungsraten.

In der Haushaltstheorie wird in der Regel zwischen Preiselastizität der Nachfrage, Einkommenselastizität und Kreuzpreiselastizität unterschieden.

Die Preiselastizität der Nachfrage gibt an, wie preissensibel ein Gut ist, d. h. um wie viel % sich die Nachfragemenge ändert, wenn der Preis z. B. um 1 % erhöht wird. Bei der verbalen Herleitung der Elastizitätsfunktion steht grundsätzlich unter dem Bruchstrich die Größe, die variiert wird und auf dem Bruchstrich steht die Ergebnisgröße:

$$\varepsilon_{x,p} = \left(\frac{\textit{Mengenänderung in }\%}{\textit{Preisänderung in }\%}\right)$$

Wenn nun für die Menge die Variable x und für den Preis p eingefügt wird, erhalten wir:

$$\varepsilon_{x,p} = \left(\frac{\frac{\delta x}{x}}{\frac{\delta p}{p}}\right)$$

Nach Auflösung des Doppelbruchs ergibt sich die Preiselastizität der Nachfrage:

$$\varepsilon_{x,p} = \left(\left(\frac{\delta x}{x}\right)\left(\frac{p}{\delta p}\right)\right) = \left(\frac{\delta x}{\delta p}\right)\left(\frac{p}{x}\right)$$

Dabei ist $(\delta x/\delta p)$ die Ableitung der Umkehrfunktion zur Preis-Absatzfunktion $p(x)$, der Preis p ist die Variable, die in der Rechnung eingesetzt wird und x ist wiederum die

Ausgangsfunktion, d. h. die Umkehrfunktion der Preis-Absatzfunktion. Die Preiselastizität wird verwendet, um zu berechnen, ob die Nachfragefunktion des Gutes preissensibel, d. h. elastisch oder preisunsensibel, d. h. unelastisch ist. Die Preiselastizität ist in der Regel negativ, da die Nachfragekurve $p(x)$ eine negative Steigung hat, daher wird der Betrag der Preiselastizität herangezogen.

Definitionen und Formeln

Preiselastizität der Nachfrage:

$$\varepsilon_{x,p} = \left(\frac{\delta x}{\delta p}\right)\left(\frac{p}{x}\right)$$

Wenn $\left|\varepsilon_{x,p}\right| > 1$: elastische Nachfrage
Wenn $\left|\varepsilon_{x,p}\right| < 1$: unelastische Nachfrage
Wenn $\left|\varepsilon_{x,p}\right| = 1$: proportional elastische Nachfrage
Wenn $\left|\varepsilon_{x,p}\right| = 0$: vollkommen unelastische Nachfrage
Wenn $\left|\varepsilon_{x,p}\right| = \infty$: vollkommen elastische Nachfrage

Beispiel

Gegeben sei die Nachfragekurve für ein Gut mit $p(x) = 4500 - 3x$.

Wie hoch ist die Preiselastizität der Nachfrage für die Preise $p_1 = 4000$ und $p_2 = 500$ Geldeinheiten?

Damit die Formel der Preiselastizität angewandt werden kann, wird zunächst die Umkehrfunktion der Nachfragefunktion in der Form $x(p)$ benötigt. Wir stellen daher die Nachfragefunktion nach x um:

$$x(p) = 1500 - \left(\frac{1}{3}\right)p$$

Nach Einsetzen in die Formel der Preiselastizität der Nachfrage ergibt sich:

$$\varepsilon_{x,p} = \left(\frac{\delta x}{\delta p}\right)\left(\frac{p}{x}\right) = \left(\frac{-\left(\frac{1}{3}\right)p}{1500 - \left(\frac{1}{3}\right)p}\right)$$

Für den Preis $p_1 = 4000$ ergibt sich daher

$$\varepsilon_{x,p} = \left(\frac{-\left(\frac{1}{3}\right)4000}{1500 - \left(\frac{1}{3}\right)4000}\right) = -8$$

Da $\left|\varepsilon_{x,p}\right| = 8 > 1$ handelt es sich um eine elastische Nachfrage. Wenn bei einem Preis von 4000 Geldeinheiten der Preis um 1 % steigt, dann sinkt die Nachfragemenge um 8 %.

Für den Preis $p_2 = 500$ ergibt sich

$$\varepsilon_{x,p} = \left(\frac{-\left(\frac{1}{3}\right)500}{1500 - \left(\frac{1}{3}\right)500} \right) = -0{,}125$$

Da $\left|\varepsilon_{x,p}\right| = 0{,}125 < 1$ handelt es sich um eine unelastische Nachfrage. Wenn bei einem Preis von 500 Geldeinheiten der Preis um 1 % steigt, dann sinkt die Nachfragemenge um 0,125 %.

Die Preiselastizität variiert entlang der Nachfragekurve. Die Analyse der Preiselastizität der Nachfrage ist in der wirtschaftswissenschaftlichen Praxis wichtig, um das Konsumentenverhalten hinsichtlich Preisveränderungen zu prognostizieren. So wird ein rationaler Unternehmer nur dann die Preise senken, wenn er weiß, dass seine Kunden auf die Preisveränderungen durch entsprechend gesteigertes Nachfrageverhalten reagieren. Daher sind in der Praxis vorübergehende Preissenkungen vor allem bei Gütern zu beobachten, die eine hohe Preiselastizität der Nachfrage aufweisen. Bei Gütern mit relativ unelastischer Nachfrage sind Preissenkungen als Instrument, um die Nachfrage anzuregen, wirkungslos. In der Praxis liefern eigene Beobachtungen und statistische Auswertungen über das Kaufverhalten der Konsumenten wichtige Anhaltspunkte, um die Preiselastizität rechnerisch zu ermitteln. In Abb. 3.15 sind die Extremfälle einer vollkommen elastischen und vollkommen unelastischen Nachfrage dargestellt. Bei der vollkommen unelastischen Nachfrage nimmt die Preiselastizität $\varepsilon = 0$ an. Es gibt also, zumindest kurzfristig, keinen Zusammenhang zwischen Preis und Absatzmenge. Eine Preissenkung oder Preiserhöhung hat keinerlei Effekt auf die Nachfragemenge. Typische Güter, die eine eher unelastische Preiselastizität aufweisen, sind Medikamente und Kraftstoffe, wie Benzin oder Diesel. Der zweite Extremfall einer vollkommen elastischen Nachfrage $\varepsilon = \infty$ zeigt, dass bereits minimale Preissenkungen zu einem massiven Anstieg

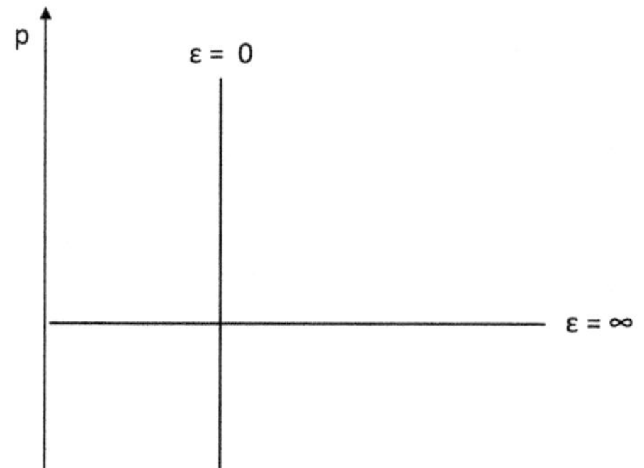

Abb. 3.15 Preiselastizität der Nachfrage bei vollkommen elastischer und vollkommen unelastischer Nachfrage

der Nachfragemenge führen. Güter, die eher eine elastische Nachfrage habe sind homogene Konsumgüter, bei denen viele ähnliche Güter, d. h. Substitute, auf dem Markt sind. Erhöht ein Anbieter den Preis, dann geht die Nachfragemenge stark zurück, da die Konsumenten auf Konkurrenzprodukte ausweichen. Bei der Preiselastizität spielt die Zeit eine wichtige Rolle. So ist die Preiselastizität von Benzin kurzfristig sicherlich als relativ unelastisch einzustufen, während langfristig die Nachfrage nach Benzin eher elastisch sein dürfte, da mit steigendem Benzinpreis die Konsumenten auf Fahrzeuge mit niedrigerem Benzinverbrauch oder andere Transportmittel ausweichen.

Neben der Preiselastizität der Nachfrage wird in der Volkswirtschaftslehre die Einkommenselastizität verwendet, um Güter zu klassifizieren. Hierbei unterscheiden wir zwischen inferioren und superioren Gütern. Für die graphische Analyse des Zusammenhangs zwischen Einkommenserhöhung und Nachfragemenge wird die Budgetgerade parallel nach rechts verschoben, wie in Abb. 3.16 dargestellt.

Auf der linken Seite der Abbildung befindet sich die gewohnte Indifferenzkurvenkarte mit den zwei Konsumgütern x_1 und x_2. Eine Einkommenserhöhung bewirkt eine Parallelverschiebung der Budgetgerade nach rechts mit der Folge, dass die Konsummengen ansteigen. Auf der rechten Seite der Abbildung ist der Zusammenhang zwischen Einkommenserhöhung und Konsummenge x_1 eingezeichnet. Dieser Zusammenhang wird als Einkommen-Nachfragefunktion bezeichnet. Wenn mit steigendem Einkommen auch die Konsummenge des Gutes ansteigt, sprechen wir von einem superioren oder normalen Gut. Die meisten Konsumgüter sind bis zu einem gewissen Grad superiore Güter.

Bei inferioren Gütern nimmt der Konsum mit steigendem Einkommen ab. Als typisches Beispiel für inferiore Güter können Handelsmarken angesehen werden. Diese werden bis zu einem gewissen Einkommensniveau mit steigender Menge konsumiert und ab einem erreichten Wohlstand, d. h. ab einem höheren Einkommen nimmt der Konsum dieser Güter ab, da sich die Konsumenten dann häufig eher Markenartikel „leisten" wollen.

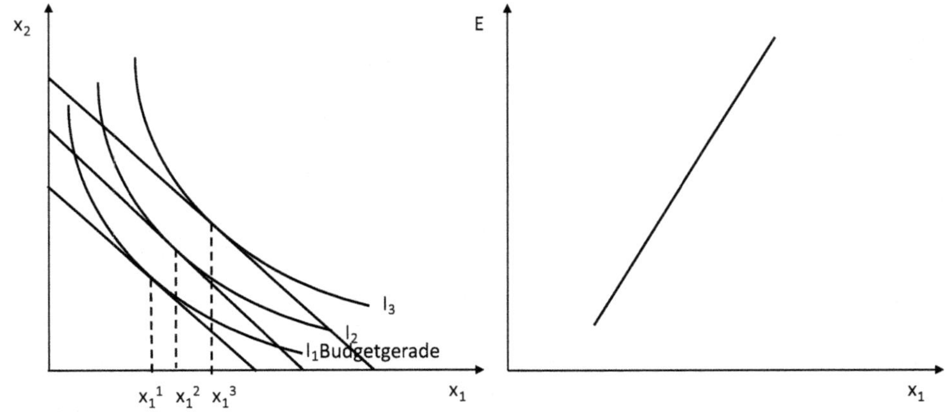

Abb. 3.16 Einkommen-Nachfragefunktion für ein superiores Gut

Das Verhältnis zwischen Einkommensänderung und Änderung der Konsummenge kann durch die Einkommenselastizität beschrieben werden. Allgemein gilt für die Einkommenselastizität:

$$\varepsilon_{x,E} = \left(\frac{\textit{Mengenänderung in \%}}{\textit{Einkommensänderung in \%}}\right)$$

Die Menge wird wieder mit der Variablen x und das Einkommen mit E definiert. Es gilt daher:

$$\varepsilon_{x,E} = \left(\frac{\frac{\delta x}{x}}{\frac{\delta E}{E}}\right) = \left(\frac{\delta x}{x}\right)\left(\frac{E}{\delta E}\right) = \left(\frac{\delta x}{\delta E}\right)\left(\frac{E}{x}\right)$$

Im Falle der Einkommenselastizität ist $(\delta x/\delta E)$ die Ableitung der Einkommen-Nachfragefunktion nach der Variablen E, während E das Einkommen definiert und x die Einkommens-Nachfragefunktion modelliert.

Definitionen und Formeln

Einkommenselastizität

$$\varepsilon_{x,E} = \left(\frac{\delta x}{\delta E}\right)\left(\frac{E}{x}\right)$$

Wenn $\varepsilon_{x,E} > 0$: superiores (normales) Gut
Wenn $\varepsilon_{x,E} < 0$: inferiores Gut

Beispiel

Die Nachfrage eines Gutes kann mit der folgenden Einkommen-Nachfragefunktion beschrieben werden:

$$x = 1500 - \left(\frac{1}{3}\right)p - 5E^{0,5}$$

Um welche Art von Gut handelt es sich, wenn ein Preis von $p = 2000$ Geldeinheiten und ein Einkommen in Höhe von $E = 10.000$ Geldeinheiten vorliegt?

Nach Anwendung der Formel für die Einkommenselastizität erhalten wir:

$$\varepsilon_{x,E} = \left(\frac{\delta x}{\delta E}\right)\left(\frac{E}{x}\right) = \frac{-2{,}5E^{-0{,}5}E}{1500 - \left(\frac{1}{3}\right)p - 5E^{0{,}5}} = \frac{-2{,}5E^{0{,}5}}{1500 - \left(\frac{1}{3}\right)p - 5E^{0{,}5}}$$

Nach Einsetzen der Werte von $p = 2000$ und $E = 10.000$ erhalten wir:

$$\varepsilon_{x,E} = \frac{-2{,}5 \cdot 10.000^{0{,}5}}{1500 - \left(\frac{1}{3}\right)2000 - 5 \cdot 10.000^{0{,}5}} = -0{,}75$$

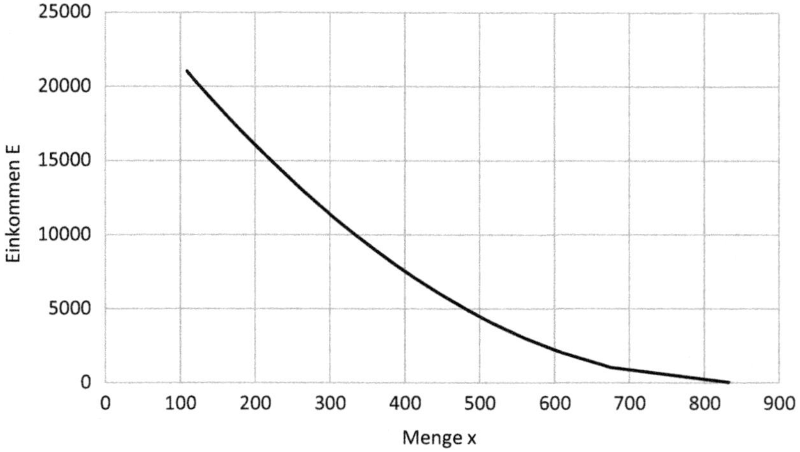

Abb. 3.17 Einkommen-Nachfrage-Kurve für ein inferiores Gut

Da $\varepsilon_{x,E} = -0{,}75 < 0$ handelt es sich um ein inferiores Gut. D. h. mit zunehmendem Einkommen sinkt die nachgefragte Menge nach dem Gut wie in Abb. 3.17 dargestellt.

Beispiel

Die Nachfrage eines Gutes kann mit der folgenden Einkommen-Nachfragefunktion beschrieben werden:

$$x = 2000 - \left(\frac{1}{2}\right)p + 15E^{0{,}5}$$

Um welche Art von Gut handelt es sich, wenn ein Preis von $p = 2000$ Geldeinheiten und ein Einkommen in Höhe von $E = 10.000$ Geldeinheiten vorliegt?

Nach Anwendung der Formel für die Einkommenselastizität erhalten wir:

$$\varepsilon_{x,E} = \left(\frac{\delta x}{\delta E}\right)\left(\frac{E}{x}\right) = \frac{7{,}5E^{-0{,}5}E}{2000 - \left(\frac{1}{2}\right)p + 15E^{0{,}5}} = \frac{7{,}5E^{0{,}5}}{2000 - \left(\frac{1}{2}\right)p + 15E^{0{,}5}}$$

Nach Einsetzen der Werte von $p = 2000$ und $E = 10.000$ erhalten wir:

$$\varepsilon_{x,E} = \frac{7{,}5 \cdot 10.000^{0{,}5}}{2000 - \left(\frac{1}{2}\right)2000 + 15 \cdot 10.000^{0{,}5}} = 0{,}3$$

Da $\varepsilon_{x,E} = 0{,}3 > 0$ handelt es sich um ein superiores Gut. D. h. mit zunehmendem Einkommen steigt die nachgefragte Menge nach dem Gut wie in Abb. 3.18 dargestellt.

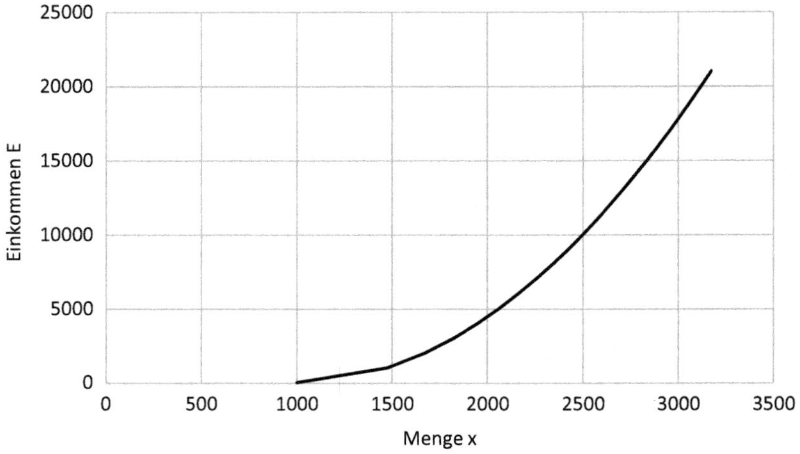

Abb. 3.18 Einkommen-Nachfrage-Kurve für ein superiores Gut

In Märkten sind häufig Güter miteinander verknüpft. Dies bedeutet, dass sich die Preisänderung von Gut x_1 auf die Nachfrage von Gut x_2 auswirkt. Diese „Überkreuzeffekte" werden in der Volkswirtschaftslehre mit dem Konzept der Kreuzpreiselastizität gemessen. Mit der Kreuzpreiselastizität können Güter klassifiziert werden. So sind z. B. in der Automobilproduktion die Preise von Kraftfahrzeugen und die Nachfrage nach Autoreifen direkt miteinander verknüpft, da ein Fahrzeug in der Regel vier Autoreifen benötigt. Steigt der Preis für Kraftfahrzeuge, dann geht natürlich zum einen die Nachfrage nach Autos zurück, aber natürlich sinkt auch die Nachfrage nach Autoreifen. Bei dieser Art von Gütern liegt also ein komplementäres Verhältnis vor. Anders sieht es bei Gütern aus, die einander ersetzen, also substituieren können. Butter und Margarine sind typische Beispiele in diesem Zusammenhang. Steigt der Preis für Butter, dann dürfte vermutlich die Nachfrage nach Margarine steigen. In Abb. 3.19 sind die Kreuzpreiseffekte bei Substituten dargestellt. Auf der linken Seite der Abbildung ist die gewohnte Indifferenzkurvenkarte dargestellt, während auf der rechten Seite der Zusammenhang zwischen dem Preis des Gutes x_2, also p_2, und der Nachfragemenge von x_1 dargestellt ist. In der Ausgangssituation beträgt die Nachfragemenge x_1^1 und die Indifferenzkurve I_3 wird realisiert. Der Preis von x_2 steigt an, dadurch dreht sich die Budgetgerade nach unten mit der Konsequenz, dass von dem anderen Gut x_1 mehr konsumiert wird, nämlich x_1^2, und das gesamte Nutzenniveau auf I_2 sinkt. Wenn wir davon ausgehen, dass p_2 weiter ansteigt, so dreht sich die Budgetgerade auf der linken Seite weiter nach unten mit der Folge, dass von x_1 mehr konsumiert wird, nämlich x_1^3. Bei der Darstellung mit zwei Diagrammen ist zu beachten, dass die Abstände auf der x-Achse identisch sind, da es sich um die gleichen Güter, nämlich jeweils die Konsummenge x_1 handelt. Die Abstände auf der y-Achse hingegen sind nicht identisch, da unterschiedliche Sachverhalte dargestellt werden. Auf der rechten Seite der Abbildung ist der Preis p_2 des Konsumgutes x_2 abgetragen. Der

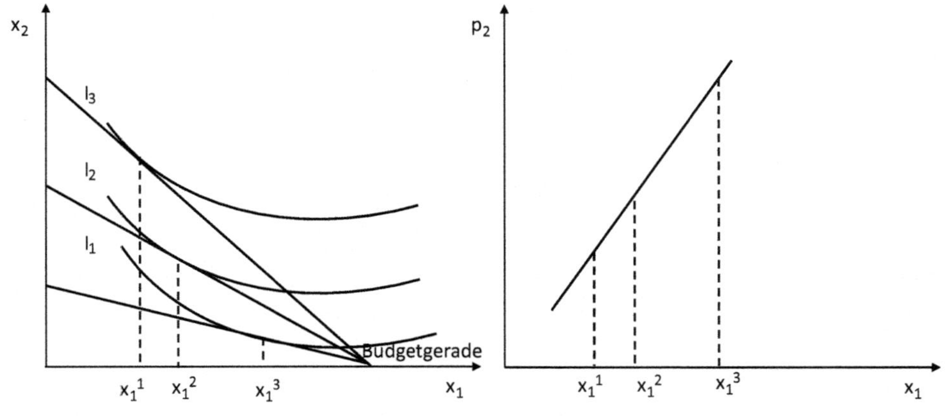

Abb. 3.19 Kreuzpreiseffekte bei Substituten

Preis ist in der Indifferenzkurvenkarte auf der linken Seite nicht explizit aufgeführt, sondern implizit im Preisverhältnis, also der Steigung der Budgetgeraden, enthalten. Wenn der Preis eines Gutes steigt und in der Folge die Nachfragemenge nach dem anderen Gut ausgeweitet wird, spricht man von einem Substitut.

Für die Kreuzpreiselastizität gilt:

$$\varepsilon_{x_1,p_2} = \left(\frac{Mengenänderung\ x_1\ in\ \%}{Preisänderung\ p_2\ in\ \%} \right)$$

Die Menge wird mit der Variablen x_1 und der Preis des Gutes x_2 mit p_2 definiert. Es gilt daher:

$$\varepsilon_{x_1,p_2} = \left(\frac{\frac{\delta x_1}{x_1}}{\frac{\delta p_2}{p_2}} \right) = \left(\frac{\delta x_1}{x_1} \right) \left(\frac{p_2}{\delta p_2} \right) = \left(\frac{\delta x_1}{\delta p_2} \right) \left(\frac{p_2}{x_1} \right)$$

Im Falle der Kreuzpreiselastizität ist $(\delta x_1 / \delta p_2)$ die Ableitung der Nachfragefunktion des Gutes x_1 nach der Variablen p_2. Natürlich gibt es auch den Fall, dass die Auswirkung einer Preisänderung des Gutes x_1 auf die Nachfragemenge von x_2 untersucht werden soll. Für diesen Fall gilt:

$$\varepsilon_{x_2,p_1} = \left(\frac{Mengenänderung\ x_2\ in\ \%}{Preisänderung\ p_1\ in\ \%} \right)$$

Die Menge wird mit der Variablen x_2 und der Preis des Gutes x_1 mit p_1 definiert. Es gilt daher:

$$\varepsilon_{x_2,p_1} = \left(\frac{\frac{\delta x_2}{x_2}}{\frac{\delta p_1}{p_1}} \right) = \left(\frac{\delta x_2}{x_2} \right) \left(\frac{p_1}{\delta p_1} \right) = \left(\frac{\delta x_2}{\delta p_1} \right) \left(\frac{p_1}{x_2} \right)$$

In diesem Falle ist $(\delta x_2/\delta p_1)$ die Ableitung der Nachfragefunktion des Gutes x_2 nach der Variablen p_1.

Da bei Komplementärgütern der Preis eines Gutes und die Nachfragemenge des Komplementärgutes negativ verknüpft sind, gilt $\varepsilon < 0$. Bei Ersatzgütern, also Substituten, führt eine Preiserhöhung des einen Gutes zu einer Nachfragesteigerung des Substituts, d. h. die beiden Güter sind positiv verknüpft, es gilt also $\varepsilon > 0$.

Definitionen und Formeln

Für die Kreuzpreiselastizität gilt:

$$\varepsilon_{x_1,p_2} = \left(\frac{\delta x_1}{\delta p_2}\right)\left(\frac{p_2}{x_1}\right)$$
$$\varepsilon_{x_2,p_1} = \left(\frac{\delta x_2}{\delta p_1}\right)\left(\frac{p_1}{x_2}\right)$$

Wenn $\varepsilon > 0$: Substitut
Wenn $\varepsilon < 0$: Komplementärgut

Beispiel

Die Nachfragemenge x_1 nach Spielkonsolen des Typs Alpha hänge sowohl vom Preis p_1 als auch vom Preis p_2 des konkurrierenden Typs Beta ab. Die Preis-Absatz-Funktionen für Alpha und Beta seien gegeben mit

$$x_1 = 10.000 - 2p_1 + 3p_2$$
$$x_2 = 8000 + p_1 - 2p_2$$

Die Preise für beide Spielkonsolen betragen $p_1 = p_2 = 400$ Geldeinheiten.

Ermitteln Sie die Kreuzpreiselastizität der Nachfragemenge von x_1 bezüglich des Preises von p_2. Um welche Art von Gut handelt es sich?

Nach der Lösungsformel ergibt sich

$$\varepsilon_{x_1,p_2} = \left(\frac{\delta x_1}{\delta p_2}\right)\left(\frac{p_2}{x_1}\right) = \left(\frac{3p_2}{10.000 - 2p_1 + 3p_2}\right)$$
$$= \left(\frac{3 \cdot 400}{10.000 - 2 \cdot 400 + 3 \cdot 400}\right) = 0{,}12$$

Da $\varepsilon = 0{,}12 > 0$ handelt es sich bei den Gütern um Substitute. D. h. eine Preiserhöhung des Alpha-Systems führt zu einem Anstieg der Nachfrage nach Spielkonsolen des Typs Beta wie in Abb. 3.20 dargestellt.

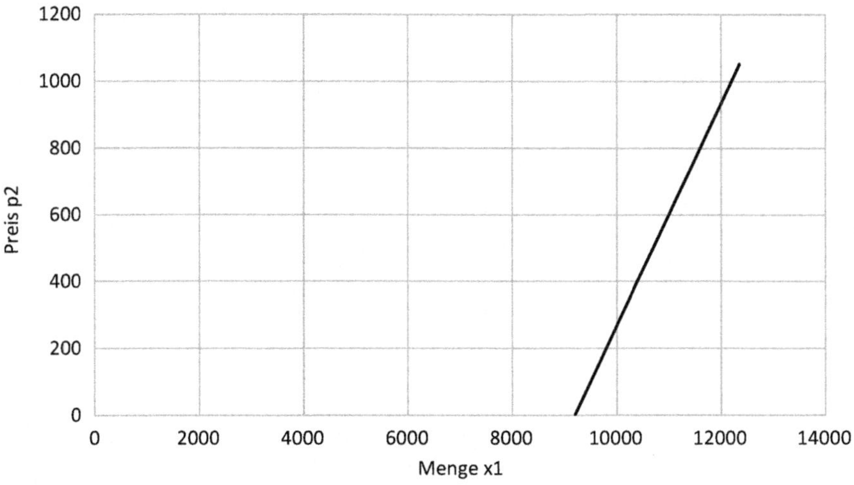

Abb. 3.20 Kreuz-Preis-Nachfrage bei Substituten

Beispiel

Für zwei Güter gelten die folgenden Preis-Absatz-Funktionen

$$x_1 = 1500 - \left(\frac{1}{3}\right)p_1 - \left(\frac{1}{2}\right)p_2$$

$$x_2 = 2000 - p_1 - 2p_2$$

Die Preise für beide Güter betragen $p_1 = 2000$; $p_2 = 1000$ Geldeinheiten.

Ermitteln Sie die Kreuzpreiselastizität der Nachfragemenge von x_1 bezüglich des Preises von p_2. Um welche Art von Gut handelt es sich?

Nach der Lösungsformel ergibt sich

$$\varepsilon_{x_1,p_2} = \left(\frac{\delta x_1}{\delta p_2}\right)\left(\frac{p_2}{x_1}\right) = \left(\frac{-\left(\frac{1}{2}\right)p_2}{1500 - \left(\frac{1}{3}\right)p_1 - \left(\frac{1}{2}\right)p_2}\right)$$

$$= \left(\frac{-0{,}5 \cdot 1000}{1500 - \left(\frac{1}{3}\right)2000 - \left(\frac{1}{2}\right)1000}\right) = -1{,}5$$

Da $\varepsilon = -1{,}5 < 0$ handelt es sich bei den Gütern um Komplementärgüter. D. h. eine Preiserhöhung eines Gutes führt zu einem Nachfragerückgang des anderen Gutes wie in Abb. 3.21 dargestellt.

Eine Preisänderung eines Gutes führt grundsätzlich zu einer Änderung des Nutzens und einer Änderung der Allokation. So führt eine Preiserhöhung dazu, dass der Konsument eine niedrigere Indifferenzkurve tangiert (=niedrigerer Nutzen, bzw. niedrigeres

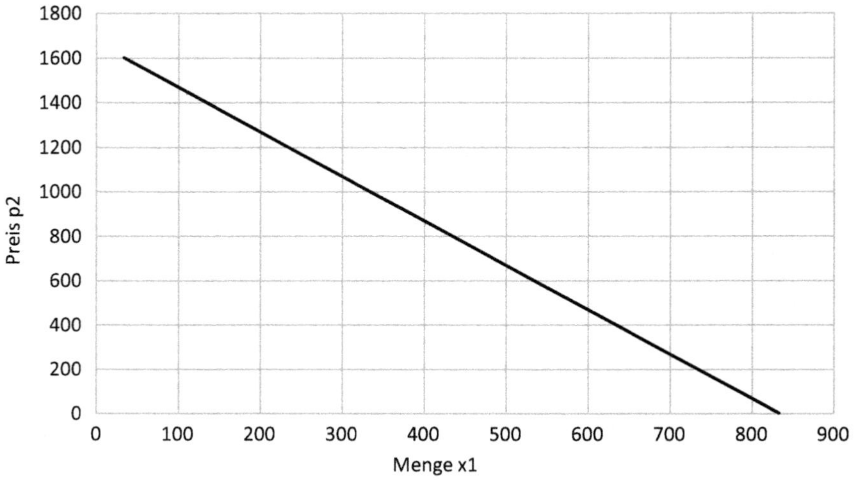

Abb. 3.21 Kreuz-Preis-Nachfrage bei Komplementärgütern

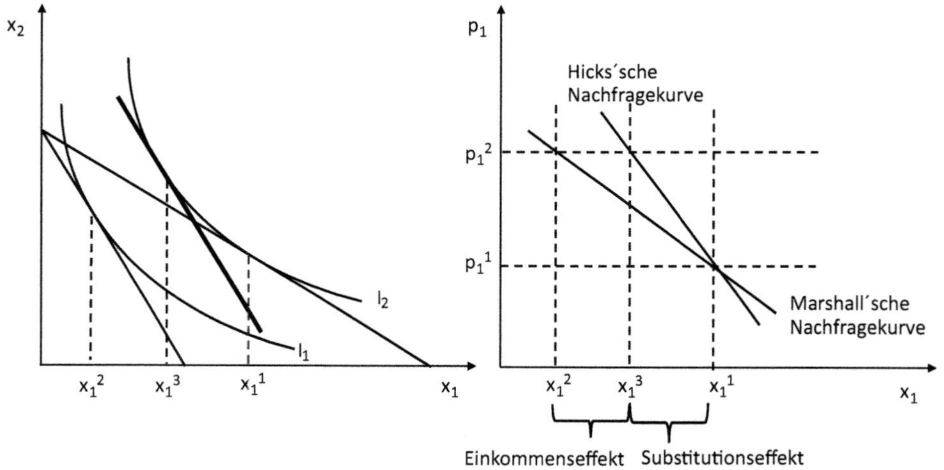

Abb. 3.22 Einkommens- und Substitutionseffekte und Hicks'sche Nachfragekurve

verfügbares Einkommen) und die Aufteilung des Budgets auf die beiden Güter verändert sich (=geänderte Allokation). Die Änderungsraten wurden mit den verschiedenen Konzepten der Elastizität erfasst. Nun können beide Effekte, die normalerweise simultan auftreten, isoliert werden, um den Einkommens- und Substitutionseffekt einer Preisänderung näher analysieren zu können. Wir gehen von einer Zwei-Felder-Darstellung aus, wie in Abb. 3.22 illustriert. In der Ausgangssituation wird bei einem gegebenen Budget die Allokation x_1^1 bei einem Preis von p_1^1 realisiert. Die Indifferenzkurve I_2 wird tangiert. Der Fokus liegt auf einer Preisänderung des Gutes x_1, daher ist auf der rechten Seite das

Verhältnis zwischen Preisen und Absatzmengen für das Gut x_1 dargestellt. Nun gehen wir von einer Preiserhöhung von x_1 aus und in der Folge dreht sich die Budgetgerade nach innen. Es wird daher eine Konsummenge von x_1^2 bei einem Preis von p_1^2 realisiert. Als Konsequenz sinkt der Nutzen, bzw. das Einkommen des Konsumenten, da nun die niedrigere Indifferenzkurve I_1 tangiert wird. Der Zusammenhang zwischen Preis und Absatzmenge wird als die bekannte Nachfragekurve nach Marshall auf der rechten Seite der Abbildung dargestellt. Die „normale" Nachfragekurve nach Marshall beinhaltet sowohl den Einkommenseffekt als auch den Substitutionseffekt einer Preisänderung. Wenn wir nun den Einkommenseffekt isolieren wollen, gehen wir davon aus, dass die Reduktion des Einkommens, d. h. der „Sprung" von Indifferenzkurve I_2 auf die niedrigere Indifferenzkurve I_1 kompensiert wird, so dass der Konsument das ursprüngliche Einkommens- bzw. Nutzenniveau I_2 realisieren kann. Graphisch wird daher die neue Budgetgerade nach Preiserhöhung solange nach rechts verschoben, bis wieder die ursprüngliche Indifferenzkurve tangiert wird. Durch Kompensation des Einkommenseffekts wird zwar die ursprüngliche Indifferenzkurve tangiert, allerdings ändert sich die Allokation auf x_1^3. Da die Preiserhöhung nach wie vor wirksam ist und nur der Einkommenseffekt kompensiert wurde, bleibt das Preisniveau bei p_1^2. Auf der rechten Seite der Abbildung sind daher die isolierten Effekte zu erkennen. Die Nachfragekurve, die den Einkommenseffekt kompensiert, wird auch Hicks'sche Nachfragekurve genannt und enthält nur den reinen Substitutionseffekt. Die Differenz aus Marshall'scher und Hicks'scher Nachfragekurve stellt den Einkommenseffekt der Preisänderung dar.

In der Wirtschaftspolitik spielen Einkommenseffekte und deren Kompensation eine wichtige Rolle. Wenn wir davon ausgehen, dass das Gut x_1 Benzin darstellt und der Staat aus ökologischen Gründen den Benzinverbrauch und damit den Kohlendioxid-Ausstoß verringern möchte, so wäre eine Erhöhung der Mineralölsteuer und die damit verbundene Internalisierung externer Effekte eine wirtschaftspolitische Option. Eine Erhöhung der Mineralölsteuer erhöht den Benzinpreis und führt zu einem Rückgang der verbrauchten Kraftstoffmenge. Da gerade der Benzinpreis viele Pendler, die auf das Auto angewiesen sind, trifft, kann der Staat versuchen, diesen Einkommenseffekt durch Kompensationszahlungen auszugleichen. In der Folge sinkt zwar immer noch der Benzinverbrauch, wenn auch in geringerem Maße, aber die Einkommenseffekte werden für die Pendler abgefedert. Die Pendlerpauschale, die bei der Steuererklärung geltend gemacht werden kann, ist eine typische Kompensationszahlung in diesem Kontext. Gerade im umweltpolitischen Bereich sind Kompensationszahlungen von großer Bedeutung. So soll natürlich durch Besteuerung die Lenkungsfunktion einer Steuer ausgenutzt werden, durch Kompensationszahlungen kann jedoch der Einkommenseffekt kompensiert und damit die negativen finanziellen Effekte für die Bevölkerung reduziert werden.

Bisher wurde das Konzept der Elastizität verwendet, um Güter zu klassifizieren. In diesem Zusammenhang wurde bisher zwischen inferioren/superioren und komplementären und substitutiven Gütern unterschieden. Neben diesen Konzepten lassen sich Güter grundsätzlich nach dem Ausschlusskriterium und nach dem Grad der Konsumrivalität unterscheiden. Wirksamkeit des Ausschlusskriteriums heißt, dass Konsumenten, die nicht für das Gut bezahlen auch vom Konsum ausgeschlossen werden können. Konsumrivalität bedeutet, dass der Konsum einer Person sich auf den Konsum, bzw. den Nutzen einer anderen Person auswirkt. Eine Übersicht über die verschiedenen Güterarten ist in Abb. 3.23 dargestellt.

Bei privaten Gütern ist der Konsum rivalisierend und das Ausschlusskriterium ist anwendbar. Ein typisches privates Gut wäre ein Kasten Bier. Der Konsum ist rivalisierend, d. h. wenn ein Konsument den Kasten geleert hat, steht der Inhalt nicht mehr für andere Konsumenten zur Verfügung. Das Ausschlusskriterium ist ebenfalls anwendbar, da der Konsument den Kasten Bier im Getränkemarkt nur erhält, wenn er oder sie auch dafür bezahlt. Nichtzahler können also vom Konsum des Gutes ausgeschlossen werden. Für private Güter funktioniert der Markt als Allokationsmechanismus einwandfrei und eine staatliche Intervention ist unnötig. Wenn der Konsum rivalisierend wirkt, das Ausschlusskriterium jedoch nicht anwendbar ist, liegt ein sogenanntes Allmendegut vor. Mit Allmende wird eine gemeinschaftlich genutzte Weide in den Hochalpen bezeichnet. Grundsätzlich dürfen alle Nutztiere die Allmende kostenfrei als Weidefläche benutzen. Die Weide gehört also allen. Daraus ergeben sich jedoch Probleme, da Konsumrivalität vorliegt. Wird die Weidefläche von zu vielen Tieren genutzt, dann entsteht durch die resultierende Übernutzung der Ressource ein Schaden, der im Extremfall dazu führen kann, dass die Weide übernutzt, also zerstört wird. Andere Allmendegüter in diesem Zusammenhang wären die Fischbestände in den Weltmeeren. Grundsätzlich darf jedes Land außerhalb der eigenen Drei-Meilen-Zone die Fischbestände nutzen, d. h. befischen. Wenn allerdings alle Länder dieses Recht nutzen, werden die Fischbestände überfischt und zerstört. Bei Allmendegütern ergibt sich häufig das Problem der Nichtausschließbarkeit aus den hohen Kontroll- und Überwachungskosten. Gerade in der internationalen Fischerei können natürlich grundsätzlich Mechanismen geschaffen werden, die den Zugang regulieren, so wie z. B. Mindestgrößen bei Fischereinetzen oder Höchstmengen, die gefischt werden dürfen, aber da die Kontroll- und Überwachungskosten in diesem Falle sehr hoch sind, ist eine regelmäßige Überwachung der Regeln kaum möglich. Bei Allmendegütern ergibt sich daher eine Marktschwäche, da der Markt selbst zur Übernutzung der Ressourcen führt und zusätzliche institutionelle und regulatorische Mechanismen notwendig sind. Bei öffentlichen Gütern ist der Konsum nicht rivalisierend und auch das Ausschlusskriterium ist nicht anwendbar. Die Landesverteidigung oder auch das Polizei- und Justizwesen sind typische Beispiele für öffentliche Güter. Die nationale

Abb. 3.23 Güterarten

		Ausschluss möglich	Ausschluss nicht möglich
Konsum	rivalisierend	Privates Gut	Allmendegut
Konsum	nicht rivalisierend	Clubgut	Öffentliches Gut

Armee verteidigt auch Nichtzahler, die sich nicht an der Finanzierung, z. B. in Form von Steuern, beteiligt haben. Der Konsum ist ebenfalls nicht-rivalisierend, da es kaum einen Unterschied macht, ob nun 80 Mio. oder nur 75 Mio. Einwohner verteidigt werden sollen. Allerdings ist durch die Nichtwirksamkeit des Ausschlusskriteriums kaum ein rationaler Konsument bereit, sich an der Finanzierung der Landesverteidigung oder anderer öffentlicher Güter zu beteiligen. Dies bedeutet, dass öffentliche Güter durch den Markt nicht bereitgestellt werden. In der Folge werden diese Güter in der Regel vom Staat zur Verfügung gestellt. Weitere Beispiele für öffentliche Güter, die durch den Staat bereitgestellt werden, sind das öffentliche Bildungssystem oder der öffentlich-rechtliche Rundfunk. Die Übernutzungsproblematik bei Allmendegütern und die Bereitstellungsproblematik bei öffentlichen Gütern stellen typische soziale Dilemma-Situationen dar, die in der Spieltheorie mit dem Gefangenen-Dilemma modelliert werden können. Bei Klubgütern wirkt der Konsum nicht rivalisierend, ein Ausschluss von Nichtzahlern ist jedoch zu relativ niedrigen Kosten möglich. Ein Beispiel in diesem Zusammenhang ist die Maut für LKW. Straßen und Autobahnen sind zwar grundsätzlich öffentliche Güter, die vom Staat bereitgestellt werden, durch die Einführung von Mechanismen, die Nichtzahler vom Konsum ausschließen können, im Falle der Lkw-Maut die Mautbrücken auf Autobahnen, wurde aber eine Bezahlschranke eingeführt. Wobei gerade beim Straßenverkehr das Kriterium der Nichtrivalität nur dann gegeben ist, wenn keine Übernutzung, d. h. kein Stau, vorliegt. Ein anderes Beispiel für ein Klubgut ist das private Bezahlfernsehen (Pay-TV). Es gilt grundsätzlich Nichtrivalität im Konsum, da sich das Fernsehbild qualitativ kaum verändern dürfte, unabhängig davon, ob nun 80 Mio. oder 1 Mio. Konsumenten zusehen. Das Ausschlusskriterium ist jedoch wirksam, da Nichtzahler, durch technische Lösungen wie Decoder etc., ausgeschlossen werden können. Gerade durch technologische Lösungen, die zu Kostensenkungen hinsichtlich der Installation von Ausschlussmechanismen geführt haben, wurden in der Vergangenheit zunehmend ursprünglich öffentliche Güter in Klubgüter umgewandelt. Weitere Beispiele für Klubgüter sind private Schulen oder Hochschulen.

Grundsätzlich gilt hinsichtlich der wirtschaftspolitischen Implikationen, dass bei öffentlichen Gütern und bei Allmendegütern Marktschwächen vorliegen, die eine privatwirtschaftliche Bereitstellung über den Markt behindern. Im Falle der öffentlichen Güter liegt ein Argument für eine Bereitstellung durch den Staat vor, da das Angebot sonst nicht privatwirtschaftlich realisiert würde. Bei Allmendegütern liegt grundsätzlich eine Übernutzungsproblematik der Ressourcen vor, die staatliche Regulierung notwendig macht. Private Güter werden vom Markt bereitgestellt, da hier keine Schwäche des marktwirtschaftlichen Allokationsmechanismus vorliegt. Bei Klubgütern lassen sich häufig ehemals öffentliche Güter durch günstige Ausschlussmechanismen auch privatwirtschaftlich bereitstellen.

Im Rahmen der Haushaltstheorie wurde bisher, ausgehend von einer Indifferenzkurvenkarte, das Haushaltsoptimum ermittelt. Dabei war die Budgetgerade durch das Budget und die Preise der Güter gegeben. Zum Abschluss der Haushaltstheorie soll analysiert werden, wie zwei Konsumgüter auf zwei Konsumenten im Markt aufgeteilt werden sollen. In diesem Kontext wird der Zusammenhang zwischen effizienter Allokation und gerechter Verteilung problematisiert. Wir gehen von einer Indifferenzkurvenkarte für zwei Personen aus, wie in Abb. 3.24 dargestellt. Die Indifferenzkurvenkarte für Person B wird dabei als gespiegelte Variante dargestellt. Auf der y-Achse befindet sich die gesamte Gütermenge des Gutes x_2 und auf der x-Achse die gesamte Gütermenge von x_1. Die Darstellung mit zwei Indifferenzkurvenkarten wird als Edgeworth-Box bezeichnet. Wenn wir nun von der Ausgangsallokation der beiden Güter im Punkt P_1 ausgehen, dann erreicht Person A die Indifferenzkurve I_4^A und Person B I_4^B. Der Punkt P_1 kann keine effiziente Allokation darstellen, da sich eine der beiden Personen verbessern könnte, ohne dass sich die andere Person verschlechtert. Angenommen, Person A schlägt Person B vor, die Aufteilung der Güter in Richtung des Punktes P_2 zu verändern, dann hätte wahrscheinlich Person B nichts dagegen, da Person B in diesem Punkt weiterhin das Nutzenniveau I_4^B beibehält, da B nur auf der gleichen Indifferenzkurve entlang wandert. Für Person A wäre jedoch P_2 eine Verbesserung, da somit ein höheres Nutzenniveau mit der Indifferenzkurve I_5^A erreicht werden kann. In Punkt P_2 liegt ein Pareto-Optimum vor, da sich keine der beiden Personen verbessern kann, ohne dass sich die andere Person verschlechtert. Die effiziente Allokation der beiden Güter liegt somit im Tangentialpunkt der Indifferenzkurven beider Konsumenten, d. h. es gilt $GRS_A = GRS_B$. Die Verbindung der Tangentialpunkte und damit die Menge der pareto-optimalen Allokationen wird als Kontraktkurve bezeichnet. Die Fläche innerhalb der Schnittpunkte der Indifferenzkurven definieren die Allokationslinse, innerhalb derer Pareto-Verbesserungen möglich sind.

Im Rahmen der mikroökonomischen Analyse können nur Effizienzfragen befriedigend gelöst werden. In der vorliegenden Darstellung wurden Indifferenzkurven gewählt,

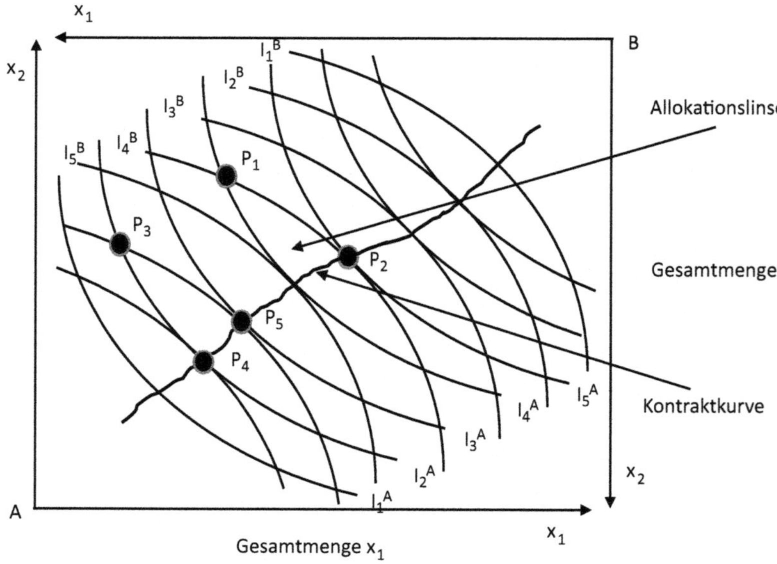

Abb. 3.24 Die Edgeworth-Box

die sich in der Mitte der Edgeworth-Box befinden und somit aus der Perspektive der Verteilungsgerechtigkeit als „gerecht“ empfunden werden. Wenn nun aber eine Ausgangsallokation in einer der Ecken der Box, z. B. der Punkt P_3, gewählt wird, dann kann aus der effizienzorientierten mikroökonomischen Perspektive eine Verbesserung erzielt werden, wenn entweder der Punkt P_4 oder der Punkt P_5 realisiert wird. Beide Punkte liegen auf der Kontraktkurve und sind somit pareto-optimal, obwohl aus einer Verteilungsperspektive der Punkt P_4 in der Regel als „ungerechter“ als der Punkt P_5 empfunden wird. Ob nun einer der beiden Punkte realisiert werden „sollte“, unterliegt daher einem Werturteil und kann mit den effizienzorientierten Analyseinstrumenten der mikroökonomischen neoklassischen Ökonomik nicht befriedigend gelöst werden!

3.4 Produktionstheorie: Die Angebotsseite

3.4.1 Produktionsfunktion und Minimalkostenkombination

Der Zusammenhang zwischen den Inputfaktoren r und der Output- bzw. Produktionsmenge x wird mit einer Produktionsfunktion modelliert. In Abb. 3.25 ist eine Produktionsfunktion $x(r)$ mit einem Inputfaktor r dargestellt.

In der Volkswirtschaftslehre gehen wir in der Regel von einer Cobb-Douglas-Produktionsfunktion mit gebrochenen Exponenten aus. Die allgemeine Form der Produktionsfunktion ist wie folgt definiert:

$$x(r_1, r_2) = c r_1^{\alpha} r_2^{\beta}$$

Die Produktions- bzw. Outputmenge ist durch die Variable x definiert, c definiert den exogen gegebenen Technologieparameter und die Exponenten α und β definieren die Faktorelastizitäten, bzw. Produktionselastizitäten der Produktionsfaktoren. Die

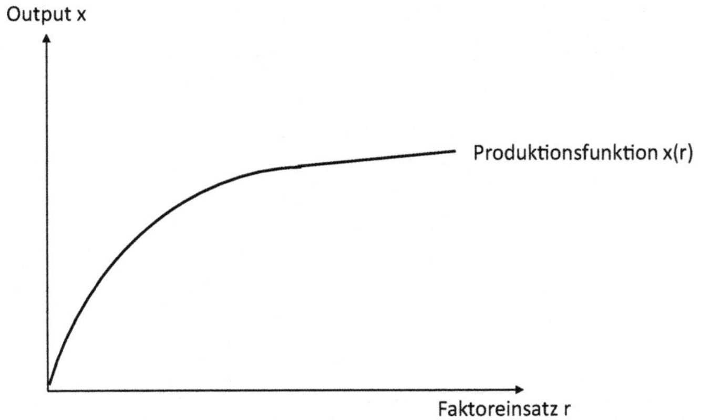

Abb. 3.25 Die Produktionsfunktion

Faktorelastizitäten definieren, vereinfacht ausgedrückt, um wie viel % sich der Gesamtoutput x ändert, wenn der dazugehörige Faktor näherungsweise um 1 % erhöht wird.

$$\varepsilon_{x,r_1} = \left(\frac{\textit{Outputänderung in \%}}{\textit{Faktoreinsatzänderung von } r_1 \textit{ in \%}}\right)$$

$$\varepsilon_{x,r_1} = \left(\frac{\left(\frac{\delta x}{x}\right)}{\left(\frac{\delta r_1}{r_1}\right)}\right) = \left(\frac{\delta x}{x}\right)\left(\frac{r_1}{\delta r_1}\right) = \left(\frac{\delta x}{\delta r_1}\right)\left(\frac{r_1}{x}\right)$$

Für die Faktorelastizität von r_2 gilt analog

$$\varepsilon_{x,r_2} = \left(\frac{\left(\frac{\delta x}{x}\right)}{\left(\frac{\delta r_2}{r_2}\right)}\right) = \left(\frac{\delta x}{x}\right)\left(\frac{r_2}{\delta r_2}\right) = \left(\frac{\delta x}{\delta r_2}\right)\left(\frac{r_2}{x}\right)$$

Beispiel

Gegeben sei die Produktionsfunktion $x(r_1, r_2) = 10r_1^{0,7}r_2^{0,3}$. Die Faktorelastizität von r_1 ist daher

$$\varepsilon_{x,r_1} = \left(\frac{\left(7r_1^{-0,3}r_2^{0,3}\right)r_1}{10r_1^{0,7}r_2^{0,3}}\right) = \left(\frac{7r_1^{0,7}r_2^{0,3}}{10r_1^{0,7}r_2^{0,3}}\right) = 0{,}7$$

Für die Faktorelastizität von r_2 ergibt sich

$$\varepsilon_{x,r_2} = \left(\frac{\left(3r_1^{0,7}r_2^{-0,7}\right)r_2}{10r_1^{0,7}r_2^{0,3}}\right) = \left(\frac{3r_1^{0,7}r_2^{0,3}}{10r_1^{0,7}r_2^{0,3}}\right) = 0{,}3$$

Die Faktorelastizitäten sind daher unabhängig von der Faktoreinsatzmenge konstant für r_1: $\varepsilon_{x,r_1} = 0{,}7$ und für r_2: $\varepsilon_{x,r_2} = 0{,}3$.

Die partiellen Ableitungen der Produktionsfunktion $x(r_1, r_2)$ nach den einzelnen Produktionsfaktoren r_1 und r_2 sind definiert als die Grenzproduktivitäten der Faktoren. Die Grenzproduktivität eines Inputfaktors gibt an, um wie viele Einheiten der Output x steigt, wenn der Inputfaktor r um eine infinitesimal kleine Einheit erhöht wird. Für den Standardfall mit zwei Inputfaktoren gilt daher

$$x(r_1, r_2) = cr_1^{\alpha}r_2^{\beta}$$

für die Grenzproduktivität von r_1: $(\delta x/\delta \mathrm{r}_1) = \alpha c r_1^{(\alpha-1)}r_2^{\beta}$ und für r_2: $(\delta x/\delta r_2) = \beta c r_1^{\alpha}r_2^{(\beta-1)}$

Bei den partiellen Ableitungen ist zu beachten, dass für die Ableitungen die gleichen Ableitungsregeln gelten, wie im Ein-Variablen-Fall. Dies bedeutet, dass für die Ermittlung der Grenzproduktivität von r_1 für diese Variable die normalen Ableitungsregeln angewandt werden, während r_2 als Konstante zu behandeln ist. Sind Konstanten additiv verknüpft, ergibt sich abgeleitet 0, während bei einer multiplikativen Verknüpfung mit der Ableitungsvariablen r_1 der Teil der Gleichung, der r_2 enthält, „mitgeschleppt" werden muss.

Beispiel

Gegeben sei die Produktionsfunktion $x(r_1, r_2) = 10r_1^{0,7}r_2^{0,3}$. Die Grenzproduktivitäten der Produktionsfaktoren sind daher

$$r_1\colon \left(\frac{\delta x}{\delta r_1}\right) = 7r_1^{-0,3}r_2^{0,3} = \left(\frac{7r_2^{0,3}}{r_1^{0,3}}\right)$$

$$r_2\colon \left(\frac{\delta x}{\delta r_2}\right) = 3r_1^{0,7}r_2^{-0,7} = \left(\frac{3r_1^{0,7}}{r_2^{0,7}}\right)$$

Eine wichtige Aufgabe der Produktionstheorie in der Volkswirtschaftslehre ist die Bestimmung des optimalen Faktoreinsatzes. Es handelt sich in diesem Kontext um eine Minimierungsaufgabe unter Nebenbedingungen. Die Nebenbedingung wird durch die Budgetrestriktion, die vom vorhandenen Budget und den Faktorpreisen abhängt, dargestellt. Gegeben ist das Outputniveau, das erzielt werden soll unter möglichst geringem Kosteneinsatz. Graphisch stellt sich das Optimierungsproblem, wie in Abb. 3.26 dargestellt, dar.

Die Isoquanten I stellen das mögliche Outputniveau dar, während die Budgetrestriktion durch die Isokostenlinie, bzw. Budgetgerade illustriert wird. Die Steigung der Budgetgerade kann über das vorhandene Budget und die Faktorpreise der beiden Güter hergeleitet werden. Die Steigung der Budgetgeraden entspricht dem Preisverhältnis der beiden Produktionsfaktoren. Wie in der Abbildung zu erkennen, entspricht im Punkt der Minimalkostenkombination die Steigung der Budgetgeraden der Steigung der Isoquanten. Die Steigung der Isoquante wird auch in der Produktionstheorie Grenzrate der Substitution genannt. Grafisch stellt sich das Optimierungsproblem des optimalen

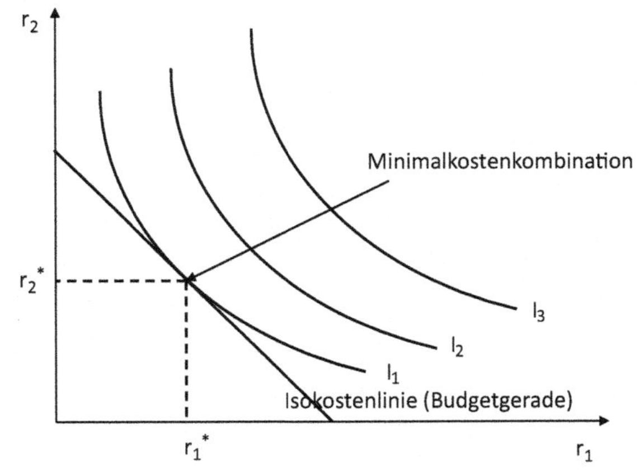

Abb. 3.26 Die Minimalkostenkombination

Faktoreinsatzes in der Produktionstheorie, im Grunde genommen, genauso dar, wie das Optimierungsproblem des optimalen Haushaltsplans in der Haushaltstheorie.

Definitionen und Formeln
Produktionsfunktion: $x(r_1, r_2) = c r_1^{\alpha} r_2^{\beta}$
Grenzproduktivität: $(\delta x/\delta \mathrm{r}_1) = \alpha c r_1^{(\alpha-1)} r_2^{\beta}$ und $(\delta x/\delta r_2) = \beta c r_1^{\alpha} r_2^{(\beta-1)}$
Gleichung Isoquante I: $r_2 = f(r_1)_{|x=x_0=const.}$
Grenzrate der Substitution GRS: $r_2' = (dr_2/dr_1)_{|x=x_0=const.}$
Kosten des Faktoreinsatzes $K(r_1, r_2) = p_1 r_1 + p_2 \mathrm{r}_2$
Gleichung Budgetgerade B: $\mathrm{r}_2 = (K/p_2) - (p_1/p_2) r_1$
Steigung Budgetgerade B': $r_2' = -(p_1/p_2)$
Minimalkostenkombination: $GRS = -(p_1/p_2) = ((\delta x/r_1)/(\delta x/r_2))$

Man kann daher die Minimalkostenkombination über den grafisch-orientierten Lösungsweg ermitteln. Wir benötigen dazu zunächst die Steigung der Isoquante. Die Gleichung der Isoquante kann über die Produktionsfunktion ermittelt werden. Dazu wird das zu erreichende Outputniveau in die Produktionsfunktion eingesetzt und nach dem Faktor r_2 umgestellt. Für die Minimalkostenkombination gilt, dass die Steigung der Isoquante, also die Grenzrate der Substitution dem Preisverhältnis der beiden Faktoren entsprechen muss.

Beispiel

Gegeben sei die Produktionsfunktion $x(r_1, r_2) = 5 r_1^{0,5} r_2^{0,5}$. Die Preise der Produktionsfaktoren seien für $r_1 : p_1 = 2$ und für $r_2 : p_2 = 8$. Es soll ein Produktionsniveau von $x = 40$ erreicht werden. In welchen Mengen sind die Produktionsfaktoren einzusetzen, damit die Kosten minimiert werden?

Im ersten Schritt wird die Isoquante für das zu erreichende Produktionsniveau in der Form $r_2 = f(r_1)$ hergeleitet:

$$40 = 5 r_1^{0,5} r_2^{0,5}$$

$$r_2^{0,5} = \left(\frac{8}{r_1^{0,5}}\right)$$

$$r_2 = \left(\frac{64}{r_1}\right) = 64 r_1^{-1}$$

Für das Optimum gilt $GRS = -(p_1/p_2)$

Die Grenzrate der Substitution GRS ist die Ableitung der Isoquante, es folgt daher

$$GRS = r_2' = -64 r_1^{-2} = \left(-\frac{64}{r_1^2}\right)$$

Daraus ergibt sich die Minimalkostenkombination durch Gleichsetzen von GRS und Preisverhältnis:

$$\left(-\frac{64}{r_1^2}\right) = -\left(\frac{2}{8}\right)$$
$$-512 = -2r_1^2$$
$$r_1^2 = 256$$
$$r_1 = 16$$

Eingesetzt in die Gleichung der Isoquante ergibt sich für den Faktor $r_2 = (64/16) = 4$. Der kostenminimale Faktoreinsatz liegt also bei $r_1 = 16$ Inputeinheiten und $r_2 = 4$ Inputeinheiten.

Alternativ kann zur Ermittlung der Minimalkostenkombination, wie auch in der Haushaltstheorie, das Lagrange-Verfahren angewandt werden. Zielfunktion ist in diesem Falle die Kostenfunktion, da die Kosten minimiert werden sollen. Die Nebenbedingung ist die Produktionsfunktion und das zu erreichende Outputniveau.

Beispiel

Gegeben sei die Produktionsfunktion $x = x(r_1, r_2) = 100r_1^{0,8}r_2^{0,2}$. Die Preise der Faktoren seien $p_1 = 20$; $p_2 = 10$ Geldeinheiten.

Gesucht ist der kostenminimale Faktoreinsatz, wenn ein Produktions- bzw. Outputniveau von $x = 10.000$ Einheiten erreicht werden soll.

Im Rahmen des Lagrange-Verfahrens werden nacheinander acht Rechenschritte durchgeführt, um die Lösung zu ermitteln.

Im ersten Schritt wird eine Zielfunktion aufgestellt. Im Rahmen dieser Aufgabe sollen die Kosten minimiert werden, d. h. die Zielfunktion ist die Kostenfunktion:

$$ZF\colon K = 20\mathrm{r}_1 + 10r_2$$

Im zweiten Schritt wird die Nebenbedingung definiert. In unserem Beispiel besteht die Nebenbedingung aus dem zu erreichenden Produktionsniveau eingesetzt in die Produktionsfunktion:

$$NB\colon 10.000 = 100\mathrm{r}_1^{0,8}r_2^{0,2}$$

Im dritten Schritt wird die Lagrange-Funktion gebildet, bei der die Zielfunktion und die Nebenbedingung addiert werden. Dabei wird zunächst die Nebenbedingung so umgeformt, dass diese 0 ergibt:

$$0 = 10.000 - 100\mathrm{r}_1^{0,8}r_2^{0,2}$$

Dann wird die neue Variable λ eingeführt und mit der Nebenbedingung multipliziert:

$$L = 20\mathrm{r}_1 + 10\mathrm{r}_2 + \lambda(10.000 - 100\mathrm{r}_1^{0,8}r_2^{0,2})$$

Im vierten Schritt werden partielle Ableitungen der Lagrange-Funktion gebildet. Für die Optimierung unter Nebenbedingungen gilt, dass alle partiellen Ableitungen gleich 0 sein müssen:

$$I.\left(\frac{\delta L}{\delta r_1}\right) = 20 - \lambda 80 \mathrm{r}_1^{-0,2} r_2^{0,2} = 0$$

$$II.\left(\frac{\delta L}{\delta r_2}\right) = 10 - \lambda 20 \mathrm{r}_1^{0,8} r_2^{-0,8} = 0$$

$$III.\left(\frac{\delta L}{\delta \lambda}\right) = 10.000 - 100 \mathrm{r}_1^{0,8} r_2^{0,2} = 0$$

Im fünften Schritt werden die partiellen Ableitungen I und II jeweils nach der Variablen λ umgestellt. Die Umstellung der ersten partiellen Ableitung I nach λ führt zu:

$$I.\left(\frac{\delta L}{\delta r_1}\right) = 20 - \left(\frac{\lambda 80 \mathrm{r}_2^{0,2}}{r_1^{0,2}}\right) = 0$$

$$20 = \left(\frac{\lambda 80 \mathrm{r}_2^{0,2}}{r_1^{0,2}}\right)$$

$$\lambda = \left(\frac{r_1^{0,2}}{4 r_2^{0,2}}\right)$$

Die Umstellung der ersten partiellen Ableitung II nach λ liefert:

$$II.\left(\frac{\delta L}{\delta r_2}\right) = 10 - \left(\frac{\lambda 20 \mathrm{r}_1^{0,8}}{r_2^{0,8}}\right) = 0$$

$$10 = \left(\frac{\lambda 20 \mathrm{r}_1^{0,8}}{r_2^{0,8}}\right)$$

$$\lambda = \left(\frac{\mathrm{r}_2^{0,8}}{2 r_1^{0,8}}\right)$$

Im sechsten Schritt werden die beiden partiellen Ableitungen I und II, die im vorigen Rechenschritt nach λ umgestellt wurden, gleichgesetzt und nach einer der beiden Variablen aufgelöst:

$$I(\lambda) = II(\lambda)$$

$$\left(\frac{r_1^{0,2}}{4 r_2^{0,2}}\right) = \left(\frac{\mathrm{r}_2^{0,8}}{2 r_1^{0,8}}\right)$$

Die beiden Brüche werden nach den gängigen Bruchrechenregeln durch „Überkreuz-Multiplikation" aufgelöst und dadurch „verschwinden" die gebrochenen Exponenten, da, gemäß den Potenzgesetzen, bei Multiplikation von Potenzen mit gleicher Basis die Exponenten addiert werden.

$$2r_1^{0,2+0,8} = 4r_2^{0,8+0,2}$$
$$2r_1 = 4r_2$$
$$r_1 = 2r_2$$

Im siebten Schritt wird das Ergebnis des letzten Rechenschritts in die partielle Ableitung III eingesetzt, um die Minimalkostenkombination zu ermitteln.

$$III.\left(\frac{\delta L}{\delta \lambda}\right) = 10.000 - 100r_1^{0,8}r_2^{0,2} = 0$$
$$10.000 - 100(2r_2)^{0,8}r_2^{0,2} = 0$$
$$10.000 - 100 \cdot 1{,}74r_2 = 0$$
$$10.000 = 174r_2$$
$$r_2 = 57{,}47$$
$$r_1 = 2r_2 = 114{,}94$$

Der kostenminimale Faktoreinsatz, bei dem das Produktionsniveau $x = 10.000$ Einheiten erreicht wird, liegt bei $r_1 = 114{,}94$ und $r_2 = 57{,}47$ Einheiten.

Im achten Schritt wird der Wert des Langrange-Multiplikators λ ermittelt. Dafür wird das Ergebnis in eine der beiden ermittelten Formeln für λ eingesetzt:

$$\lambda = \left(\frac{r_1^{0,2}}{4r_2^{0,2}}\right) = \left(\frac{114{,}94^{0,2}}{4 \cdot 57{,}47^{0,2}}\right) = 0{,}29$$

Dieses λ ist der Grenzwert der Lösung im Optimum. Da es sich bei der Zielfunktion um eine Kostenfunktion handelt, bedeutet dies, dass die Kosten um $\lambda = 0{,}29$ steigen, wenn die Konstante der Nebenbedingung, d. h. das Produktionsniveau von 10.000 Einheiten um eine Einheit erhöht wird. Die Variable λ beschreibt also in der Produktionstheorie die Grenzkosten im Optimum.

Eine wichtige Fragestellung im Rahmen der Produktionstheorie ist die Ermittlung der Minimalkostenkombination, wie bereits graphisch und analytisch dargestellt. Für die Minimalkostenkombination wurde bisher hergeleitet, dass die Ableitung der Isoquante (d. h. die Grenzrate der Substitution) der Ableitung der Budgetgerade (d. h. dem Preisverhältnis) entsprechen muss. Des Weiteren gilt für die Minimalkostenkombination, dass das Preisverhältnis der Produktionsfaktoren dem Verhältnis der Grenzproduktivitäten der beiden Produktionsfaktoren entsprechen muss. Diese Identität machen wir uns nun bei der Bestimmung des Expansionspfades zu Nutze, wie in Abb. 3.27 dargestellt.

Der Expansionspfad verbindet die Minimalkostenkombinationen miteinander. Die Gleichung des Expansionspfades erlaubt also, bei Kenntnis der Faktoreinsatzmenge

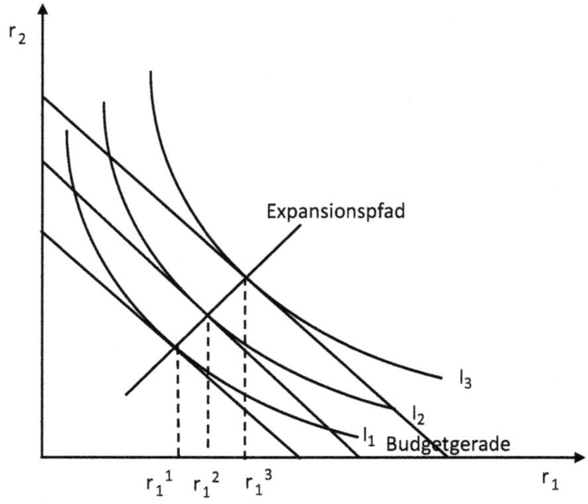

Abb. 3.27 Der Expansionspfad

einer der beiden Produktionsfaktoren, die optimale Menge des anderen Produktionsfaktors zu ermitteln. Mathematisch gilt daher

$$\left(\frac{\frac{\delta x}{\delta r_1}}{\frac{\delta x}{\delta r_2}}\right) = \frac{p_1}{p_2}$$

Für die Herleitung des Expansionspfades wird daher zunächst das Verhältnis der Grenzproduktivitäten ermittelt und dann mit dem Preisverhältnis der Faktoren gleichgesetzt. Da sich in der mikroökonomischen Theorie die Konvention durchgesetzt hat, die Variablen, in erster Linie aus grafischen Gründen, immer nach der Variablen mit dem höheren Index, d. h. in diesem Fall r_2 herzuleiten, wird dann das Verhältnis aus Grenzproduktivitäten und Preisen nach r_2 umgestellt.

Beispiel

Gegeben sei die Produktionsfunktion $x(r_1, r_2) = 10r_1^{0,7}r_2^{0,3}$. Die Preise der beiden Faktoren seien für $r_1 = p_1 = 12$ und für $r_2 = p_2 = 18$.

Für die Ermittlung des Expansionspfades in der Form $r_2 = f(r_1)$ werden zunächst die Grenzproduktivitäten ermittelt und dann mit dem Preisverhältnis gleichgesetzt.

$$\left(\frac{\frac{\delta x}{\delta r_1}}{\frac{\delta x}{\delta r_2}}\right) = \left(\frac{p_1}{p_2}\right)$$

$$\left(\frac{7r_1^{-0,3}r_2^{0,3}}{3r_1^{0,7}r_2^{-0,7}}\right) = \left(\frac{12}{18}\right)$$

Aus den negativen Exponenten der Grenzproduktivitäten ergibt sich der Doppelbruch

$$\left(\frac{\frac{7r_2^{0,3}}{r_1^{0,3}}}{\frac{3r_1^{0,7}}{r_2^{0,7}}}\right) = \left(\frac{12}{18}\right)$$

Da Brüche dividiert werden, indem mit dem Kehrwert multipliziert wird, erhalten wir

$$\left(\frac{7r_2^{0,3}}{r_1^{0,3}}\right)\left(\frac{r_2^{0,7}}{3r_1^{0,7}}\right) = \left(\frac{12}{18}\right)$$

Nach den Potenzgesetzen werden Potenzen mit gleicher Basis multipliziert, indem die Exponenten addiert werden, daraus ergibt sich

$$\left(\frac{7r_2}{3r_1}\right) = \left(\frac{12}{18}\right)$$

Nun kann die Gleichung nach r_2 umgestellt werden:

$$126r_2 = 36r_1$$

Da der Expansionspfad in der Form $r_2 = f(r_1)$ ermittelt wird, ergibt sich nach Division durch 126 die Gleichung des Expansionspfades mit

$$r_2 = \left(\frac{2}{7}\right)r_1 \approx 0{,}29r_1$$

Dies ist die Lösung für den Expansionspfad. D. h. wenn eine der beiden Faktormengen vorgegeben ist, kann über die Gleichung des Expansionspfades die optimale Menge des anderen Produktionsfaktors ermittelt werden!

3.4.2 Exkurs: Arbeitsmarktökonomik

In der Arbeitsmarktökonomik macht man sich die Identität von Grenzproduktivität und Preis bei der Herleitung der Arbeitsnachfragefunktion A^D zu Nutze. Daher wird im Folgenden das Arbeitsmarktgleichgewicht im neoklassischen und im keynesianischen Modell vereinfacht dargestellt. Diese kurze Einführung stellt einen Exkurs in die Welt der makroökonomischen Modellbildung im neoklassischen und keynesianischen Paradigma dar, wobei der Fokus auf dem Gütermarkt liegt und der Geldmarkt ausgeblendet wird.

Da gewinnmaximierende Unternehmer immer entlang des Expansionspfades, d. h. bei Realisierung einer Minimalkostenkombination, produzieren, gilt für die Arbeitsnachfragefunktion im neoklassischen Fall die Identität von Grenzproduktivität der Arbeit und Reallohn, also

$$\frac{\delta x}{\delta A} = \left(\frac{l}{p}\right)$$

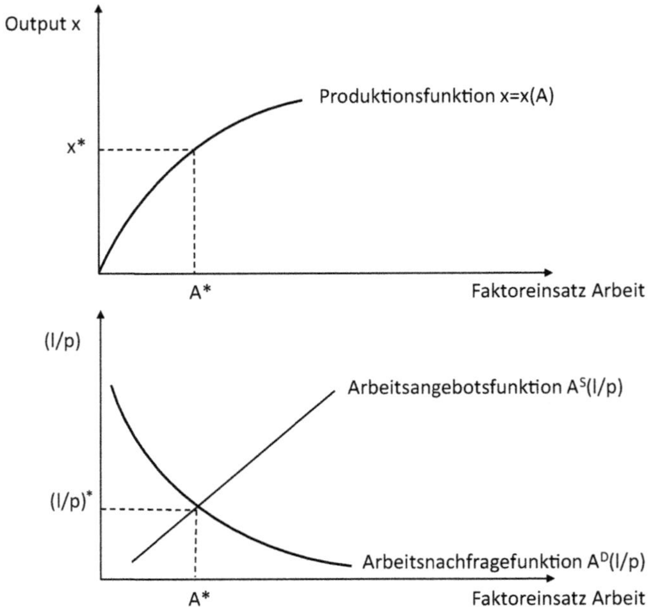

Abb. 3.28 Arbeitsnachfragefunktion, Produktion und Arbeitsmarktgleichgewicht im neoklassischen Modell

In Abb. 3.28 ist die Produktionsfunktion in Abhängigkeit vom Produktionsfaktor Arbeit und das Arbeitsmarktgleichgewicht dargestellt. Gewinnmaximierende Unternehmen setzen im Produktionsprozess gerade so viel Arbeit ein, bis die Grenzproduktivität des Faktors Arbeit dem realen Lohnsatz entspricht. Daraus ergibt sich, dass die Arbeitsnachfragekurve gleichzeitig der Grenzproduktivitätskurve entspricht. Eine hohe Grenzproduktivität geht daher mit einem hohen Reallohnsatz einher. Die Arbeitsangebotsfunktion A^S hängt vom Reallohn ab. Dies bedeutet, dass Arbeitskräfte bei steigendem Reallohnsatz ihren Arbeitseinsatz ausdehnen. Im Treffpunkt von Arbeitsangebot und Arbeitsnachfrage liegt das Arbeitsmarktgleichgewicht mit dem Reallohnsatz $(l/p)^*$ und dem Arbeitseinsatz A^*. Der optimale Arbeitseinsatz wird in die Angebotsfunktion, d. h. die Produktionsfunktion, eingesetzt und ergibt die gleichgewichtige Produktion x^*.

Im neoklassischen Arbeitsmarkt können sich die Reallöhne frei bilden und das Lohnniveau determiniert die Produktion und das Einkommen.

Beispiel

In einer Volkswirtschaft gelte die Produktionsfunktion $x = x(A, K) = 5A^{0,5}K^{0,5}$ mit den Produktionsfaktoren Arbeit A und Kapital K. Der Kapitalstock sei mit $K = 4$ ausgelastet, also $x = 5A^{0,5}4^{0,5} = 10A^{0,5}$. Das Arbeitsangebot hänge vom Reallohn nach der Arbeitsangebotsfunktion $A^S = 3{,}125(l/p)$ ab. Für die Herleitung der Arbeitsnachfragefunktion gilt

$$\frac{\delta x}{\delta A} = \left(\frac{l}{\mathrm{p}}\right)$$

$$\frac{\delta x}{\delta A} = 5A^{-0{,}5} = \frac{5}{\mathrm{A}^{0{,}5}} = \left(\frac{l}{p}\right)$$

Umstellen nach A ergibt

$$5 = A^{0{,}5}\left(\frac{l}{p}\right)$$

$$A^{0{,}5} = \frac{5}{\left(\frac{l}{p}\right)}$$

$$A = \left(\frac{5}{\left(\frac{l}{p}\right)}\right)^2 = \frac{25}{\left(\frac{l}{p}\right)^2} = A^D$$

Im Arbeitsmarktgleichgewicht entspricht das Arbeitsangebot A^S der Arbeitsnachfrage A^D:

$$A^S = A^D$$

$$3{,}125\left(\frac{l}{p}\right) = \frac{25}{\left(\frac{l}{p}\right)^2}$$

Zur Auflösung des Bruches auf der rechten Seite multiplizieren wir mit $(l/p)^2$:

$$3{,}125\left(\frac{l}{p}\right)^3 = 25$$

$$\left(\frac{l}{p}\right)^3 = 8$$

Das Ziehen der dritten Wurzel führt zum Reallohn

$$\left(\frac{l}{p}\right) = \sqrt[3]{8} = 2$$

Eingesetzt in Arbeitsangebots- oder Arbeitsnachfragefunktion ergibt

$$A^S = 3{,}125 \cdot 2 = 6{,}25$$

Dies bedeutet, dass im Gleichgewicht bei freier neoklassischer Lohnbildung der Reallohn $(l/p) = 2$ Geldeinheiten beträgt, $A = 6{,}25$ Personen beschäftigt werden und das Produktionsniveau bei $x = 10A^{0{,}5} = 25$ Einheiten liegt.

Angenommen, der Staat führt aus sozialpolitischen Überlegungen einen Mindestlohn in Höhe von $(l/p) = 2{,}50$ Geldeinheiten ein, dann ergibt sich daraus für gewinnmaximierende Unternehmen die Arbeitskräftenachfrage in Höhe von

$$A^D = \frac{25}{\left(\frac{l}{p}\right)^2} = \frac{25}{2{,}5^2} = 4$$

$$x = 10A^{0{,}5} = 20$$

Dies bedeutet, der Anstieg des Reallohns führt zu einer Verringerung der Beschäftigung auf $A = 4$ Personen und damit einhergehend einer Reduzierung der Produktion auf $x = 20$ Einheiten.

Der Gegenpol zum neoklassischen Modell ist das keynesianische Modell. Während das neoklassische Modell angebotsorientiert ist, determiniert die Nachfrage im keynesianischen Modell die Produktion und die Beschäftigung. Im neoklassischen Modell ist der Arbeitsmarkt Dreh- und Angelpunkt für die Bestimmung der Produktion und des Einkommens. In keynesianischen Fall wird zunächst auf dem Gütermarkt über den Treffpunkt von Angebot und Nachfrage das Produktions- und das Preisniveau bestimmt. In der Folge ergibt sich daraus die Arbeitsnachfrage und Beschäftigung im Markt. Wesentlicher Unterschied zwischen beiden Modellen ist, neben der Angebotsorientierung der neoklassischen Theorie und der Nachfrageorientierung der keynesianischen Theorie, dass sich im keynesianischen Modell die Löhne nicht frei bilden, sondern über Tarifverträge fixiert sind. In diesem Zusammenhang können entweder die Nominal- oder Reallöhne fixiert sein. Die neoklassische Annahme, dass Arbeitnehmer ihren Arbeitseinsatz vom Lohnsatz abhängig machen, wird im keynesianischen Modell verworfen. Vielmehr wird das Arbeitsangebot als Arbeitskräftepotenzial A_v definiert, dass unabhängig vom Reallohn eingesetzt wird. Für die Unternehmer wird dennoch Gewinnmaximierungsverhalten unterstellt, da auch im keynesianischen Modell die Arbeitskräfte in Abhängigkeit von Reallohn und Arbeitsproduktivität nachgefragt werden. Das Arbeitsmarkt- und Gütermarktgleichgewicht im keynesianischen Modell wird in Abb. 3.29 dargestellt.

Beispiel

In einem Markt gilt die aggregierte Nachfragekurve $Y(P) = 12.000 - 8000P$. Das Angebot sei durch die Produktionsfunktion $X(A) = 400A^{0{,}5}$ beschrieben. Das Arbeitskräftepotenzial sei $A_v = 110$ und der Nominallohn $l = 20$.

Für die gewinnmaximierenden Unternehmen gilt die Gleichgewichtsbedingung

$$\frac{\delta x}{\delta A} = \left(\frac{l}{\text{p}}\right)$$

$$200A^{-0{,}5} = \frac{200}{A^{0{,}5}} = \frac{20}{p}$$

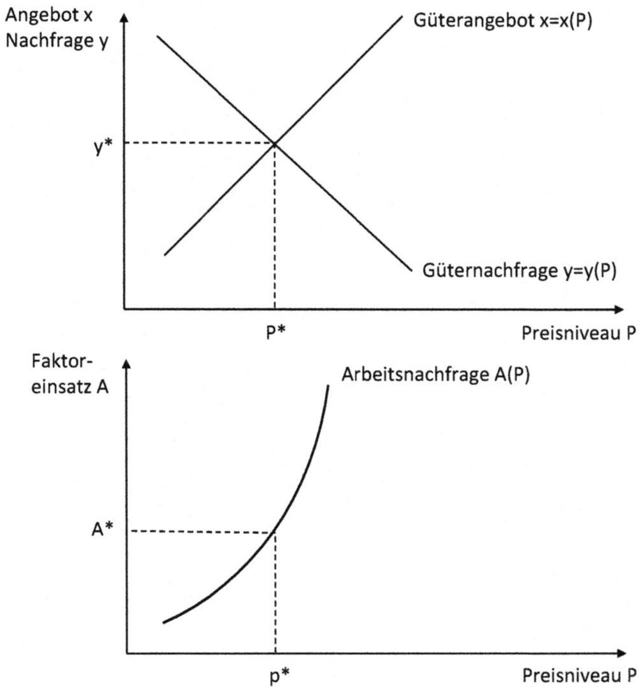

Abb. 3.29 Arbeitsmarkt- und Gütermarktgleichtgewicht im keynesianischen Modell

Umstellen nach A führt zu

$$200p = 20A^{0,5}$$
$$A^{0,5} = 10p$$

Damit ergibt sich die Arbeitsnachfrage mit

$$A = (10p)^2 = A^D$$

Im Gütermarktgleichgewicht gilt Angebot $X(A)$ gleich Nachfrage $Y(P)$:

$$12.000 - 8000P = 400\Big((10p)^2\Big)^{0,5} = 4000P$$

Auf dem Gütermarkt wird das Preisniveau P bestimmt mit:

$$12.000 = 12.000P$$
$$P = 1$$

Daraus ergibt sich Produktion, bzw. das Einkommen mit

$$Y = 12.000 - 8000 \cdot 1 = 4000$$

Die sich daraus ergebende Arbeitsnachfrage beträgt somit

$$A^D = (10p)^2 = (10 \cdot 1)^2 = 100$$

Bei einem Arbeitskräftepotenzial von $A_v = 110$ folgt daraus die Arbeitslosenquote

$$ALQ = \left(\frac{A_v - A^D}{A_v}\right)100 = \left(\frac{110 - 100}{110}\right)100 = 9{,}1\,\%$$

Der Reallohn beträgt im Marktgleichgewicht

$$\left(\frac{l}{p}\right) = \left(\frac{20}{1}\right) = 20$$

Im neoklassischen Modell kann, aufgrund der freien Lohnbildung, Arbeitslosigkeit nur entstehen, wenn der Marktmechanismus, z. B. durch Staatseingriff, gestört wird. Im keynesianischen Modell sind die Löhne fixiert mit der Konsequenz, dass die Güternachfrage die Produktion und die Arbeitsnachfrage reguliert und Arbeitslosigkeit entstehen kann. Die vorliegende Darstellung stellt lediglich eine kurze Einführung in die arbeitsmarktrelevanten neoklassischen und keynesianischen Modelle dar. Die Modelle können verwendet werden, um den Einfluss von technologischem Fortschritt, Lohnregulierungen im Arbeitsmarkt oder Nachfrageänderungen im Gütermarkt analysieren zu können.

3.4.3 Isoquanten und langfristige Gesamtkosten

Im Rahmen der Produktionstheorie wird der optimale Einsatz der Produktionsfaktoren bestimmt. In diesem Kontext sind die Produktionsfunktion, die Preise der beiden Produktionsfaktoren und das zur Verfügung stehende Budget gegeben. Das Ergebnis stellt die Minimalkostenkombination dar, zu der die Unternehmen produzieren. Im Polypol, d. h. der Marktform des vollständigen Wettbewerbs, können wir davon ausgehen, dass gewinnmaximierende Unternehmen immer ihre Produktionsmenge x an der Minimalkostenkombination ausrichten. Die darauf aufbauende Fragestellung ist nun, welche Produktionsmenge x die Unternehmen nun tatsächlich im Markt anbieten sollen, um ihren Gewinn zu maximieren. Die Fragestellung ändert sich also von der Entscheidung über den optimalen Faktoreinsatz zur Frage, welche Produktionsmenge angeboten werden soll. Das bedeutet, wir ändern die Perspektive von der Produktions- zur Kostenfunktion. Im folgenden Abschnitt soll daher aus einer gegebenen Produktionsfunktion die dazugehörige Kostenfunktion des Unternehmens hergeleitet werden. Für die Kostenfunktion $K(x)$ gilt grundsätzlich:

$$K(x) = p_1 r_1 + p_2 r_2$$

Dies bedeutet, dass die Gesamtkosten $K(x)$ von der eingesetzten Faktormenge r multipliziert mit den jeweiligen Preisen der Produktionsfaktoren, also p, abhängen.

Beispiel

Gegeben sei die Produktionsfunktion $x(r_1, r_2) = 2r_1^{0,5}r_2^{0,5}$ und die Faktorpreise $p_1 = 8$ und $p_2 = 18$. Vom Produktionsfaktor r_2 werden in der Minimalkostenkombination $r_2 = 100$ Einheiten eingesetzt. Die Kostenfunktion lautet

$$K(x) = p_1r_1 + p_2r_2$$

Einsetzen der Faktormenge für $r_2 = 100$ führt zu

$$x = 2r_1^{0,5}100^{0,5} = 20r_1^{0,5}$$

Umstellen nach dem Faktor r_1 durch Division durch 20 ergibt

$$r_1^{0,5} = \left(\frac{x}{20}\right)$$

$$r_1 = \left(\frac{x^2}{400}\right)$$

Durch Einsetzen von r_1 in die allgemeine Form der Kostenfunktion erhalten wir

$$K(x) = 8\left(\frac{x^2}{400}\right) + 18 \cdot 100$$

$$K(x) = 0{,}02x^2 + 1800$$

Bisher war der Faktoreinsatzes eines Faktors, im vorigen Beispiel r_2, gegeben. Für den allgemeinen Fall einer Cobb-Douglas-Produktionsfunktion der Form $x(r_1, r_2) = cr_1^{\alpha}r_2^{\beta}$ ergibt sich die Kostenfunktion durch die Formel

$$K(x) = \left(\left(\frac{1}{c}\right)\left(\frac{p_1}{\alpha}\right)^{\alpha}\left(\frac{p_2}{\beta}\right)^{\beta}\right)^{\frac{1}{\alpha+\beta}}(\alpha + \beta)x^{\frac{1}{\alpha+\beta}}$$

Dies bedeutet, dass die Kostenfunktion von den Faktorpreisen, den Faktorelastizitäten und dem Technologieparameter abhängt. Für eine detaillierte Herleitung der Formel sei an Tietze (2011) verwiesen.

Beispiel

Gegeben sei die Produktionsfunktion $x(r_1, r_2) = 10r_1^{0,7}r_2^{0,3}$ und die konstanten Faktorpreise $p_1 = 12$ und $p_2 = 18$. Die Kostenfunktion lautet daher:

$$K(x) = \left(\left(\frac{1}{10}\right)\left(\frac{12}{0{,}7}\right)^{0{,}7}\left(\frac{18}{0{,}3}\right)^{0{,}3}\right)^{\frac{1}{0{,}7+0{,}3}}(0{,}7 + 0{,}3)x^{\frac{1}{0{,}7+0{,}3}}$$

$$K(x) \approx 2{,}5x$$

Die Kostenfunktion $K(x)$ hängt von den variablen Kosten $K_v(x)$ und den Fixkosten K_{Fix} ab. Die variablen Kosten sind abhängig von der Ausbringungsmenge, während die Fixkosten unabhängig von der Produktionsmenge anfallen. Zu den Fixkosten gehören u. a.

die Kosten für Gebäude, Verwaltung oder auch die Aufwendungen für Forschung und Entwicklung (FuE). Die Stückkosten sind definiert als die Gesamtkosten in Relation zu der Ausbringungsmenge x. Bei den Stückkosten wird zwischen den variablen Stückkosten $k_v(x)$ und den gesamten Stückkosten $k(x)$ unterschieden.

Formeln und Definitionen
Gesamtkosten $K(x) = K_v(x) + K_{Fix}$
Stückkosten gesamt $k(x) = K(x)/x$
Variable Stückkosten $k_v(x) = K_v(x)/x$
Grenzkosten $K'(x)$
Schwelle des Ertragsgesetzes: Wendepunkt von $K(x)$: $K''(x) = 0$; $K'''(x) \neq 0$
Erlösfunktion: $E(x) = p(x)x$ bzw. $E(x) = px$
Gewinnfunktion: $G(x) = E(x) - K(x)$
Gewinnmaximum: $G'(x) = 0$; $G''(x) < 0$
Betriebsoptimum: $k'(x) = 0$; $k''(x) > 0$
Betriebsminimum: $k_v'(x) = 0$; $k_v''(x) > 0$

In Abb. 3.30 ist der Verlauf der Gesamtkosten der Funktion

$$K(x) = \left(\frac{1}{3}\right)x^3 - \left(\frac{5}{2}\right)x^2 + 6x + 1$$

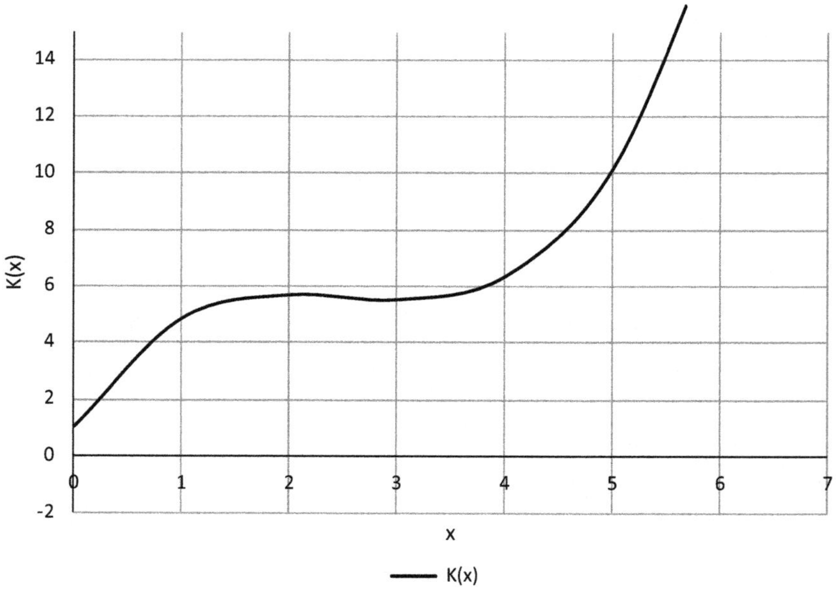

Abb. 3.30 Die ertragsgesetzliche Kostenfunktion

dargestellt. Bei der dargestellten ertragsgesetzlichen Kostenfunktion steigen die Gesamtkosten mit abnehmender Rate an. Der Wendepunkt der Kostenfunktion wird als Schwelle des Ertragsgesetzes bezeichnet. Die Bedingungen für einen Wendepunkt sind für die Kostenfunktion $K''(x) = 0$ und $K'''(x) \neq 0$. Ab dieser Schwelle steigen die Gesamtkosten überproportional an. Die Ableitung der Kostenfunktion $K(x)$ wird als Grenzkosten $K'(x)$ bezeichnet. Bezogen auf die Schwelle des Ertragsgesetzes bedeutet dies, dass bis zur Schwelle die Grenzkosten abnehmen und danach wieder ansteigen.

Beispiel

Gegeben sei die Kostenfunktion

$$K(x) = \left(\frac{1}{3}\right)x^3 - \left(\frac{5}{2}\right)x^2 + 6x + 1$$

Die Grenzkosten ergeben sich aus der 1. Ableitung der Kostenfunktion, also:

$$K'(x) = x^2 - 5x + 6$$

Die Schwelle des Ertragsgesetzes markiert den Wendepunkt der Kostenfunktion. Da für den Wendepunkt die hinreichenden und notwendigen Bedingungen $K''(x) = 0$ und $K'''(x) \neq 0$ erfüllt sein müssen, erhalten wir

$$\begin{aligned} K''(x) &= 2x - 5 = 0 \\ 2x &= 5 \\ x &= \frac{5}{2} = 2{,}5 \\ K'''(x) &= 2 \neq 0 \end{aligned}$$

Dies bedeutet, der Wendepunkt der Kostenfunktion, also die Schwelle des Ertragsgesetzes liegt an der Stelle $x = 2{,}5$. Bis zu dieser Ausbringungsmenge sinken die Grenzkosten $K'(x)$ und danach steigen sie wieder an.

Der Zusammenhang zwischen Gesamtkosten $K(x)$ und Grenzkosten $K'(x)$ ist in Abb. 3.31 dargestellt. Wie in der Abbildung zu erkennen ist, gilt im Wendepunkt der Kostenfunktion $K''(x) = 0$.

Das wichtigste Ziel eines Unternehmens ist die Gewinnmaximierung. Neben der Angebotsseite, die durch die Kostenfunktion modelliert wird, spielt daher auch die Nachfrageseite eine wichtige Rolle. Die Erlöse eines Unternehmens ergeben sich durch die Multiplikation aus Preis und Nachfragemenge. Der Preis p kann, je nach Marktform, als exogen vorgegebener Preis p oder bei Unternehmen, die die Preisbildung durch Marktmacht beeinflussen können, als Preis-Absatz-Funktion $p(x)$ gegeben sein. Für die Erlöse oder Umsätze gilt, dass sich die Erlöse, bzw. Umsätze als Produkt aus Absatzmenge x und Preis des Gutes p, bzw. $p(x)$ ergeben

$$E(x) = px$$
$$E(x) = p(x)x$$

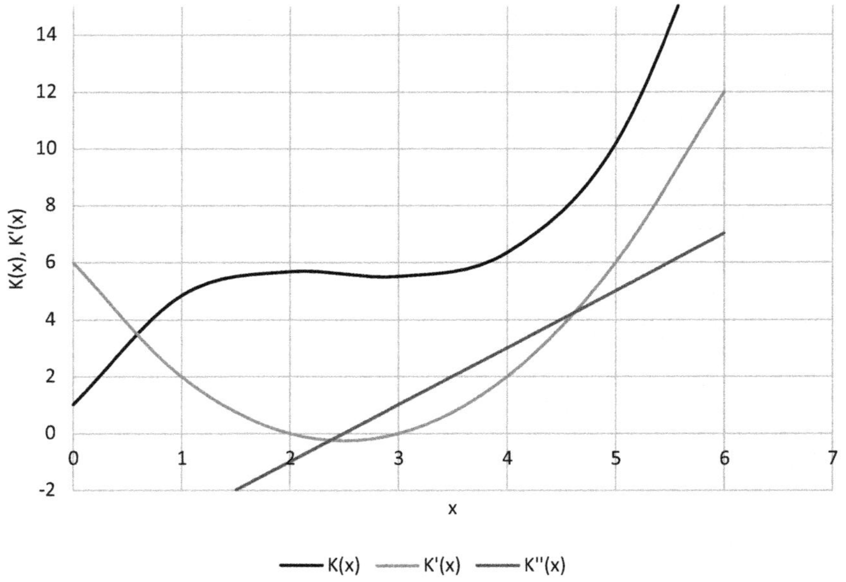

Abb. 3.31 Der Zusammenhang zwischen Gesamtkosten und Grenzkosten

Bei der Ermittlung des Gewinnmaximums wird nach den unterschiedlichen Marktformen unterschieden, da verschiedene Bedingungen für das Gewinnmaximum erfüllt sein müssen. Beim Gewinnmaximum handelt es, wie der Name schon sagt, um das Maximum der Gewinnfunktion. Mathematisch suchen wir als einen Extremwert.

Die Gewinnfunktion $G(x)$ ist definiert als die Differenz aus Erträgen und Kosten, also $G(x) = E(x) - K(x)$. Die Erlösfunktion $E(x)$ wiederum ist abhängig von Preis und Menge. Die Preis-Absatz-Funktion $p(x)$ wird auch als Nachfragefunktion bezeichnet und hat unterschiedliche Ausgestaltungen, je nach Marktform. Im vollständigen Wettbewerb, also dem Polypol, existieren (zumindest theoretisch) unendlich viele Nachfrager und unendlich viele Anbieter, sodass weder Anbieter noch Nachfrager den Preis beeinflussen können. Dies bedeutet, dass für die Anbieter der Preis p ein Datum darstellt und nicht beeinflussbar ist. Die Anbieter sind sogenannte „Mengenanpasser", da für sie die einzige entscheidungsrelevante Variable der Preis ist. Anders sieht es im Monopol aus, dort kann der Monopolist über seine Marktmacht entweder den Preis p oder die Menge x festlegen. Unabhängig von der Marktform kann das Gewinnmaximum immer über das Maximum der Gewinnfunktion ermittelt werden.

Beispiel

Der Preis eines Anbieters im Polypol ist gegeben mit $p = 2$ Geldeinheiten. Die Kostenfunktion sei $K(x) = \frac{1}{3}x^3 - \frac{5}{2}x^2 + 6x + 1$.

Aus dem vorgegebenen Preis ergibt sich die Erlösfunktion $E(x) = px = 2x$. Die Gewinnfunktion ist daher

$$G(x) = E(x) - K(x) = 2x - \left(\frac{1}{3}x^3 - \frac{5}{2}x^2 + 6x + 1\right) = -\frac{1}{3}x^3 + \frac{5}{2}x^2 - 4x - 1$$

Für das Gewinnmaximum gelten die Bedingungen für ein Maximum: $G'(x) = 0$ und $G''(x) < 0$:

$$G'(x) = -x^2 + 5x - 4 = 0$$

Die quadratische Gleichung kann mittels ABC-Formel gelöst werden

$$x_{1/2} = \frac{-5 \pm \sqrt{5^2 - 4(-1)(-4)}}{2(-1)}$$
$$x_1 = 1;\ x_2 = 4$$

Für die zweite Ableitung der Gewinnfunktion ergibt sich

$$G''(x) = -2x + 5$$

Nun ist zu prüfen, für welchen der beiden x-Werte die zweite Ableitung ein Maximum ist, d. h. für welchen der Werte $G''(x)$ negativ ist:

$$G''(1) = -2 \cdot 1 + 5 = 3 > 0 \rightarrow Min!$$
$$G''(4) = -2 \cdot 4 + 5 = -3 < 0 \rightarrow Max!$$

Die zweite Ableitung ist bei $x = 4$ negativ, d. h. das Gewinnmaximum liegt bei einer Ausbringungsmenge von $x = 4$.

Wie in Abb. 3.32 zu erkennen, liegt das Gewinnmaximum dort, wo die Grenzkosten $K'(x)$ dem Preis entsprechen. Im Polypol kann also das Gewinnmaximum über die Identität von Grenzkosten und Preis, also $K'(x) = p$ ermittelt werden. Dies ist die sogenannte „Grenzkosten-Preis-Regel" zur Bestimmung des Gewinnmaximums, die natürlich zu dem gleichen mathematischen Ergebnis kommt, wie der allgemeine Weg über die Gewinnfunktion.

Wesentliches Entscheidungskriterium bei der Wahl des Markteintritts sind die Stückkosten in der Produktion. Bei den Stückkosten unterscheiden wir zwischen den gesamten Stückkosten $k(x)$ und den variablen Stückkosten $k_v(x)$.

$$k(x) = \frac{K(x)}{x};\ k_v(x) = \frac{K_v(x)}{x}$$

Wie in Abb. 3.33 dargestellt, definiert das Minimum der Stückkosten das Betriebsoptimum und die langfristige Preisuntergrenze. Mathematisch wird zur Bestimmung des Betriebsoptimums das Minimum der Stückkostenfunktion ermittelt. Dazu wird die Ableitung der Stückkostenfunktion null gesetzt und mit der zweiten Ableitung überprüft, ob ein Minimum vorliegt.

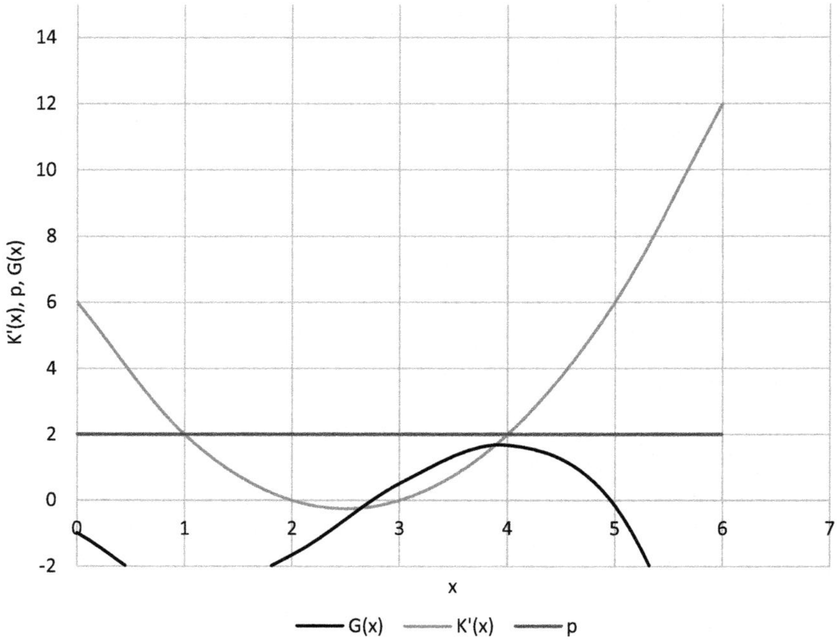

Abb. 3.32 Das Gewinnmaximum in Polypol

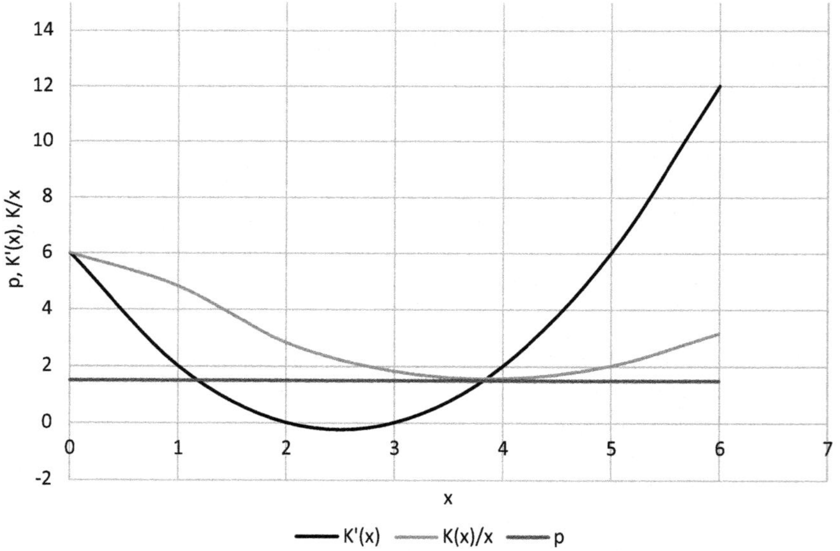

Abb. 3.33 Das Betriebsoptimum

Beispiel

Gegeben sei die Kostenfunktion $K(x) = 10x^2 + 1000$. Für die Ermittlung des Betriebsoptimums wird zunächst die Stückkostenfunktion gebildet

$$k(x) = \frac{K(x)}{x} = 10\text{x} + \left(\frac{1000}{\text{x}}\right) = 10x + 1000x^{-1}$$

Das Betriebsoptimum entspricht dem Minimum der Stückkostenfunktion, also $k'(x) = 0$ und $k''(x) > 0$

$$k'(x) = 10 - 1000x^{-2} = 0$$

Auflösen nach x führt zu

$$-\frac{1000}{x^2} = -10$$
$$-1000 = -10x^2$$
$$x^2 = 100$$
$$x = 10$$

Streng mathematisch gibt es neben dem positiven Wert $x = 10$ auch noch einen zweiten negativen Wert $x = -10$. Da aber in der Volkswirtschaftslehre negative Produktionsmengen nicht definiert sind, können wir den negativen Wert für die Ermittlung des Betriebsoptimums unberücksichtigt lassen. Einsetzen in die zweite Ableitung der Stückkostenfunktion führt zu:

$$k''(x) = 2000x^{-3} = \frac{2000}{x^3}$$
$$k''(10) = \frac{2000}{10^3} = 2 > 0 \rightarrow Min!$$

Da die zweite Ableitung positiv ist, liegt ein Minimum vor. D. h. das Betriebsoptimum liegt an der Stelle $x = 10$.

Im Minimum der Stückkosten liegt ein Schnittpunkt mit der Grenzkostenfunktion vor. Im Betriebsoptimum sind alle Stückkosten, d. h. sowohl die variablen als auch die fixen Stückkosten gedeckt. Das Betriebsoptimum definiert die Produktionsmenge, während auf der Preisachse die langfristige Preisuntergrenze abgetragen werden kann. Steigt nun der Preis über die langfristige Preisuntergrenze, dann kommt das Unternehmen in die Gewinnzone. Deswegen kann das Betriebsoptimum auch als Gewinnschwelle bezeichnet werden.

Das Betriebsoptimum wird auch verwendet, um die volkswirtschaftliche Angebotskurve herzuleiten. Ein Unternehmen wird in den Markt eintreten, bzw. darin verbleiben, wenn die gesamten Stückkosten gedeckt sind. Dies liegt dann vor, wenn der Unternehmer im Betriebsoptimum operiert, wie in Abb. 3.34 dargestellt.

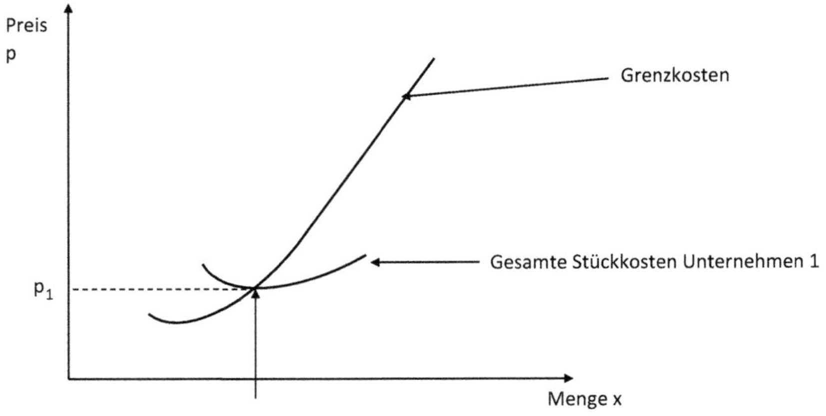

Abb. 3.34 Die Angebotsfunktion bei einem Unternehmen

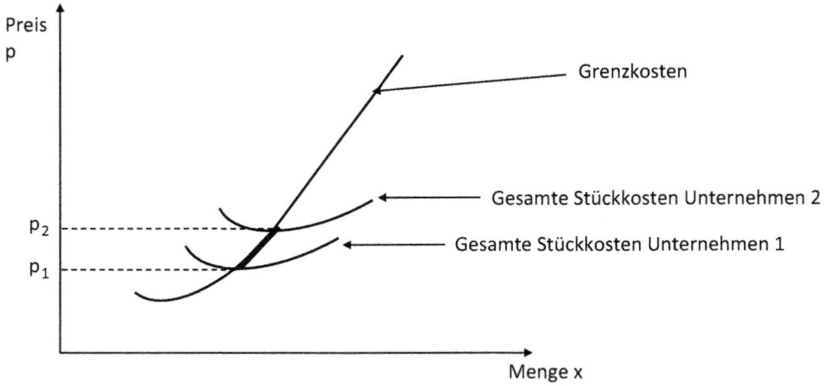

Abb. 3.35 Die Angebotsfunktion bei zwei Unternehmen

Im Minimum der Stückkostenkurve von Unternehmen 1 liegt ein Schnittpunkt mit der Grenzkostenfunktion des Unternehmens. Dies bedeutet, dass das Unternehmen in den Markt eintritt, wenn der Preis mindestens der langfristigen Preisuntergrenze p_1 entspricht. Gemäß der Gewinnmaximierungsbedingung im Polypol, der Grenzkosten-Preis-Regel, wird der gewinnmaximierende Unternehmer 1 die Angebotsmenge an die Grenzkosten anpassen. Unterhalb der langfristigen Preisuntergrenze wird sich langfristig kein Angebot realisieren lassen. Wenn wir nun davon ausgehen, dass es noch weitere Unternehmen im Markt gibt und diese Unternehmen, aufgrund der vorherrschenden Produktionstechnologie, identische Grenzkosten, aber unterschiedliche Stückkosten aufweisen, dann hängt die volkswirtschaftliche Angebotsmenge von den Stückkosten der Unternehmen ab. Wenn wir davon ausgehen, dass der Preis im Markt auf p_2 ansteigt, dann lohnt es sich für ein weiteres Unternehmen, hier Unternehmen 2, in den Markt einzutreten, wie in Abb. 3.35 dargestellt.

Unternehmen 2 verfügt aufgrund identischer Produktionstechnologie über die gleichen Grenzkosten wie Unternehmen 1, aber aufgrund höherer Fixkosten über höhere Stückkosten und folglich auch über eine höhere langfristige Preisuntergrenze. Wenn nun der Marktpreis auf das Preisniveau p_2 steigt, werden für Unternehmen 2 alle Stückkosten gedeckt und das Unternehmen wird in den Markt eintreten. Beim Preisniveau von p_2 wird Unternehmen 2 die Angebotsmenge gemäß dem Betriebsoptimum anbieten. Da nun das Preisniveau oberhalb der langfristigen Preisuntergrenze von Unternehmen 1 liegt, wird Unternehmen 1 Gewinne erzielen und die Produktionsmenge nach der Gewinnmaximierungsregel, d. h. der Grenzkosten-Preis-Regel, ausdehnen. Die gesamte Angebotsmenge im Markt steigt und es ergibt sich eine volkswirtschaftliche Angebotsfunktion, die nun die Angebotsmengen beider Unternehmen beinhaltet. Die gesamte Angebotsmenge wird nun mit der dicken Linie, die den Grenzkosten entsprechen, dargestellt. Da wir in der Marktform des vollständigen Wettbewerbs, d. h. des Polypols, theoretisch von unendlich vielen anbietenden Unternehmen ausgehen, entspricht also jeder Punkt auf der volkswirtschaftlichen Angebotskurve einem Schnittpunkt von Grenzkostenkurve und Stückkostenkurve.

In Abb. 3.36 wurde zur Vereinfachung von vier verschiedenen Unternehmen ausgegangen. Die Annahme identischer Grenzkosten wird getroffen, da davon auszugehen ist, dass konkurrierende Unternehmen im Markt über den gleichen Zugang zu Produktionstechnologien verfügen. Unterschiedliche Stückkosten lassen sich über unterschiedlich hohe Fixkosten erklären. Die Fixkosten können vereinfacht über unterschiedliche Betriebsgrößen interpretiert werden. Da im vollständigen Wettbewerb jeder Punkt der Angebotskurve einem Betriebsoptimum für ein beliebiges Unternehmen entspricht, kann die volkswirtschaftliche Angebotskurve approximativ als volkswirtschaftliche Grenzkostenkurve geglättet über alle Unternehmen, wie in Abb. 3.37, dargestellt werden.

Das Betriebsoptimum ist wichtig für die langfristige Entscheidung im Markt zu bleiben, bzw. aus dem Markt auszuscheiden. Für die kurzfristige Entscheidung im Markt zu verbleiben oder nicht, spielen die Fixkosten keine Rolle. Fixkosten sind sogenannte „versunkene Kosten" die ohnehin schon getätigt wurden und für die kurzfristige

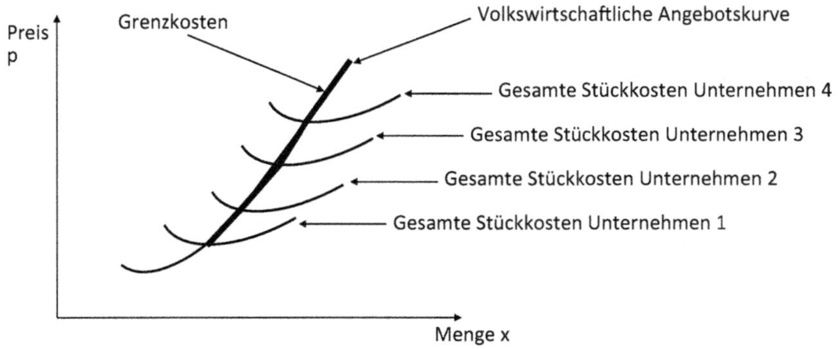

Abb. 3.36 Die Angebotsfunktion bei mehreren Unternehmen

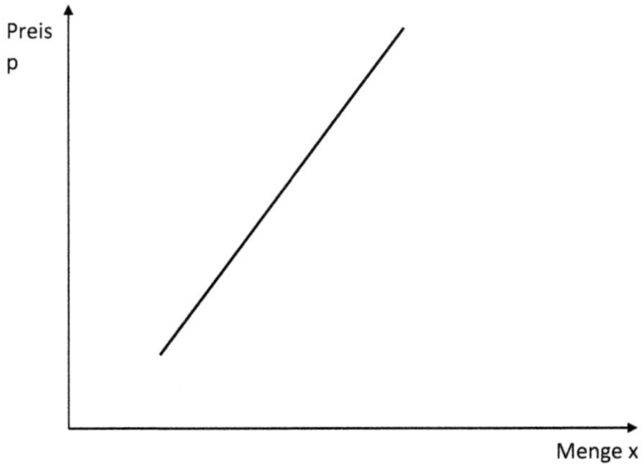

Abb. 3.37 Die volkswirtschaftliche Angebotsfunktion

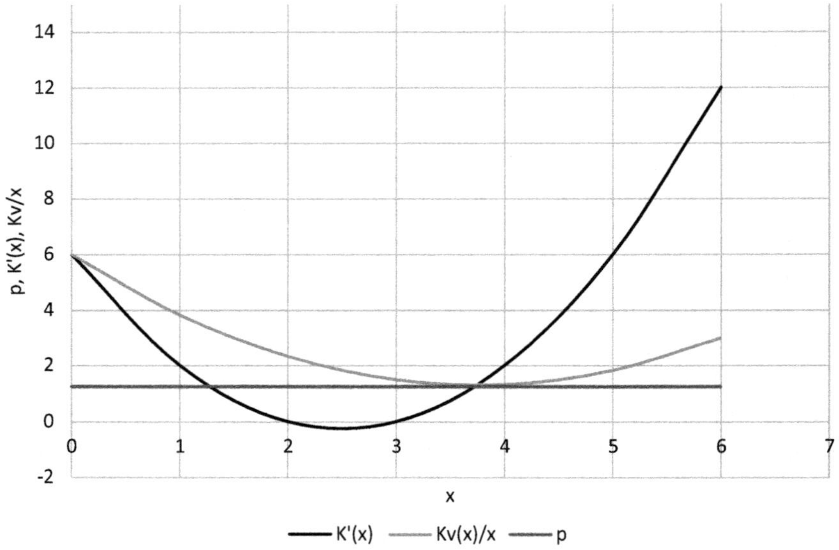

Abb. 3.38 Das Betriebsminimum

Entscheidungssituation unerheblich sind. Kurzfristig wollen Unternehmer mindestens die variablen Stückkosten gedeckt bekommen. Dem trägt das Betriebsminimum Rechnung. Das Betriebsminimum ist das Minimum der variablen Stückkosten.

Im Minimum der variablen Stückkosten liegt ein Schnittpunkt mit der Grenzkostenkurve wie in Abb. 3.38 dargestellt. Das Betriebsminimum beschreibt den Mengenwert auf der x-Achse, der dazugehörige Preis wird als kurzfristige Preisuntergrenze bezeichnet. Sinkt der Preis aufgrund exogener Umstände unter die kurzfristige Preisuntergrenze, dann stellt der Unternehmer die Produktion ein, da in diesem Fall noch nicht einmal die variablen Stückkosten gedeckt wären. Das Betriebsminimum wird daher auch Produktionsschwelle genannt.

Mathematisch wird bei der Ermittlung des Betriebsminimums das Minimum der variablen Stückkostenkurve $k_v(x)$ bestimmt.

Beispiel

Gegeben sei die Kostenfunktion $K(x) = 0{,}25x^3 - 8x^2 + 30x + 1000$. Für die Ermittlung des Betriebsminimums wird zunächst die variable Stückkostenfunktion $k_v(x)$ bestimmt:

$$k_v(x) = \frac{K_v(x)}{x} = 0{,}25x^2 - 8x + 30$$

Da das Betriebsminimum das Minimum der variablen Stückkostenfunktion darstellt gilt $k_v'(x) = 0$ und $k_v''(x) > 0$:

$$k_v'(x) = 0{,}5x - 8 = 0$$

Auflösen nach der Variablen x ergibt

$$0{,}5x = 8$$
$$x = 16$$

Für die Überprüfung, ob es sich bei dem ermittelten x-Wert auch tatsächlich um ein Minimum handelt, wird die zweite Ableitung herangezogen:

$$k_v''(x) = 0{,}5 > 0 \rightarrow Min!$$

Da die zweite Ableitung positiv ist, liegt das Betriebsminium an der Stelle $x = 16$ Stück.

Näher an der Praxis: Spieltheoretische Modelle

In einem polypolistischen Markt mit homogenen Gütern kann die Entscheidung, in den Markt einzutreten über das Betriebsoptimum, bzw. Betriebsminimum ermittelt werden. In der Realität hängt die Markteintrittsentscheidung, neben Kostengesichtspunkten, auch von strategischen Fragen und dem Drohpotenzial anderer Anbieter ab. Diese Situation wird mit dem Markteintrittsspiel modelliert.

Im Markteintrittsspiel gibt es zwei Spieler: Den bereits im Markt befindlichen Monopolisten M und ein Unternehmen, dass in den Markt eintreten möchte E („Entrant"). Die Spieler ziehen nacheinander, wobei Spieler E den ersten Zug hat. E kann zwischen Markteintritt „in" und Nicht-Markteintritt „out" wählen. Spieler M kann, falls E in den Markt eintritt, zwischen kooperieren und kämpfen wählen. Wählt E out, so erhält Spieler E eine Auszahlung von 20 und Spieler M eine Auszahlung von 80. Die Auszahlung für Spieler E in Höhe von 20 könnte eine alternative Beschäftigung in einem existierenden Unternehmen darstellen. Wählt Spieler E den Markteintritt „in", dann kommt der Monopolist M zum Zug. Wählt Spieler M „kooperieren", dann erhält E eine Auszahlung in Höhe von 30 und Spieler M in Höhe von 40 Nutzeneinheiten. Alternativ kann der Monopolist M die kämpferische Strategie wählen, in diesem Fall würde E eine Auszahlung von -10 erhalten und M eine Auszahlung in Höhe von 30. Die Abb. 3.39 stellt die Struktur des Spiels dar.

Die Analyse des Spiels durch Rückwärtsinduktion, dargestellt durch die Pfeile im Spielbaum in Abb. 3.40, zeigt, dass E in den Markt eintreten wird und M die kooperative Strategie wählen wird. In diesem Fall erhält der Monopolist die Auszahlung 40 und der eintretende Spieler E die Auszahlung 30. Der Monopolist M ist also schwach und kann den Entrant nicht vom Markteintritt abhalten.

Wenn wir nun in einem alternativen Szenario von einem starken Monopolisten ausgehen, kann die Auszahlung des Monopolisten M ceteris paribus, wenn er die

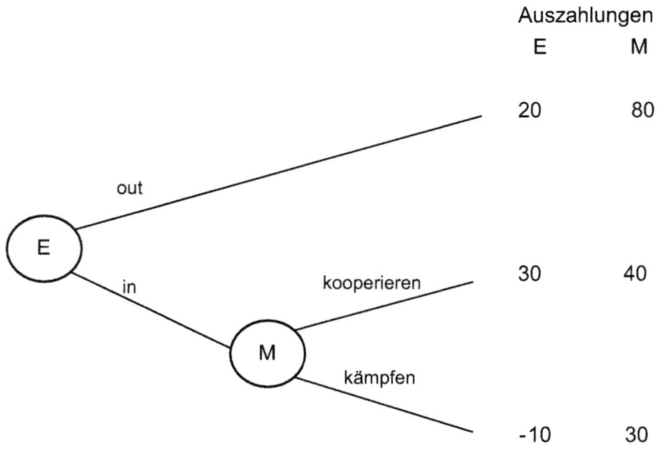

Abb. 3.39 Das Markteintrittsspiel: Auszahlungen

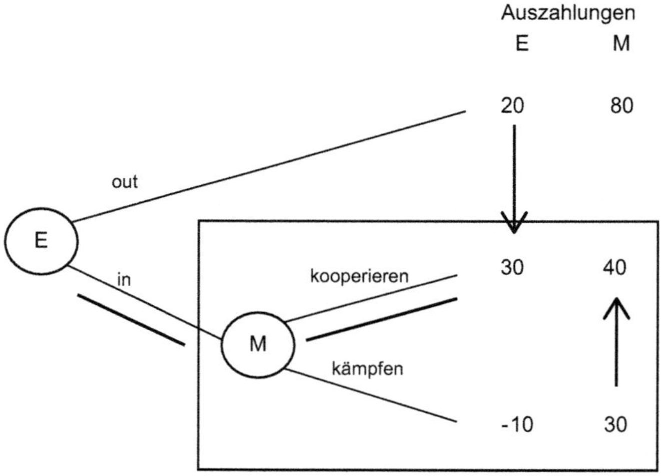

Abb. 3.40 Das Markteintrittsspiel: Analyse

kämpferische Strategie wählt, auf −15 für E und 60 für M verändert werden, wie in Abb. 3.41 dargestellt.

Die Analyse der modifizierten Spielsituation zeigt, dass es sich nun um einen starken Monopolisten M handelt, der den potenziellen Entrant E vom Markteintritt abhalten kann. Das Ergebnis ist eine Auszahlung in Höhe von 20 für E und 80 für M. In den beiden bisher dargestellten Markteintrittsspielen hatten beide Spieler vollständige Informationen, d. h. beide Spieler kannten die Auszahlungen der Gegner und konnten entsprechend darauf reagieren. In der dritten Variante des Markteintrittsspiels wird diese Annahme aufgegeben. Der potenzielle Entrant E weiß nun nicht, ob er im Markt auf einen starken oder schwachen Monopolisten trifft. Er geht lediglich davon aus, dass es sich mit einer Wahrscheinlichkeit von p = 2/3 um einen schwachen Monopolisten und mit einer Wahrscheinlichkeit von p = 1/3 um einen starken Monopolisten mit entsprechendem Drohpotenzial handelt. Diese Spielsituation wird mit Abb. 3.42 dargestellt.

Im Spielbaum wurde die Wahrscheinlichkeitseinschätzung durch einen vorgelagerten Spieler, den Spieler „Natur" dargestellt. Für beide Spiele wurde aufgrund der unvollständigen Information für E eine gemeinsame Informationsmenge definiert, die durch die Wahrscheinlichkeiten modelliert wird. Zur Lösung des Spiels kalkuliert Spieler E nun den Erwartungswert beider Alternativen. Es ergeben sich daher die folgenden Erwartungswerte:

$$E_{out} = 20$$

$$E_{in} = \left(\frac{2}{3}\right)30 + \left(\frac{1}{3}\right)(-15) = 15$$

Da die erwartete Auszahlung für den Markteintritt mit $E_{in} = 15$ geringer als die sichere Auszahlung für den Nicht-Eintritt $E_{out} = 20$ ist, wird der Entrant E nicht in den Markt eintreten.

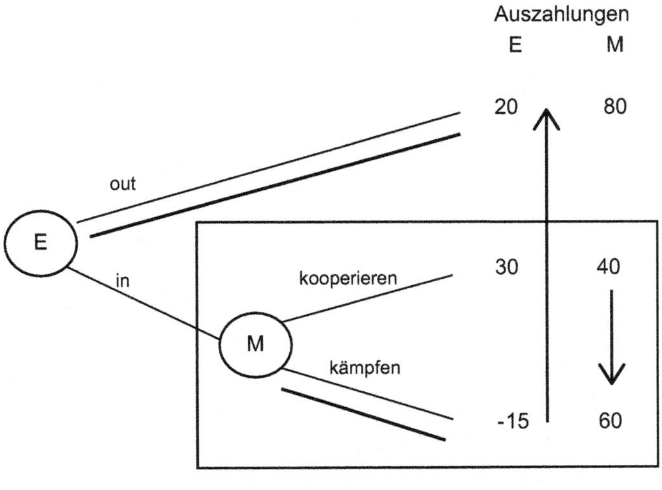

Abb. 3.41 Das Markteintrittsspiel: Alternative starker Monopolist

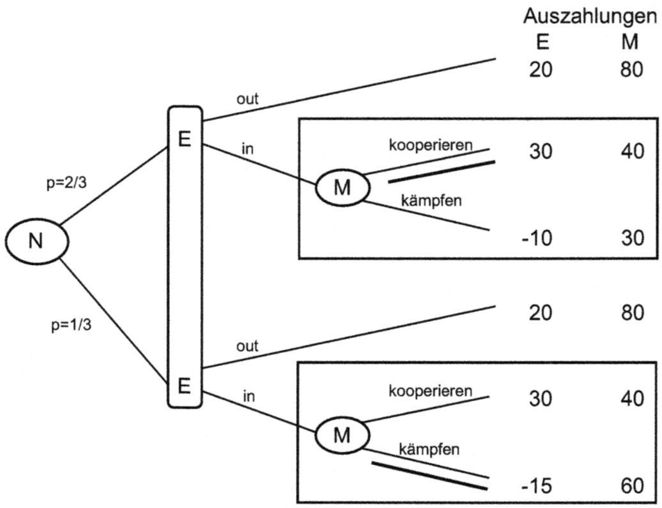

Abb. 3.42 Das Markteintrittsspiel bei unvollständiger Information

Das Markteintrittsspiel geht von rationalen Spielern aus und in der Konsequenz wird ein schwacher Monopolist dem Newcomer („Entrant“) den Marktzutritt gewähren. Es gibt jedoch in der Realität Situationen, in denen ein Unternehmen „auf Biegen und Brechen“ versucht, die eigenen Marktanteile zu halten und eintretende Unternehmen vom Markteintritt abzuhalten. In diesem Zusammenhang spielen Drohungen eine wichtige Rolle. Die Bedeutung von Drohverhalten kann mit dem „Chicken-Game“ modelliert werden.

Näher an der Praxis: Spieltheoretische Modelle

Das Chicken-Game oder Feigling-Spiel wird verwendet, um Eskalationsszenarien und Drohpotenziale zu modellieren. Wir gehen bei dem Spiel von einer Mutprobe aus, bei der zwei Spieler mit ihren Autos aufeinander zufahren. Wenn beide Spieler ausweichen, gelten beide als Feiglinge und erhalten jeweils eine Auszahlung von 0. Wenn ein Spieler ausweicht und der andere Spieler nicht, gilt der ausweichende Spieler als Feigling und erhält eine Auszahlung in Höhe von -2, während der mutige Spieler, der nicht ausweicht, als Belohnung eine Auszahlung von 1 erhält. Bleiben beide Spieler standhaft und weichen nicht aus, dann kommt es zum Unfall und einer Auszahlung von jeweils -10. Das Spiel kann mit einer Matrix, wie in Abb. 3.43 dargestellt werden.

Wie durch die Pfeile dargestellt, hat das Spiel kein Gleichgewicht und damit keine eindeutige Lösung. Von den beiden symmetrischen, potenziellen Lösungen „ausweichen/ausweichen“ und „abwarten/abwarten“ bewegen sich die Pfeile zu den asymmetrischen Lösungen „abwarten/ausweichen“ bzw. „ausweichen/abwarten“. Spieler A würde für sich das Ergebnis „abwarten/ausweichen“ präferieren, während Spieler B das Ergebnis „ausweichen/abwarten“ vorziehen würde. Daraus ergibt sich für beide Spieler ein Drohpotenzial, da keiner der Spieler das Eskalationsszenario „abwarten/abwarten“

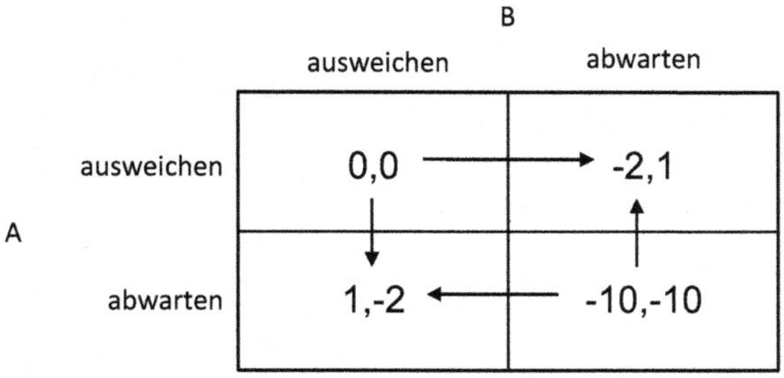

Abb. 3.43 Das Chicken-Game: Analyse

als Ergebnis erzielen möchte. Keiner der beiden Spieler möchte als Feigling dastehen und zu früh dem Gegner ausweichen, dies könnte in der Konsequenz wiederum dazu führen, dass beide Spieler zu lange abwarten und aufeinander prallen mit dem höchsten möglichen Schaden von jeweils -10. Die „Abwarten“-Strategie kann auch als Drohpunkt bezeichnet werden, da sie für beide das schlechteste Ergebnis liefert, aber für denjenigen, der länger abwartet, während der Gegner doch noch in letzter Sekunde ausweicht, zum Sieg führen kann. Das Chicken-Game zeigt das Drohpotenzial, z. B. bei internationalen Verhandlungen hinsichtlich des Wettrüstens und auch des Einsatzes von Atomwaffen auf, da keiner der Supermächte am Ende die Atomwaffen wirklich einsetzen möchte, da dies zu einem verheerenden Ergebnis für alle Beteiligten führen könnte. In der Konsequenz zeigt das Spiel aber auch, weshalb die Supermächte trotzdem Stärke zeigen, mit möglicherweise negativen Konsequenzen für alle Beteiligten!

Das Chicken-Game zeigt, dass sich Unternehmen, wenn es um Marktanteile geht durchaus aggressiv verhalten können und in der Konsequenz negative Ergebnisse für den Markt auftreten können.

3.5 Angebot trifft Nachfrage: Preisbildung und Marktformen

Der Markt wird gemeinhin als der Treffpunkt von Angebot und Nachfrage definiert. In der Konsequenz aus diesem Aufeinandertreffen bilden sich die Preise. Diese Marktdefinition abstrahiert jedoch von institutionellen und vertraglichen Gegebenheiten. Tatsächlich ist der Markt ein Diskriminierungsmechanismus, bei dem Verfügungsrechte (Property Rights) getauscht werden (Weise et al. 2005). Auf dem Markt kommen also Verträge zustande, die den Austausch von Waren und Dienstleistungen betreffen. Man spricht in diesem Zusammenhang von vollkommenen Verträgen, wenn die Vertragsparteien rational und freiwillig handeln, keine negativen Auswirkungen auf Dritte vorliegen, die Vertragsparteien über vollständige Information verfügen, es für jede Vertragspartei eine große Anzahl ernsthafter Alternativen gibt, und die Kosten des Aushandelns, Formulierens und der Durchsetzung des Vertrages, also die sogenannten Transaktionskosten, Null sind (Cooter und Ulen 2000). Im weiteren Verlauf des Buches gehen wir zunächst davon aus, dass für die Preisbildung vollkommene Verträge vorliegen und werden dann einzelne Annahmen fallen lassen, um deren Konsequenzen für die Allokation und Preisbildung näher analysieren zu können.

Ein wichtiger Analysegegenstand der mikroökonomischen Analyse ist die Preisbildung. Die Preisbildung hängt von der Marktform ab. Wesentliches Unterscheidungsmerkmal ist die Anzahl der Anbieter und Nachfrager. In Abb. 3.44 sind die verschiedenen Marktformen nach Anzahl der Anbieter und Nachfrager dargestellt.

3.5.1 Polypol

Im bilateralen Polypol treffen viele Anbieter auf viele Nachfrager, so dass weder Anbieter noch Nachfrager die Preise beeinflussen können. Die Unternehmen agieren als Mengenanpasser und richten ihre Produktionsentscheidung am gegebenen Marktpreis aus. In Abb. 3.45 ist die Preisbildung im Polypol dargestellt.

Das Polypol gilt als idealtypisches Referenzmodell in der mikroökonomischen Theorie. Bei der Preisbildung treffen Angebotsfunktion p_A und Nachfragefunktion p_N aufeinander. Im Schnittpunkt beider Kurven, die hier aus Vereinfachungsgründen linear dargestellt werden, liegt die Gleichgewichtsmenge x^* und der Gleichgewichtspreis p^*. Bei der Nachfragekurve sind insbesondere die Schnittpunkte mit den Achsen von Interesse. Der Schnittpunkt der Nachfragekurve mit der y-Achse, d. h. der Preisachse, wird als Maximalpreis oder Prohibitivpreis p_{max} bezeichnet und definiert die maximale Zahlungsbereitschaft der Konsumenten im Markt. Mathematisch wird der Prohibitivpreis ermittelt, indem in die Nachfragefunktion für die Menge $x = 0$ eingesetzt wird. Der zweite Schnittpunkt der Nachfragekurve mit der x-Achse, d. h. der Mengenachse, wird

Anbieter

Nachfrager	viele	wenige	einer
viele	bilaterales Polypol	Angebots-oligopol	Angebots-monopol
wenige	Nachfrage-oligopol	bilaterales Oligopol	Beschränktes Angebots-monopol
einer	Nachfrage-monopol	beschränktes Nachfrage-monopol	bilaterales Monopol

Abb. 3.44 Die Marktformen

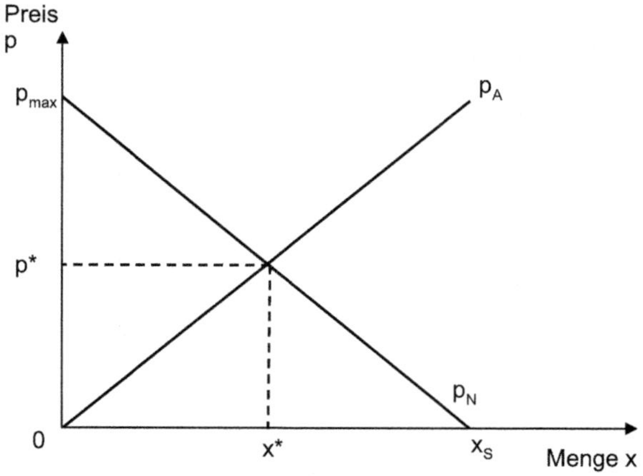

Abb. 3.45 Preisbildung im Polypol

als Sättigungsmenge x_S bezeichnet. Für die Sättigungsmenge gilt der Markt als gesättigt mit einer Zahlungsbereitschaft im Markt in Höhe von $p = 0$.

Beispiel

In einem Markt gilt die Angebotsfunktion $p_A = 50 + 2x$ und die Nachfragefunktion $p_N = 250 - 2x$.

Für den Prohibitivpreis p_{max} gilt $x = 0$ also: $p_{max} = 250 - 2 \cdot 0 = 250$ Geldeinheiten.

Für die Sättigungsmenge x_S gilt $p = 0$ also: $0 = 250 - 2x$. Umformung nach x ergibt $2x = 250$; $x_S = 125$ Stück.

Für das Marktgleichgewicht gilt $p_A = p_N$

$$\begin{aligned} 50 + 2x &= 250 - 2x \\ 4x &= 200 \\ x &= 50 = x^* \end{aligned}$$

Die Gleichgewichtsmenge ist also $x^* = 50$ Stück. Eingesetzt in Angebots- oder Nachfragefunktion ergibt sich daraus der Gleichgewichtspreis $p^* = 250 - 2 \cdot 50 = 150$ Geldeinheiten.

Näher an der Praxis: Spieltheoretische Modelle

In der mikroökonomischen Theorie gehen wir davon aus, dass alle Marktteilnehmer über vollständige Informationen verfügen, dies ist allerdings in der Praxis eher selten der Fall. Bei der Preisbildung im Wettbewerb existieren neben den offenen Preisbildungsverfahren, die durch Angebots- und Nachfragefunktionen modelliert werden auch verdeckte Verfahren. Bei diesen Verfahren reichen Anbieter Angebote ein und werden dann vom Nachfrager ausgewählt. Bei diesen Verfahren hat der Nachfrager eine Übersicht über die Preise aller Anbieter, während dem Anbieter selbst keine Informationen über die anderen Anbieter vorliegen. Dieses Verfahren ist gängig bei Bewerbungsverfahren in der Personalauswahl oder auch bei öffentlichen Ausschreibungsverfahren bei Bauaufträgen. Das spieltheoretische Modell des Frustrationsspiels kann diese Situation und die daraus entstehenden Anreize modellieren. Das Frustrationsspiel trägt der Situation Rechnung, dass es im Wettbewerb glückliche Gewinner und frustrierte Verlierer gibt. Bei den Verlierern entsteht Frust und damit eine Situation, bei der sie sich schon vor der Bewerbung Gedanken über ihre Erfolgschancen machen. Die potenziellen Bewerber wägen daher die Kosten einer Bewerbung und die zu erwartenden Erträge ab. Die Bewerbung, bzw. die Teilnahme an einem Bieterverfahren lässt sich daher wie die Teilnahme an einem Lotteriespiel modellieren.

Im Frustrationsspiel wird $N = 20$ Personen die Teilnahme an folgendem Spiel angeboten: Für einen Einsatz von 2 € ($E = 2$) bekommen $n = 5$ Gewinner jeweils 10 € ($G = 10$) ausgezahlt, die anderen Spieler gehen leer aus. Die Gewinnchancen sind für alle gleich und die Spieler seien risikoneutral. Die Spieler kalkulieren vor Teilnahme an dem Spiel den Erwartungswert:

$$E = (G - E)\left(\frac{n}{N}\right) + (-E)\left(\frac{N-n}{N}\right)$$

Im konkreten Beispiel würde der Spieler sich an dem Spiel beteiligen, da der Erwartungswert positiv ist:

$$E = (10 - 2)(5/20) + (-2)\left(\frac{15}{20}\right) = 0{,}5.$$

Bei einmaligem Spielen und insgesamt 20 Teilnehmern ergeben sich 5 nicht-frustrierte Gewinner des Bieterverfahrens und 15 stark-frustrierte Verlierer.

Die kritische Menge für die Teilnahme am Bieterverfahren liegt dort, wo der Erwartungswert der Nichtteilnahme genauso hoch ist wie der Erwartungswert der Teilnahme, also $E = 0$.

$$E = 8\left(\frac{5}{\mathrm{N}}\right) + (-2)\left(\frac{N-5}{N}\right) = 0$$

Dies bedeutet, dass sich maximal $N = 25$ Bieter an dem Spiel beteiligen werden.

Angenommen, es würden sich insgesamt $N = 50$ Bieter an dem Spiel beteiligen, dann hätten wir 5 nicht frustrierte Gewinner, 20 stark-frustrierte Verlierer mit einem positiven Erwartungswert und 25 schwach-frustrierte Verlierer mit einem negativen Erwartungswert, wie in Abb. 3.46 dargestellt.

Das Frustrationsspiel zeigt, dass in einer realen Auswahlsituation Teilnehmer weniger frustriert sind, je geringer die Gewinnchancen sind. Ein extremes Beispiel in diesem Zusammenhang ist die Teilnahme an Lotterien mit ohnehin geringer Gewinnchance. Die Spieler wissen eigentlich zu Beginn, dass der Erwartungswert negativ ist und sind, wenn sie nicht gewinnen, nur schwach frustriert. Dies erklärt auch, weshalb

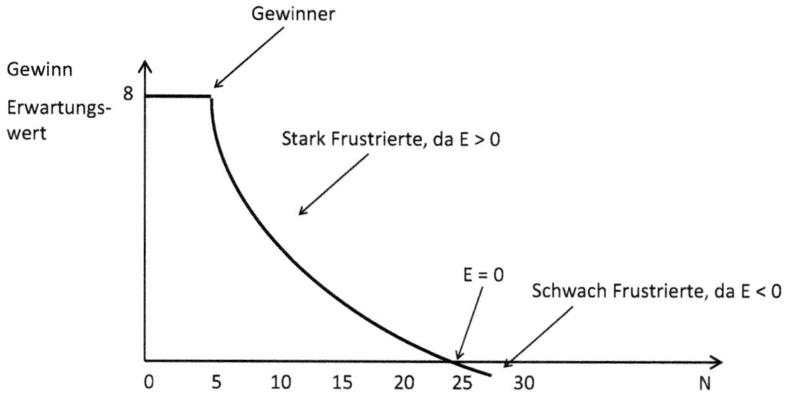

Abb. 3.46 Das Frustrationsspiel

Abb. 3.47 Staatlicher Höchstpreis im Polypol

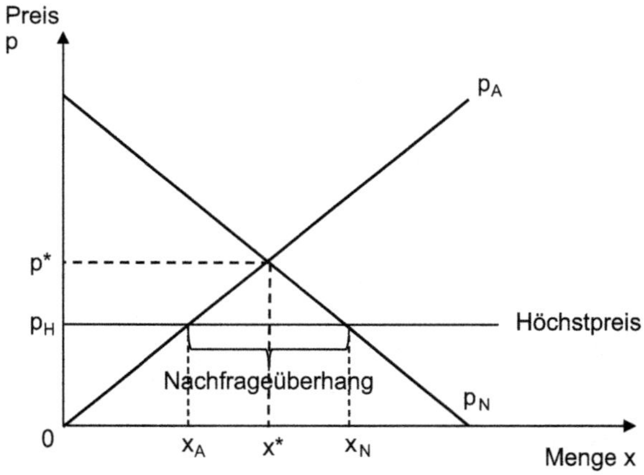

Bewerber in der Personalauswahl bei Top-Unternehmen sich trotzdem auf entsprechende Stellen bewerben, obwohl sie ihre Einstellungschancen selbst als gering einschätzen. Beim Frustrationsspiel gehen wir davon aus, dass das Spiel nur einmal gespielt wird. Wenn das Spiel allerdings wiederholt gespielt wird, wie z. B. bei Ausschreibungsverfahren für öffentliche Bauaufträge, können kartellrechtlich-bedenkliche Absprachen zum Tragen kommen!

Die Preisbildung im Polypol wird häufig als Referenzgleichgewicht verwendet, um staatliche Eingriffe analytisch bewerten zu können. Eine wichtige Eingriffsmöglichkeit staatlicher Regulierung ist die direkte Preisregulierung in Form von Höchst- und Mindestpreisen. In Abb. 3.47 ist die Wirkung eines staatlichen Höchstpreises dargestellt.

Legt der Staat einen Preis fest, der unterhalb des Gleichgewichtspreises p^* liegt, dann spricht man von einem staatlichen Höchstpreis p_H. Wir sehen, dass es nicht zu einem sogenannten markträumenden Preis kommt, da Angebots- und Nachfragemengen nicht im Gleichgewicht sind. Bei gegebenem Höchstpreis steigt die Nachfragemenge auf x_N während die Angebotsmenge auf x_A sinkt. Dies bedeutet, dass insgesamt mehr Konsumenten gerne das Gut kaufen würden, aber weniger Produzenten bereit sind, zu dem niedrigeren Preis anzubieten. Es kommt daher zu einem Nachfrageüberhang, der mathematisch als Differenz von $x_N - x_A$ definiert ist. Langfristig ist die Preisbildung instabil, da es Konsumenten gibt, die eine höhere Zahlungsbereitschaft aufweisen, als der tatsächliche staatliche Höchstpreis. Dies begünstigt die Entstehung von Schwarzmärkten, da Konsumenten mit höherer Zahlungsbereitschaft an die Produzenten eine Prämie zahlen, um dennoch das Gut zu bekommen. Staatliche Höchstpreise sind in modernen Volkswirtschaften relativ selten, wurden aber in der Vergangenheit, gerade bei Knappheit von wichtigen Gütern (z. B. Lebensmitteln) verwendet, um die Gütermenge zu rationieren. Langfristig hebeln Schwarzmärkte die Höchstpreise aus und führen tendenziell zum markträumenden Gleichgewichtspreis p^*.

Beispiel

Wir gehen von dem bisher erwähnten Zahlenbeispiel aus. Der Staat führt aus sozialpolitischen Gründen einen Höchstpreis in Höhe von $p_H = 120$ Geldeinheiten ein. Durch Einsetzen des festgesetzten Preises lassen sich die Angebots- und Nachfragemenge ermitteln.

Angebotsmenge:

$$\begin{aligned} 120 &= 50 + 2x \\ 2x &= 70 \\ x &= 35 = x_A \end{aligned}$$

Nachfragemenge:

$$\begin{aligned} 120 &= 250 - 2x \\ -130 &= -2x \\ x &= 65 = x_N \end{aligned}$$

Nachfrageüberhang: $x_N - x_A = 65 - 35 = 30$ Stück. Es entsteht also durch den staatlichen Höchstpreis eine Nachfrageüberhang in Höhe von 30 Stück.

Alternativ kann der Staat regulierend in den Markt eingreifen, indem staatliche Mindestpreise eingeführt werden. Dieser Fall ist in Abb. 3.48 dargestellt.

Legt der Staat einen Preis fest, der oberhalb des Gleichgewichtspreises p^* liegt, spricht man von einem staatlichen Mindestpreis p_M. Wie in der Abbildung zu erkennen, steigt dadurch die Angebotsmenge auf x_A an, während die Nachfragemenge auf x_N absinkt. Dies bedeutet, dass zu dem höheren Preis neue Anbieter in den Markt eintreten, während die Anzahl der Nachfrager, die zu dem höheren Preis das Gut erwerben möchten, absinkt. Die Differenz aus Angebots- und Nachfragemenge wird als Angebotsüberhang bezeichnet und ist mathematisch definiert als $x_A - x_N$. Staatliche Mindestpreise werden häufig

Abb. 3.48 Staatlicher Mindestpreis im Polypol

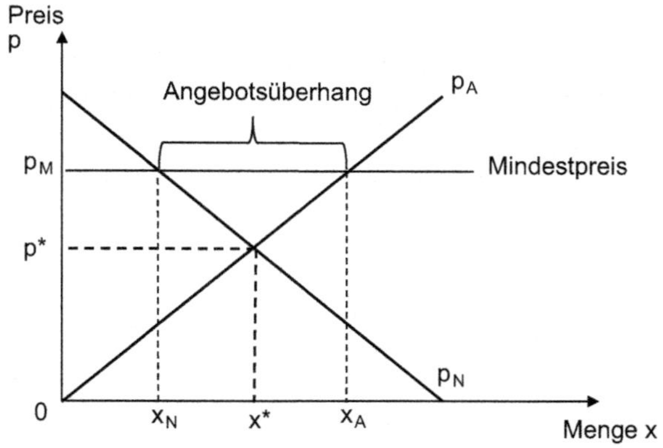

aus sozialpolitischen Gründen eingeführt, um den Anbietern ein höheres Einkommen zu garantieren. Ein wichtiges Anwendungsgebiet war in der Vergangenheit die EU-Subventionspraxis bei Lebensmitteln, die den europäischen Landwirten ein gesichertes Einkommen garantieren sollte. Die Folge waren Überproduktion und die Anhäufung von z. B. Butterbergen oder Milchseen, die entweder zu Dumpingpreisen in andere Länder exportiert wurden und dort die Märkte massiv gestört haben oder aber die teure Vernichtung von Lebensmitteln aus heimischer Produktion. Langfristig ist auch im Falle von staatlichen Mindestpreisen die Preisbildung massiv beeinträchtigt, sodass i. d. R. die Kosten des Angebotsüberhangs durch eine Angleichung an den Gleichgewichtspreis verringert werden. Dies ist gerade im Fall der EU-Agrarsubventionen in den letzten Jahren geschehen.

Beispiel

Wir gehen vom bisherigen Zahlenbeispiel aus. Der Staat führt aus sozialpolitischen Gründen einen Mindestpreis in Höhe von $p_M = 180$ Geldeinheiten ein. Einsetzen des regulierten Preises in Angebots- und Nachfragekurve ergibt die dazugehörigen Mengen:
Angebotsmenge:

$$180 = 50 + 2x$$
$$2x = 130$$
$$x = 65 = x_A$$

Nachfragemenge:

$$180 = 250 - 2x$$
$$-70 = -2x$$
$$x = 35 = x_N$$

Angebotsüberhang: $x_A - x_N = 65 - 35 = 30$ Stück. Die Einführung eines Mindestpreises führt also zu einem Angebotsüberhang in Höhe von 30 Stück.

Wir haben gesehen, dass direkte Preisregulierung durch den Staat die Preisbildung massiv stört und auch langfristig selten stabil ist. Der Staat hält sich daher bei dieser Form der direkten Preisregulierung zurück und wendet diese nur in begründeten Einzelfällen an. Anders verhält es sich bei der Besteuerung. Zum einen benötigt der Staat zur Erfüllung seiner hoheitlichen Aufgaben und zur Bereitstellung öffentlicher Güter Einnahmen, die in der Regel durch nicht-zweckgebundene Steuern eingezogen werden. Dies wird als das fiskalische Interesse des Staates bezeichnet und bedeutet, dass der Staat durch Besteuerung möglichst hohe Steuereinnahmen generieren möchte. Zum anderen hat Besteuerung aber auch eine Lenkungsfunktion, da es Güter gibt, die sogenannte negative externe Effekte in Form von Schäden bei nichtbeteiligten Dritten verursachen. Ein Beispiel in diesem Kontext ist die Besteuerung von Tabakerzeugnissen, da davon auszugehen ist, dass insbesondere das Rauchen Schäden bei unbeteiligten Dritten (z. B. durch das Passivrauchen) verursacht, die nicht von den Schädigern kompensiert werden. In diesem Fall möchte der Staat durch die Besteuerung die Schäden bei den Konsumenten internalisieren, d. h. ein Teil der Schäden soll bei den Schädigern direkt über Steuern eingezogen werden und für die Regulierung der Schäden, z. B. über das Gesundheitssystem, verwendet werden. Dies ist die Lenkungsfunktion von Steuern und Sinn und Zweck der Steuer ist die Verringerung der Schadensmenge. Die Wirkung von Besteuerung auf die Preisbildung ist in Abb. 3.49 dargestellt.

In Abb. 3.49 wurde eine Steuer in Höhe von T eingeführt, die über die Anbieter eingezogen werden soll. Der Großteil der verbrauchsbezogenen Steuern wird über die Produzenten eingezogen. Wichtige Beispiele in diesem Kontext sind z. B. die Umsatzsteuer, Mineralölsteuer, Tabaksteuer. Die Steuer wird auf die Angebotsfunktion aufgeschlagen und führt zu einer Verschiebung der Angebotskurve und zur neuen Angebotsfunktion p_A'. Im Ergebnis führt die Steuer zu einem höheren Preis p' und zu einer niedrigeren Menge in Höhe von x'. Alternativ können Steuern auch bei den Konsumenten eingezogen werden. Wichtige Beispiele in diesem Zusammenhang sind die Einkommensteuer oder auch die Grunderwerbsteuer. Steuern, die über die Konsumenten eingezogen werden, führen

Abb. 3.49 Besteuerung im Polypol

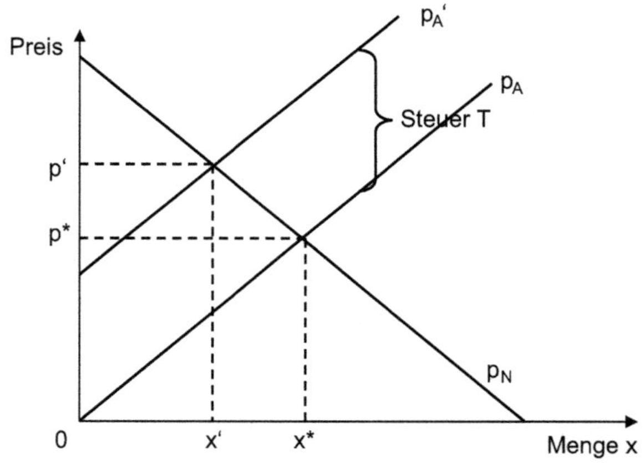

zu einer Verschiebung der Nachfragekurve p_N nach unten. Die Allokationswirkungen von Steuern sind grundsätzlich unabhängig davon, ob die Steuer über die Anbieter oder Nachfrager eingezogen werden. Hauptargument für die Steuererhebung bei Anbietern oder Nachfragern sind organisatorische Gründe und Kosten- und Verwaltungsaspekte der Steuereintreibung.

Beispiel

Wir gehen weiterhin von dem bisherigen Zahlenbeispiel aus. Der Staat führt eine Steuer in Höhe von $T = 66{,}67$ ein, die über die Anbieter eingezogen werden soll. Die Steuer verschiebt die ursprüngliche Angebotsfunktion. Die neue Angebotsfunktion mit Besteuerung lautet daher

$$p'_A = p_A + T = 50 + 2x + 66{,}67 = 116{,}67 + 2x$$

Im Marktgleichgewicht gilt $p'_A = p_N$:

$$\begin{aligned} 116{,}67 + 2x &= 250 - 2x \\ 4x &= 133{,}33 \\ x &= 33{,}33 = x' \end{aligned}$$

Eingesetzt in die Angebots- oder Nachfragefunktion ergibt sich der neue Gleichgewichtspreis

$$p' = 250 - 2 \cdot 33{,}33 = 183{,}34$$

Dies bedeutet, dass durch die Besteuerung der Preis auf $p' = 183{,}34$ Geldeinheiten steigt und die gehandelte Menge auf $x' = 33{,}33$ Stück sinkt.

Bisher haben wir die Preisbildung und die staatlichen Eingriffsmöglichkeiten analysiert. Insbesondere bei der Besteuerung dürfte klar sein, dass Staatseingriff zu Gewinnern und Verlierern führt. Die Besteuerung führt zu Preiserhöhungen und infolgedessen geht die nachgefragte Menge zurück. Offensichtlich dürften viele Unternehmen und Konsumenten von der Intervention wenig begeistert sein. Um die Gewinne und Verluste dieser Maßnahmen besser beurteilen zu können, benötigen wir ein normatives Kriterium. In diesem Zusammenhang wird die wohlfahrtsökonomische Analyse verwendet, um ein quantitatives Maß als Bewertungsmaßstab zur Verfügung zu haben. In diesem Kontext werden die volkswirtschaftlichen Renten erläutert, wie in Abb. 3.50 dargestellt.

In der Abbildung sehen wir die Preisbildung im Polypol ohne staatliche Intervention. Im Schnittpunkt der Angebotskurve p_A, die auch Grenzkostenkurve genannt wird, und Nachfragekurve p_N liegt die markträumende Menge x^* und der dazugehörige markträumende Preis p^*. Unterhalb der Nachfragekurve bis zum Gleichgewichtspreis liegt die Konsumentenrente. Die Konsumentenrente beschreibt mathematisch das Integral unterhalb der Nachfragekurve bis zum Gleichgewichtspreis. Die Konsumentenrente zeigt, dass es in einer Marktwirtschaft immer Konsumenten gibt, die eine höhere

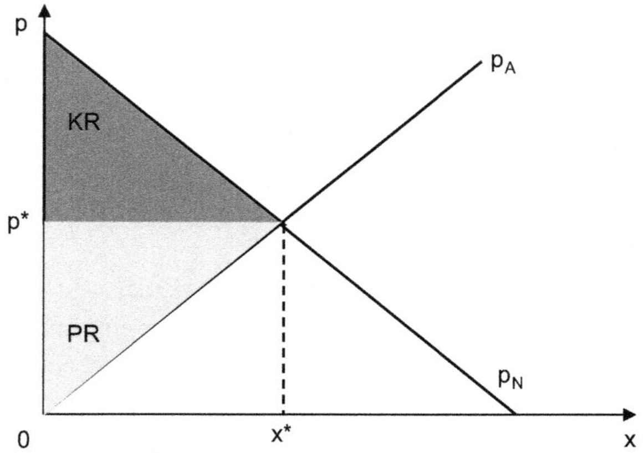

Abb. 3.50 Volkswirtschaftliche Renten

Zahlungsbereitschaft als den Gleichgewichtspreis gehabt hätten. Die Nachfragekurve misst nämlich grundsätzlich die Zahlungsbereitschaft für ein Gut. Nehmen wir an, es handele sich bei dem Gut um Waschpulver, das zu einem Marktpreis $p^* = 5\,€$ gehandelt wird. Es gäbe sicherlich Konsumenten, die eine höhere Zahlungsbereitschaft für Waschpulver, z. B. in Höhe von 7 € gehabt hätten, jetzt aber nur den Gleichgewichtspreis von 5 € zahlen müssen. Diese Konsumenten haben also Geld gespart, das sie nun für andere Güter ausgeben oder auch sparen können. Die Summe aller Zahlungsbereitschaften in einem Markt oberhalb des Gleichgewichtspreises nennt man Konsumentenrente. Für die Ermittlung der volkswirtschaftlichen Renten wird die Integralrechnung benötigt. Vereinfacht ausgedrückt ist die Integration nichts anderes als die „Umkehroperation" der Differenziation. Während im Rahmen der Differenzialrechnung ausgehend von einer Stammfunktion $f(x)$ die Ableitungsfunktion $f'(x)$ durch Anwendung der Ableitungsregeln ermittelt wird, wird im Rahmen der Integralrechnung ausgehend von einer Ableitungsfunktion $f(x)$ die dazugehörige Stammfunktion $F(x)$ durch Anwendung der Integrationsregeln hergeleitet. Die Integration ist, vereinfacht ausgedrückt, die Umkehrung der Ableitung. Im Folgenden sind die wesentlichen Integrationsregeln dargestellt.

Integrationsregeln

Für das unbestimmte Integral, mit dem zu einer Funktion $f(x)$ die Menge aller Stammfunktionen $F(x)$ ermittelt wird, gilt:

$$F(x) = \int f(x)dx + C$$

wobei C die Integrationskonstante und x die Integrationsvariable darstellen.

Das bestimmte Integral I von a bis b liefert die Summe von Inhalten aller Flächen, die vom Graphen der Funktion und der x-Achse begrenzt wird:

$$I = \int_a^b f(x)dx$$

Allgemein gilt

$$f(x) = x^n;\ F(x) = \left(\frac{1}{n+1}\right)x^{n+1}$$

Sonderfälle:

$$f(x) = e^x;\ F(x) = e^x$$

$$f(x) = \frac{1}{x};\ F(x) = \ln x$$

$$f(x) = \frac{g'(x)}{g(x)};\ F(x) = \ln g(x)$$

Beispiel

Für den Mehr-Variablen-Fall gelten die gleichen Integrationsregeln wie im Ein-Variablen-Fall. So kann z. B. aus gegebenen Grenzproduktivitäten die dazugehörige Produktionsfunktion durch partielles Integrieren ermittelt werden. Gegeben seien in diesem Fall die Grenzproduktivitäten

$$\text{Grenzproduktivität von } r_1\text{:}\ \left(\frac{\delta x}{\delta r_1}\right) = \left(\frac{1{,}8\,r_2^{0{,}2}}{r_1^{0{,}4}}\right)$$

$$\text{Grenzproduktivität von } r_2\text{:}\ \left(\frac{\delta x}{\delta r_2}\right) = \left(\frac{0{,}6\,r_1^{0{,}6}}{r_2^{0{,}8}}\right)$$

Die dazugehörige Produktionsfunktion lautet, zunächst nach r_1 integriert:

$$x(r_1, r_2) = \int \left(1{,}8\,r_1^{-0{,}4} r_2^{0{,}2}\right)dr_1 = \left(\frac{1{,}8}{-0{,}4+1}\right) r_1^{-0{,}4+1}\,r_2^{0{,}2} = 3r_1^{0{,}6}\,r_2^{0{,}2}$$

Partielles Integrieren nach r_2 führt zu:

$$x(r_1, r_2) = \int \left(0{,}6\,r_1^{0{,}6}\,r_2^{-0{,}8}\right)dr_2 = \left(\frac{0{,}6}{-0{,}8+1}\right) r_1^{0{,}6}\,r_2^{-0{,}8+1} = 3r_1^{0{,}6}\,r_2^{0{,}2}$$

Die Konsumentenrente wird mathematisch, wie folgt, definiert:

▶ Konsumentenrente $KR = \int_0^{x*} (p_N)dx - \mathrm{p}^* \cdot x^*$

Das Gegenstück zur Konsumentenrente auf der Verbraucherseite ist die Produzentenrente auf der Unternehmerseite. Die Angebotsfunktion in einem Markt wird gebildet durch die Schnittpunkte aus Grenzkostenkurve und Betriebsoptima von (theoretisch unendlich vielen) Unternehmen im Markt. In der Regel gehen wir in der Mikroökonomik von homogenen Gütern mit unendlich vielen Anbietern aus, deren Kosten sich nur bei den Fixkosten unterscheiden. Dadurch ergibt sich eine gemeinsame Grenzkostenkurve im Markt und die Betriebsoptima der Unternehmen unterscheiden sich nur hinsichtlich der Fixkosten. Vereinfacht haben große Unternehmen höhere Fixkosten als kleine Unternehmen. Wenn wir nun annehmen, dass der Markt für Waschpulver einem Polypol entspricht, so gibt es also Unternehmen, die niedrigere Stück, bzw. Grenzkosten als $p^* = 5$ € haben. Diese Unternehmen machen also Gewinn. Die Summe dieser volkswirtschaftlichen Gewinne oberhalb der Angebotskurve p_A bis zum Gleichgewichtspreis p^* nennt man Produzentenrente.

▶ Produzentenrente PR = $p^* \cdot x^* - \int_0^{x*} (p_A)dx$

Beispiel

In einem polypolistischen Markt werden Angebot und Nachfrage durch folgende Funktionen dargestellt:

$$\text{Angebot:}\quad p_A(x) = 3x + 20$$
$$\text{Nachfrage:}\quad p_N(x) = 120 - x$$

Zunächst wird das Marktgleichgewicht, also $p_A = p_N$, ermittelt:

$$3x + 20 = 120 - x$$

Durch Auflösung nach x ergibt sich Gleichgewichtsmenge und Gleichgewichtspreis:

$$x^* = 25;\; p^* = 95$$

Die Ermittlung der Konsumentenrente ergibt:

$$KR = \int_0^{25} (120 - x)dx - 25 \cdot 95$$

Nach Anwendung der Integrationsregeln erhalten wir:

$$KR = \left[120x - \left(\frac{1}{2}\right)x^2\right]_0^{25} - 2375 = 312{,}50$$

Die Ermittlung der Produzentenrente ergibt:

$$PR = 25 \cdot 95 - \int_0^{25} (3x + 20)dx$$

Durch Integration erhalten wir:

$$PR = 2375 - \left[\left(\frac{3}{2}\right)x^2 + 20x\right]_0^{25} = 937{,}50$$

Die Konsumentenrente beträgt also $KR = 312{,}50$ Einheiten und die Produzentenrente $PR = 937{,}50$ Einheiten.

Die wohlfahrtsökonomische Analyse wird in erster Linie verwendet, um Eingriffe in den Marktprozess bewerten zu können. Wir gehen daher davon aus, dass der Staat eine Steuer einführt, die über die Unternehmen, d. h. die Anbieter, eingezogen werden soll, wie in Abb. 3.51 dargestellt.

Wir gehen davon aus, dass der Staat eine Steuer in Höhe der Steuerfunktion T einführt. Da die Steuer über die Unternehmen eingezogen werden soll, verschiebt sich die Angebotsfunktion nach oben und wir erhalten die neue Angebotsfunktion p'_A. Zum einen steigt der neue Gleichgewichtspreis durch die Besteuerung auf p' und die Gleichgewichtsmenge geht zurück auf x'. Zum anderen ändern sich die volkswirtschaftlichen Renten. Die Konsumentenrente und die Produzentenrente verringern sich. Außerdem ergibt sich nun eine neue volkswirtschaftliche Rente in Höhe des Steueraufkommens, das dem Staat zufließt. Wir sehen aber auch dass sich durch die Besteuerung die Summe der volkswirtschaftlichen Renten verringert. Die Differenz aus der Summe der volkswirtschaftlichen Renten ohne Besteuerung und der Summe der volkswirtschaftlichen Renten mit Besteuerung nennt man Wohlfahrtsverlust (dead weight loss).

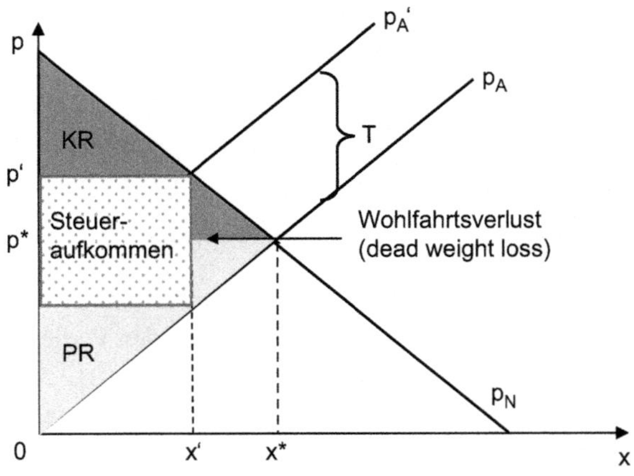

Abb. 3.51 Volkswirtschaftliche Renten und Besteuerung

Beispiel

Kommen wir zurück zu o. g. Beispiel und nehmen an, der Staat führe eine Steuer in Höhe von $T = 20$ ein. Da die Steuer über die Unternehmen eingezogen werden soll, ergibt sich zunächst eine neue Angebotsfunktion:

$$p'_A(x) = 3x + 20 + T = 3x + 40$$

Dadurch ergibt sich ein neues Marktgleichgewicht durch $p'_A = p_N$:

$$3x + 40 = 120 - x$$
$$x = 20 = x'$$

Die neue Gleichgewichtsmenge beträgt $x' = 20$ Stück und der neue Gleichgewichtspreis $p' = 100$ Geldeinheiten.

Für die Konsumentenrente nach Besteuerung gilt:

$$KR\colon \int_0^{20} (120 - x)dx - 20 \cdot 100 = 200$$

Bei der Ermittlung der Produzentenrente muss darauf geachtet werden, dass diese sich auf die ursprüngliche (Netto-)Angebotsfunktion bezieht, da die Steuer für die Unternehmen als durchlaufender Posten zu betrachten ist. Des Weiteren gilt nun für die Bestimmung der Produzentenrente der Nettopreis, also der neue Gleichgewichtsbruttopreis von $p' = 100$ abzüglich der Steuer in Höhe von $T = 20$. Der Nettopreis, den die Unternehmen erhalten, beträgt also $p_{netto} = 80$ Geldeinheiten. Es gilt daher:

$$PR\colon 20 \cdot 80 - \int_0^{20} (3x + 20)dx = 600$$

Als zusätzliche volkswirtschaftliche Rente ergibt sich bei Besteuerung das Steueraufkommen:

$$Steueraufkommen = Steuersatz \cdot Menge$$
$$Steueraufkommen = 20 \cdot 20 = 400$$

Der Wohlfahrtsverlust ergibt sich aus der Differenz der volkswirtschaftlichen Renten ohne Besteuerung abzüglich der volkswirtschaftlichen Renten mit Besteuerung:

$$Wohlfahrtsverlust\colon (312{,}50 + 937{,}50) - (200 + 600 + 400) = 50$$

Durch die Ermittlung der volkswirtschaftlichen Renten können wir also die Gewinner und Verlierer der staatlichen Intervention ermitteln. Zu den Verlierern der Besteuerung zählen die Konsumenten, da deren Konsumentenrente von 312,50 auf 200 sinkt. Des Weiteren verlieren die Produzenten einen Teil ihrer Produzentenrente und zwar von 937,50 auf 600 Einheiten. Nutznießer der Besteuerung ist natürlich der Staat, der ein Steueraufkommen in Höhe von 400 Einheiten erwirtschaftet. Der Wohlfahrtsverlust durch Besteuerung beträgt 50 Einheiten.

Durch Besteuerung entsteht also ein Wohlfahrtsverlust, der grundsätzlich negativ zu bewerten ist, dennoch kann das Instrument der Besteuerung sinnvoll sein, um im Fall von Marktschwächen die Internalisierung externer Effekte zu ermöglichen. In diesem Fall wird von einer Pigou-Steuer gesprochen und das Steueraufkommen sollte der Höhe der volkswirtschaftlichen Schäden, die durch die ökonomische Aktivität verursacht werden, entsprechen.

Näher an der Praxis: Spieltheoretische Modelle

Im Polypol wird im Allgemeinen davon ausgegangen, dass die Anbieter Mengenanpasser sind und nur die Produktions- und Angebotsmenge an den Marktpreis anpassen. Strategisches und aggressives Verhalten wird ausgeblendet. In der Realität beobachten jedoch die Unternehmen im Markt die anderen Unternehmen und kämpfen, mit mehr oder weniger legalen Mitteln, um Marktanteile. Im folgenden Spiel unterstellen wir Spieler, die mehr oder weniger aggressiv im Markt agieren. Im Evolutionsspiel gehen wir davon aus, dass zwei Spielertypen ungeregelt um eine knappe Ressource, z. B. Marktanteile, konkurrieren. Sie können sich dabei wie aggressive Falken (F) oder wie nicht-aggressive Tauben (T) verhalten. Aggressive Falken gehen keinem Kampf aus dem Wege und nehmen dabei auch hohe Schäden S in Kauf, wenn sie auf andere Falken treffen. Nicht-aggressive Tauben versuchen Konflikten aus dem Weg zu gehen. Wenn eine Taube auf einen Falken trifft, räumt die Taube kampflos das Feld und überlässt dem Falken die Beute G. Treffen jedoch zwei Tauben aufeinander, so teilen beide Spieler die Ressource, wobei jedoch Verhandlungskosten m anfallen. Die Struktur des Spiels ist in Abb. 3.52 dargestellt.

Gehen wir davon aus, der Gewinn betrage G = 10, der Schaden sei S = 100 und die Verhandlungskosten m = 2, dann ergibt sich die Auszahlungsmatrix in Abb. 3.53.

Abb. 3.52 Das Evolutionsspiel: Grundstruktur

	F	T
F	0,5(G-S), 0,5(G-S)	G, 0
T	0, G	0,5(G-m), 0,5(G-m)

Abb. 3.53 Das Evolutionsspiel: Auszahlungen

	F	T
F	-45, -45	10, 0
T	0, 10	4, 4

Es wird klar, dass der Markt nicht nur aus aggressiven Falken bestehen kann, da dies zu hohen Schäden führen würde, die die Falkenpopulation vernichten würde. Andererseits wird es im Markt nicht nur nicht-aggressive Tauben-Spieler geben, da ein in den Markt eintretender Falke bei jedem Aufeinandertreffen mit Tauben gewinnen würde. Mithilfe des Evolutionsspiels kann nun analysiert werden, wie viele aggressive Falken ein Markt verträgt. Im Optimum entspricht der Erwartungswert der Falkenpopulation dem Erwartungswert der Taubenpopulation:

$$E(T) = E(F)$$

Wenn für den Anteil der Falkenpopulation die Variable y und für die Taubenpopulation $(1 - y)$ festgelegt wird, erhalten wir:

$$-45y + 10(1 - y) = 0y + 4(1 - y)$$
$$y = \left(\frac{6}{51}\right)$$

Am Ende wird also die Population aus $y = 6/51$ Falken und $(1 - y) = 45/51$ Tauben bestehen. Diese gemischte Strategie wird evolutionsstabile Strategie genannt. Die „List der Natur" führt dazu, dass die Population der aggressiven Spieler relativ klein gehalten wird, da sie sich gegenseitig große Schäden zufügen. Der Wert des Spiels ist die Summe der Auszahlungen multipliziert mit den jeweiligen Anteilen.

$$\begin{aligned} \mathit{Wert\ des\ Spiels} = & \left(\frac{6}{51}\right)\left(\frac{6}{51}\right)(-45) + \left(\frac{6}{51}\right)\left(\frac{45}{51}\right)10 + \left(\frac{45}{51}\right)\left(\frac{6}{51}\right)0 \\ & + \left(\frac{45}{51}\right)\left(\frac{45}{51}\right)4 = \left(\frac{180}{51}\right). \end{aligned}$$

Der Wert des Spiels ist daher relativ nah an der reinen Taubenpopulation. Wir sehen, dass nur

$$\mathit{Beschädigungskämpfe} = \left(\frac{6}{51}\right)\left(\frac{6}{51}\right) = \left(\frac{36}{2601}\right)$$

aller Auseinandersetzungen Beschädigungskämpfe sind. Alle anderen Auseinandersetzungen sind Nicht-Beschädigungskämpfe. Wenn das Evolutionsspiel auf soziales Verhalten übertragen wird, dann zeigt sich, dass nur ein relativ geringer Anteil aggressiver Spieler evolutionsstabil ist. Eine alternative Lösung des Evolutionsspiels wäre eine koordinierte Spielweise, wenn die Spieler zwischen nicht-aggressiven und der aggressiven Strategie springen würden, um die Verhandlungskosten zu sparen. Dann könnte sich ein Durchschnittswert der koordinierten Strategien TF und FT in Höhe von 5 durchsetzen, dies würde jedoch zusätzlicher Abstimmung benötigen. In der Natur ergeben sich diese zusätzlichen Informationen durch Territoriumsbesitz, eine feste Rangordnung oder andere Mechanismen, wie Aufplustern oder Bluffen, die allerdings recht schnell zur Eskalation führen können.

3.5.2 Monopol

Im folgenden Abschnitt wird die Preisbildung im Angebotsmonopol erläutert. Im Angebotsmonopol gibt es einen einzigen Anbieter und (theoretisch) unendlich viele Nachfrager. Der Anbieter verfügt daher über Marktmacht und kann entweder den Preis oder die Angebotsmenge festlegen. In Abb. 3.54 ist die Preisbildung im Monopol dargestellt.

Für den Monopolisten ist der Preis nicht exogen durch den Wettbewerb gegeben, sondern eine Funktion der Menge. Das bedeutet, der Monopolist kann gemäß der Preis-Absatz-Funktion $p(x)$ entweder die Menge oder aber den Preis bestimmen. Die gewinnmaximale Menge kann im Monopol, genau wie im Polypol, über das Maximum der Gewinnfunktion ermittelt werden. Es gilt also $G'(x) = 0;\ G''(x) < 0$.

Die gewinnmaximale Preis-Mengen-Kombination wird durch den Cournot'schen Punkt dargestellt. Rechnerisch wird zunächst die gewinnmaximale Menge ermittelt und dieser Wert in die Preis-Absatz-Funktion (Nachfragekurve) eingesetzt, ergibt den gewinnmaximalen Preis. Für das Gewinnmaximum im Monopol gilt, wie in der Abbildung dargestellt, die Grenzkosten-Grenzerlöse-Regel, d. h. das Gewinnmaximum des Monopolisten liegt dort, wo die Grenzkosten den Grenzerlösen entsprechen. Das Gewinnmaximum im Monopol kann also allgemein über das Maximum der Gewinnfunktion oder über die Grenzkosten-Grenzerlös-Regel ermittelt werden.

In Abb. 3.54 sind auch die volkswirtschaftlichen Renten eingezeichnet. Die Konsumentenrente entspricht dem Integral unter der Nachfragekurve bis zum Monopolpreis, während die Produzentenrente des Monopolisten Monopolrente genannt wird. Monopolpreisbildung führt zu Wohlfahrtsverlusten (dead weight loss).

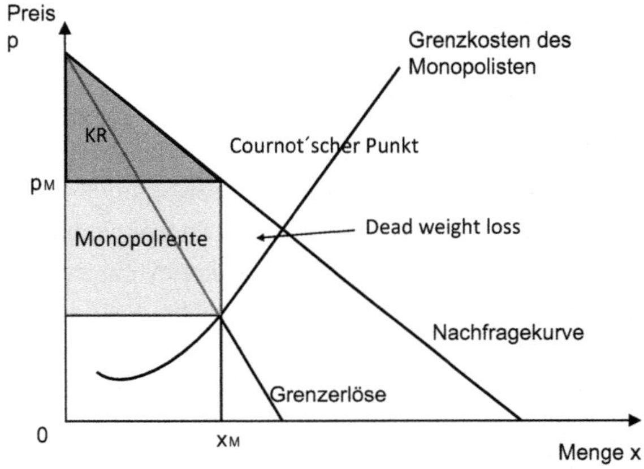

Abb. 3.54 Preisbildung und volkswirtschaftliche Renten im Monopol

Beispiel

Ein Monopolist produziert nach der Kostenfunktion $K(x) = x^3 + 4x^2 + 7x + 28$. Die Preis-Absatz-Funktion sei $p(x) = 70 - 2x$. Der Monopolist wählt den Preis, bzw. die Absatzmenge nach der Grenzkosten-Grenzerlös-Regel. Es gilt also:

$$K'(x) = E'(x)$$

Die Erlösfunktion ist das Produkt aus Preis-Absatz-Funktion und Absatzmenge:

$$E(x) = p(x)x = 70x - 2x^2$$

Die Grenzerlösfunktion $E'(x)$ ergibt sich durch Ableitung der Erlösfunktion:

$$E'(x) = 70 - 4x$$

Die Grenzkostenfunktion $K'(x)$ erhalten wir durch Ableiten der Kostenfunktion:

$$K'(x) = 3x^2 + 8x + 7$$

Gleichsetzen von Grenzkosten und Grenzerlösen führt zu:

$$3x^2 + 8x + 7 = 70 - 4x$$
$$3x^2 + 12x - 63 = 0$$

Die Lösung der quadratischen Gleichung ergibt $x_1 = 3$ und $x_2 = -7$. Da negative Ausbringungsmengen in der Volkswirtschaftslehre nicht definiert sind, liegt die gewinnmaximale Menge bei $x = 3$ Stück. Der gewinnmaximale Preis wird ermittelt, indem die gewinnmaximale Menge in die Preis-Absatz-Funktion eingesetzt wird:

$$p(3) = 70 - 2 \cdot 3 = 64$$

Der Cournot'sche Punkt liegt also an der Stelle $P_C(3{,}64)$. Alternativ kann der allgemeine Rechenweg über die Gewinnfunktion und die Gewinnmaximierungsbedingung $G'(x) = 0;\ G''(x) < 0$ bei gleichem Resultat gewählt werden.

3.5.3 Oligopol

In der Marktform des Oligopols treffen wenige Anbieter auf eine große Zahl von Nachfragern. Im einfachsten Fall des Oligopols, dem Duopol, bieten zwei Unternehmen im Markt an. Im Duopol hängt die Preisbildung von der Marktmacht der beiden Anbieter ab. Wir unterscheiden in diesem Zusammenhang zwischen symmetrischen und einer asymmetrischen Position der beiden Anbieter. Bei der symmetrischen Position nehmen beide Anbieter eine Abhängigkeitsposition ein und orientieren sich an dem anderen Unternehmen. Dies ist darauf zurück zu führen, dass beide Unternehmen in etwa gleich „stark" sind und damit nicht in der Lage sind, dem jeweils anderen Anbieter eine Angebotsmenge zu diktieren. Wenn beide Anbieter in etwa gleich stark sind, kommt die

Preisbildung nach dem Cournot-Duopol zum Tragen. Alternativ kann es vorkommen, dass einer der Anbieter eine stärkere Marktposition hat als der zweite Anbieter im Markt. Der stärkere Anbieter ist daher in der Lage, eine Unabhängigkeitsposition einzunehmen und eine asymmetrische Entscheidung durchzusetzen. Der stärkere Anbieter hat einen sogenannten „first-mover advantage" und kann dem zweiten, also dem schwächeren Anbieter, die Angebotsmenge diktieren. In diesem Fall erfolgt die Preisbildung nach dem Stackelberg'schen Duopolmodell.

Wir gehen zunächst vom Fall des Cournot-Duopols aus. Dazu gehen wir von Grenzkosten in Höhe von $K'(x) = 0$ aus und einem monopolistischen Anbieter im Markt. Grenzkosten in Höhe von Null können in Branchen plausibel sein, in denen die Produktion in erster Linie von den Fixkosten abhängt. Dies kann z. B. in der Rohölförderung der Fall sein, wo letztlich die Kosten von den sehr hohen Investitionen, d. h. den Fixkosten, in die Förderanlagen abhängen. Dieser Anbieter W_1 bietet gemäß der Grenzkosten-Grenzerlös-Regel die halbe Sättigungsmenge $0{,}5x_S$ zu einem Preis, der der Hälfte des Prohibitivpreises $0{,}5p_{\text{max}}$ entspricht, an. Der Anbieter W_1 realisiert damit den Cournot'schen Punkt C_1 wie in Abb. 3.55 dargestellt.

Nun tritt ein zweiter Wettbewerber, das Unternehmen W_2, in den Markt ein. Das neue Unternehmen deckt zunächst den Restmarkt wie ein Monopolist ab, d. h. das Unternehmen bedient die restliche Sättigungsmenge nach der Grenzkosten-Grenzerlös-Regel zu einem Preis, der ein Viertel des Prohibitivpreises, also $0{,}25p_{\text{max}}$, entspricht. Der zweite Anbieter realisiert also zunächst den Cournot'schen Punkt C_2 wie in Abb. 3.56 dargestellt.

Wenn nun beide Anbieter in etwa gleich „stark" sind, dann kann das Unternehmen W_1 nicht verhindern, dass Konsumenten zum günstigeren Konkurrenten W_2 abwandern. In der Folge kann Unternehmen W_2 aufgrund der gestiegenen Nachfrage den Preis anheben, da in einem Markt immer nur ein Preis langfristig stabil sein kann. In der Konsequenz wird sich am Ende ein Preis in Höhe von einem Drittel des Prohibitivpreises,

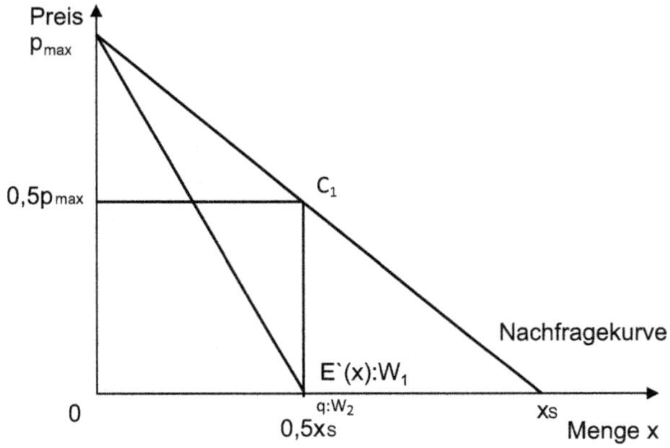

Abb. 3.55 Monopolpreisbildung bei Grenzkosten von Null

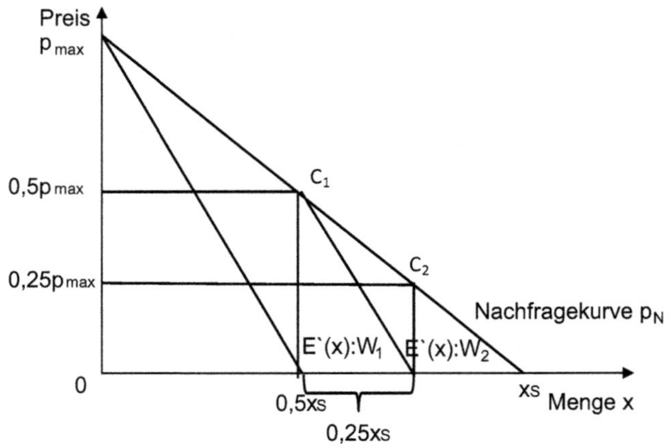

Abb. 3.56 Cournot-Duopol: Ein zweiter Anbieter tritt in den Markt ein

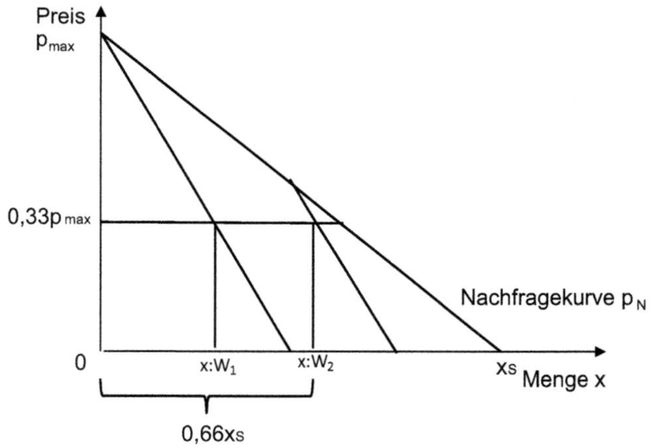

Abb. 3.57 Cournot-Duopol: Die Zwei-Drittel-Lösung

also $0{,}33p_{\max}$, einpendeln. Zu diesem Preis werden beide Unternehmen jeweils ein Drittel der Sättigungsmenge, also $0{,}66x_S$, anbieten. Diese Lösung nennt man auch die „Cournot'sche Zwei-Drittel-Lösung", da am Ende zwei Drittel der gesamten Sättigungsmenge von den Unternehmen bedient werden. Formal gilt diese Lösung nur für den Fall von Grenzkosten in Höhe von $K'(x) = 0$.

Wie in Abb. 3.57 dargestellt, wird am Ende zwei Drittel der gesamten Sättigungsmenge von beiden Wettbewerbern bereitgestellt, jeweils ein Drittel von W_1 und ein Drittel von W_2.

Für den Fall von positiven Grenzkosten gilt allgemein für die Bestimmung der Angebotsmengen beider Anbieter:

$$x_1 = x_2 = \left(\frac{1}{3}\right)x_S - \left(\frac{1}{3}\right)\left(\frac{x_S}{p_{\max}}\right)K'(x)$$

Diese Formel gilt unter der Annahme, dass beide Anbieter gleiche Grenzkosten haben.

Beispiel

In einem oligopolistischen Markt mit zwei Anbietern, die beide in etwa gleich „stark“ sind, gilt die Nachfragekurve $p(x) = 50 - x$. Beide Anbieter haben konstante Grenzkosten in Höhe von $K'(x) = 20$.

Für die Bestimmung der Angebotsmengen ist zunächst die Sättigungsmenge x_S zu ermitteln. Bei der Sättigungsmenge ist der Preis $p = 0$:

$$0 = 50 - x$$
$$x_S = 50$$

Der Prohibitivpreis $p_{\max}$ ist demnach für $x = 0$:

$$p_{\max} = 50 - 0 = 50$$

Die Angebotsmengen beider Anbieter betragen daher:

$$x_1 = x_2 = \left(\frac{1}{3}\right)50 - \left(\frac{1}{3}\right)\left(\frac{50}{50}\right)20 = 10$$

Beide Anbieter bieten also 10 Einheiten an, d. h. die gesamte angebotene Menge beträgt

$$x_{gesamt} = x_1 + x_2 = 10 + 10 = 20$$

Die gesamte Angebotsmenge wird nun in die Nachfragekurve eingesetzt, um den Marktpreis im Gleichgewicht zu ermitteln:

$$p(20) = 50 - 20 = 30$$

Der Marktpreis beträgt also $p = 30$ Geldeinheiten

Die Gewinne beider Unternehmen im Gleichgewicht belaufen sich daher auf:

$$G(x) = px - K'(x)$$
$$G(10) = 30 \cdot 10 - 20 \cdot 10 = 100$$

Beide Unternehmen erzielen also Gewinn in Höhe von $G(10) = 100$ Geldeinheiten.

Alternativ kann die Oligopolpreisbildung nach dem Stackelberg'schen Duopolmodell erfolgen. Nach dem Stackelberg'schen Asymmetriemodell versucht der Wettbewerber W_1 dem anderen Unternehmen W_2 die eigene Gewinnmaximierungsstrategie aufzuzwingen. Dies ist z. B. dadurch möglich, dass Unternehmen W_1 sich zuerst im Markt etabliert hat.

D. h. der erste Anbieter W_1 maximiert seinen Gewinn wie ein Monopolist und droht dem Wettbewerber W_2, der neu in den Markt eingetreten ist, mit Preissenkungen, um diesen aus dem Markt zu drängen. Da W_2 über keine Marktmacht verfügt, passt er sich an die Strategie des starken Konkurrenten W_1 an und bietet entsprechend geringere Mengen an. Da sich der stärkere Anbieter W_1 wie ein Monopolist verhält, bietet er die halbe Sättigungsmenge, d. h. $0{,}5x_S$ an. Der zweite, schwächere Anbieter W_2 maximiert seinen Gewinn, indem er die restliche halbe Sättigungsmenge, d. h. $0{,}25x_S$ anbietet. Allgemein gilt für die Ermittlung der Angebotsmengen im Stackelberg'schen Duopol:

$$x_1 = \left(\frac{1}{2}\right)x_s\left(1 - \left(\frac{K'(x)}{p_{\max}}\right)\right)$$

$$x_2 = \left(\frac{1}{4}\right)x_s\left(1 - \left(\frac{K'(x)}{p_{\max}}\right)\right)$$

Im Stackelberg-Duopol ist daher die Angebotsmenge größer, da der Anbieter W_1 die halbe Sättigungsmenge und Anbieter W_2 ein Viertel der Sättigungsmenge, jeweils korrigiert um das Verhältnis aus Grenzkosten und Prohibitivpreis, anbietet. Diese Lösung nennt man auch „Stackelberg'sche Drei-Viertel-Lösung", da am Ende drei Viertel der Sättigungsmenge, evtl. korrigiert um das Verhältnis aus Grenzkosten und Prohibitivpreis, angeboten werden. Der stärkere Anbieter bietet die Hälfte der Sättigungsmenge an und der schwächere Anbieter ein Viertel.

Beispiel

In einem Markt gelte die Nachfragefunktion $p(x) = 100 - 2x$. Die beiden Anbieter haben Grenzkosten in Höhe von $K'(x) = 50$. Der erste Anbieter verfügt über Marktmacht und kann dem zweiten Anbieter die Mengenentscheidung diktieren.

Die Sättigungsmenge im Markt beträgt

$$0 = 100 - 2x$$

$$x_S = 50$$

Der Prohibitivpreis beträgt

$$p_{\max} = 100 - 2 \cdot 0 = 100$$

Die Angebotsmengen beider Unternehmen im Stackelberg'schen Duopol belaufen sich daher auf:

$$x_1 = 0{,}5 \cdot 50(1 - \left(\frac{50}{100}\right) = 12{,}5$$

$$x_2 = 0{,}25 \cdot 50(1 - \left(\frac{50}{100}\right) = 6{,}25$$

Die gesamte Angebotsmenge im Markt beträgt

$$x = x_1 + x_2 = 12{,}5 + 6{,}25 = 18{,}75$$

Der Marktpreis ergibt sich aus der Nachfragekurve:

$$p(18{,}75) = 100 - 2 \cdot 18{,}75 = 62{,}5$$

Der Marktpreis beträgt also $p = 62{,}5$ Geldeinheiten.

Der Gewinn jedes Unternehmens beträgt im Gleichgewicht:

$$G(x) = px - K'(x)$$
$$G_1(12{,}5) = 62{,}5 \cdot 12{,}5 - 50 \cdot 12{,}5 = 156{,}25$$
$$G_2(6{,}25) = 62{,}5 \cdot 6{,}25 - 50 \cdot 6{,}25 = 78{,}125$$

Im Stackelberg'schen Duopol ergibt sich also für den starken Wettbewerber ein wesentlich höherer Gewinn als für das schwächere Unternehmen.

Näher an der Praxis: Spieltheoretische Modelle

Der internationale Rohölmarkt stellt ein Oligopol dar. Das strategische Verhalten in diesem Markt kann vereinfacht mit dem Duopolspiel beschrieben werden. In diesem Spiel wählen zwei Anbieter die Angebotsmenge. Beide Anbieter haben die Wahl zwischen einer Fördermenge von 300, 400 oder 500 t Rohöl. Der Marktpreis ergibt sich aus der gesamten Angebotsmenge beider Anbieter nach folgender Preis-Absatz-Funktion $p(x) = 600 - 0{,}5x$. Die Erlöse jedes einzelnen Anbieters hängen vom Marktpreis $p(x)$ und der angebotenen Menge x, also $E(x) = p(x)x$, ab. Die Auszahlungen sind in 1000 Geldeinheiten dargestellt. Daraus ergibt sich die Spielmatrix, wie in Abb. 3.58 dargestellt.

In der Spielmatrix sind die Auszahlungen der Spieler dargestellt. So ergibt sich, wenn beide Spieler die Fördermenge 500 t wählen, ein Marktpreis in Höhe von $p(500 + 500) = 600 - 0{,}5 \cdot 1000 = 100$ Geldeinheiten. Daraus ergibt sich eine Auszahlung in Höhe von $E(500) = 100 \cdot 500 = 50.000$ Geldeinheiten. In 1000 Geldeinheiten ergibt sich daher eine Auszahlung von 50 für jeden Spieler. Wenn alternativ eine Fördermenge von Spieler A in Höhe von 400 t und von Spieler B in Höhe von 300 t unterstellt wird, ergibt sich ein Marktpreis von $p(700) = 600 - 0{,}5 \cdot 700 = 250$ Geldeinheiten. Dies führt zu einem Erlös von Spieler A von $E(400) = 250 \cdot 400 = 100.000$ Geldeinheiten und einer Auszahlung in Höhe von 100. Für Spieler B beträgt der Erlös

Spieler B

	Mengen (x)	500	400	300
Spieler A	500	50, 50	75, 60	100, 60
	400	60, 75	80, 80	100, 75
	300	60, 100	75, 100	90, 90

Abb. 3.58 Das Duopolspiel: Ausgangssituation

$E(300) = 250 \cdot 300 = 75.000$ Geldeinheiten, dies entspricht einer Auszahlung von 75. Die Analyse des Spiels ist in Abb. 3.59 dargestellt.

Es liegt für beide Anbieter eine schwach-dominante Strategie in Höhe von 400 t vor. Das Nash-Gleichgewicht liegt also bei 400, 400. Dies ist die individuell-rationale Lösung des Spiels. Allerdings könnten beide Spieler eine höhere Auszahlung erzielen, wenn sie sich auf eine Fördermenge von jeweils 300 t Rohöl einigen könnten. Dies wäre die kollektiv-rationale Lösung, die allerdings nur durch zusätzliche Sanktionsmechanismen gewährleistet werden könnte. Das Oligopolspiel entspricht daher einer Variante des Gefangenen-Dilemmas.

3.5.4 Preisbildung nach Marktformen im Vergleich

Im vorliegenden Abschnitt wird die Preisbildung nach Marktformen verglichen, um zu analysieren, inwieweit sich die Marktstruktur auf gehandelte Preise und Mengen und die volkswirtschaftliche Wohlfahrt auswirkt. Dazu gehen wir zur Vereinfachung von einer linearen Kostenfunktion der Form $K(x) = cx$, konstanten Grenzkosten in Höhe von $K'(x) = c$ und einer Nachfragefunktion der Gestalt $p(x) = a - bx$ aus (Tab. 3.19).

Wenn wir zur Vereinfachung von Grenzkosten in Höhe von $K'(x) = 0$ ausgehen, dann entspricht $(a - c)/b$ der Sättigungsmenge x_S. Dies bedeutet, dass bei der Marktform des Polypols die gesamte Sättigungsmenge gehandelt wird und der Preis den Grenzkosten, also $c = p = 0$ entspricht. Die Konsumentenrente entspricht der gesamten Fläche unterhalb der Nachfragekurve, wie in Abb. 3.60 dargestellt. Im Polypol entstehen keine Wohlfahrtsverluste.

Im Monopol bietet der Anbieter nach der Grenzkosten-Grenzerlös-Regel die Hälfte der Sättigungsmenge an. Daraus ergibt sich ein Monopolpreis in Höhe von $p_M = (1/2)(a - c) + c$. Die Konsumentenrente reduziert sich im Vergleich zum Polypol

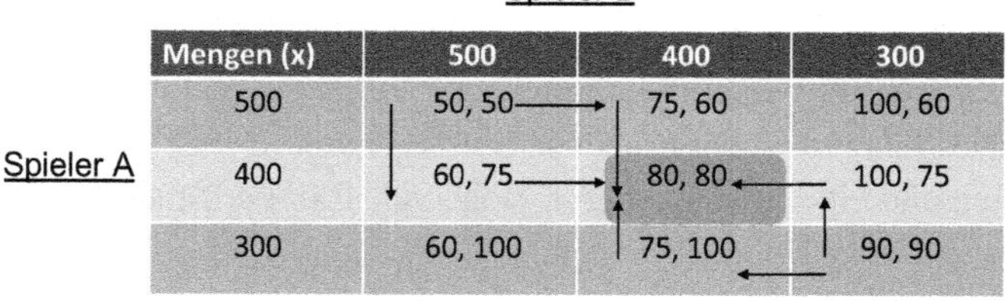

Abb. 3.59 Das Duopolspiel: Analyse

Tab. 3.19 Preisbildung im Vergleich

	Menge x	*Preis p*
Polypol	$(a - c)/b$	c
Monopol	$(1/2)((a - c)/b)$	$(1/2)(a - c) + c$
Cournot-Duopol	$(2/3)((a - c)/b)$	$(1/3)(a - c) + c$
Stackelberg-Duopol	$(3/4)((a - c)/b)$	$(1/4)(a - c) + c$

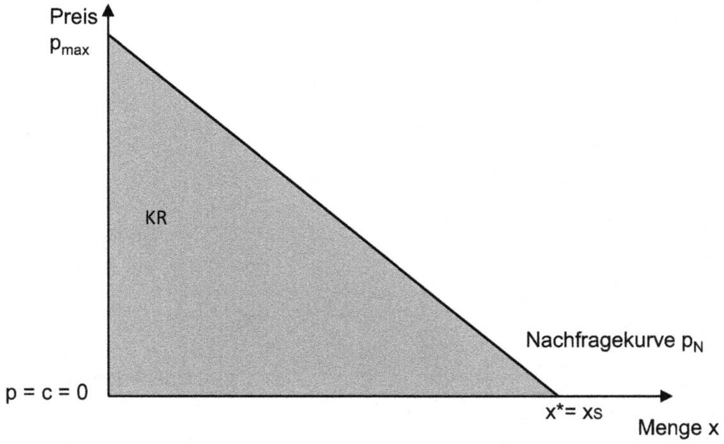

Abb. 3.60 Volkswirtschaftliche Renten: Polypol

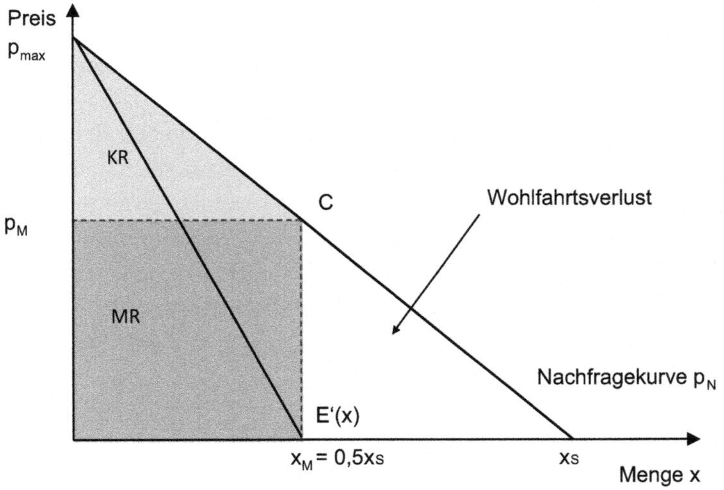

Abb. 3.61 Volkswirtschaftliche Renten: Monopol

auf die Fläche unterhalb der Nachfragekurve bis zum Monopolpreis. Der Monopolist generiert eine Monopolrente, wie in Abb. 3.61 dargestellt. Durch die Monopolpreisbildung entsteht ein Wohlfahrtsverlust.

Im Cournot-Duopol wird die Zwei-Drittel-Lösung erreicht, d. h. im Markt wird zwei Drittel der Sättigungsmenge gehandelt. Jeder der beiden Marktteilnehmer steuert ein Drittel zur Gesamtmenge bei. Der Preis im Cournot-Duopol beträgt $p_C = (1/3)(a - c) + c$. Die Konsumentenrente ist im Cournot-Duopol höher als im Monopol, zudem fällt für die beiden Anbieter eine Produzentenrente an. Der

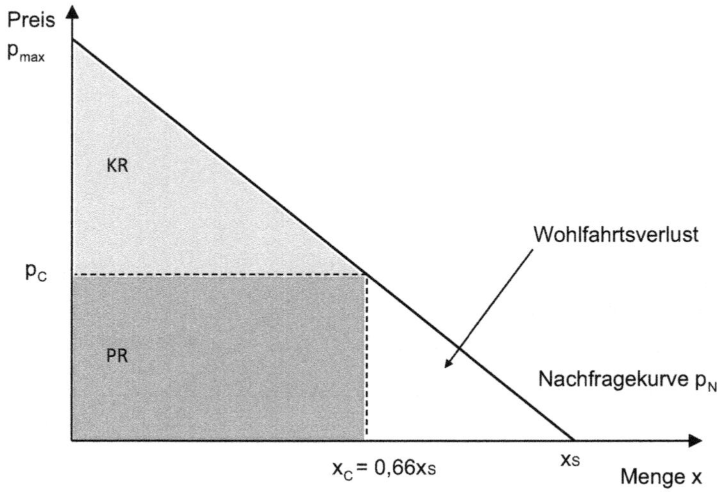

Abb. 3.62 Volkswirtschaftliche Renten: Cournot-Duopol

Wohlfahrtsverlust, der durch das Cournot-Duopol entsteht, fällt geringer aus als am Monopol, wie in Abb. 3.62 dargestellt.

Im Stackelberg-Duopol wird die Drei-Viertel-Lösung erreicht, d. h. im Markt wird drei Viertel der Sättigungsmenge gehandelt. Der stärkere Anbieter steuert die Hälfte der Sättigungsmenge und der schwächere Anbieter ein Viertel zur gesamten Angebotsmenge bei. Der Preis im Stackelberg-Duopol beträgt $p_{St} = (1/4)(a - c) + c$. Die Konsumentenrente ist im Stackelberg-Duopol höher als im Cournot-Duopol, zudem fällt für die beiden Anbieter eine Produzentenrente an. Der Wohlfahrtsverlust, der durch das Stackelberg-Duopol entsteht, fällt geringer aus als am Cournot-Duopol. Die Preisbildung im Stackelberg-Duopol ist in Abb. 3.63 dargestellt.

Beispiel

In einem Markt gilt die Nachfragefunktion $p(x) = 180 - 3x$. Die Grenzkosten der Anbieter sind $K'(x) = 0$.

Für das Polypol gilt die Grenzkosten-Preis-Regel, d. h. die Anbieter werden zu einem Preis von $p^* = 0$ anbieten. Daraus ergibt sich die Menge

$$0 = 180 - 3x$$
$$x^* = 60 = x_S$$

Im Polypol wird also die gesamte Sättigungsmenge angeboten. Die Konsumentenrente beträgt

$$KR: \int_0^{60} (180 - 3x)dx = 5400$$

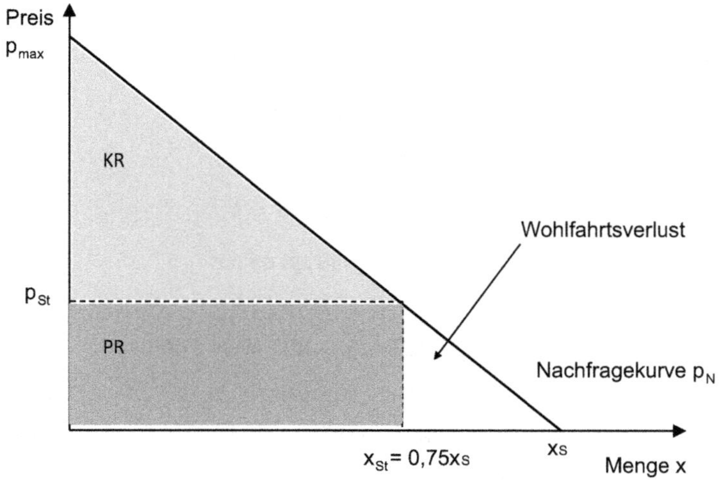

Abb. 3.63 Volkswirtschaftliche Renten: Stackelberg-Duopol

Im Monopol gilt die Grenzkosten-Grenzerlös-Regel:

$$E(x) = p(x)x = 180x - 3x^2$$
$$180 - 6x = 0$$
$$x_M = 30$$
$$p(30) = 180 - 3 \cdot 30 = 90$$

Der Monopolist bietet also die halbe Sättigungsmenge zu einem Preis von $p_M = 90$ Geldeinheiten an.

Die Konsumentenrente ist in diesem Fall:

$$KR\colon \int_0^{30} (180 - 3x)dx - 30 \cdot 90 = 1350$$

Des Weiteren fällt im Monopolfall eine Monopolrente an in Höhe von

$$MR\colon p_M x_M = 90 \cdot 30 = 2700$$

Der Wohlfahrtsverlust im Monopol resultiert aus dem Saldo aus der Konsumentenrente im Polypol abzüglich der Konsumentenrente im Monopol und der Monopolrente:

$$\textit{Wohlfahrtsverlust} = 5400 - 1350 - 2700 = 1350$$

Im Cournot-Duopol gilt bei Grenzkosten in Höhe von $K'(x) = 0$ die Cournot'sche Zwei-Drittel-Lösung:

$$x_1 = x_2 = \left(\frac{1}{3}\right)x_S = \left(\frac{1}{3}\right)60 = 20$$

Da im Cournot-Duopol beide Anbieter gleich stark sind, bieten beide die gleiche Angebotsmenge an. Für den gesamten Markt ergibt sich daher

$$x = x_1 + x_2 = 20 + 20 = 40$$

Der resultierende Marktpreis ist daher

$$p(40) = 180 - 3 \cdot 40 = 60$$

Die Konsumentenrente im Gleichgewicht beträgt daher

$$KR\colon \int_0^{40} (180 - 3x)dx - 40 \cdot 60 = 2400$$

Die Produzentenrente für beide Anbieter beläuft sich auf

$$PR\colon p_C x_C = 60 \cdot 40 = 2400$$

Da im Cournot-Duopol beide Anbieter gleich stark sind, teilen sie die Produzentenrente je zur Hälfte untereinander auf. Der Wohlfahrtsverlust im Cournot-Duopol resultiert aus dem Saldo aus der Konsumentenrente im Polypol abzüglich der Konsumentenrente im Cournot-Duopol und der Produzentenrente:

$$Wohlfahrtsverlust = 5400 - 2400 - 2400 = 600$$

Wenn im Duopol einer der Anbieter über einen First-mover-advantage verfügt und daher „stärker" als der zweite Wettbewerber ist, gilt die Preisbildung nach dem Stackelberg-Duopol mit der sogenannten „Drei-Viertel-Lösung". Der stärkere Anbieter bietet, bei Grenzkosten in Höhe von $K'(x) = 0$ die Hälfte der Sättigungsmenge an und der zweite Wettbewerber ein Viertel:

$$x_1 = \left(\frac{1}{2}\right) x_S = \left(\frac{1}{2}\right) 60 = 30$$
$$x_2 = \left(\frac{1}{4}\right) x_S = \left(\frac{1}{4}\right) 60 = 15$$

Für den gesamten Markt ergibt sich daher die Angebotsmenge:

$$x = x_1 + x_2 = 30 + 15 = 45$$

Der Marktpreis ergibt sich durch Einsetzen in die Nachfragefunktion:

$$p(45) = 180 - 3 \cdot 45 = 45$$

Die Konsumentenrente im Gleichgewicht beträgt daher

$$KR\colon \int_0^{45} (180 - 3x)dx - 45 \cdot 45 = 3037{,}5$$

Die gesamte Produzentenrente beträgt

$$PR: p_{St} x_{St} = 45 \cdot 45 = 2025$$

Der stärkere Anbieter erhält dabei eine Produzentenrente in Höhe von $PR_{stark} = 30 \cdot 45 = 1350$ und der schwächere Anbieter erhält $PR_{schwach} = 15 \cdot 45 = 675$ Geldeinheiten.

Der Wohlfahrtsverlust im Stackelberg-Duopol resultiert aus dem Saldo aus der Konsumentenrente im Polypol abzüglich der Konsumentenrente im Stackelberg-Duopol und der Produzentenrente:

$$Wohlfahrtsverlust = 5400 - 3037{,}5 - 2025 = 337{,}5$$

Die Preisbildung der verschiedenen Marktformen ist in Tab. 3.20 dargestellt.

Das Beispiel zeigt, dass der Monopolist seine Marktmacht nutzt und daher der Marktpreis im Monopol am höchsten ausfällt. Da die Anbieter im Polypol über keinerlei Marktmacht verfügen, wird daher der Marktpreis im Gleichgewicht den Grenzkosten entsprechen. Die Duopol-Modelle liegen zwischen beiden Extremen, wobei der Marktpreis im Stackelberg-Duopol immer niedriger als im Cournot-Duopol ausfällt. Die gehandelte Menge ist im Polypol maximal und im Monopol minimal. Die Konsumenten profitieren vom freien Wettbewerb, da im Polypol die Konsumentenrente maximiert wird. Auch hier ist die Konsumentenrente im Monopol minimal. Im Polypol gibt es keine Wohlfahrtsverluste, im Monopol sind diese maximal. Das Stackelberg-Duopol liefert auch hier sowohl für die Konsumenten als auch für die gesamte Volkswirtschaft günstigere Werte als das Cournot-Duopol.

Das Oligopol ist in der Praxis die dominierende Marktform. Der Großteil der gesättigten und etablierten Branchen, wie z. B. die Automobilindustrie, Elektro- oder Pharmaindustrie, ist von einer geringen Anzahl von Anbietern geprägt. Der Vergleich der verschiedenen Marktformen hat gezeigt, dass insbesondere die Marktform des Stackelberg-Duopols volkswirtschaftliche Vorteile verspricht, da der Preis bei einem starken Anbieter und einem (oder in der Praxis mehreren) schwächeren Anbieter(n) zu einem niedrigeren Marktpreis und höheren Konsumentenrenten führt. Des Weiteren wird im Falle des Stackelberg-Oligopols der Wohlfahrtsverlust im Vergleich zu gleich starken Anbietern, also dem Cournot-Oligopol, reduziert.

Tab. 3.20 Preisbildung der Marktformen im Vergleich

	Polypol	*Monopol*	*Cournot*	*Stackelberg*
p	0	90	60	45
x	60	30	40	45
KR	5400	1350	2400	3037,5
Wohlfahrtsverlust	0	1350	600	337,5

Näher an der Praxis: Spieltheoretische Modelle

Im bisherigen Verlauf des Buches wurde davon ausgegangen, dass wirtschaftliche Aktivitäten zu Gleichgewichten in den verschiedenen Marktformen führen. Das Spiel ohne Gleichgewicht zeigt, dass in der Praxis häufig Situationen auftreten, die durch Ungleichgewichte und zyklisches Verhalten gekennzeichnet sind. Insbesondere bei Märkten, die durch technologische Innovationen beschrieben werden können, spielen Innovationen und Imitationen eine wichtige Rolle. Wir gehen davon aus, dass in der folgenden Spielsituation die Entscheidung der Akteure von einer lexikografischen Ordnung nach zwei Kriterien erfolgt. Lexikografische Ordnung bedeutet, dass die Kriterien unterschiedlich gewichtet sind und damit zuerst das erste Kriterium erfüllt sein soll und danach das zweite Kriterium. Wir gehen von zwei Spielern aus, die beide jeweils zunächst nach Verhaltenspräferenzen und dann im zweiten Schritt nach Modepräferenzen entscheiden. Der erste Spieler sei der Mitläufer M, dieser präferiert konformistisches Verhalten und orientiert sich stark am anderen Spieler, dies sei Trendsetter T. Trendsetter T wiederum präferiert anti-konformistisches Verhalten. Bezogen auf das reale Verhalten in Märkten kann der Trendsetter T auch als Innovator oder Entrepreneur bezeichnet werden, der mit seinem Produkt als Erster auf dem Markt sein möchte und daher die Technologie- und Produktentwicklung vorantreibt. Der Mitläufer M wäre in diesem Zusammenhang der Imitator, der die Produktidee des Trendsetters kopiert. Das zweite Entscheidungskriterium seien Modepräferenzen. Mitläufer M präferiert Rot vor Blau, während der Trendsetter Blau vor Rot präferiert. Daraus ergibt sich die Spielmatrix, wie in Abb. 3.64 dargestellt.

Aus den beiden Kriterien ergibt sich eine Vierfelder-Matrix. Der Zeilenspieler M präferiert die konformistischen Auszahlungen RR und BB, da der Mitläufer bei den Modepräferenzen Rot vorzieht, ergibt sich die höchste Auszahlung (4) für das Feld RR und die zweithöchste Auszahlung (3) für das Feld BB. Wenn die Verhaltenspräferenzen nicht erfüllt werden, gilt die dritthöchste Auszahlung (2) für das Feld RB, da M Rot der Farbe Blau vorzieht. Die schlechteste Auszahlung für den Mitläufer ergibt sich damit im Feld BR, da hier weder die Verhaltenspräferenz (konformistisch) noch die Modepräferenz (Rot) erfüllt wird. Umgekehrt gilt für den Spaltenspieler T die höchste Auszahlung für Feld RB, da hier sowohl Verhaltenspräferenz (anti-konformistisch) als auch Modepräferenz (Blau) erfüllt wird. Die zweithöchste Auszahlung

Abb. 3.64 Spiel ohne Gleichgewicht: Ausgangssituation

		Trendsetter	
		R	B
Mitläufer	R	4, 1	2,4
	B	1,3	3,2

Abb. 3.65 Spiel ohne Gleichgewicht: Analyse

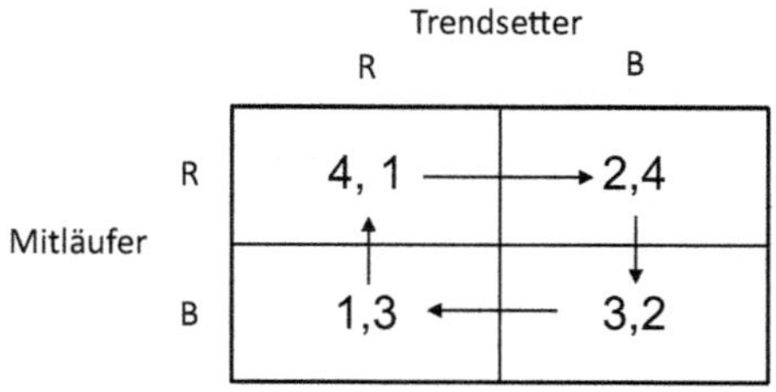

ergibt sich für T, wenn Feld BR realisiert wird, da hier die Verhaltenspräferenz erfüllt wird, aber die Modepräferenz nicht erfüllt werden kann. Die Analyse des Spiels ist in Abb. 3.65 dargestellt.

Die graphische Analyse des Spiels zeigt, dass es kein Nash-Gleichgewicht in den reinen Strategien gibt. Der Mitläufer möchte Übereinstimmung mit dem Trendsetter erreichen, dieser möchte aber gerade dies verhindern. Ausgehend von dieser Situation kann sich immer einer der Spieler durch Änderung der Strategiewahl verbessern. Aus diesem Verhalten kann sich zyklisches Verhalten entwickeln, wenn beide Spieler(-gruppen) sequenziell handeln. In der Abb. 3.66 ist das Spiel als Spielbaum dargestellt, unter der Annahme, dass der Trendsetter T den ersten Zug hat.

Die Lösung des sequenziellen Spiels durch Rückwärtsinduktion zeigt, wenn der Trendsetter zuerst zieht, werden am Ende beide Spieler Blau wählen. Das Ergebnis ist für den Mitläufer M mit einer Auszahlung von 3 die zweithöchste Auszahlung, während der Trendsetter T mit einer Auszahlung von 2 eine recht niedrige Auszahlung erhält. In diesem Fall ist der Spieler, der den zweiten Zug hat, also der Mitläufer M, im Vorteil. Er hat einen sogenannten „second-mover-advantage". Dies kann allerdings dazu führen, dass die Spieler auf die Wahl des Gegners warten und unter Umständen

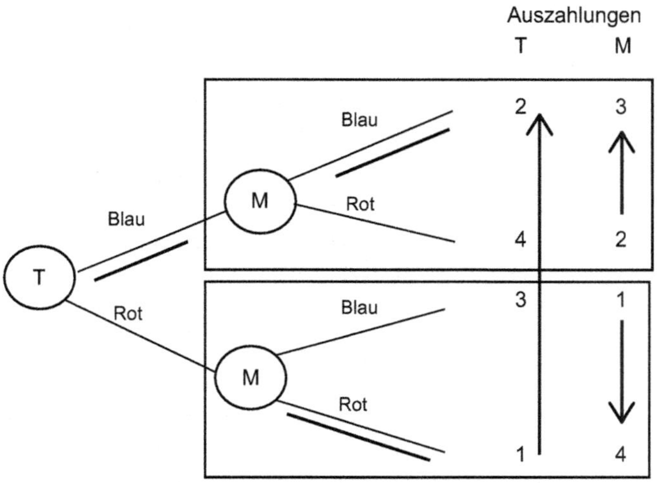

Abb. 3.66 Spiel ohne Gleichgewicht als sequenzielles Spiel

keine Handlung zustande kommt. In der Praxis warten häufig imitierende Unternehmen darauf, dass ein innovatives Trendsetter-Unternehmen den Markt bereitet und steigen dann in den Markt ein, um mit (in der Regel) niedrigeren Entwicklungskosten Renditen erwirtschaften zu können. Zyklisches Verhalten findet sich häufig in technologieorientierten Wirtschaftszweigen und in Kreativbranchen, wie z. B. der Modebranche oder der Filmindustrie.

3.6 Abweichungen vom vollständigen Vertrag: Marktschwächen

Bisher wurde in der Preisbildung von vollkommenen Verträgen ausgegangen. Doch bereits bei der Monopolpreisbildung kann von einer Abweichung ausgegangen werden, da im Angebotsmonopol nicht zwingend davon ausgegangen werden kann, dass alle Nachfrager freiwillig handeln. So kann sich ein Hausbesitzer in der Regel nicht aussuchen, welches Unternehmen den Müll abholt oder das Trinkwasser zur Verfügung stellt. Gerade im Fall des Angebotsmonopols spielt auch die Marktmacht des Anbieters eine wichtige Rolle, die Regulierung und damit Staatseingriff erforderlich macht. Eine weitere Marktschwäche liegt vor, wenn aufgrund der Gütereigenschaften der Konsum zwar rivalisierend wirkt, aber das Ausschlusskriterium nicht greift, wie bei den Allmendegütern bereits dargestellt. Auch hier führt der Marktmechanismus zu Fehlallokationen, die in der Übernutzung von natürlichen Ressourcen resultieren und staatliche Regulierung erforderlich machen. Bei öffentlichen Gütern wiederum versagt der Marktmechanismus bei der Bereitstellung, da Nichtrivalität und Nichtausschlusskriterium vorliegen. In diesem Fall tritt in der Regel der Staat selbst als Anbieter auf oder lässt das Gut von privaten Anbietern steuerfinanziert anbieten.

Das Vorliegen von Monopolen, öffentlichen Gütern und die Übernutzungsproblematik bei Allmendegütern stellen grundsätzlich Begründungen für staatliche Regulierung und Staatseingriff dar. Daneben gibt es noch weitere Abweichungen vom vollständigen Vertrag, die im Folgenden näher betrachtet werden. So geht der vollständige Vertrag als Basis eines funktionierenden Marktmechanismus davon aus, dass ein Vertrag, bzw. eine Transaktion keine negativen Auswirkungen auf unbeteiligte Dritte hat. Es gibt jedoch einige Transaktionen, die Schäden bei unbeteiligten Dritten verursachen, ohne dass diese entschädigt werden. So verursacht der Autoverkehr in den Innenstädten Schäden bei den Anwohnern in der Form von Abgas- oder Lärmbelastungen, ohne dass die betroffenen Anwohner entschädigt werden. Diese Form von Schäden wird als externe Effekte bezeichnet und wird als Marktschwäche im Rahmen dieses Kapitels behandelt. Im Rahmen der Analyse von Preisbildungsprozessen wurde bisher davon ausgegangen, dass alle Vertragsparteien über vollständige Informationen verfügen und auf Basis dieser Informationen effiziente Entscheidungen treffen. Auch hier liegen in der Realität zum Teil gewaltige Abweichungen vor, die zu Fehlallokationen führen können. Diese Aspekte, die sogenannten Informationsasymmetrien, werden im Folgenden näher analysiert. Der vollständige Vertrag abstrahiert von den Kosten der Nutzung des Marktmechanismus. In der gängigen Modellbildung kommen Verträge und Märkte ohne diese Transaktionskosten aus, welche im Rahmen dieses Kapitels problematisiert werden.

3.6.1 Informationsasymmetrien

Die Annahme vollständiger Information ist in der Praxis häufig nicht gegeben. In Anlehnung an Akerlof (1970) gehen wir von einem Markt für Gebrauchtwagen aus. Wir gehen von drei Gutstypen, bzw. Arten von Kraftfahrzeugen aus, die unterschiedliche Preise haben und unterschiedliche erwartete Folgekosten (oder Schäden) verursachen. Autotyp A hat Grenzkosten (=Durchschnittskosten) in Höhe von 5000 € und verursacht Folgekosten bzw. Schäden durch in Zukunft anstehende Reparaturkosten etc. in Höhe von 1500 €. Die Gesamtkosten belaufen sich daher auf 6500 €. Die anderen beiden Autotypen B und C haben jeweils niedrigere Preise, verursachen aber höhere Folgekosten, wie in Tab. 3.21 dargestellt.

Wenn wir nun davon ausgehen, dass die Konsumenten über vollständige Informationen verfügen, dann werden sie Autotyp A wählen, da dieser die niedrigsten Gesamtkosten hat. Vollständige Information bedeutet, dass die Konsumenten nicht nur den durchschnittlichen Marktpreis kennen, sondern über detaillierte Informationen hinsichtlich der Grenzkosten und erwarteten Schäden der einzelnen Modelle verfügen. Die günstigeren Kraftfahrzeuge generieren höhere Folgekosten als die hochpreisigeren Modelle, da die Konsumenten aber die Gesamtkosten für ihre Kaufentscheidung heranziehen, wählen sie am Ende das Auto mit den niedrigsten Gesamtkosten, also das Fahrzeug mit der höchsten Qualität A. Im Modell mit vollständiger Information, also bei Annahme des vollständigen Vertrages, setzt sich also die gute Qualität durch und verdrängt die schlechte Qualität! Die nachgefragte Menge richtet sich nach der Nachfragefunktion. In diesem Beispiel gehen wir von einer Nachfragefunktion $x^N = 10.000 - p^e$ aus, wobei p^e der effektive Preis ist, also der Marktpreis plus erwarteter Schaden, bzw. Folgekosten, pro Stück. Die Nachfrage ist daher $x^N = 10.000 - 6500 = 3500$ Stück.

Nun lassen wir die Annahme vollständiger Information fallen und gehen davon aus, dass die Konsumenten nur noch die Durchschnittsqualität am Markt kennen. Der effektive Preis p^e setzt sich nun zusammen aus dem Marktpreis p plus dem durchschnittlich zu erwartenden Schaden S. Da bei fehlender vollständiger Information die Konsumenten

Tab. 3.21 Grenz- und Schadenskosten verschiedener Gutsqualitäten

Autotyp (Gutsqualität)	Grenzkosten	Erwarteter Schaden	Gesamtkosten
A	5000	1500	6500
B	4000	3000	7000
C	3000	4500	7500

nicht mehr in der Lage sind, Unterschiede in der Qualität der Autotypen wahrzunehmen, wird sich ein einheitlicher Marktpreis herausbilden. Aus Vereinfachungsgründen können wir davon ausgehen, dass der vorläufige Marktausgleich zu einem Preis stattfinden wird, der in der Mitte zwischen den höchsten und den niedrigsten Grenzkosten liegt. Für $t = 0$ ergibt sich daher ein Marktpreis in Höhe von $p_0 = 4000$ €. Wenn die Marktanteile der Autotypen gleich sind, dann gehen die Konsumenten nun von durchschnittlichen Folgekosten, bzw. Schäden in Höhe von

$$S_0 = \left(\frac{1}{3}\right)1500 + \left(\frac{1}{3}\right)3000 + \left(\frac{1}{3}\right)4500 = 3000$$

aus. Gemäß der Nachfragefunktion ergibt sich daraus eine Nachfragemenge in Höhe von $x^N = 10.000 - 7000 = 3000$ Stück, wie in Tab. 3.22 dargestellt.

Bei einem Marktpreis von $p = 4000$ € scheiden die Anbieter mit der höchsten Qualität, also Autotyp A, aus dem Markt aus, da sie wegen zu hoher Grenzkosten sonst Verluste machen würden. Übrig bleiben demnach in $t = 1$ die Anbieter der Autotypen B und C. Der sich daraus ergebende Marktpreis entspricht nun dem Durchschnitt der Grenzkosten beider Anbieter, also $p_1 = 3500$ €. Die zu erwartenden Schäden belaufen sich nun auf

$$S = \left(\frac{1}{2}\right)3000 + \left(\frac{1}{2}\right)4500 = 3750$$

Der effektive Preis steigt damit auf $p^e = 3500 + 3750 = 7250$ € und die nachgefragte Menge sinkt auf $x^N = 10.000 - 7250 = 2750$ Stück. Bei einem Marktpreis von $p = 3500$ € scheiden die Anbieter der mittleren Qualität B aus dem Markt aus, da ihre Grenzkosten höher sind. Übrig bleiben in $t = 2$ nur noch die Anbieter der niedrigsten Qualität C mit dem höchsten zu erwarteten Schaden. Die Nachfragemenge sinkt weiter auf $x^N = 2500$ Stück. Das Modell nach Akerlof wird auch als „Market for Lemons" bezeichnet, da unter „Lemons" im amerikanischen Raum Gebrauchtwagen mit versteckten Mängeln bezeichnet werden. Wenn in einem Markt Informationsasymmetrien vorliegen, besteht das Risiko, dass Verträge abgeschlossen werden, die nicht zu einer wechselseitigen Verbesserung führen, d. h. es kommt häufig zu Fehlkäufen. Langfristig wird also die gute Qualität vom Markt verdrängt. Dieser Prozess wird auch als adverse Selektion bezeichnet. Dies bedeutet, dass beim Vorliegen der Marktschwäche Informationsasymmetrien öffentliche Regulierung oder private Mechanismen, wie unabhängige Prüfsiegel, Gewährleistungs- oder Haftungsansprüche nötig sind, um Fehlallokationen zu vermeiden.

Tab. 3.22 Preise und Mengen im Zeitverlauf

Zeit t	Marktpreis p	Schaden S	Effektiver Preis p^e	Menge x^N
t_0	4000	3000	7000	3000
t_1	3500	3750	7250	2750
t_2	3000	4500	7500	2500

Neben dem Problem der adversen Selektion kann bei Informationsasymmetrien das Problem des moralischen Risikos, auch moral hazard genannt, auftreten. Wenn hohe Informationsasymmetrien vorliegen, kann ein Vertragspartner Anreize haben, nach Vertragsabschluss ein von beiden Seiten nicht gewünschtes Ereignis eintreten zu lassen, während der andere Vertragspartner zu hohe Kontrollkosten aufzuwenden hat, um dies zu verhindern. Ein Beispiel sind Versicherungsverträge, bei dem der Versicherte nach Vertragsabschluss starke Anreize hat, das nicht gewünschte Ereignis, also den Schadensfall, eintreten zu lassen, um die Versicherungssumme zu kassieren. Die Versicherung kann dies, aufgrund von Informationsasymmetrien und zu hoher Kontrollkosten, kaum verhindern. Um das Risiko des moral hazard bei Versicherungsverträgen zu verringern, werden in der Praxis Selbstbeteiligungen vereinbart.

Näher an der Praxis: Spieltheoretische Modelle In einem Spiel gibt es einen Käufer und einen Verkäufer. Der Käufer gibt sein Auto zur Reparatur in die Werkstatt des Verkäufers. Der Verkäufer kann entweder ein Bauteil hoher oder niedriger Qualität einbauen. Der Preis der Reparatur ist unabhängig von der Qualität des Bauteils 2 Geldeinheiten. Die Kosten der Reparatur für den Verkäufer sind bei hoher Qualität 1 Geldeinheit und bei niedriger Qualität 0 Geldeinheiten, da er in diesem Fall ein altes Gebrauchtteil verbaut. Der Wert der Reparatur für den Käufer beträgt bei dem Bauteil hoher Qualität 3 Geldeinheiten und 1 Geldeinheit bei dem Bauteil niedriger Qualität. Es liegen Informationsasymmetrien vor, da der Käufer ohne Kontrolle nicht zwischen der hohen und der niedrigen Qualität des Bauteils unterscheiden kann. Die Kosten der Kontrolle belaufen sich für Käufer und Verkäufer auf jeweils 1 Geldeinheit. Dabei gehen wir davon aus, dass der Verkäufer das Bauteil noch einmal ausbauen muss und der Käufer dabei anwesend ist, sodass Kosten für beide Vertragsparteien entstehen. Ferner gehen wir davon aus, dass der Verkäufer, wenn er niedrige Qualität geliefert hat und der Käufer dies kontrolliert, höhere Qualität (zu Kosten von 1 Geldeinheit) nachliefern muss und eine nochmalige Kontrolle nicht notwendig ist.

Die Spielmatrix ist in Abb. 3.67 dargestellt. Die Analyse des Spiels zeigt, dass für den Verkäufer die Lieferung niedriger Qualität eine schwach dominante Strategie darstellt. Wählt der Käufer „Kontrolle“, so ist der Verkäufer indifferent zwischen der hohen und der niedrigen Qualität. Wählt der Verkäufer hohe Qualität, so ist es für den Käufer am besten, keine Kontrolle zu wählen,

Abb. 3.67 Das Moral-Hazard-Spiel: Ausgangssituation

		Käufer: Keine Kontrolle	Käufer: Kontrolle
Verkäufer	Hohe Qualität	1,1	0,0
	Niedrige Qualität	2,-1	0,0

während „Kontrolle" die höhere Auszahlung für den Käufer liefert, falls der Verkäufer niedrige Qualität liefert. Daher ist niedrige Qualität/Kontrolle das Nash-Gleichgewicht des Spiels. Der Käufer antizipiert also, dass der Verkäufer eine schwach dominante Strategie „niedrige Qualität" hat und wird dementsprechend mit „Kontrolle" reagieren.

Das Ergebnis des Spiels ist in Abb. 3.68 dargestellt. Das Nash-Gleichgewicht, also die Strategiewahl niedrige Qualität/Kontrolle ist ineffizient, die Auszahlung hohe Qualität/keine Kontrolle wäre die Pareto-optimale effiziente Strategiewahl, die sich jedoch aufgrund der Informationsasymmetrien nicht einstellen wird.

Adverse Selektion und moral hazard können immer dann auftreten, wenn Informationsasymmetrien zwischen den Vertragsparteien existieren. Beispiele für Interaktionsmuster mit hohen Informationsasymmetrien sind das Verhältnis zwischen Versicherung und Versicherungsnehmer, Arbeitgeber und Arbeitnehmer oder Arzt und Patient. Neben Mechanismen, die Informationsasymmetrien reduzieren können, wie Gütesiegel, unabhängige Testinstitute etc., können auch Mechanismen, die langfristig Vertrauen und Reputation aufbauen helfen, Informationsasymmetrien zu verringern.

3.6.2 Externe Effekte

Ein weiterer Grund für das Versagen des Marktes als Allokationsmechanismus ist das Vorliegen eines externen Effekts. Ein externer Effekt liegt vor, wenn es eine Diskrepanz zwischen privatem und sozialem Nutzen bzw. Kosten gibt. Ein Beispiel für einen positiven externen Effekt wäre ein Baum, den ein Bürger in seinen Vorgarten pflanzt. Für den Baumbesitzer fallen private Kosten, z. B. durch das Düngen, Wässern und Pflegen des Baumes, an. Gleichzeitig generiert der Baum soziale Erträge, da sich die Nachbarschaft oder vorübergehende Passanten an dem Baum erfreuen. Vorübergehende Passanten können jedoch nicht an der Finanzierung der Baumpflege beteiligt werden, da der Baum ein öffentliches Gut darstellt, da Nichtzahler nicht vom Konsum, bzw. Nutzen ausgeschlossen werden können. Der Baumbesitzer trägt daher die privaten Kosten des Baumes, kann

Abb. 3.68 Das Moral-Hazard-Spiel: Analyse

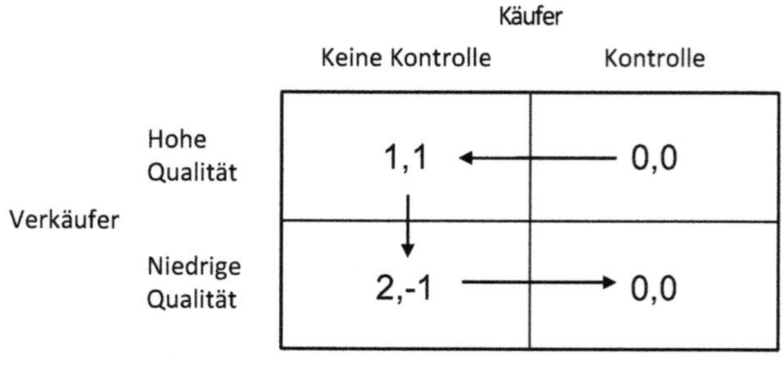

aber nicht die sozialen Erträge einziehen. Er internalisiert also die Kosten des Baumes, ohne die sozialen Erträge internalisieren zu können. In der Folge kommt es bei Gütern, die positive externe Effekte generieren, zu einer zu geringen Bereitstellung aus volkswirtschaftlicher Sicht. Als weiteres Beispiel für eine ökonomische Aktivität, die positive externe Effekte generiert, ist Forschung und Entwicklung in Unternehmen zu nennen. Zum einen generiert Forschung und Entwicklung private Erträge, z. B. in Form von Verkaufserlösen mit neuen Produkten, Patent- und Lizenzeinnahmen, gleichzeitig fließt aber ein Teil des neu generierten Wissens in Form von sogenannten „spill-over"-Effekten ab. Spill-over-Effekte treten dann auf, wenn z. B. Mitarbeiter des einen Unternehmens in ein anderes Unternehmen wechseln und firmeninternes Wissen, ob nun bewusst oder unbewusst, mitnehmen oder technologische Innovationen durch die Anwendung in anderen Unternehmen und Branchen diffundieren. Auch hier sind die sozialen Erträge der Forschungs- und Entwicklungstätigkeit höher als die privaten Erträge des Unternehmens. Die Folge ist eine zu geringe Bereitstellung aus volkswirtschaftlicher Sicht. Dieses Marktversagen kann durch die öffentliche Förderung von Aktivitäten, die positive externe Effekte generieren, überwunden werden. Dies ist eine wesentliche Begründung für die öffentliche Förderung von Forschung und Entwicklung in Unternehmen und Unternehmensnetzwerken.

Bei negativen externen Effekten sind die sozialen Kosten höher als die privaten Kosten. So generiert z. B. die industrielle Produktion negative externe Effekte in der Form von Umwelt- und insbesondere Luftverschmutzung. Diese Umweltverschmutzung reduziert wiederum die Erträge anderer Branchen, wie z. B. der Landwirtschaft. Wenn diese Schäden nicht vom Verursacher berücksichtigt, d. h. internalisiert, werden, dann wird die Aktivität aus volkswirtschaftlicher Sicht zu weit ausgedehnt. Es liegt also Marktversagen vor. Ein weiteres Beispiel für negative externe Effekte ist das Rauchen. Rauchen verursacht, neben den privaten Kosten, d. h. Schäden in Form eines erhöhten Krebsrisikos für die Raucher, soziale Kosten durch die Schäden, die z. B. durch das Passivrauchen bei Nichtrauchern entstehen. Gleichzeitig verursachen Raucher höhere Kosten für das Gesundheitssystem. Um diese Marktschwäche zu reduzieren, können Raucher gezwungen werden, zumindest Teile der sozialen Kosten mitzutragen. Dies kann durch eine Tabaksteuer erfolgen, die dazu führt, dass die schädliche Aktivität durch den höheren Preis reduziert wird. Zumindest theoretisch könnte daher das Steueraufkommen verwendet werden, um die sozialen Schäden zu tragen. Steuern sind also ein Instrument, um externe Effekte zu internalisieren und die Schadensmenge zu reduzieren. Eine Steuer, die negative externe Effekte internalisiert, wird nach dem Ökonomen Arthur Cecil Pigou auch Pigou-Steuer genannt. Die generelle Wirkung von Steuern auf die Allokation und volkswirtschaftliche Wohlfahrt wurde bereits im Abschnitt über Preisbildung im Polypol behandelt.

Beispiel

Ein monopolistischer Schweinemastbetrieb produziert nach folgender Produktionsfunktion: $K_S(x) = 3x + 1000$, wobei x die Anzahl „produzierter" Schweine darstellt. Die Nachfrage wird durch die Preis-Absatz-Funktion $p_S(x) = 40 - 0{,}02x$ modelliert.

In direkter Nachbarschaft des Mastbetriebes befindet sich ein touristisch-genutzter Wild- und Freizeitpark, dessen Umsätze in Form von Eintrittsgeldern durch die Erlösfunktion $E_W(x) = 8000 - x$ beschrieben werden. Die Erlöse des Wild- und Freizeitparks sind also von der Schweinemast abhängig, da der Mastbetrieb negative externe Effekte, z. B. durch die zunehmende Geruchsbelästigung bei steigender Anzahl gezüchteter Schweine, generiert. Dies bedeutet, dass durch die Ausdehnung der Schweinemast die Umsätze im Wildpark reduziert werden, da die Besucherzahlen zurückgehen. Der Wildpark hat Kosten in Höhe von $K_W = 2000$ Geldeinheiten.

Wenn wir nun davon ausgehen, dass der Markt nicht reguliert ist, dann wird der Schweinemastbetrieb die Produktion so weit ausdehnen, bis die Grenzkosten den Grenzerträgen entsprechen. Es gilt also für das Gewinnmaximum des Monopolisten $K'_S(x) = E'_S(x)$:

Die Grenzkosten des Mastbetriebes belaufen sich auf $K'_S(x) = 3$. Die Erlösfunktion lautet $E_S(x) = p_S(x)x = 40x - 0{,}02x^2$. Die Grenzerlöse sind daher $E'_S(x) = 40 - 0{,}04x$. Im Gewinnmaximum gilt daher

$$40 - 0{,}04x = 3$$

Die gewinnmaximale Menge des Mastbetriebs ist daher $x = 925$ Schweine und der Preis beträgt $p_S(925) = 40 - 0{,}02 \cdot 925 = 21{,}5$ Geldeinheiten. Der Gewinn des Schweinemastbetriebes beläuft sich im Optimum ohne Internalisierung externer Effekte auf $G_S(925) = E_S(925) - K_S(925) = -0{,}02 \cdot 925^2 + 37 \cdot 925 - 1000 = 16.112{,}50$ Geldeinheiten. Der Gewinn des Wild- und Freizeitparks beträgt $G_W(925) = E_W(925) - K_W = 6000 - 925 = 5075$ Geldeinheiten.

Da der Gewinn des Wildparks negativ von der Produktionsmenge des Mastbetriebes abhängt, liegt ein externer Effekt, d. h. soziale Kosten in Höhe von $K_{sozial} = x$ vor. Es liegt also ein Marktversagen vor, da die negativen Effekte der Schweinemast auf andere Marktteilnehmer externalisiert werden. Die Schäden werden also in diesem Fall vom Wild- und Freizeitpark getragen. Da die Schweinemast grundsätzlich eine sinnvolle ökonomische Aktivität darstellt, die externen Schäden aber durch den Verursacher internalisiert werden sollen, führt der Staat eine Steuer in Höhe des externen Effekts, also $T = x$ ein. Dadurch ändert sich die Kostenfunktion des Schweinemastbetriebes zu $K_S(x) = 3x + 1000 + x = 4x + 1000$. Nach der Grenzkosten-Grenzerlös-Regel wird daher der Mastbetrieb die gewinnmaximale Ausbringungsmenge anpassen:

$$K'_S(x) = 4 = 40 - 0{,}04x = E'_S(x)$$

Die gewinnmaximale Menge nach Internalisierung des externen Effekts ist daher $x = 900$ Schweine und der gewinnmaximale Preis liegt bei $p_S(900) = 40 - 0{,}02 \cdot 900 = 22$ Geldeinheiten. Der Gewinn des Mastbetriebes ist nach Internalisierung des externen Effekts $G_S(900) = -0{,}02 \cdot 900^2 + 36 \cdot 900 - 1000 = 15.200$ Geldeinheiten und der Gewinn des Wild- und Freizeitparks beträgt $G_W(900) = E_W(900) - K_W = 6000 - 900 = 5100$ Geldeinheiten.

Dies bedeutet, dass durch die Internalisierung des externen Effekts die Produktionsmenge des Mastbetriebes reduziert wird und der Marktpreis ansteigt. Zudem sinkt der Gewinn des Mastbetriebes und der Gewinn des Wild- und Freizeitparks steigt an.

Grundsätzlich gilt bei der Internalisierung externer Effekte durch Pigou-Steuern, dass die Aktivität, die externe Effekte, bzw. Schäden verursacht, ökonomisch sinnvoll ist. Hier ist allerdings zu beachten, dass die Bewertung über die Sinnhaftigkeit von Aktivitäten einem Werturteil unterliegt. So generiert Tabakkonsum negative externe Effekte und die Konsumenten werden über eine entsprechende Pigou-Steuer, im Beispiel Tabakkonsum der Tabaksteuer, dazu gezwungen, zumindest teilweise die negativen externen Effekte zu internalisieren. Im Falle vergleichbarer Drogen, wie z. B. Cannabis, reguliert der Staat nicht über den Preis die Höhe der externen Effekte, sondern über ein Verbot wird direkt die Menge reguliert. Dies bedeutet, dass neben der Besteuerung und Preisregulierung auch Verbote zur Internalisierung bzw. Reduzierung externer Effekte verwendet werden können.

Ein alternativer Ansatz zur Internalisierung externer Effekte ist der Verhandlungsansatz. Wenn die Anzahl der Schädiger, bzw. der Geschädigten relativ gering ist, können direkte Verhandlungen zur Internalisierung externer Effekte und damit zu einer Reduzierung der Marktschwäche beitragen. Gehen wir dazu von einer Situation aus, bei der ein Raucher und ein Nichtraucher gemeinsam ein Büro teilen. Die Nutzenfunktion $U(x)$ des Rauchers hängt von der Anzahl gerauchter Zigaretten x ab, wobei abnehmender Grenznutzen des Zigarettenkonsums unterstellt wird. Wenn der Raucher im Büro raucht, entstehen externe Effekte in Höhe des Schadens beim Nichtraucher $S(x)$. Die Schäden beim Nichtraucher steigen mit dem Zigarettenkonsum des Rauchers an. Die Situation ist in Abb. 3.69 dargestellt.

Wenn wir davon ausgehen, dass zwar grundsätzlich das Recht auf saubere Luft besteht, allerdings Verhandlungslösungen erlaubt sind, werden beide Personen einer

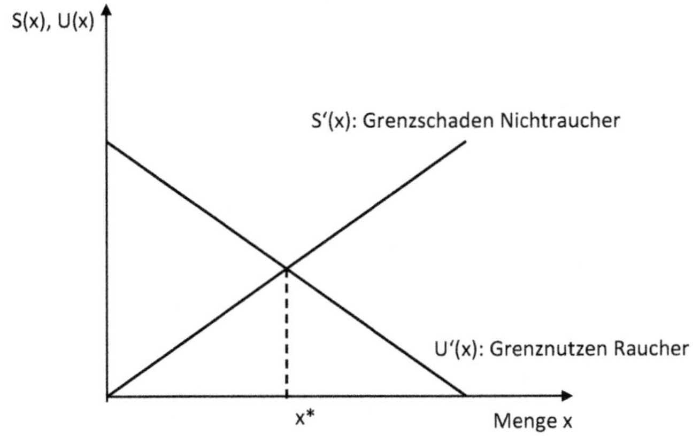

Abb. 3.69 Das Coase-Theorem

Verhandlungslösung gegenüber aufgeschlossen sein. Wenn beide Personen morgens das Büro betreten, wird daher der Verhandlungsprozess über Rauchen oder Nicht-Rauchen in Gang kommen. Nach kurzer Zeit wird den Raucher das Rauchbedürfnis überkommen und er wird den Raucher fragen, ob er sich eine Zigarette anstecken darf. Da wir von gewinnmaximierenden Personen ausgehen, wird daher der Nichtraucher gegen die erste Zigarette nichts einzuwenden haben, sofern er für seinen entstehenden Schaden, in Höhe des Grenzschadens $S'(x)$, kompensiert wird. Da der Grenznutzen des Rauchers bei der ersten Zigarette über dem Grenzschaden des Nichtrauchers liegt, werden sich beide Partner auf einen Preis für die erste Zigarette einigen können. Allerdings steigt mit zunehmendem Zigarettenkonsum des Rauchers der Grenzschaden des Nichtrauchers bei gleichzeitig abnehmendem Grenznutzen des Rauchers. Am Ende werden sich beide Parteien auf die Zigarettenmenge x^* einigen, da hier der Grenzschaden des Nichtrauchers dem Grenznutzen des Rauchers entspricht. Die Internalisierung des externen Effekts geschieht unabhängig davon, ob nun eine Raucherlaubnis oder ein Rauchverbot vorherrscht. Wenn nun alternativ der Raucher grundsätzlich das Recht zu Rauchen auf seiner Seite hat, dann wird der Nichtraucher im Rahmen einer Verhandlungslösung sich das Recht auf saubere Luft erkaufen. Die dargestellte Verhandlungslösung wurde vom Ökonomen Ronald Coase entwickelt und ist als Coase-Theorem in der Literatur bekannt. Das Coase-Theorem zeigt, dass Eigentumsrechte bezüglich knapper Ressourcen, in unserem Beispiel die Ressource „Luft", einen ökonomischen Wert haben. Wenn Verhandlungen möglich und kostengünstig durchführbar sind, d. h. wenn die sogenannten Transaktionskosten Null sind, werden exklusive und übertragbare Eigentumsrechte dorthin wandern, wo sie am höchsten bewertet werden. Ferner ist die Allokation von Ressourcen unabhängig von der Ausgangsausstattung der Individuen mit übertragbaren Eigentumsrechten, gegeben Transaktionskosten in Höhe von Null. Die Ausgestaltung der Eigentumsrechte, in unserem Beispiel die Frage, ob der Raucher eine Raucherlaubnis hat oder der Nichtraucher das Recht auf rauchfreie Luft, beeinflusst lediglich die Verteilung der Verhandlungsgewinne und nicht die endgültige Allokation der Ressourcen.

Neben Pigou-Steuern, Verboten und Verhandlungslösungen gibt es noch weitere Mechanismen zur Internalisierung externer Effekte, wie z. B. das Haftungsrecht.

3.6.3 Transaktionskosten

Wie das Coase-Theorem gezeigt hat, können Transaktionskosten eine wichtige Rolle spielen. Im Rahmen des Coase-Theorems wurde davon ausgegangen, dass keine Transaktionskosten vorliegen. Grundsätzlich fallen verschieden Kosten an, wenn Güter und Dienstleistungen über Märkte gehandelt werden. Dies können Such- und Informationskosten sein oder aber Kosten, die durch die Vertragsgestaltung, also z. B. Anwaltskosten, entstehen können.

Nach Williamson (1990) können diese Transaktionskosten in zwei Kategorien eingeordnet werden. Zum einen fallen Transaktionskosten aufgrund von Marktgegebenheiten an. Zu diesen zählt die Häufigkeit einer Markttransaktion, der Grad der Unsicherheit, mit der die Transaktion behaftet ist und die transaktionsspezifischen Investitionen, die erforderlich sein können, bevor eine Transaktion vollzogen werden kann. Zum anderen fallen Transaktionskosten aufgrund menschlicher Faktoren an. Hierzu zählt die Tatsache, dass Akteure häufig Entscheidungen auf Basis begrenzter Rationalität treffen und opportunistisches Verhalten.

Je häufiger eine Transaktion durchgeführt wird, desto höher werden die kumulierten Transaktionskosten. So kann z. B. ein Zeitungsleser jeden Morgen zum nächstgelegenen Kiosk laufen und seine Zeitung kaufen. Dabei fallen jedes Mal Transaktionskosten, z. B. in Form von Zeitverlust, Nutzeneinbußen bei einem Spaziergang durch Regen, Transportkosten etc., an. Diese Transaktionskosten können vermieden werden, indem der Leser ein Abonnement abschließt. Er transferiert damit einen sogenannten Spot-Market-Vertrag, bei dem Bestellung, Lieferung und Bezahlung ohne nennenswerte Verzögerung vonstatten geht, in einen Langzeitvertrag. Gerade wenn Bestell- und Lieferzeitpunkt auseinanderfallen, können Unsicherheiten der Markttransaktion und daraus resultierende Transaktionskosten entstehen. Bei Rohstoffen, wie z. B. Kerosin, sind die Preise hohen Schwankungen unterworfen. Wenn nun ein Luftfahrtunternehmen die Kerosinversorgung der nächsten sechs Monate sicherstellen möchte, dann ist zu klären, zu welchem Preis welche Mengen gehandelt werden. Auch hier helfen Terminmärkte und Langzeitverträge die Transaktionskosten, die sich aus Unsicherheiten hinsichtlich von Preisschwankungen ergeben können, zu senken. Die dritte Art von marktbezogenen Transaktionskosten sind transaktionsspezifische Investitionen. Damit eine Transaktion vollzogen werden kann, sind häufig im Vorfeld transaktionsspezifische Investitionen nötig. Hauptmerkmal transaktionsspezifischer Investitionen ist, das eine alternative wirtschaftliche Verwertung der Investition in einem alternativen Kontext nur zu hohen Kosten möglich ist. So ist z. B. bei der Just-in-time-Fertigung, bei der die Zulieferer die Bauteile exakt zu dem Zeitpunkt an das Montageband des Kunden liefern, wenn es auch eingebaut werden soll, nur möglich, wenn die Lieferzeiten nicht allzu groß sind. Viele Automobilhersteller verlangen daher von ihren Zulieferern, dass diese sich innerhalb eines relativ geringen Radius um die Fabrikationsstätte des Autoherstellers ansiedeln müssen. Dabei sind die Bauteile des Zulieferers so speziell, dass diese eigentlich nur bei einem Autohersteller eingebaut werden können. Wenn nun der Zulieferer eine Fabrikationsanlage für das spezielle Bauteil in der Nähe des Kunden ansiedelt, dann sind diese Investitionen transaktionsspezifisch. Wenn der Automobilhersteller nun auf eine Belieferung verzichtet, dann ist ein großer Teil der Investition des Zulieferers verloren. Man spricht in diesem Kontext auch von versunkenen oder irreversiblen Kosten, da diese bereits entstanden sind und nicht mehr rückgängig gemacht werden können. Fixkosten sind in diesem Zusammenhang versunkene Kosten und kurzfristig nicht entscheidungsrelevant. In der Kostentheorie wurde dies durch das Betriebsminimum modelliert, da sich Anbieter kurzfristig an den variablen Stückkosten und der kurzfristigen Preisuntergrenze orientieren und die Fixkosten außer Acht lassen. Da wir von der menschlichen Seite her von opportunistischem Verhalten ausgehen können, besteht das Risiko, dass der Automobilhersteller die relative Schwäche des Zulieferers ausnutzt, um die Preise zu drücken. Da der Zulieferer dies antizipiert, werden hohe Transaktionskosten, in Form von Anwaltsgebühren für die Ausgestaltung komplexer Lieferverträge, anfallen.

Grundsätzlich begrenzen die Transaktionskosten die Nutzung des Marktmechanismus. Wenn die Transaktionskosten einer Markttransaktion zu groß werden, bestehen in der Realität große Anreize, die Spot-Market-Transaktion in eine alternative Form, wie Langzeitverträge oder auch hierarchische Kontrolle, zu überführen.

Aber auch die Nutzung des hierarchischen Koordinationsmechanismus, also die Durchführung ökonomischer Aktivitäten innerhalb eines Unternehmens, ist mit Kosten verbunden. Immer dann wenn eine Trennung von Eigentum und Kontrolle vorliegt und als Konsequenz Aufgaben an andere Akteure delegiert werden, entstehen Informationsasymmetrien. So überlässt der Aktionär als Eigentümer des Unternehmens die Kontrolle über sein Eigentum an den Vorstand des Unternehmens. Der Vorstand wiederum delegiert die Aufgabenerfüllung im Unternehmen an andere Arbeitnehmer. Die Arbeitnehmer haben ihrerseits einen Informationsvorsprung, da nur sie exakt wissen, wie viel Zeit sie zur Durchführung der Arbeiten tatsächlich benötigen. Der Arbeitgeber, bzw. die Vorgesetzten haben i. d. R. nur Einschätzungen über die durchschnittliche Produktivität, bzw. die durchschnittlich benötigte Arbeitszeit der zu erledigenden Aufgaben. Diesen Informationsvorsprung kann nun der Arbeitnehmer ausnutzen und Teile seiner Arbeitszeit „verbummeln". Auch hier liegt moral hazard vor, wie bereits im Abschnitt über Informationsasymmetrien erläutert.

Diese vielfältigen Konflikte zwischen Eigentum und Kontrolle werden im Rahmen der Prinzipal-Agenten-Theorie behandelt. Wie in Tab. 3.23 dargestellt, liegen Prinzipal-Agenten-Probleme häufig in mehrstufiger Form vor. So ist z. B. der Politiker einerseits Agent der Wähler, die als Prinzipale eine effiziente Bereitstellung öffentlicher Güter erwarten. Andererseits ist der Politiker aber selbst Prinzipal gegenüber den Beamten, bzw. Bürokraten der Ministerien, die eine effiziente verwaltungstechnische Umsetzung der politischen Entscheidungen sicherstellen sollen.

Basis der Prinzipal-Agenten-Theorie sind Informationsasymmetrien zu Gunsten des Agenten, der damit Freiräume zu seinem persönlichen Nutzen ausnutzen kann. Grundsätzlich liegt auch hier ein soziales Dilemma in der Form eines Gefangenen-Dilemmas

Tab. 3.23 Prinzipal-Agenten–Beziehungen

Prinzipal	Agent	Aufgabe
Vorgesetzter	Untergeordneter Arbeitnehmer	Engagierte Befolgung der Anordnung
Kreditgeber	Aktionär/Management	Umsichtige Verwendung der finanziellen Mittel
Vermieter	Mieter	Werterhaltende Instandhaltung der Wohnung
Wähler	Politiker	Effiziente Bereitstellung öffentlicher Güter
Politiker	Bürokrat	Effiziente verwaltungstechnische Umsetzung der politischen Entscheidungen

vor. Um diese Informationsasymmetrien und daraus resultierende Probleme zu reduzieren, fallen Kosten an. Dies sind die Agenturkosten, die aus den Überwachungs- und Kontrollkosten (monitoring costs) der Prinzipale und den Selbstbindungskosten (bonding costs) der Agenten bestehen, die ihrerseits wiederum Kosten aufwenden, um den Prinzipal zu überzeugen, in seinem Sinne zu agieren. Die Kontrollkosten der Prinzipale bestehen z. B. in den Kosten eines umfangreichen Controlling-Systems, während die Selbstbindungskosten der Agenten in der Form von freiwilligen unbezahlten Überstunden bestehen können. Nichtsdestotrotz fallen beim Auseinanderfallen von Eigentum und Kontrolle und den resultierenden Prinzipal-Agenten-Beziehungen durch nicht kongruente Ziele der Personengruppen residuale Verluste an. Während die Transaktionskosten die Kosten der Nutzung des Marktmechanismus sind, sind die Agenturkosten die Kosten der hierarchischen Kontrolle. Die Organisation wirtschaftlicher Aktivitäten bewegt sich also in der Realität zwischen der Nutzung des Marktmechanismus mit Spot-Market-Verträgen und der hierarchischen Koordination mit Langzeitverträgen. Dabei gibt es immer wieder einen Trade-off zwischen Transaktions- und Agenturkosten, der dazu führen kann, dass z. B. eine Reduzierung von Transaktionskosten im Markt durch beispielsweise fortschreitende Digitalisierung zu einer stärkeren Nutzung des Marktmechanismus durch Outsourcing bisheriger Inhouse-Aktivitäten führen kann. In Tab. 3.24 sind die grundsätzlichen Unterschiede zwischen Markt und hierarchischer Koordination aufgeführt. Wie bereits erwähnt, herrschen im Markt kurzfristige Spot-Market-Verträge mit hohen Vertragskosten vor, während hierarchische Organisation durch Langzeitverträge und damit einhergehenden niedrigen Vertragskosten geprägt ist. Der Preis stellt im Markt ein wichtiges Signal dar. In der Hierarchie geschieht die Informationsverarbeitung hingegen zentral über Anweisungen. Mit zunehmender Unternehmensgröße steigen die Kosten der Informationsverarbeitung an. Im Markt ist die Vergütung über den Kaufpreis ergebnisorientiert, während im Rahmen der hierarchischen Koordination die Vergütung

Tab. 3.24 Markt vs. Hierarchie

	Markt	Hierarchie
Vorherrschender Vertragstyp	Kurzfristige Kauf- oder Werkverträge	Langzeitverträge
Zahl der Verträge, Kosten der Vertragsabschlüsse	Hoch	Niedrig
Informationsverarbeitung	Dezentral durch Marktpreise	Zentral durch Anweisungen
Kosten der Informationsverarbeitung	Niedrig	Hoch, mit Unternehmensgröße ansteigend
Vergütung der Leistung	Kaufpreis, d. h. ergebnisorientiert	Lohn nach Arbeitszeit, d. h. inputorientiert
Kosten durch Prinzipal-Agenten-Problem (Motivationskosten)	Niedrig, da ergebnisorientierte Vergütung	Hoch, mit Laufzeit des Vertrags ansteigend

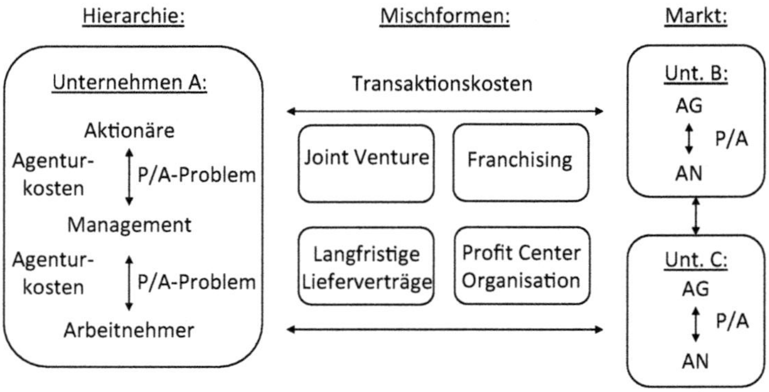

Abb. 3.70 Der Markt, hierarchische Organisation und Mischformen

input-orientiert nach geleisteter Arbeitszeit erfolgt. Die Motivationskosten, die durch das Prinzipal-Agenten-Problem entstehen, sind im Markt niedrig und in der Hierarchie hoch.

Zwischen Markt und Hierarchie existieren viele Mischformen, die Elemente des Marktes und der hierarchischen Koordination enthalten, so wie Joint-Ventures, Franchising oder Profit-Center-Organisation. Der Trade-off, bzw. Abwägungsprozess zwischen Transaktions- und Agenturkosten und die daraus resultierende Vielfalt unterschiedlicher Koordinations- und Organisationsformen ist in Abb. 3.70 illustriert.

Weiterführende Literatur

Akerlof G (1970) The market for lemons: quality uncertainty and the market mechanism. Q J Econ 84(3):488–500

Blum U, Müller S, Weiske A (2006) Angewandte Industrieökonomik. Gabler, Wiesbaden

Bofinger P (2015) Grundzüge der Volkswirtschaftslehre: Eine Einführung in die Wissenschaft von Märkten. Pearson, München

Cooter R, Ulen T (2000) Law and economics. Glenview, London

Eckey H-F (2008) Regionalökonomie. Gabler, Wiesbaden

Erlei M, Leschke M, Sauerland D (2007) Neue Institutionenökonomik. Schäffer-Poeschel, Stuttgart

Fritsch M, Wein T, Ewers H-J (2007) Marktversagen und Wirtschaftspolitik. Vahlen, München

Führer C (2012) Wirtschaftsmathematik. NWB, Herne

Gossen HH (1927) Entwickelung der Gesetze des menschlichen Verkehrs, und der daraus fließenden Regeln für menschliches Handeln. R L Prager, Berlin

Heinemann F, Hagen T, Mohl P, Osterloh S, Sellenthin MO (2009) Die Zukunft der EU-Strukturpolitik. Nomos, Baden-Baden

Holland H, Holland D (2016) Mathematik im Betrieb. Springer-Gabler, Wiesbaden

Matthäus H, Matthäus W-G (2014) Mathematik für BWL-Bachelor. Springer Gabler, Wiesbaden

Pindyck RS, Rubinfeld DL (2015) Mikroökonomie. Pearson, München

Schwarze J (2011) Differential- und Integralrechnung. In: Mathematik für Wirtschaftswissenschaftler, Bd 2. NWB, Herne

Sellenthin MO (2006) Beyond the ivory tower. Linköping University Press, Linköping

Sturm B, Vogt C (2015) Mikroökonomik: Eine anwendungsorientierte Einführung. Kohlhammer, Stuttgart

Tietze J (2011) Einführung in die angewandte Wirtschaftsmathematik. Vieweg + Teubner, Wiesbaden

Varian H (2016) Grundzüge der Mikroökonomik. De Gruyter Oldenbourg, Berlin

Weise P, Brandes W, Eger T, Kraft M (2005) Neue Mikroökonomie. Physica, Heidelberg

Williamson OE (1990) Die ökonomischen Institutionen des Kapitalismus: Unternehmen, Märkte, Kooperationen. Mohr Siebeck, Tübingen

Dynamische Analyse in der Volkswirtschaftslehre

4

4.1 Mathematische Analyse dynamischer Prozesse

Die dynamische Wirtschaftstheorie analysiert die Entwicklung ökonomischer Variablen im Zeitverlauf. Diese Art der Analyse trägt dem Umstand Rechnung, dass viele ökonomische Prozesse nicht nur von mehreren exogenen Variablen, sondern auch von dem bisher erreichten Entwicklungsstand der abhängigen Variablen abhängen. Die Wertschöpfung einer Volkswirtschaft, gemessen durch das Bruttoinlandsprodukt BIP, hängt von einigen „exogenen" Variablen, wie den Investitionen oder den Exporten ab, aber darüber hinaus spielt natürlich das bisher erreichte BIP eine wichtige Rolle für die Erklärung und Prognose des Wohlstandsniveaus. In der dynamischen Wirtschaftstheorie wird also die Zeit als wichtige Variable eingeführt. Ökonomische Anpassungsprozesse werden in Abhängigkeit von der Zeit t modelliert und erklärt. Mathematisch werden im Wesentlichen zwei Arten von Modellierungsansätzen verwendet. In der zeitdiskreten Analyse kann die Zeit nur feste ganzzahlige Werte annehmen. Die Veränderung der Variablen wird durch die Differenz zwischen zwei Zeitpunkten modelliert. Die meisten wirtschaftswissenschaftlichen Variablen werden in diskreten Zeitabständen, wie Jahren, Monaten, Quartalen oder auch Tagen gemessen. Bei den meisten makroökonomischen Variablen, wie eben das BIP oder die Exporte, werden die Daten in festen Zeitabständen erfasst und verglichen. Bei diesen Variablen wird in der Regel die Veränderung zum Vorjahr und zum Vormonat oder zum vorigen Quartal publiziert und analysiert. Zeit-diskrete Veränderungsprozesse werden mit dem mathematischen Instrument der Differenzengleichung modelliert, dem das mathematische Konzept der Folgen und Reihen zugrunde liegt. In der empirischen Wirtschaftsforschung bilden die Differenzengleichungen die Grundlage der Zeitreihenanalyse. In der Zeitreihenanalyse wird lediglich eine stochastische Komponente zur mathematischen Differenzengleichung hinzugefügt und analysiert. In der zeitstetigen Analyse hingegen wird die Zeit als ein Kontinuum aufgefasst. Die Zeit t kann

M. Sellenthin, *Volkswirtschaftslehre – mathematisch gedacht*,
DOI 10.1007/978-3-658-13905-6_4

daher in jedem abgeschlossenen Intervall jeden Wert annehmen. Das mathematische Instrument bei zeitstetigen Prozessen ist die Differenzialgleichung, die mathematisch auf dem Konzept der Grenzwertbetrachtung und der Integralrechnung basiert. Eine Differenzialgleichung ist definiert als eine Funktion, die neben der Funktion selbst auch eine oder mehrere ihrer Ableitungsfunktionen enthält. Für die ökonomische Analyse spielen Differenzialgleichungen eine wichtige Rolle in der theoretischen Analyse von Wachstums- und Entwicklungsprozessen.

Die mathematischen Lösungsansätze für zeitdiskrete Veränderungsprozesse werden in Abschn. 4.1.1 dargestellt. Die Lösungsansätze zeitstetiger Prozesse hingegen werden in Abschn. 4.1.2 mathematisch ausgearbeitet. Wesentliches Anwendungsgebiet dynamischer Modellierung in der Mikroökonomik ist die Preisbildung, welche in Abschn. 4.2 näher untersucht wird. In der makroökonomischen Analyse finden sich vielfältige Anwendungsmöglichkeiten für die Modellierung dynamischer Prozesse. Im Rahmen dieses einführenden Lehrbuches werden insbesondere das dynamische keynesianische Makromodell, die Wachstumstheorie und die Konjunkturtheorie (Abschn. 4.3) präsentiert.

4.1.1 Lösung von Differenzengleichungen

Differenzengleichungen werden in erster Linie nach der Anzahl der zeitlichen Differenzen und dem Vorhandensein bzw. Fehlen von Konstanten klassifiziert. In diesem Buch werden wirtschaftswissenschaftliche Modelle behandelt, die eine bzw. zwei zeitliche Differenzen beinhalten. Die folgende Differenzengleichung beinhaltet eine zeitliche Differenz und wird daher als Differenzengleichung 1. Ordnung bezeichnet:

$$6y_t + 2y_{t-1} = 0$$

Wenn eine Differenzengleichung zwei zeitliche Abstände beinhaltet, spricht man von einer Differenzengleichung 2. Ordnung, wie folgendes Beispiel zeigt:

$$6y_t + 2y_{t-1} + 3y_{t-2} = 0$$

Bei Differenzengleichungen ohne Konstanten wird der Begriff homogene Differenzengleichung verwendet. Die beiden oben aufgeführten Differenzengleichungen sind beide homogene Differenzengleichungen. Enthält eine Differenzengleichung Konstanten, spricht man von einer inhomogenen Differenzengleichung, wie folgendes Beispiel einer inhomogenen Differenzengleichung 2. Ordnung zeigt:

$$y_t = 2y_{t-1} + 4y_{t-2} + 3$$

Die zeitlichen Differenzen können negativ oder positiv formuliert sein, wie folgendes Beispiel einer homogenen Differenzengleichung 3. Ordnung zeigt:

$$y_{t+3} - 2y_{t+2} + y_t = 0$$

Ob nun die zeitlichen Differenzen positiv oder negativ formuliert sind, spielt für die Lösung keine Rolle. Wichtig ist für die Lösung die zeitlich-absteigende Ordnung, d. h. für die Lösung der Differenzengleichungen ist es wichtig, die Gleichung in die Grundform zu bringen, bei der auf der rechten Seite der Gleichung die zeitlichen Differenzen stehen.

4.1.1.1 Homogene Differenzengleichungen 1. Ordnung

Gegeben sei die homogene Differenzengleichung 1. Ordnung:

$$y_t - ay_{t-1} = 0$$

Durch Umstellung ergibt sich die Rekursionsformel

$$y_t = ay_{t-1}$$

Aus der Rekursionsformel lässt sich der Wert von y_t zu jedem Zeitpunkt t ermitteln:

$$y_1 = ay_0$$
$$y_2 = ay_1 = a(ay_0) = a^2 y_0$$
$$y_3 = ay_2 = a\left(a^2 y_0\right) = a^3 y_0$$

Allgemein gilt daher

$$y_t = ay_{t-1} = a\left(a^{t-1} y_0\right) = a^t y_0$$

Aus der Rekursionsformel lässt sich daher die allgemeine Lösungsformel herleiten.

▶ Die allgemeine Lösung für homogene Differenzengleichungen 1. Ordnung lautet

$$y_t = a^t y_0$$

Mathematisch handelt es sich bei homogenen Differenzengleichungen 1. Ordnung um eine geometrische Folge. Das dynamische Verhalten der Differenzgleichung wird durch a beschrieben, während y_0 den Start- oder Anfangswert definiert. Bezüglich des dynamischen Verlaufs der Lösung lassen sich die folgenden sechs Fälle unterscheiden:

a) Wenn $a = 1$: stationärer Verlauf von y_t, konstant.
b) Wenn $a > 1$: monotones Ansteigen von y_t, monoton und divergent.
c) Wenn $0 < a < 1$: monotones Sinken von y_t, monoton und konvergent.
d) Wenn $-1 < a < 0$: gedämpfte Schwingungen von y_t, oszillierend und konvergent.
e) Wenn $a = -1$: gleichförmige Schwingungen von y_t, oszillierend mit konstanter Amplitude.
f) Wenn $a < -1$: zunehmende Schwingungen von y_t, oszillierend und divergent.

Beispiel

Gegeben sei die homogene Differenzengleichung 1. Ordnung

$$3y_t - 9y_{t-1} = 0$$

Der Startwert sei $y_0 = 7$. Damit die Lösungsformel angewandt werden kann, muss zunächst die Ausgangsgleichung in die Grundform gebracht werden. Dazu werden die Ausdrücke mit zeitlichen Differenzen, in diesem Falle $9y_{t-1}$, auf die rechte Seite gebracht und die gesamte Gleichung durch 3 dividiert:

$$3y_t = 9y_{t-1}$$
$$y_t = 3y_{t-1}$$

In diesem Fall ist $a = 3$ und Anwendung der Lösungsformel führt zu

$$y_t = a^t y_0 = 3^t \cdot 7$$

Da $a > 1$ steigt y_t monoton an und die Lösung ist divergent.

Mit Hilfe von homogenen Differenzengleichungen 1. Ordnung können relativ einfache Wachstums- und Zerfallsprozesse modelliert und berechnet werden. Die Zinseszinsformel ist eine bedeutsame Anwendung in der Praxis. Ein Anfangskapital K_0 verzinst sich am Jahresende, d. h. bei nachschüssiger Verzinsung, mit dem Wachstumsfaktor $a = q = (1 + i)$, wobei i den Zinssatz beschreibt. Die Zinseszinsformel lautet daher:

$$K_t = K_0 q^t$$

Beispiel

Ein Anleger hat 100.000 € für 5 Jahre zu einem Zinssatz von 6 % angelegt. Das Kapital wächst daher auf

$$K_5 = 100.000 \cdot 1{,}06^5 = 133.822{,}56\,€$$

an. Da $a > 1$ ist K_t monoton steigend und divergent, d. h. es wird kein Gleichgewicht erreicht, da das Kapital immer weiter wächst.

Ein wichtiges Beispiel für einen Schrumpfungsprozess in den Wirtschaftswissenschaften ist die geometrisch-degressive Abschreibung, bei der zu Beginn eines Jahres eine Maschine angeschafft wird, die dann degressiv mit der Rate r abgeschrieben wird. Der Buchwert der Periode t B_t ergibt sich als Differenz des Buchwerts der Vorperiode B_{t-1} und des Abschreibungsbetrags $r \cdot B_{t-1}$ nach folgender Formel:

$$B_t = B_{t-1} - rB_{t-1} = (1 - r)B_{t-1}$$

Daraus ergibt sich eine homogene Differenzengleichung 1. Ordnung:

$$B_t - (1 - r)B_{t-1} = 0$$

mit der allgemeinen Lösung:

$$B_t = (1 - r)^t B_0$$

Beispiel

Ein Unternehmen schafft eine Maschine zum Preis von $B_0 = 12.000$ € an. Die Abschreibungsrate sei 25 %, d. h. $r = 0{,}25$. Daraus ergibt sich ein Buchwert der Maschine nach 5 Jahren in Höhe von

$$B_5 = (1 - 0{,}25)^5 12.000 = 2847{,}66\,€$$

Da $a < 1$ ist B_t monoton fallend und konvergent, da der Buchwert der Maschine im Zeitverlauf gegen den Gleichgewichtswert 0 strebt.

Zum Abschluss der Einführung in die Lösung homogener Differenzengleichungen 1. Ordnung ein Beispiel aus der Vorlesungspraxis einer freiwilligen Mathematikvorlesung für Wirtschaftswissenschaftler. Dieses Beispiel zeigt insbesondere, wie Wachstums- und Schrumpfungsprozesse im dynamischen Zeitverlauf aus Textaufgaben modelliert werden können.

Beispiel

In der ersten Veranstaltung einer Vorlesung waren 200 Studierende anwesend, in der zweiten Veranstaltung waren es noch 100 und in der dritten Vorlesung noch 50 Studierende. Wie groß wäre die Anzahl der Studierenden am Semesterende, also zum Zeitpunkt $t = 12$, wenn sich der Hörerschwund in der angegebenen Art fortgesetzt hätte?

Aus der Textaufgabe lässt sich schließen, dass sich nach jeder Vorlesung die Anzahl der Hörer halbiert hat, dies bedeutet einen „Schrumpfungsfaktor“ in Höhe von $a = 0{,}5$. Daraus lässt sich die folgende homogene Differenzengleichung 1. Ordnung modellieren:

$$Y_t = 0{,}5 Y_{t-1}$$

Da zu Beginn 200 Studierende im Hörsaal anwesend waren, gilt $y_0 = 200$. Mit der allgemeinen Lösung der Differenzengleichung

$$y_t = 0{,}5^t 200$$

Für $t = 12$ ergibt sich daher die Lösung

$$y_{12} = 0{,}5^{12} 200 = 0{,}05$$

Dies bedeutet, dass am Ende des Semesters die Hörerzahl auf den Bruchteil eines Studierenden geschrumpft ist! Da $a < 1$ ist liegt monotones und konvergentes Schrumpfen der Hörerzahl gegen den Gleichgewichtswert 0 vor.

4.1.1.2 Inhomogene Differenzengleichungen 1. Ordnung

Der wesentliche Unterschied zwischen homogenen und inhomogenen Differenzengleichungen 1. Ordnung ist die Konstante b, wie in folgender Rekursionsformel dargestellt.

$$y_t = ay_{t-1} + b$$

Im Zeitverlauf ergibt sich daher

$$y_1 = ay_0 + b$$
$$y_2 = ay_1 + b = a(ay_0 + b) + b = a^2y_0 + ab + b = a^2y_0 + (a+1)b$$
$$y_3 = ay_2 + b = a\left(a^2y_0 + (a+1)b\right) + b = a^3y_0 + \left(a^2 + a + 1\right)b$$

Allgemein gilt daher

$$y_t = a^t y_0 + \left(a^{t-1} + a^{t-2} + \cdots + a + 1\right)b$$

Der erste Teil entspricht der Lösungsformel für geometrische Folgen, die wir auch schon für die homogenen Differenzengleichungen 1. Ordnung kennengelernt haben. Der Klammerausdruck im zweiten Teil der Formel kann nach der Summenformel für die geometrische Reihe zusammengefasst werden zu

$$\frac{a^t - 1}{a - 1}$$

Daraus ergibt sich die Lösungsformel für inhomogene Differenzengleichungen 1. Ordnung.

> Die Lösungsformel für inhomogene Differenzengleichungen 1. Ordnung lautet:
>
> $$y_t = a^t y_0 + b\left(\frac{a^t - 1}{a - 1}\right) für\ a \neq 1$$
>
> und für den Sonderfall $a = 1$
>
> $$y_t = y_0 + tb für\ a = 1$$

Mathematisch handelt es sich bei inhomogenen Differenzengleichungen 1. Ordnung um eine Kombination aus geometrischer Folge und Reihe. Das dynamische Verhalten der Differenzgleichung wird durch a beschrieben, während y_0 den Start- oder Anfangswert definiert. Bezüglich des dynamischen Verlaufs der Lösung lassen sich die folgenden sechs Fälle unterscheiden:

a) Wenn $a = 1$: monoton steigender Verlauf von y_t, divergent.
b) Wenn $a > 1$: monotones Ansteigen von y_t, monoton und divergent.
c) Wenn $0 < a < 1$: monotones Sinken von y_t, monoton und konvergent.

d) Wenn $-1 < a < 0$: alternierende Schwingungen von y_t, konvergent.
e) Wenn $a = -1$: alternierende Schwingungen von y_t, divergent.
f) Wenn $a < -1$: alternierende Schwingungen von y_t, divergent.

Beispiel

Gegeben sei die Differenzengleichung

$$y_t = 7y_{t-1} + 12$$

Der Anfangswert sei $Y_0 = -20$. Da $a = 7$ und $b = 12$ ergibt sich nach Einsetzen in die Lösungsformel

$$y_t = 7^t(-20) + 12\left(\frac{7^t - 1}{7 - 1}\right)$$
$$y_t = (-20)7^t + 2\left(7^t - 1\right) = (-20)7^t + 2 \cdot 7^t - 2$$

Nach Zusammenfassung erhalten wir als allgemeine Lösung der Differenzengleichung

$$y_t = (-18)7^t - 2$$

Durch Einsetzen von $t = 0$ kann geprüft werden, ob die Lösung den Anfangswert erzeugt:

$$t = 0\colon y_0 = (-18)7^0 - 2 = -20 = y_0$$

Die Lösung der Differenzengleichung erzeugt den Anfangswert y_0! Im zweiten Schritt kann überprüft werden, ob die Lösung der Differenzengleichung, eingesetzt in die Ursprungsgleichung, die Lösung selbst erzeugen kann. Dazu wird die Lösung in die Ursprungsgleichung eingesetzt, wobei die Potenzen der Lösung den zeitlichen Differenzen der Ausgangsgleichung angepasst werden.

$$y_t = 7\left((-18)7^{t-1} - 2\right) + 12$$

Anwendung der Potenzgesetze, d. h. Potenzen mit gleicher Basis werden multipliziert, indem die Exponenten addiert werden, führt zu

$$y_t = (-18)7^{1+t-1} - 14 + 12 = (-18)7^t - 2$$

Dies entspricht der Lösung der Differenzengleichung!

Für den Sonderfall benötigt man im Grunde genommen keine Lösungsformel, da Aufgaben dieser Art auch intuitiv gelöst werden könnten, wie folgendes Beispiel zeigt.

Beispiel

Der Besucher einer Nachtbar stellt mit Überraschung fest, dass die Getränke mit vorrückender Stunde immer teurer werden. Als der Gast um 0 Uhr die Bar betrat, zahlte er für ein Bier 3 €, um 1 Uhr bereits 3,50 € und um 2 Uhr waren 4 € fällig. Wie viel hätte der Gast für ein Bier zahlen müssen, wenn er bis morgens um 7 Uhr in der Bar ausgeharrt hätte?

Offensichtlich wird das Bier mit jeder Stunde um 0,50 € teurer. Die Preisentwicklung kann daher mit folgendem Modellierungsansatz abgebildet werden:

$$p_t = p_{t-1} + 0{,}5$$

Es handelt sich daher um eine inhomogene Differenzengleichung 1. Ordnung mit $a = 1$, $b = 0{,}5$ und $p_0 = 3$, die mit folgender allgemeinen Lösung gelöst werden kann

$$p_t = 3 + 0{,}5t$$

Die spezielle Lösung für $t = 7$, also um 7 Uhr morgens, wäre daher

$$p_7 = 3 + 0{,}5 \cdot 7 = 6{,}50\,€$$

Dies bedeutet, dass der Gast um 7 Uhr für ein Bier 6,50 € zahlen müsste! Da $a = 1$ ergibt sich ein monotones Ansteigen des Bierpreises und eine divergente Lösung. Die Lösung dieses Spezialfalls zeigt, dass bereits simples Abzählen zum Ergebnis geführt hätte.

Jegliche Art von Wachstumsprozess mit Konstanten in diskreter Zeit lässt sich mit inhomogenen Differenzengleichungen 1. Ordnung abbilden, wie im folgenden linearen Populationsmodell dargestellt. Eine Population entwickelt sich nach folgender Differenzengleichung

$$y_t = y_{t-1} + \alpha y_{t-1} - \beta y_{t-1} + k$$

wobei α die Geburtenrate, β die Sterberate und k die Zuwanderung darstellt. Als Beispiel ist im Folgenden das Bevölkerungswachstum für Deutschland dargestellt.

Beispiel

In Deutschland beträgt die Geburtenrate 10 Geburten je 1000 Einwohner, d. h. $\alpha = 0{,}01$ und die Sterberate 20 Todesfälle je 1000 Einwohner, also $\beta = 0{,}02$, die Zuwanderung sei bei einer Bevölkerung von $y_0 = 80.000$ (d. h. 80 Mio.) $k = 0{,}0125$, also eine Million Zuwanderer. Daraus lässt sich die folgende Differenzengleichung entwickeln:

$$y_t = y_{t-1} + 0{,}01y_{t-1} - 0{,}02y_{t-1} + 0{,}0125$$

Daraus ergibt sich

$$y_t = 0{,}99y_{t-1} + 0{,}0125$$

Dies ergibt $a = 0{,}99$ und $b = 0{,}0125$. Eingesetzt in die Lösungsformel

$$y_t = 0{,}99^t 80.000 + 0{,}0125\left(\frac{0{,}99^t - 1}{0{,}99 - 1}\right)$$

Dies ergibt die allgemeine Lösung der Differenzengleichung

$$y_t = 79.998{,}75 \cdot 0{,}99^t + 1{,}25$$

Wenn wir nun wissen möchten, wie hoch die Bevölkerung zum Zeitpunkt $t = 10$ ist, ergibt sich

$$y_{10} = 79.998{,}75 \cdot 0{,}99^{10} + 1{,}25 = 72.350{,}69$$

Dies bedeutet, dass die Bevölkerung in Deutschland nach 10 Jahren auf 72,35 Mio. Einwohner geschrumpft ist. Da $0 < a < 1$ sinkt die Bevölkerungsanzahl monoton und konvergiert gegen ein langfristiges Gleichgewicht von 1,25, also 1250 Personen.

4.1.1.3 Homogene Differenzengleichungen 2. Ordnung

Gegeben sei die homogene Differenzengleichung 2. Ordnung in der allgemeinen Form:

$$y_t + ay_{t-1} + by_{t-2} = 0; \; b \neq 0$$

Wie im vorigen Abschnitt erläutert, ist die allgemeine Lösung einer homogenen Differenzengleichung 1. Ordnung eine diskrete Exponentialfunktion der Zeit vom Typ r^t, d. h.

$$y_t = r^t$$

Eingesetzt in die Differenzengleichung 2. Ordnung ergibt sich daher:

$$r^t + ar^{t-1} + br^{t-2} = 0$$

Wenn r^{t-2} ausgeklammert wird, erhalten wir:

$$r^{t-2}\left(r^2 + ar + b\right) = 0$$

Da r^{t-2} stets ungleich 0 ist, gilt:

$$r^2 + ar + b = 0$$

Dies bedeutet, dass die dynamische Entwicklung einer Differenzengleichung 2. Ordnung durch die Lösung einer quadratischen Gleichung ermittelt werden kann. Diese Hilfsgleichung wird charakteristische Gleichung genannt.

Nach Lösung der quadratischen Gleichung werden die Koeffizienten λ_1 und λ_2 ermittelt, indem die Anfangsbedingung für y_0 und y_1 eingesetzt werden.

▶ Die allgemeine Lösung für homogene Differenzengleichungen 2. Ordnung lautet:

$$y_t = \mathrm{y}_\mathrm{t}^\mathrm{H} = \lambda_1 r_1^t + \lambda_2 r_2^t$$

Wobei die Wurzeln r_1 und r_2 die Lösung der charakteristischen Gleichung darstellen.

Bei den homogenen Differenzengleichungen 2. Ordnung wird das dynamische Verhalten im Zeitverlauf durch die beiden Wurzeln r_1 und r_2 bestimmt. Da im Zeitverlauf die absolut größere Wurzel die Entwicklungsdynamik dominiert, nennt man die absolut größere Wurzel auch dominante Wurzel r_d. Wenn die dominante Wurzel positiv ist, also $r_d > 0$, dann wächst oder schrumpft y_t monoton. Wenn $r_d < 0$, dann wächst oder schrumpft y_t alternierend. Für die Konvergenzkriterien lassen sich drei Fälle unterscheiden:

a) $|r_d| < 1$: Konvergent
b) $|r_d| > 1$: divergent
c) $|r_d| = 1$: konstant.

Beispiel

Gegeben sei die folgende homogene Differenzengleichung 2. Ordnung mit den Anfangswerten $y_0 = 2$; $y_1 = 5$

$$y_t - 5y_{t-1} + 6y_{t-2} = 0$$

Zuerst wird die charakteristische Gleichung aufgestellt, bei der die zeitlichen Indizes in Potenzen umgewandelt werden

$$r^t - 5r^{t-1} + 6r^{t-2} = 0$$

Division durch (r^{t-2}) liefert

$$r^{t-(t-2)} - 5r^{t-1-(t-2)} + 6r^{t-2-(t-2)} = 0$$
$$r^2 - 5r + 6 = 0$$

Die Lösung der charakteristischen Gleichung, die die Entwicklungsdynamik der Differenzengleichung beschreibt, kann mithilfe der ABC-Formel ermittelt werden

$$r_{1,2} = \frac{5 \pm \sqrt{5^2 - 4 \cdot 1 \cdot 6}}{2 \cdot 1}$$
$$r_1 = 3;\ r_2 = 2$$

Eingesetzt in die Lösungsformel für homogene Differenzengleichungen 2. Ordnung ergibt sich

$$y_t = \mathrm{y}_\mathrm{t}^\mathrm{H} = \lambda_1 3^t + \lambda_2 2^t$$

Im nächsten Rechenschritt werden die Anfangswerte eingesetzt, um die partikuläre Lösung ermitteln zu können.

$$I{:}\, t = 0{:}\, y_0 = 2 = 3^0 \lambda_1 + 2^0 \lambda_2$$
$$II{:}\, t = 1{:}\, y_1 = 5 = 3^1 \lambda_1 + 2^1 \lambda_2$$

Für die erste Gleichung erhalten wir:

$$2 = \lambda_1 + \lambda_2$$
$$\lambda_1 = 2 - \lambda_2$$

Für die zweite Gleichung erhalten wir:

$$5 = 3\lambda_1 + 2\lambda_2$$

Wir können daher λ_1 aus der ersten Gleichung in die zweite Gleichung einsetzen:

$$5 = 3(2 - \lambda_2) + 2\lambda_2$$
$$\lambda_2 = 1$$
$$\lambda_1 = 1$$

Die gesuchte Lösung lautet daher:

$$y_t = 3^{\mathrm{t}} + 2^{\mathrm{t}}$$

Die dominante Wurzel ist $r_d = 3$. Da $r_d > 0$ und $|r_d| > 1$ steigt y_t monoton divergent an.

Homogene Differenzengleichungen 2. Ordnung werden häufig verwendet, um Wachstumsprozesse in der Natur zu modellieren.

Beispiel

Ein zur Zeit $t = 0$ geborenes Kaninchenpaar K zeugt vom zweiten Monat seiner Existenz an in jedem Monat ein weiteres Paar. Die Nachkommen verfahren nach dem gleichen Entwicklungsgesetz.

Um die Wachstumsdynamik der Kaninchenpopulation zu ermitteln, betrachten wir zunächst die Entwicklung der Population in tabellarischer Darstellung (Tab. 4.1):

Offenbar kann die Kaninchenpopulation zum Zeitpunkt t durch die Addition der beiden vorherigen Populationen $t - 1$ und $t - 2$ nach folgender homogenen Differenzengleichung beschrieben werden:

$$K_t = K_{t-1} + K_{t-2}$$

Da wir eine Exponentialfunktion der Zeit suchen, erhalten wir:

$$r^t = r^{t-1} + r^{t-2}$$
$$r^t - r^{t-1} - r^{t-2} = 0$$

Nach Division durch r^{t-2} erhalten wir die charakteristische Gleichung:

$$r^{t-(t-2)} - r^{t-1-(t-2)} - r^{t-2-(t-2)} = 0$$
$$r^2 - r - 1 = 0$$

Tab. 4.1 Entwicklung der Kaninchenpopulation

t	0	1	2	3	4	5	6	7	8
$K(t)$	1	1	2	3	5	8	13	21	34

Diese quadratische Gleichung wird mithilfe der ABC-Formel gelöst:

$$r_{1,2} = \frac{1 \pm \sqrt{1^2 - 4 \cdot 1 \cdot (-1)}}{2 \cdot 1}$$
$$r_1 = 1{,}618;\ r_2 = -0{,}618$$

Wir erhalten somit:

$$K_t = 1{,}618^t \lambda_1 + (-0{,}618)^t \lambda_2$$

Im nächsten Rechenschritt werden die Anfangswerte eingesetzt:

$$I{:}\, t = 0{:}\, y_0 = 1 = 1{,}618^0 \lambda_1 + (-0{,}618)^0 \lambda_2$$
$$II{:}\, t = 1{:}\, y_1 = 1 = 1{,}618^1 \lambda_1 + (-0{,}618)^1 \lambda_2$$

Für die erste Gleichung erhalten wir:

$$1 = \lambda_1 + \lambda_2$$
$$\lambda_1 = 1 - \lambda_2$$

Für die zweite Gleichung erhalten wir:

$$1 = 1{,}618\lambda_1 - 0{,}618\lambda_2$$

Wir können daher λ_1 aus der ersten Gleichung in die zweite Gleichung einsetzen:

$$1 = 1{,}618(1 - \lambda_2) - 0{,}618\lambda_2$$
$$\lambda_2 = 0{,}276$$
$$\lambda_1 = 0{,}724$$

Die gesuchte allgemeine Lösung, die die Entwicklungsdynamik der Kaninchenpopulation beschreibt, lautet daher:

$$K_t = 0{,}724 \cdot 1{,}618^t + 0{,}276 \cdot (-0{,}618)^t$$

Die dominante Wurzel ist $r_d = 1{,}618$. Da $r_d > 0$ und $|r_d| > 1$ steigt der Kaninchenbestand monoton divergent an.

Die Lösung kann überprüft werden, indem die beiden Anfangswerte, bzw. ein beliebiger Wert aus der Tabelle eingesetzt wird. Das Kaninchenbeispiel beschreibt die berühmte Fibonacci-Folge, die organisches Wachstum in der Natur beschreibt. In Abb. 4.1 ist die Entwicklung des Kaninchenbestands im Zeitverlauf dargestellt.

4.1.1.4 Inhomogene Differenzengleichungen 2. Ordnung

Gegeben sei die inhomogene Differenzengleichung 2. Ordnung in der allgemeinen Form:

$$y_t + ay_{t-1} + by_{t-2} = \mathrm{c}; \quad c \neq 0$$

Die Lösung der Differenzengleichung ergibt sich als Summe der allgemeinen Lösung der homogenen Differenzengleichung und der partikulären Lösung der inhomogenen Differenzengleichung. Da die homogene Lösung der Differenzengleichung 2. Ordnung

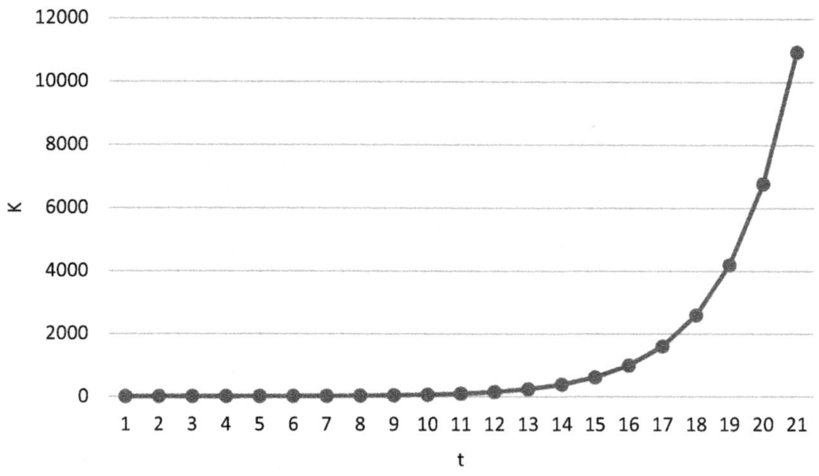

Abb. 4.1 Fibonacci-Folge

bereits ermittelt wurde, benötigen wir noch eine partikuläre Lösung der inhomogenen Differenzengleichung. Dazu bringen wir die Differenzengleichung in die reduzierte Form, indem die zeitlich-abhängigen Variablen in die „gewöhnliche" Variable z überführt werden, d. h. $f(t) = z$:

$$z + az + bz = c$$

Da nun die zeitliche Dynamik entfernt wurde, kann die inhomogene Lösung ermittelt werden, indem die Gleichung nach z gelöst wird. Die allgemeine Lösung der inhomogenen Differenzengleichung 2. Ordnung ergibt sich dann, wenn die inhomogene und homogene Lösung addiert werden. Danach kann die partikuläre Lösung durch Einsetzen der Anfangswerte für y_0 und y_1 ermittelt werden. Bezüglich des dynamischen Verhaltens der Lösung der inhomogenen Differenzengleichung 2. Ordnung gelten die gleichen Kriterien wie bei den homogenen Differenzengleichungen 2. Ordnung.

▶ Die allgemeine Lösung für inhomogene Differenzengleichungen 2. Ordnung lautet:

$$y_t = \mathrm{y_t^H} + \mathrm{z} = \lambda_1 r_1^t + \lambda_2 r_2^t + z$$

Wobei die Wurzeln r_1 und r_2 die Lösung der charakteristischen Gleichung darstellen und z der partikulären Lösung der inhomogenen Gleichung entspricht.

Beispiel

Gegeben sei die folgende Differenzengleichung mit den Anfangswerten $y_0 = 9$ und $y_1 = -1$:

$$y_t = 3y_{t-1} + 10y_{t-2} - 12$$

Im ersten Rechenschritt wird die homogene Lösung ermittelt:

$$y_t^H = 3y_{t-1} + 10y_{t-2}$$

Für die Ermittlung der charakteristischen Gleichung, die die Entwicklungsdynamik im Zeitverlauf beschreibt, ersetzen wir y durch die Hilfsvariable r und aus dem zeitlichen Index t wird die Potenz t, da die homogene Lösung der Differenzengleichung 2. Ordnung eine diskrete Exponentialfunktion der Zeit ist.

$$r^t = 3r^{t-1} + 10r^{t-2}$$
$$r^t - 3r^{t-1} - 10r^{t-2} = 0$$

Wir dividieren die Gleichung mit r^{t-2} und erhalten die quadratische Gleichung:

$$r^2 - 3r - 10 = 0$$
$$r_{1,2} = \frac{3 \pm \sqrt{3^2 - 4 \cdot 1(-10)}}{2 \cdot 1}$$

Die Lösung der quadratischen Gleichung lautet $r_1 = 5$ und $r_2 = -2$. Die homogene Lösung ist daher:

$$y_t^H = \lambda_1 5^t + \lambda_2(-2)^t$$

Im zweiten Rechenschritt wird die inhomogene Lösung ermittelt, indem die zeitlichabhängigen Variablen durch z ersetzt werden, also $f(t) = z$:

$$z = 3z + 10z - 12$$
$$z = 13\mathrm{z} - 12$$
$$z = 1$$

Im dritten Rechenschritt werden inhomogene und homogene Lösung addiert und die Anfangswerte eingesetzt, damit die partikuläre Lösung berechnet werden kann, also $y_t = y_t^H + z$:

$$\mathrm{y_t} = \lambda_1 5^t + \lambda_2(-2)^t + 1$$
$$I{:}\, t = 0{:}\, y_0 = 9 = \lambda_1 5^0 + \lambda_2(-2)^0 + 1$$
$$II{:}\, t = 1{:}\, y_1 = -1 = \lambda_1 5^1 + \lambda_2(-2)^1 + 1$$

Für die erste Gleichung erhalten wir:

$$9 = \lambda_1 + \lambda_2 + 1$$
$$\lambda_2 = 8 - \lambda_1$$

Für die zweite Gleichung ergibt sich:

$$-1 = 5\lambda_1 - 2\lambda_2 + 1$$
$$-2 = 5\lambda_1 - 2\lambda_2$$

Nun wird λ_2 aus der ersten Gleichung in die zweite Gleichung eingesetzt:

$$\begin{aligned} -2 &= 5\lambda_1 - 2(8 - \lambda_1) \\ -2 &= 5\lambda_1 - 16 + 2\lambda_1 \\ 14 &= 7\lambda_1 \\ \lambda_1 &= 2 \\ \lambda_2 &= 8 - \lambda_1 = 8 - 2 = 6 \end{aligned}$$

Die gesuchte partikuläre Lösung für die Anfangsbedingungen y_0 und y_1 der inhomogenen Differenzengleichung 2. Ordnung lautet daher:

$$y_t = 2 \cdot 5^t + 6(-2)^t + 1$$

Es gibt zwei Verfahren, mit denen die Lösung der Differenzengleichung überprüft werden kann. Zum einen muss die Lösung die Anfangsbedingungen erfüllen und zum anderen muss die Lösung die ursprüngliche Differenzengleichung selbst erfüllen. Für die Überprüfung, ob die Anfangsbedingungen durch die Lösung der Differenzengleichung erzeugt werden, wird in die Lösung jeweils $t = 0$ und $t = 1$ eingesetzt.

$$\begin{aligned} t &= 0{:}\, 2 \cdot 5^0 + 6(-2)^0 + 1 = 9 = \mathrm{y}_0 \\ t &= 1{:}\, 2 \cdot 5^1 + 6(-2)^1 + 1 = -1 = \mathrm{y}_1 \end{aligned}$$

Die erste Kontrolle zeigt, dass die Lösung die Anfangswerte erzeugt. Bei der zweiten Kontrollmöglichkeit wird die Lösung der Differenzengleichung in die Ursprungsgleichung eingesetzt. Bei den Potenzen müssen die zeitlichen Indizes berücksichtigt werden.

$$\begin{aligned} y_t &= 3y_{t-1} + 10y_{t-2} - 12 \\ y_t &= 3(2 \cdot 5^{t-1} + 6(-2)^{t-1} + 1) + 10(2 \cdot 5^{\mathrm{t}-2} + 6(-2)^{\mathrm{t}-2} + 1) - 12 \\ y_t &= 6\left(\frac{5^t}{5^1}\right) + 18\left(\frac{(-2)^t}{(-2)^1}\right) + 3 + 20\left(\frac{5^t}{5^2}\right) + 60\left(\frac{(-2)^t}{(-2)^2}\right) + 10 - 12 \end{aligned}$$

Dies lässt sich vereinfachen zu

$$\begin{aligned} y_t &= 1{,}2 \cdot 5^t - 9(-2)^t + 0{,}8 \cdot 5^t + 15(-2)^t + 1 \\ y_t &= 2 \cdot 5^t + 6(-2)^t + 1 = y_t \end{aligned}$$

Das bedeutet, die Lösung der Differenzengleichung eingesetzt in die Ursprungsdifferenzengleichung erzeugt wiederum die Lösung! Auf diese Weise kann das Ergebnis überprüft werden.

4.1.1.5 Differenzengleichungen 2. Ordnung bei negativer Diskriminante

Die charakteristische Gleichung einer Differenzengleichung 2. Ordnung ist eine quadratische Funktion, durch die die dynamische Entwicklung des Modells beschrieben werden kann. Die quadratische Gleichung kann mit der ABC-Formel gelöst werden. Wenn die Diskriminante, d. h. der Ausdruck unterhalb der Quadratwurzel, negativ ist, erhalten wir als Lösung der charakteristischen Gleichung zwei konjugiert komplexe Wurzeln.

Um Gleichungen mit negativen Diskriminanten zu lösen, werden imaginäre Zahlen eingeführt. Die Einheit der imaginären Zahlen wird mit i bezeichnet und ist als die Wurzel aus -1 definiert.

$$i = \sqrt{-1}$$

Somit kann eine Zahl aus zwei Komponenten bestehen, nämlich der reellen Zahl a und einer imaginären Zahl i:

$$z = a \pm bi$$

Für das Rechnen mit komplexen Zahlen ist die Darstellung mittels Polarkoordinaten wichtig, da der Punkt z durch seine Polarkoordinaten, also den Radius r und den Winkel φ, dargestellt werden kann. Der Radius r definiert die Entfernung des Punktes zum Ursprung und φ beschreibt den Winkel, den der Fahrstrahl zum Nullpunkt mit der Abszisse bildet, wie in Abb. 4.2 dargestellt.

Für die Bestimmung des Radius r gilt der Satz des Pythagoras:

$$r = \sqrt{a^2 + b^2}$$

Die Seitenverhältnisse des Dreiecks hängen von der Größe des Winkels φ ab. Das Verhältnis der Seiten b und a wird als Tangens von φ bezeichnet:

$$\tan \varphi = \left(\frac{b}{a}\right)$$

Daraus ergibt sich für den Winkel φ:

$$\varphi = \tan^{-1}\left(\frac{b}{a}\right)$$

Ferner ergeben sich:

$$\sin \varphi = \left(\frac{b}{r}\right) \textit{ und } \cos \varphi = \left(\frac{a}{r}\right)$$

Abb. 4.2 Komplexe Zahlen: Darstellung in Polarform

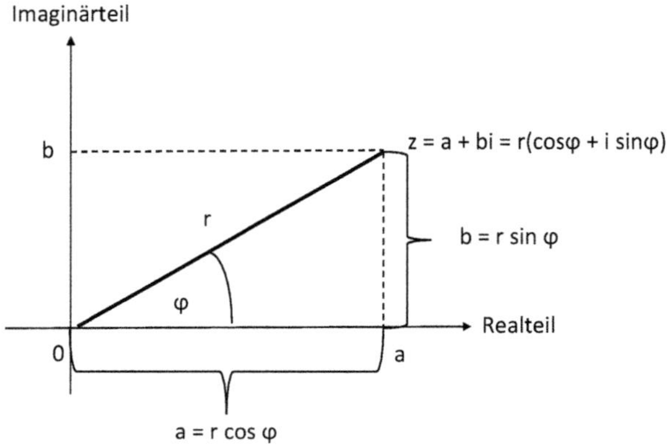

Daraus ergibt sich für $a = r\,cos\varphi$ und $b = r\,sin\varphi$. Wenn diese beiden Ausdrücke für a und b in die komplexe Zahl eingesetzt werden, erhalten wir die Darstellung der komplexen Zahlen mit Polarkoordinaten, der sogenannten Polarform:

$$z = a + bi = r(cos\varphi + i\,sin\varphi)$$

Nach Anwendung des Satz von Moivre erhalten wir nun das Lösungsschema für den homogenen Teil der Differenzengleichung 2. Ordnung.

▶ Die allgemeine Lösung für homogene Differenzengleichungen 2. Ordnung mit negativer Diskriminante lautet:

$$y_t^H = r^t(\lambda_1 cos\varphi t + \lambda_2 sin\varphi t)$$

Wobei der Radius r und der Winkel φ den Polarkoordinaten der komplexen Zahl entspricht.

Nach der Ermittlung der homogenen Lösung der Differenzengleichung mit negativer Diskriminante werden die gleichen Lösungsschritte, wie bei den inhomogenen Differenzengleichungen 2. Ordnung durchgeführt. D. h. es wird die partikuläre Lösung für $f(t) = z$ ermittelt, die homogene und inhomogene Lösung wird addiert $y_t = y_t^H + z$ und die partikuläre Lösung der gesamten Differenzengleichung durch Einsetzen der Startwerte ermittelt.

Allgemein gilt für die Lösung von Differenzengleichungen 2. Ordnung mit negativer Diskriminante, dass das dynamische Verhalten in erster Linie vom Radius r abhängt. Die Lösung oszilliert mit:

1. fallender Amplitude, wenn $r < 1$ und konvergenter Lösung.
2. steigender Amplitude, wenn $r > 1$ und divergenter Lösung.
3. konstanter Amplitude, wenn $r = 1$ und konstanter Lösung.

Die Amplitude beschreibt die Schwingungen um den Ausgangs- bzw. Gleichgewichtswert.

Beispiel

Gegeben sei die folgende Differenzengleichung und die Anfangswerte $y_0 = 4$; $y_1 = 5$:

$$y_t - 2y_{t-1} + 2y_{t-2} = 0$$

Durch Umformung ergibt sich die charakteristische Gleichung:

$$r^2 - 2r + 2 = 0$$

$$r_{1,2} = \frac{2 \pm \sqrt{2^2 - 4 \cdot 1 \cdot 2}}{2 \cdot 1}$$

$$r_{1,2} = \frac{2 \pm \sqrt{-4}}{2} = \left(\frac{2 \pm \sqrt{4}\sqrt{-1}}{2}\right) = \left(\frac{2 \pm \sqrt{4}i}{2}\right) = \left(\frac{2 \pm 2i}{2}\right) = 1 \pm \mathrm{i}$$

Im nächsten Rechenschritt werden Radius r und Winkel φ berechnet. Die komplexe Zahl ergibt sich als $z = a \pm$ bi mit $a = 1$ und $b = 1$:

$$r = \sqrt{a^2 + b^2} = \sqrt{1^2 + 1^2} = \sqrt{2}$$

$$\varphi = \tan^{-1}\left(\frac{b}{a}\right) = \tan^{-1}\left(\frac{1}{1}\right) = 45°$$

Daraus lässt sich die allgemeine Lösung ermitteln:

$$\mathrm{y_t} = \sqrt{2}^t\left(\lambda_1 cos45°t + \lambda_2 sin45°t\right)$$

Die partikuläre Lösung wird berechnet, indem die beiden Startwerte eingesetzt werden:

$$I\!: y_0 = 4 = \sqrt{2}^0\left(\lambda_1 cos45°0 + \lambda_2 sin45°0\right)$$
$$\lambda_1 = 4$$
$$II\!: y_1 = 5 = \sqrt{2}^1\left(\lambda_1 cos45°1 + \lambda_2 sin45°1\right)$$
$$5 = \lambda_1 + \lambda_2$$

Einsetzen von $\lambda_1 = 4$ ergibt

$$5 = 4 + \lambda_2$$
$$\lambda_2 = 1$$

Die Lösung der Differenzengleichung lautet daher:

$$\mathrm{y_t} = \sqrt{2}^t\left(4\, cos45°t + sin45°t\right)$$

Da $r = \sqrt{2} > 1$, ist die Lösung oszillierend divergent.

4.1.2 Lösung von Differenzialgleichungen

Im Gegensatz zu Differenzengleichungen wird bei Differenzialgleichungen die Zeit als Kontinuum aufgefasst. Dies bedeutet, dass sowohl die Differenzialgleichung als auch deren Lösung stetige Funktionen der Zeit sind. Die Lösungsverfahren beruhen auf der Anwendung der Integralrechnung. Eine Differenzialgleichung enthält neben der Ursprungsgleichung $y = f(x)$ auch immer eine oder mehrere ihrer Ableitungen $y', y'', y''', \ldots, y^n$. In der dynamischen Wirtschaftstheorie ist y in der Regel eine Funktion der Zeit, also $y = f(t)$. Analog zu den Differenzengleichungen werden Differenzialgleichungen nach der höchsten vorkommenden Ableitung y^n und nach dem Vorkommen bzw. Fehlen einer Konstanten b klassifiziert. Demnach handelt es sich bei der Differenzialgleichung

$$y' + 1{,}1y = 0$$

um eine homogene Differenzialgleichung 1. Ordnung, da keine Konstante in der Gleichung vorkommt und die erste Ableitung y' die höchste vorkommende Ableitung der Funktion y ist. Bei der Differenzialgleichung

$$y'' - 3y' - 4y = 12$$

handelt es sich daher um eine inhomogene Differenzialgleichung 2. Ordnung, da eine Konstante enthalten ist und die höchste vorkommende Ableitung die zweite Ableitung y'' ist. Differenzialgleichungen werden ferner als gewöhnlich bezeichnet, wenn die unbekannte Funktion y nur von einer Variablen (t) abhängt, sonst wird von partiellen Differenzialgleichungen gesprochen. Wenn y und die Ableitungen nur in der ersten Potenz vorkommen, werden sie als lineare Differenzialgleichungen bezeichnet, sonst vom k-ten Grad, wenn k die Potenz der höchsten Ableitung ist. Wenn alle Koeffizienten a_i $(i = 1, \ldots, n)$ konstant sind, spricht man von einer Differenzialgleichung mit konstanten Koeffizienten.

4.1.2.1 Homogene Differenzialgleichungen 1. Ordnung

Gegeben sei folgende homogene Differenzialgleichung 1. Ordnung:

$$y' - ay = 0; \quad a \neq 0$$

Die Differenzialgleichung lässt sich nach Umformung durch Integration lösen. Zielsetzung ist es, die Funktion y und ihre Ableitungen auf einer Seite zu isolieren. Dazu bringen wir zunächst ay auf die rechte Seite der Gleichung und erhalten

$$y' = ay$$

Wir können nun y auf der linken Seite isolieren, indem wir durch y dividieren

$$\frac{y'}{y} = a$$

Durch Integration beider Seiten nach t erhalten wir

$$\int \left(\frac{y'}{y}\right) = \int adt$$

$$\ln y = at + C$$

$$y = e^{at+C} = e^{at}e^{C} = Ae^{at} \quad \text{mit}\, A = e^{C}$$

Die Konstante A kann durch den Anfangswert y_0 ausgedrückt werden.

▶ Die Lösungsformel für homogene Differenzialgleichungen 1. Ordnung der Form

$$y' + ay = 0; \quad a \neq 0$$

lautet:

$$y = y_0 e^{-at}$$

Die allgemeine Lösung der homogenen Differenzialgleichung 1. Ordnung ist eine stetige Exponentialfunktion der Zeit, die sogenannte e-Funktion. Der Term

$$\frac{y'}{y} = a$$

beschreibt dabei die Wachstums- bzw. Zerfallsrate des zeitlich-abhängigen Prozesses. Bezüglich des dynamischen Verhaltens werden im Wesentlichen zwei Fälle unterschieden:

a) Wenn $a > 0$: monoton steigender Verlauf von y, divergent.
b) Wenn $a < 0$: monoton fallender Verlauf von y, konvergent.

Im ersten Fall wird von einem Wachstumsprozess gesprochen, im zweiten Fall handelt es sich um einen Zerfallsprozess. Stetige Wachstumsprozesse, die eine konstante Wachstumsrate aufweisen, werden mit Exponentialfunktionen modelliert. Logarithmische Funktionen sind die Umkehrfunktionen der Exponentialfunktionen. Die Umkehrfunktion der e-Funktion ist der natürliche Logarithmus $y = \ln x$. Für die Lösung von Differenzialgleichungen werden die Sonderfälle der Ableitungs- bzw. Integrationsregeln für natürliche Logarithmen und die e-Funktion relevant, wie bereits in Kap. 3 dargestellt.

Die Rechenregeln für Logarithmen leiten sich aus den Rechenregeln für Potenzen ab, so gilt z. B. $\log_a(xy) = \log_a x + \log_a y$ und $\log_a\left(\frac{x}{y}\right) = \log_a x - \log_a y$. Bei der Lösung von homogenen Differenzialgleichungen 1. Ordnung wird bei der Trennung der Variablen immer in die Form $y' = \left(\frac{f'(x)}{f(x)}\right)$ umgeformt, sodass sich nach Integration immer $y = \ln f(x)$ ergibt. Von daher sind für die Lösung von Differenzialgleichungen immer die Sonderfälle der Ableitungs- bzw. Integrationsregeln relevant!

Beispiel

Ein Kapital K wächst durch Verzinsung mit dem Zinssatz i gemäß der Gleichung $K'(t) = iK(t)$. Auf wie viel Euro ist das Kapital nach 10 Jahren ($t = 10$) angewachsen, wenn der Zinssatz 5 % ($i = 0{,}05$) und der Anfangskapitalbestand $K_0 = 1000$ € betrug?

Zunächst werden die Variablen getrennt, indem durch $K(t)$ dividiert wird

$$\frac{K'(t)}{K(t)} = i$$

Durch Anwendung der Integrationsregeln erhalten wir

$$\int \left(\frac{K'(t)}{K(t)}\right) = \int idt$$

$$\ln K(t) = it + C$$

$$K(t) = e^{it+C} = e^{it}e^{C}$$

Nach Einsetzen des Anfangskapitals ergibt sich

$$K(0) = e^{0{,}05 \cdot 0} e^{C} = e^{C} = 1000$$
$$K(t) = 1000 e^{0{,}05t}$$

Für $t = 10$ erhalten wir das Ergebnis $K(10) = 1000e^{0{,}05 \cdot 10} = 1648{,}72$ €.

Die Lösung der homogenen Differenzialgleichung 1. Ordnung entspricht der Formel für die stetige Verzinsung des Kapitals. Da $a > 0$ ist, wächst das Kapital gegen unendlich, d. h. die Lösung ist divergent.

In den Wirtschaftswissenschaften werden nicht nur zeitlich-abhängige Prozesse durch Differenzialgleichungen modelliert. Die einfachste Form einer Differenzialgleichung haben wir bereits in Kap. 3 als Elastizitätsfunktion kennengelernt. Die Elastizität ist allgemein definiert als:

$$\varepsilon = \frac{f'(x)x}{f(x)}$$

In der Elastizitätsfunktion findet sich die Stammfunktion $f(x)$ und ihre erste Ableitung $f'(x)$, somit handelt es sich daher um eine homogene Differenzialgleichung 1. Ordnung. Dies bedeutet, dass zu einer beliebigen Elastizitätsfunktion ε die Ausgangsfunktion $f(x)$, durch Trennung der Variablen und anschließende Integration, ermittelt werden kann.

Beispiel

Gegeben sei die Elastizitätsfunktion $\varepsilon = \sqrt{x}$. Wie lautet die Ausgangsfunktion $f(x)$, wenn $f(0{,}25) = e$?

Wir setzen zunächst für ε die allgemeine Formel der Elastizität ein

$$\varepsilon = \left(\frac{f'(x)x}{f(x)}\right) = \sqrt{x} = x^{0{,}5}$$

Zunächst werden die Variablen getrennt, indem durch x dividiert wird:

$$\frac{f'(x)}{f(x)} = x^{-0{,}5}$$

Durch Integration erhalten wir:

$$\int \frac{f'(x)}{f(x)} = \int x^{-0{,}5} dx$$
$$\ln f(x) = 2x^{0{,}5} + C$$
$$f(x) = e^{2x^{0{,}5}} e^{C}$$
$$f(x) = Ae^{2x^{0{,}5}} \, mit \, A = e^{C}$$

Nach Einsetzen von $f(0{,}25) = e$ erhalten wir:

$$e = Ae^{2 \cdot 0{,}25^{0{,}5}} = Ae$$
$$A = \frac{e}{e} = 1$$

Daraus ergibt sich die Lösung mit:

$$f(x) = e^{2x^{0{,}5}} = e^{2\sqrt{x}}$$

Wie bereits in Kap. 3 ausgeführt, ist in der Volkswirtschaftslehre der Zusammenhang zwischen den Stammfunktionen und deren Ableitungen von großem Interesse. So schneidet z. B. die Grenzkostenfunktion die Stückkostenfunktion immer in deren Minimum. Aus diesen Zusammenhängen lassen sich Gesetzmäßigkeiten ableiten, die für Optimierungsentscheidungen relevant sein können. Auch hier können die Lösungsverfahren für Differenzialgleichungen herangezogen werden, um allgemeine Gesetzmäßigkeiten, hier dargestellt durch die zu ermittelnde Stammfunktion, abzuleiten.

So gilt zwischen den Grenzkosten $K'(x)$ und den Stückkosten $\left(\frac{K(x)}{x}\right)$ folgender Zusammenhang: $K'(x) = \left(\frac{aK(x)}{x}\right)$. Für $K(1) = 5$ ergibt sich nach Trennung der Variablen:

$$\left(\frac{K'(x)}{K(x)}\right) = \left(\frac{a}{x}\right)$$

Nach Integration erhalten wir:

$$\int \left(\frac{K'(x)}{K(x)}\right) = \int \left(\frac{a}{x}\right) dx$$
$$\ln K(x) = a \; lnx + C$$
$$K(x) = e^{a \; lnx + C} = x^a e^C$$
$$K(x) = Ax^a \; mit \, A = e^C$$

Bei Gesamtkosten bei $x = 1$ in Höhe von 5 ergibt sich:

$$K(1) = 5 = A \cdot 1^a = A$$
$$K(x) = 5x^a$$

Beispiel

Gegeben sei der folgende Zusammenhang zwischen Grenzkosten und Stückkosten:

$$K'(x) = \left(\frac{aK(x)}{x}\right)$$

Zeigen Sie, dass der Zusammenhang korrekt ist, wenn $a = 3$.

Nach Einsetzen erhalten wir:

$$K(x) = 5x^3$$
$$K'(x) = 15x^2$$
$$\frac{K(x)}{x} = 5x^2$$

Der Zusammenhang zwischen Grenz- und Stückkosten ist:

$$15x^2 = 3 \cdot 5x^2$$

Der Zusammenhang ist daher korrekt mit der Differenzialgleichung modelliert!

4.1.2.2 Inhomogene Differenzialgleichungen 1. Ordnung

Gegeben sei die folgende inhomogene Differenzialgleichung 1. Ordnung:

$$y' + ay = b$$

Wie bei den Differenzengleichungen, so ergibt sich bei den inhomogenen Differenzialgleichungen die Lösung als Summe aus der allgemeinen Lösung der homogenen Differenzialgleichung y_t^H und der partikulären Lösung der inhomogenen Differenzialgleichung z:

$$y_t = y_t^H + z$$

Die homogene Lösung, die durch eine stetige Exponentialfunktion der Zeit modelliert wird, kennen wir bereits. Für die partikuläre Lösung gehen wir von einem konstanten Koeffizienten b aus. Wie bereits von der Lösung inhomogener Differenzengleichungen bekannt, wählen wir nach der Methode der unbestimmten Koeffizienten den folgenden Lösungsansatz:

$$f(t) = \mathrm{y} = z$$

Wir gehen davon aus, dass es sich bei den Differenzialgleichungen um dynamische, also zeitlich-abhängige, Gleichungen handelt. Wir prüfen nun, ob es eine Konstante z gibt, die die Differenzialgleichung erfüllt. Daraus ergibt sich für $y = z$ und für die Ableitung nach der Ableitungsregel für Konstanten $y' = 0$. Eingesetzt in die ursprüngliche Differenzialgleichung $y' + ay = b$ ergibt sich daraus:

$$0 + az = b$$
$$z = \left(\frac{b}{a}\right) f\ddot{u}r\ a \neq 0$$

Für den homogenen Lösungsteil gilt:

$$y_t^H = Ae^{-at}$$

Die Addition des homogenen und inhomogenen Teils liefert:

$$y_t = Ae^{-at} + z$$

Für den Startwert $t = 0$ gilt daher:

$$y_0 = Ae^{-a0} + z = A + z$$
$$A = y_0 - z$$

Eingesetzt in die Lösungsformel der homogenen Differenzialgleichungen 1. Ordnung und Addition des inhomogenen Lösungsteils ergibt dies:

$$y_t = e^{-at}(y_0 - z) + z$$

▶ Die Lösungsformel für inhomogene Differenzialgleichungen 1. Ordnung der Form

$$y' + ay = b; \quad a \neq 0$$

für konstantes b lautet:

$$y_t = e^{-at}\left(y_0 - \left(\frac{b}{a}\right)\right) + \left(\frac{b}{a}\right) \textit{für}\, a \neq 0$$

Die Analyse des dynamischen Verhaltens erfolgt analog zur Analyse homogener Differenzialgleichungen, also:

a) Wenn $a > 0$: monoton steigender Verlauf von y, divergent.
b) Wenn $a < 0$: monoton fallender Verlauf von y, konvergent.

Beispiel

Gegeben sei die Differenzialgleichung $y' + 2y = 10$. Gesucht ist die Lösung für $y_0 = 8$.

Zunächst wird die homogene Lösung, also für $y' + 2y = 0$ ermittelt. Trennung der Variablen führt zu:

$$y' = -2y$$
$$\frac{y'}{y} = -2$$

Der homogene Teil der Differenzialgleichung wird durch Integration ermittelt:

$$\int \left(\frac{y'}{y}\right) = \int -2dt$$
$$\ln y = -2t + C$$
$$y = e^{-2t+C} = e^{-2t}e^{C} = Ae^{-2t}\, \textit{für}\, A = e^{C}$$

Für die Lösung des inhomogenen Teils prüfen wir, ob es eine Konstante z gibt, die die Differenzialgleichung erfüllt, dafür setzen wir $f(t) = y = z$ und erhalten:

$$y' + 2y = 10$$

$$0 + 2z = 10$$
$$z = 5$$

Die partikuläre Lösung für y_0 ergibt sich aus der Addition der homogenen und inhomogenen Lösung nach Einsetzen des Startwertes:

$$y_0 = 8 = Ae^{-2\cdot 0} + 5$$
$$A = 3$$

Daraus folgt die partikuläre Lösung der inhomogenen Differenzialgleichung 1. Ordnung:

$$y_t = 3e^{-2t} + 5$$

Da $a = -2 < 0$ ergibt sich für das dynamische Verhalten der Lösung eine konvergente Lösung gegen die Konstante $z = 5$.

Die Anwendung der Lösungsformel verkürzt die Rechenschritte, da nur noch a und b abgelesen und in die Formel eingesetzt werden müssen.

$$y_t = e^{-at}\left(y_0 - \left(\frac{b}{a}\right)\right) + \left(\frac{b}{a}\right) für\ a \neq 0$$

Damit es bei der Anwendung der Lösungsformel nicht zu Vorzeichenfehlern kommt, sollte die Gleichung so geschrieben werden, dass auf der linken Seite der Gleichung alle zeitlich-abhängigen Variablen y und y' stehen. Im Falle des konkreten Zahlenbeispiels kann die Ursprungsform übernommen werden:

$$y' + 2y = 10$$

Daher ergibt sich für $a = 2$ und $b = 10$. Einsetzen in die Lösungsformel führt zu:

$$y_t = e^{-2t}\left(8 - \left(\frac{10}{2}\right)\right) + \left(\frac{10}{2}\right) = e^{-2t}(8 - 5) + 5 = 3e^{-2t} + 5$$

Die dynamische mathematische Analyse wird in der Volkswirtschaftslehre überwiegend in der makroökonomischen Theorie verwendet. Dort spielen naturgemäß zeitlich-abhängige Entwicklungen, wie Wachstums- oder Konjunkturprozesse eine wichtige Rolle. Dennoch stammen die ersten Anwendungsgebiete der dynamischen mathematischen Modellierung aus der mikroökonomisch-orientierten Preisbildung. Hier ist insbesondere das Cobweb-Theorem als Referenzmodell dynamischer Preisbildung in Märkten zu nennen. Im Rahmen dieses Kapitels werden daher zunächst die mikroökonomischen Anwendungsgebiete der dynamischen Analyse präsentiert. Im Anschluss erfolgt eine Darstellung der grundlegenden dynamischen Modelle der makroökonomischen Theorie.

4.2 Dynamische Analyse: Mikroökonomik

Im Rahmen der dynamischen Analyse werden in der Mikroökonomik vorrangig Preisbildungsmechanismen untersucht. Das Einstiegsmodell stellt in diesem Zusammenhang das Cobweb-Modell dar. Eine Verfeinerung dieses Modells wurde durch das Goodwin-Modell vorgenommen, das explizit Erwartungen über die zukünftige Preisentwicklung mit einschließt. Als alternativer Ansatz wird das Preisanpassungsmodell nach Evans vorgestellt, dass die Stabilität von Marktgleichgewichten anhand von Angebots-, bzw. Nachfrageüberhängen modelliert.

4.2.1 Cobweb-Theorem

Das Cobweb-Theorem, das von Ott (1970) als „Paradepferd der Dynamiker" bezeichnet wird, stellt den Einstieg in die mikroökonomische dynamische Analyse dar. Im bisherigen Verlauf dieses Buches wurde die Preisbildung als statischer Prozess beschrieben, der in der Regel zu einem Gleichgewichtspreis und der dazugehörigen Gleichgewichtsmenge führt. In der Realität ist diese Annahme jedoch nicht für alle Güter gültig. Immer dann, wenn zwischen der Produktionsentscheidung der Produzenten und der Kaufentscheidung der Konsumenten eine längere Zeitspanne vergeht, kann es zu Ungleichgewichten bei der Preisbildung kommen. Das klassische Beispiel ist das Cobweb-Theorem, das auch als „Schweinezyklus" bekannt geworden ist. Die Anbieter von Schweinefleisch orientieren sich bei der Festlegung der Produktionsmenge an den aktuell zu erzielenden Preisen. Schweinefleisch unterliegt, wie viele andere Güter auch, starken Schwankungen bei der Preisbildung. Da zwischen Produktionsentscheidung und tatsächlich verfügbarer Produktmenge eine relativ lange Zeitspanne liegt, bedeutet dies, dass zum Zeitpunkt, an dem Angebot x_t^A und Nachfrage x_t^N im Markt aufeinander treffen, der Preis der Vorperiode maßgeblich für die Mengenentscheidung der Produzenten war. Die Nachfrager wiederum orientieren sich immer nur an den aktuellen Tagespreisen. Das Cobweb-Theorem modelliert die Preisbildung im Zeitverlauf und zielt auch auf eine mögliche Diskrepanz zwischen erwartetem und tatsächlichem Preis wie in Abb. 4.3 dargestellt.

Die dynamische Preisbildung kann mit folgenden Gleichungen beschrieben werden:

$$x_t^A = x_t^N$$
$$x_t^N = a - bp_t$$
$$x_t^A = c + dp_{t-1}$$

Aus der Gleichgewichtsbedingung ergibt sich eine inhomogene Differenzengleichung 1. Ordnung:

$$a - bp_t = c + dp_{t-1}$$
$$p_t + \left(\frac{d}{b}\right)p_{t-1} = \left(\frac{a-c}{b}\right)$$

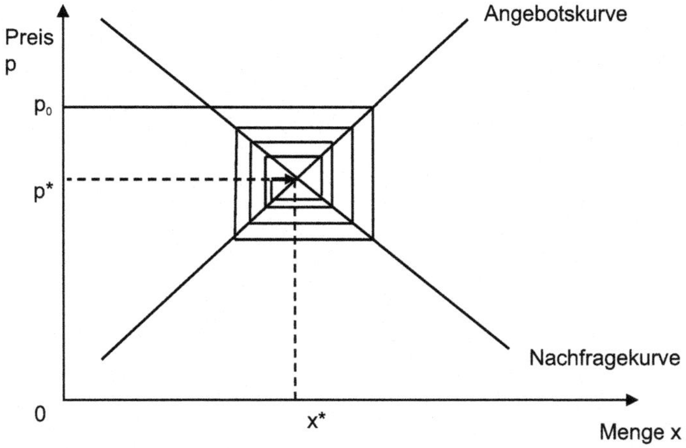

Abb. 4.3 Das Cobweb-Theorem

Die partikuläre Lösung $p^* = p_t = p_{t-1}$ ist die Gleichgewichtslösung des statischen Systems:

$$p^* = \left(\frac{\mathrm{a} - \mathrm{c}}{\mathrm{b} + \mathrm{d}}\right)$$

Die allgemeine Lösung lautet daher:

$$p_t = \left(-\frac{d}{b}\right)^t (p_0 - p^*) + p^*$$

Im Gleichgewicht p^* ist der Marktpreis konstant. Außerhalb des Gleichgewichts definiert die Differenzengleichung die dynamische Entwicklung des Preises. Die dynamischen Eigenschaften der Lösung hängen von den Verhaltensparametern der Angebots- und Nachfragefunktionen, also b und d ab. Ein neues Gleichgewicht stellt sich ein, wenn der Betrag der Steigung der Nachfragekurve größer ist als der Betrag der Steigung der Angebotsfunktion, also wenn gilt $|b| > |d|$. In diesem Fall konvergiert die Lösung gegen den Gleichgewichtspreis. Es entsteht kein neuer Gleichgewichtspreis, wenn $|b| < |d|$ und $|b| = |d|$. Im ersten Fall, d. h. wenn $|b| < |d|$ liegt der sogenannte explosive Fall vor, da die Preisbildung sich immer weiter aufschaukelt und der Preis letztlich gegen ∞ läuft. Im zweiten Fall, also bei $|b| = |d|$ liegt der replosive Fall vor, da die Preisbildung zu keinem Gleichgewicht führt und der Preis letztlich zwischen zwei Preisen hin und her schwankt. Im Folgenden werden die drei Fälle des Cobweb-Theorems anhand von Beispielaufgaben illustriert.

Beispiel

In einem Markt gelten die folgenden Angebots- und Nachfragefunktionen $x_t^A = 2p_{t-1}$; $x_t^N = 10 - 3p_t$.

Es gelte zunächst ein Ausgangspreis von $p_0 = 3$ Geldeinheiten. Im Gleichgewicht gilt $x_t^A = x_t^N$:

$$10 - 3p_t = 2p_{t-1}$$

Daraus ergibt sich für p_t:

$$p_t = -\left(\frac{2}{3}\right)p_{t-1} + \left(\frac{10}{3}\right)$$

Nach Anwendung der Lösungsformel für inhomogene Differenzengleichungen 1. Ordnung erhalten wir:

$$p_\mathrm{t} = \left(-\frac{2}{3}\right)^\mathrm{t} 3 + \left(\frac{10}{3}\right)\left(\frac{\left(-\frac{2}{3}\right)^\mathrm{t} - 1}{\left(-\frac{2}{3}\right) - 1}\right)$$

Nach Umformung erhalten wir als allgemeine Lösung der Differenzengleichung:

$$p_t = \left(-\frac{2}{3}\right)^t + 2$$

Da $-1 < a < 0$ konvergiert der Preis p_t mit alternierenden Schwingungen gegen das Gleichgewicht $p = 2$ Geldeinheiten wie in Abb. 4.4 dargestellt. Da $|b| > |d|$ ergibt

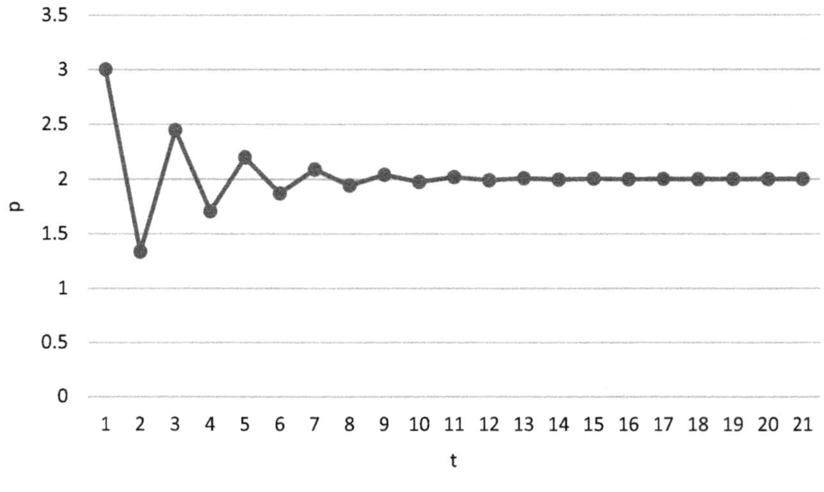

Abb. 4.4 Cobweb-Modell: Konvergenter Fall

sich ein neuer Gleichgewichtspreis. Die Lösung kann natürlich auch durch Einsetzen in die allgemeine Lösungsformel mit $a = 10$; $b = 3$; $c = 0$; $d = 2$ ermittelt werden:

$$p^* = \left(\frac{10-0}{3+2}\right) = 2$$

$$p_t = \left(-\frac{2}{3}\right)^t (3-2) + 2 = \left(-\frac{2}{3}\right)^t + 2$$

Beispiel

In einem Markt gelten die folgenden Angebots- und Nachfragefunktionen $x_t^A = 1 + 2p_{t-1}$; $x_t^N = 9 - p_t$.

Es gelte zunächst ein Ausgangspreis von $p_0 = 3$ Geldeinheiten. Im Gleichgewicht gilt $x_t^A = x_t^N$:

$$9 - p_t = 1 + 2p_{t-1}$$

Daraus ergibt sich für p_t:

$$p_t = -2\mathrm{p}_{\mathrm{t}-1} + 8$$

Nach Anwendung der Lösungsformel für inhomogene Differenzengleichungen 1. Ordnung erhalten wir:

$$p_{\mathrm{t}} = (-2)^{\mathrm{t}} \cdot 3 + 8\left(\frac{(-2)^{\mathrm{t}} - 1}{(-2) - 1}\right)$$

Nach Umformung erhalten wir als allgemeine Lösung der Differenzengleichung:

$$p_t = \left(\frac{1}{3}\right)(-2)^t + \left(\frac{8}{3}\right)$$

Da $a < -1$ divergiert der Preis p_t mit alternierenden Schwingungen. Es ergibt sich also kein Gleichgewicht wie in Abb. 4.5 dargestellt. Da $|b| < |d|$ liegt der explosive Fall vor, d. h. es kommt zu einem Aufschaukeln des Preises und keinem Gleichgewichtspreis. Alternativ kann auch hier die Lösung durch Einsetzen in die allgemeine Lösungsformel mit $a = 9$; $b = 1$; $c = 1$; $d = 2$ ermittelt werden:

$$p^* = \left(\frac{9-1}{1+2}\right) = \left(\frac{8}{3}\right)$$

$$p_t = \left(-\frac{2}{1}\right)^t \left(3 - \left(\frac{8}{3}\right)\right) + \left(\frac{8}{3}\right) = \left(\frac{1}{3}\right)(-2)^t + \left(\frac{8}{3}\right)$$

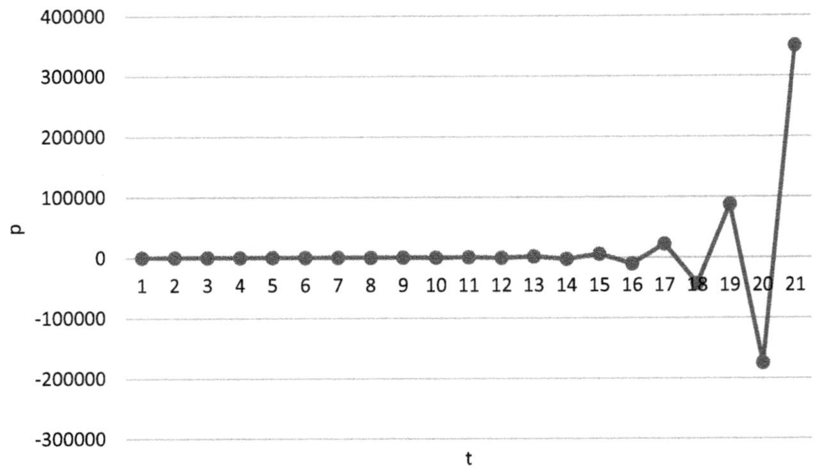

Abb. 4.5 Cobweb-Modell: Explosiver Fall

Beispiel

In einem Markt gelten die folgenden Angebots- und Nachfragefunktionen $x_t^A = 1 + 2p_{t-1}$; $x_t^N = 9 - 2p_t$.

Es gelte zunächst ein Ausgangspreis von $p_0 = 3$ Geldeinheiten. Im Gleichgewicht gilt $x_t^A = x_t^N$:

$$9 - 2p_t = 1 + 2p_{t-1}$$

Daraus ergibt sich für p_t:

$$p_t = -p_{t-1} + 4$$

Nach Anwendung der Lösungsformel für inhomogene Differenzengleichungen 1. Ordnung erhalten wir:

$$p_{\mathrm{t}} = (-1)^{\mathrm{t}}3 + 4\left(\frac{(-1)^{\mathrm{t}} - 1}{(-1) - 1}\right)$$

Nach Umformung erhalten wir als allgemeine Lösung der Differenzengleichung:

$$p_t = (-1)^t + 2$$

Da $a = -1$ divergiert p_t mit alternierende Schwingungen. Es wird kein Gleichgewichtspreis erreicht, wie in Abb. 4.6 dargestellt alterniert der Preis zwischen $p = 1$ und $p = 3$. Da $|b| = |d|$ liegt der replosive Fall vor, d. h. der Preis pendelt zwischen zwei Preisen hin und hier und es kommt zu keinem Gleichgewichtspreis. Wie auch in den beiden bisher behandelten Fällen des Cobweb-Theorems, kann auch hier die Lösung durch Einsetzen in die allgemeine Lösungsformel mit $a = 9$; $b = 2$; $c = 1$; $d = 2$ ermittelt werden:

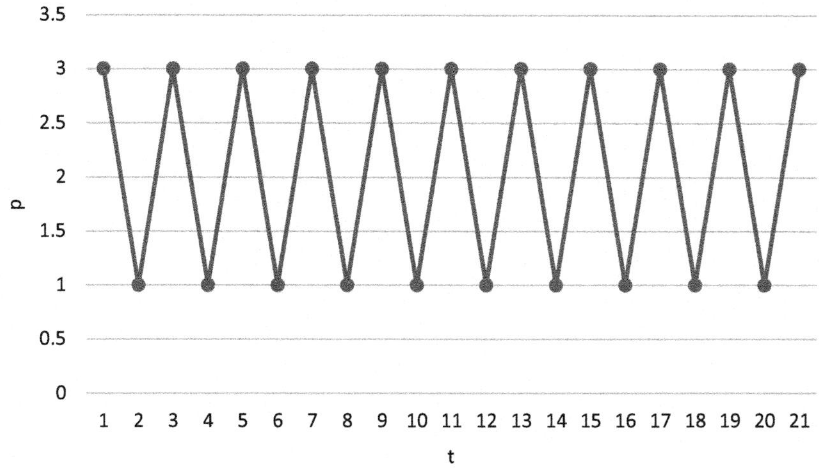

Abb. 4.6 Cobweb-Modell: Replosiver Fall

$$p^* = \left(\frac{9-1}{2+2}\right) = 2$$

$$p_t = \left(-\frac{2}{2}\right)^t (3-2) + 2 = (-1)^t + 2$$

In der vorliegenden Form des Cobweb-Modells ist die Angebots- bzw. Nachfragemenge x_t abhängig vom Preis p_t bzw. p_{t-1}. Alternativ kann in dem Modell auch der Preis p_t in Abhängigkeit von der Menge x_t bzw. x_{t-1} modelliert werden. Die Ergebnisse können analog zu den dargestellten Ergebnissen interpretiert werden. Bisher wurde davon ausgegangen, dass die Nachfragemenge sich an den aktuellen Tagespreisen orientiert und die Angebotsmenge vom Preis der Vorperiode bestimmt wird. Alternativ können sich auch im Cobweb-Modell die Nachfragepreise an den Mengen der Vorperiode orientieren und die Angebotspreise in Abhängigkeit von den aktuellen Mengen modelliert werden.

4.2.2 Goodwin-Modell

Wie bereits im Kapitel zu Entscheidungsverhalten dargelegt, spielen Erwartungen eine wichtige Rolle bei Entscheidungen. Dies gilt insbesondere für die Preisbildung, bei der die Konsumenten oder Produzenten ihre Mengenentscheidung an den Erwartungen, wie sich der Preis voraussichtlich entwickeln wird, orientieren. Beim Preisbildungsmodell nach Goodwin orientieren sich die Anbieter an den Preisen der letzten beiden Vorperioden und an den Annahmen hinsichtlich der zukünftig zu erwartenden Preisentwicklung. Die Preiserwartungsfunktion p_t^e modelliert diesen Zusammenhang:

$$p_t^e = p_{t-1} + \alpha(p_{t-1} - p_{t-2})$$

Der Parameter α modelliert die Erwartungen. Wenn $\alpha > 0$ dann gehen die Produzenten davon aus, dass sich die Preisentwicklung wie in der Vergangenheit in der Zukunft fortsetzen wird, d. h. wir sprechen in diesem Zusammenhang von extrapolativen Erwartungen. Wenn $\alpha < 0$ dann sind die Erwartungen regressiv, d. h. die Produzenten gehen davon aus, dass sich die Preisentwicklung in der Zukunft umkehren wird. Bei statischen Erwartungen, also $\alpha = 0$ dann wird das Goodwin-Modell zum Cobweb-Modell. Wenn $\alpha = 1$ gehen die Anbieter davon aus, dass der Preis um denselben Betrag steigen wird, wie in der Vorperiode. Ist $\alpha < 1$ gehen die Produzenten davon aus, dass sich die Preiserhöhung abschwächen wird, während bei also $\alpha > 1$ eine Verstärkung der Preiserhöhung erwartet wird.

Beispiel

Gehen wir in folgendem Beispiel von den angegebenen Angebots- und Nachfragefunktionen aus:

$$x_t^A = 20 + \left(\frac{2}{3}\right) p_t^e$$

$$x_t^N = 150 - \left(\frac{3}{2}\right) p_t$$

Die Preiserwartungen seien $p_t^e = p_{t-1} + \alpha(p_{t-1} - p_{t-2})$. Die Preiserwartungen sind regressiv mit $\alpha = -1$ und die Anfangspreise sind gegeben mit $p_0 = 60$; $p_1 = 80$.

Einsetzen der Preiserwartungsfunktion in die Angebotsfunktion ergibt:

$$x_t^A = 20 + (2/3)\big(p_{(t-1)} - (p_{(t-1)} - p_{(t-2)})\big)$$

$$x_t^A = 20 + \left(\frac{2}{3}\right) p_{t-2}$$

Im Gleichgewicht gilt $x_t^A = x_t^N$:

$$150 - \left(\frac{3}{2}\right) p_t = 20 + \left(\frac{2}{3}\right) p_{t-2}$$

$$p_t = \left(-\frac{4}{9}\right) p_{t-2} + \left(\frac{260}{3}\right)$$

Das Goodwin-Modell führt also zu einer inhomogenen Differenzengleichung 2. Ordnung. Gemäß dem Lösungsschema wird zunächst die charakteristische Gleichung ermittelt.

$$r^2 + \left(\frac{4}{9}\right) = 0$$

$$r_{1/2} = \sqrt{\left(\frac{4}{9}\right)} i$$

Da die Diskriminante negativ ist, liegt die Lösung im Bereich der komplexen Zahlen mit $z = a + bi$ und $a = 0$; $b = \left(\frac{2}{3}\right)$ Um die Lösung der Differenzengleichung zweiter

Ordnung zu ermitteln, werden daher zunächst die Polarkoordinaten der charakteristischen Gleichung ermittelt.

$$r = \sqrt{a^2 + b^2} = \left(\frac{2}{3}\right)$$

$$\varphi = \tan^{-1}\left(\frac{b}{a}\right) = 90°$$

Die homogene Lösung ist daher

$$p_t^H = \left(\frac{2}{3}\right)^t (\lambda_1 cos 90°t + \lambda_2 sin 90°t)$$

Im nächsten Rechenschritt wird die spezielle Lösung ermittelt, indem alle zeitlich abhängigen Variablen durch z ersetzt werden.

$$z = \left(-\frac{4}{9}\right)z + \left(\frac{260}{3}\right)$$

$$z = 60$$

Die allgemeine Lösung ist daher

$$p_t = \left(\frac{2}{3}\right)^t (\lambda_1 cos 90°t + \lambda_2 sin 90°t) + 60$$

Damit abschließend die allgemeine Lösung ermittelt werden kann, werden die beiden Startwerte p_0 und p_1 eingesetzt. Nach Ermittlung von λ_1 und λ_2 ergibt sich die partikuläre Lösung:

$$p_t = \left(\frac{2}{3}\right)^t 30 sin 90°t + 60$$

Da $r < 1$ konvergiert der Preis oszillierend mit fallender Amplitude gegen den Gleichgewichtspreis $p = 60$, wie in Abb. 4.7 illustriert.

4.2.3 Preisanpassungsmodell nach Evans

Ein alternatives dynamisches Preisanpassungsmodell ist das Modell nach Evans, bei dem die Preisbildung über die Differenz aus Angebots- und Nachfragemenge erklärt wird. Wir nehmen an, die Anbieter nehmen Preisanpassungen vor, je nachdem, ob ein Angebotsmengenüberschuss oder ein Angebotsmengendefizit vorliegt. Bei einem Angebotsmengenüberschuss sinken die Preise, während bei einem Angebotsmengendefizit die Preise erhöht werden. Folgende Gleichung beschreibt die dynamische Preisanpassung:

$$p_{t+1} = p_t - \alpha\left(x_t^A - x_t^N\right)$$

Dabei ist α ein Reaktionskoeffizient, der die Intensität der Preisreaktion bestimmt.

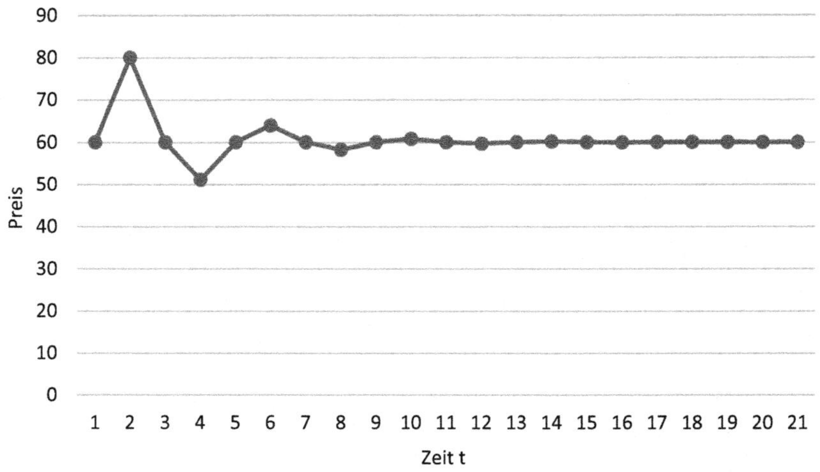

Abb. 4.7 Dynamisches Verhalten des Goodwin-Modells

Beispiel

Gegeben sei die Angebotsfunktion $x_t^A = \left(\frac{2}{3}\right)p_t$ und die Nachfragefunktion $x_t^N = 100 - p_t$. Der Ausgangspreis sei $p_0 = 65$ und $\alpha = \left(\frac{1}{5}\right)$.

Die Preisbildung erfolgt nach dem dynamischen Preisbildungsmodell

$$p_{t+1} = p_t - \alpha\left(x_t^A - x_t^N\right)$$

Die Differenz aus Angebot und Nachfrage ergibt sich als

$$x_t^A - x_t^N = \left(\left(\frac{2}{3}\right)p_t - (100 - p_t)\right) = \left(\frac{5}{3}\right)p_t - 100$$

Daraus ergibt sich, eingesetzt in die Preisbildungsformel:

$$p_{t+1} = p_t - \left(\frac{1}{5}\right)\left(\left(\frac{5}{3}\right)p_t - 100\right) = \left(\frac{2}{3}\right)p_t + 20$$

Da es sich um eine inhomogene Differenzengleichung 1. Ordnung handelt, erhalten wir nach Einsetzen in die Lösungsformel:

$$p_t = \left(\frac{2}{3}\right)^t 65 + 20\left(\frac{\left(\frac{2}{3}\right)^t - 1}{\left(\frac{2}{3}\right) - 1}\right)$$

$$p_t = 5\left(\frac{2}{3}\right)^t + 60$$

Da $0 < a < 1$ sinkt p_t monoton und konvergiert gegen den Gleichgewichtspreis von $p^* = 60$.

Alternativ kann das Preisanpassungsmodell nach Evans als stetiges dynamisches Modell modelliert werden. In diesem Fall wird der Preis p als zeitabhängige Variable aufgefasst. Für den Fall eines Ungleichgewichts bei der Preisbildung wird unterstellt, dass die zeitliche Änderung des Marktpreises $p'(t)$ proportional zum Nachfrageüberhang $x_N(t) - x_A(t)$ ist. Der Proportionalitätsfaktor sei a mit $a > 0$. Das dynamische Preisanpassungsmodell ist daher:

$$p'(t) = a(x_N(t) - x_A(t))$$

Beispiel

Für ein Gut sei die Angebotsfunktion $x_A(p) = p - 20$ und die Nachfragefunktion $x_N(p) = 100 - 2p$. Der Proportionalitätsfaktor sei $a = 0{,}04$ und der Ausgangspreis $p_0 = 25$ Geldeinheiten.

Der Nachfrageüberhang ist daher

$$x_N(t) - x_A(t) = 100 - 2p - (p - 20) = 120 - 3p$$

Eingesetzt in das Preisbildungsmodell ergibt sich daher

$$p'(t) = 0{,}04(120 - 3p) = 4{,}8 - 0{,}12p$$

Dies kann in die Formel für inhomogene Differenzialgleichungen 1. Ordnung eingesetzt werden und wir erhalten:

$$p_t = e^{-0{,}12t}\left(25 - \left(\frac{4{,}8}{0{,}12}\right)\right) + \left(\frac{4{,}8}{0{,}12}\right)$$

$$p_t = -15e^{-0{,}12t} + 40$$

Die Ermittlung des Grenzwerts für $t \to \infty$ zeigt

$$\lim_{t \to \infty} (p_t) = 40$$

Das heißt der Preis konvergiert gegen den Gleichgewichtspreis $p^* = 40$ Geldeinheiten.

4.2.4 Weitere Anwendungsmöglichkeiten dynamischer Ansätze in der Mikroökonomik

Viele Konsumentscheidungen sind saison- und zeitabhängig. So hängen der Konsum von Speiseeis von den äußeren Witterungseinflüssen und der Konsum von Schokoladenosterhasen oder Schokoweihnachtsmännern vom Kalender ab. Diese Zeitabhängigkeit wird mit Differenzen- oder Differenzialgleichungen modelliert. Zudem können äußere Einflüsse, wie z. B. Werbemaßnahmen berücksichtigt werden. In den statischen Modellen der Haushaltstheorie wurde der Preis in Abhängigkeit von der Menge mithilfe einer Preis-Absatz-Funktion $p(x)$ modelliert. In den dynamischen Modellen der Preisbildung und Absatzmenge wird insbesondere die Zeitabhängigkeit in den Fokus der Analyse gestellt. Wenn wir davon ausgehen, dass die Absatzmenge eines Gutes zum einen von der Zeit t und zum anderen von exogenen Einflüssen, wie dem Werbeeinsatz $w(t)$, abhängt, so erhalten wir

$$y'(t) = -ay(t) + w(t)$$

Dies bedeutet, dass die Abnahme des Absatzes von $y(t)$ proportional zum jeweiligen Absatzniveau und dem Werbeeinsatz ist. Ohne Werbeeinsatz $w(t)$ sinkt daher der Absatz des Produkts. Dies kann eine realistische Annahme für Produkte sein, für die Substitute existieren. Ohne Werbeeinsatz schrumpft daher die Absatzmenge, während eine Werbeaktion das Produkt bei den Konsumenten in Erinnerung ruft und daher den Absatz ankurbeln kann. Es gilt daher als allgemeine Lösung der Differenzialgleichung

$$y'(t) + ay(t) = w(t)$$

Mit $a = a$ und $b = w(t)$ ergibt sich daher

$$y_t = e^{-at}\left(y_0 - \left(\frac{w(t)}{a}\right)\right) + \left(\frac{w(t)}{a}\right)$$

Beispiel

Der Absatz eines Produkts lässt sich durch folgende Differenzialgleichung beschreiben:

$$y'(t) = -ay(t) + w(t)$$

Wie lautet die allgemeine Lösung für $y_0 = 100$ und $a = 0{,}1$, wenn der Werbeeinsatz $w(t) = 6$, bzw. wenn die Werbeausgaben ausbleiben, also $w(t) = 0$?

Für den Werbeeinsatz in Höhe von $w(t) = 6$ lässt sich als Lösung der inhomogenen Differenzialgleichung 1. Ordnung nach Anwendung der Lösungsformel ermitteln:

$$y_t = e^{-0{,}1t}\left(100 - \left(\frac{6}{0{,}1}\right)\right) + \left(\frac{6}{0{,}1}\right) = 40e^{-0{,}1t} + 60$$

Da der Exponent $a = -0{,}1 < 0$ ergibt sich eine konvergente Lösung gegen die Gleichgewichtsabsatzmenge in Höhe von $y_\infty = 60$.

Wenn nun der alternative Werbeeinsatz in Höhe von $w(t) = 0$ angesetzt wird, erhalten wir

$$y_t = e^{-0{,}1t}\left(100 - \left(\frac{0}{0{,}1}\right)\right) + \left(\frac{0}{0{,}1}\right) = 100e^{-0{,}1t}$$

Da der Exponent $a = -0{,}1 < 0$ erhalten wir eine konvergente Lösung gegen den Gleichgewichtswert $y_\infty = 0$. D. h. ohne zusätzliche Werbeausgaben strebt die Absatzmenge gegen 0.

Wie bereits in der Einführung zu den Differenzialgleichungen erwähnt, kann in der Mikroökonomik aus einer gegebenen Elastizitätsfunktion die dazugehörige Stammfunktion durch

Integration ermittelt werden. In der Preisbildung ist dies besonders relevant, wenn es um die Herleitung einer Nachfragefunktion aus einer gegebenen Preiselastizitätsfunktion geht.

Beispiel

Gegeben sei die folgende Preiselastizitätsfunktion:

$$\left(\frac{x'(p)p}{x(p)}\right) = 1 - 2p$$

Da es sich bei der Preiselastizität um eine Differenzialgleichung handelt, kann die Nachfragefunktion ermittelt werden, indem zunächst die Variablen getrennt werden. Division durch p führt zu:

$$\left(\frac{x'(p)}{x(p)}\right) = \left(\frac{1}{p}\right) - 2$$

Im zweiten Schritt werden beide Seiten integriert:

$$\int \left(\frac{x'(p)}{x(p)}\right) = \int \left(\left(\frac{1}{p}\right) - 2\right) dp$$

$$\ln x(p) = \ln p - 2p + C$$

Daraus ergibt sich die Nachfragefunktion $x(p)$:

$$x(p) = e^{lnp} e^{-2p} e^{C} = pe^{-2p} e^{C}$$

4.3 Dynamische Analyse: Makroökonomik

Die dynamische mathematische Modellierung hat ihren Schwerpunkt in der Analyse makroökonomischer Zusammenhänge im Zeitverlauf. In diesem Zusammenhang spielt das keynesianische Makromodell eine wichtige Rolle für die Modellierung zeitlich-abhängiger Prozesse im Grundstudium. Neben dem keynesianischen Makromodell wird auch das alternative neoklassische Makromodell dargestellt, um im Rahmen der kurzfristigen IS/LM-Analyse wesentliche Unterschiede zwischen beiden alternativen Paradigmen herauszuarbeiten. Weitere wichtige Anwendungsfelder der dynamischen Modellierung sind Konjunkturprozesse, die eher mittelfristig vom zeitlichen Analyserahmen anzusiedeln sind und die langfristigen Wachstumsprozesse einer Volkswirtschaft, die im weiteren Verlauf dieses Kapitels betrachtet werden.

4.3.1 Keynesianisches Makromodell und IS/LM-Analyse

Das keynesianische Makromodell modelliert das simultane Gleichgewicht auf dem Geld- und Gütermarkt. Der Gütermarkt wird durch eine Konsum- und eine Investitionsfunktion beschrieben. Der Konsum wird durch den autonomen Konsum c_0 und die einkommensabhängigen Konsumausgaben $c_1 Y$ beschrieben:

$$C = c_0 + c_1 Y$$

Die Variable c_1 beschreibt die marginale Konsumneigung, die den Anteil des Einkommens, der für Konsumzwecke eingesetzt wird, darstellt. Die marginale Konsumneigung kann zwischen 0 und 1 liegen. Der Teil, der nicht für Konsumzwecke zur Verfügung steht, wird für Sparzwecke eingesetzt. Die Sparneigung wird mit s bezeichnet. Konsum- und Sparneigung addieren sich immer zu eins, sodass bei einer Konsumneigung von 90 %, d. h. $c_1 = 0{,}9$ eine Sparneigung von $s = 0{,}1$ vorliegt. In der dynamischen Wirtschaftstheorie wird der Konsum i. d. R. mit einer zeitlichen Verzögerung, dem sogenannten „Robertson-Lag" modelliert. Dies bedeutet, dass der Konsum vom aktuellen autonomen Konsum und dem Einkommen der Vorperiode abhängt:

$$C_t = c_0 + c_1 Y_{t-1}$$

Die zweite wesentliche Nachfragekomponente des keynesianischen Gütermarktmodells ist die Investitionsfunktion. Die Investitionsfunktion in ihrer keynesianischen Grundform besteht nur aus den autonomen Investitionen:

$$I = I_0$$

Die autonomen Investitionen sind nicht einkommensabhängig und exogen gegeben. In der neoklassischen Variante der Investitionsfunktion sind die Investitionen i. d. R. zinsabhängig. Im kurzfristigen keynesianischen Gütermarktmodell spielt der Multiplikatoreffekt eine herausragende Rolle. Wenn wir zunächst von einem statischen Gütermarktmodell keynesianischer Prägung ausgehen, so ergibt sich das Gütermarktgleichgewicht aus der Gleichgewichtsbedingung

$$Y = C + I$$

Wenn nun die Konsum- und Investitionsfunktion eingesetzt wird, ergibt sich

$$Y = c_0 + c_1 Y + I_0$$

Für die Ermittlung des Multiplikators werden alle einkommensabhängige Größen, in diesem Fall $c_1 Y$ auf eine Seite gebracht:

$$Y - c_1 Y = c_0 + I_0$$

Ausklammern von Y führt zu

$$Y(1 - c_1) = c_0 + I_0$$
$$Y = \left(\frac{1}{1 - c_1}\right)(c_0 + I_0)$$

Der Klammerausdruck $\left(\frac{1}{1-c_1}\right)$ stellt den keynesianischen Multiplikator m dar. Der Multiplikator gibt an, um wie viel das Einkommen Y steigt, wenn eine der autonomen

Größen, also in diesem Falle die autonomen Konsumausgaben c_0 oder die autonomen Investitionsausgaben I_0, um eine Einheit gesteigert wird.

Beispiel

In einer geschlossenen Volkswirtschaft ohne Staat gelte die Konsumfunktion $C = 100 + 0{,}8Y$ und die Investitionsfunktion $I = 50$. Das Einkommen im Gleichgewicht beträgt daher

$$\begin{aligned} Y &= C + I \\ Y &= 100 + 0{,}8Y + 50 = 150 + 0{,}8Y \\ 0{,}2Y &= 150 \\ Y &= 750 \end{aligned}$$

Das Gleichgewichtseinkommen beträgt also $Y = 750$ Geldeinheiten. Die Unternehmen weiten ihre Investitionen um $\Delta I = 20$ Geldeinheiten aus. Das neue Gleichgewichtseinkommen beträgt daher

$$\begin{aligned} Y &= C + I \\ Y &= 100 + 0{,}8Y + 50 + 20 = 170 + 0{,}8Y \\ 0{,}2Y &= 170 \\ Y &= 850 \end{aligned}$$

Das neue Gleichgewichtseinkommen nach der Ausweitung der Investitionen beträgt daher $Y = 850$ Geldeinheiten. Der keynesianische Multiplikatoreffekt beträgt

$$m = \left(\frac{1}{1 - c_1}\right) = \left(\frac{1}{1 - 0{,}8}\right) = 5$$

$$\Delta Y = m \cdot \Delta I = 5 \cdot 20 = 100$$

Dies bedeutet, eine Erhöhung der Investitionen um $\Delta I = 20$ Geldeinheiten führt zu einer Erhöhung des Einkommens um den Faktor $m = 5$. D. h. das Einkommen steigt von 750 auf 850 Geldeinheiten.

Oben genannte Modellökonomie wird um Staatstätigkeit erweitert. Die Einnahmen des Staates werden durch die Steuerfunktion

$$T = tY$$

und die Staatsausgaben durch

$$G = G_0$$

modelliert. Der Steuersatz entspricht daher t. Das gesamtwirtschaftliche Gleichgewicht kann daher mit folgender Gleichgewichtsbedingung dargestellt werden

$$Y = C + I + G$$

Einsetzen der Konsum- und Steuerfunktion führt zu

$$Y = c_0 + c_1(Y - tY) + I_0 + G_0$$

Der Ausdruck $(Y - tY)$ wird auch als verfügbares Einkommen Y_v bezeichnet. Auflösen des Klammerausdrucks ergibt

$$Y = c_0 + c_1 Y - c_1 tY + I_0 + G_0$$

Um den Multiplikatoreffekt ermitteln zu können, werden zunächst die einkommensabhängigen Variablen auf die linke Seite gebracht

$$Y - c_1 Y + c_1 tY = c_0 + I_0 + G_0$$

Ausklammern führt zu

$$Y(1 - c_1 + c_1 t) = c_0 + I_0 + G_0$$

Division durch den Klammerausdruck ergibt

$$Y = \left(\frac{1}{1 - c_1 + c_1 t}\right)(c_0 + I_0 + G_0)$$

Der Klammerausdruck

$$m = \left(\frac{1}{1 - c_1 + c_1 t}\right) = \left(\frac{1}{1 - c_1(1 - t)}\right)$$

entspricht dem keynesianischen Multiplikator einer geschlossenen Volkswirtschaft mit Staatstätigkeit.

Beispiel

In einer geschlossenen Volkswirtschaft ohne Staat gelte die Konsumfunktion $C = 100 + 0{,}8Y$ und die Investitionsfunktion $I = 50$. Der Staat erhebt Steuern in Höhe von $T = 0{,}25Y$ und tätigt Staatsausgaben in Höhe von $G = 50$. Das Einkommen im Gleichgewicht beträgt daher

$$\begin{gathered} Y = C + I + G \\ Y = 100 + 0{,}8(Y - 0{,}25Y) + 50 + 50 = 200 + 0{,}6Y \\ 0{,}4Y = 200 \\ Y = 500 \end{gathered}$$

Das Gleichgewichtseinkommen beträgt also $Y = 500$ Geldeinheiten. Die Unternehmen weiten ihre Investitionen um $\Delta I = 20$ Geldeinheiten aus. Das neue Gleichgewichtseinkommen beträgt daher

$$\begin{gathered} Y = C + I + G \\ Y = 100 + 0{,}8(Y - 0{,}25Y) + 50 + 50 + 20 = 220 + 0{,}6Y \\ 0{,}4Y = 220 \\ Y = 550 \end{gathered}$$

Das neue Gleichgewichtseinkommen nach der Ausweitung der Investitionen beträgt daher $Y = 550$ Geldeinheiten. Der keynesianische Multiplikatoreffekt beträgt

$$\begin{aligned} m &= \left(\frac{1}{1-c_1+c_1 t}\right) = \left(\frac{1}{1-c_1(1-t)}\right) \\ &= \left(\frac{1}{1-0{,}8(1-0{,}25)}\right) = 2{,}5 \end{aligned}$$

$$\Delta Y = m \cdot \Delta I = 2{,}5 \cdot 20 = 50$$

Dies bedeutet, eine Erhöhung der Investitionen um $\Delta I = 20$ Geldeinheiten führt zu einer Erhöhung des Einkommens um den Faktor $m = 2{,}5$. D. h. das Einkommen steigt von 500 auf 550 Geldeinheiten.

Die Modellökonomie wird um den Außenhandel durch Einführung einer Importfunktion der Form

$$Im = Im_0 + gY$$

erweitert, wobei Im_0 die autonome Importnachfrage und g die marginale Importneigung beschreiben. Die Exporte sind exogen gegeben und werden durch die folgende Exportfunktion beschrieben.

$$Ex = Ex_0$$

Die Differenz aus Exporten und Importen wird als Außenbeitrag bezeichnet. Das gesamtwirtschaftliche Gleichgewicht kann daher mit folgender Gleichgewichtsbedingung dargestellt werden

$$Y = C + I + G + Ex - Im$$

Einsetzen der einzelnen Funktionen führt zu

$$Y = c_0 + c_1(Y - tY) + I_0 + G_0 + Ex_0 - Im_0 - gY$$

Auflösen des Klammerausdrucks ergibt

$$Y = c_0 + c_1 Y - c_1 tY + I_0 + G_0 + Ex_0 - Im_0 - gY$$

Um den Multiplikatoreffekt ermitteln zu können, werden zunächst die einkommensabhängigen Variablen auf die linke Seite gebracht

$$Y - c_1 Y + c_1 tY + gY = c_0 + I_0 + G_0 + Ex_0 - Im_0$$

Ausklammern führt zu

$$Y(1 - c_1 + c_1 t + g) = c_0 + I_0 + G_0 + Ex_0 - Im_0$$

Division durch den Klammerausdruck ergibt

$$Y = \left(\frac{1}{1 - c_1 + c_1 t + g}\right)(c_0 + I_0 + G_0 + Ex_0 - Im_0)$$

Der Klammerausdruck

$$m = \left(\frac{1}{1 - c_1 + c_1 t + g} \right) = \left(\frac{1}{1 - c_1(1-t) + g} \right)$$

entspricht dem keynesianischen Multiplikator einer offenen Volkswirtschaft mit Staatstätigkeit.

Beispiel

In einer geschlossenen Volkswirtschaft ohne Staat gelte die Konsumfunktion $C = 100 + 0{,}8Y$ und die Investitionsfunktion $I = 50$. Der Staat erhebt Steuern in Höhe von $T = 0{,}25Y$ und tätigt Staatsausgaben in Höhe von $G = 50$. Die Exporte belaufen sich auf $Ex = 30$ und die Importe können durch die Importfunktion $Im = 20 + 0{,}2Y$ beschrieben werden. Das Einkommen im Gleichgewicht beträgt daher

$$\begin{aligned} Y &= C + I + G + Ex - Im \\ Y &= 100 + 0{,}8(Y - 0{,}25Y) + 50 + 50 + 30 - 20 - 0{,}2Y = 210 + 0{,}4Y \\ 0{,}6Y &= 210 \\ Y &= 350 \end{aligned}$$

Das Gleichgewichtseinkommen beträgt also $Y = 350$ Geldeinheiten. Die Unternehmen weiten ihre Investitionen um $\Delta I = 20$ Geldeinheiten aus. Das neue Gleichgewichtseinkommen beträgt daher

$$\begin{aligned} Y &= C + I + G + Ex - Im \\ Y &= 100 + 0{,}8(Y - 0{,}25Y) + 50 + 50 + 30 - 20 - 0{,}2Y + 20 = 230 + 0{,}4Y \\ 0{,}6Y &= 230 \\ Y &= 383{,}33 \end{aligned}$$

Das neue Gleichgewichtseinkommen nach der Ausweitung der Investitionen beträgt daher $Y = 383{,}33$ Geldeinheiten. Der keynesianische Multiplikatoreffekt beträgt

$$m = \left(\frac{1}{1 - c_1 + c_1 t + g} \right) = \left(\frac{1}{1 - c_1(1-t) + g} \right) = \left(\frac{1}{1 - 0{,}8(1 - 0{,}25) + 0{,}2} \right) = 1{,}66$$

$$\Delta Y = m \cdot \Delta I = 1{,}66 \cdot 20 = 33{,}33$$

Dies bedeutet, eine Erhöhung der Investitionen um $\Delta I = 20$ Geldeinheiten führt zu einer Erhöhung des Einkommens um den Faktor $m = 1{,}66$. D. h. das Einkommen steigt von 350 auf 383,33 Geldeinheiten.

Der Vergleich der Multiplikatoreffekte zeigt, dass die marginale Konsumneigung c_1 expansiv wirkt. Dies bedeutet, je höher die Konsumneigung ist, desto größer ist der Multiplikatoreffekt und damit auch der Effekt auf das Volkseinkommen. Der Steuersatz t und die marginale Importneigung g hingegen wirken kontraktiv, d. h. eine Erhöhung des Steuersatzes bzw. der Importneigung verringern den Multiplikatoreffekt und damit

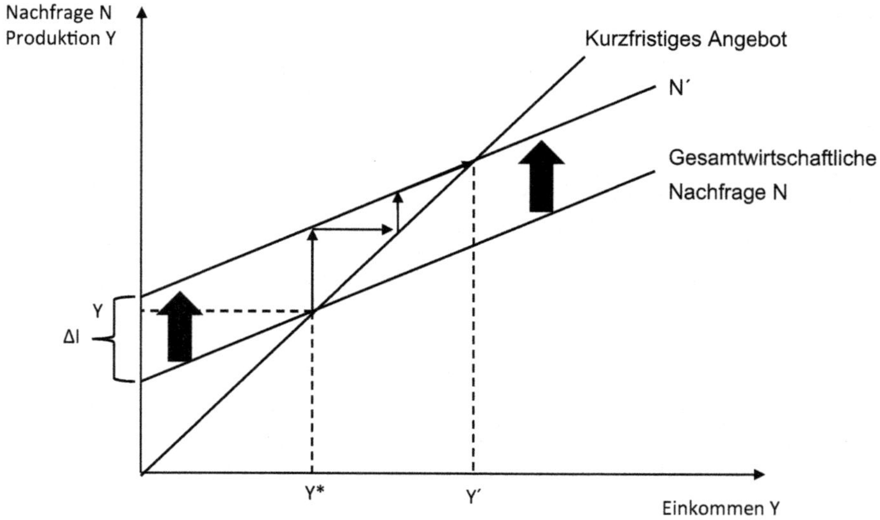

Abb. 4.8 Dynamische Anpassung im Gütermarkt

die Wirkung einer Änderung der autonomen Größen (autonomer Konsum, Investitionen, Staatsausgaben, Exporte, autonome Importnachfrage) auf das Volkseinkommen.

Bisher sind wir von simultaner Anpassung ausgegangen, d. h. nach Erhöhung der autonomen Investitionen wurde direkt der neue Gleichgewichtszustand erreicht. In der Realität sind diese Anpassungsprozesse zeitaufwendig.

In Abb. 4.8 sind die Gleichgewichte und Anpassungsprozesse dargestellt. In der Abbildung ist Y* das ursprüngliche Gleichgewicht. Eine Erhöhung der Investitionen verschiebt die gesamte Nachfragekurve nach oben. Die Folge ist ein neues Gleichgewicht, dass nach Abschluss des Multiplikatorprozesses erreicht wird, in diesem Fall mit Y' dargestellt. Grundsätzlich entsteht durch die zusätzliche Investitionsnachfrage ein Nachfrageüberhang. Infolgedessen werden Lagerbestände abgebaut und die Produktion ausgeweitet. Die Produktionsausweitung führt zu wachsendem Einkommen der Haushalte, die wiederum einen Teil des zusätzlichen Einkommens für Konsumausgaben verwenden. Die Differenz zwischen Angebot und Nachfrage wird im Zeitverlauf immer geringer, bis am Ende das neue Gleichgewicht erreicht wird. Der Wachstumsimpuls, ausgelöst durch die zusätzlichen Investitionen, ist zu Beginn des Multiplikatorprozesses am größten und nimmt mit der Zeit weiter ab. Die Einführung zeitlicher Dynamik wird durch eine Konsumfunktion mit Robertson-Lag erreicht.

Beispiel

Eine geschlossene Volkswirtschaft ohne Staat kann durch folgende Konsum- und Investitionsfunktionen beschrieben werden:

$$C = 200 + 0{,}6Y$$
$$I = 150$$

Das Gleichgewicht beträgt daher

$$Y = C + I = 200 + 0{,}6Y + 150$$

Umstellen nach Y ergibt das Gleichgewichtseinkommen

$$Y = 875$$

Wenn wir nun davon ausgehen, dass die Investitionen um $\Delta I = 20$ erhöht werden, dann ergibt sich daraus der Multiplikator

$$m = \left(\frac{1}{1 - c_1}\right) = \left(\frac{1}{1 - 0{,}6}\right) = 2{,}5$$

Der Einkommenseffekt beläuft sich daher auf

$$\Delta Y = m \cdot \Delta I = 2{,}5 \cdot 20 = 50$$

Nach Abschluss aller Anpassungsprozesse wird also das Einkommen $Y = 875 + 50 = 925$ erzielt.

Bisher sind wir davon ausgegangen, dass die Konsumausgaben vom laufenden Einkommen abhängen. Alternativ kann man davon ausgehen, dass die Konsumausgaben vom Einkommen der Vorperiode abhängen. Dies ist der sogenannte Robertson-Lag.

$$C_t = 200 + 0{,}6Y_{t-1}$$

Wenn wir davon ausgehen, dass die Investitionen in $t = 1$ dauerhaft um $\Delta I = 20$ steigen, dann kann die Entwicklung der Volkswirtschaft im Zeitverlauf mit Tab. 4.2 dargestellt werden.

Im Ausgangsgleichgewicht Y_0 und nach Abschluss des Anpassungsprozesses Y_∞ gilt, das die Investitionen den Ersparnissen, also $I = S$, entsprechen. Zwischen den Gleichgewichten liegen Ungleichgewichte vor, da die Investitionen nicht den Ersparnissen entsprechen, da $I > S$.

Die tabellarische Darstellung des Anpassungsprozesses zeigt zwar, wie sich die makroökonomischen Variablen im Zeitverlauf entwickeln. Die Erstellung der Sequenzta-

Tab. 4.2 Entwicklung der Volkswirtschaft im Zeitverlauf

Periode t	Investitionen I	Konsum C	Einkommen Y	Wachstum ΔY	Sparen S
0	150	725	875	–	150
1	170	725	895	20	150
2	170	737	907	12	158
3	170	744	914	7	163
4	170	748	918	4	166
⋮	⋮	⋮	⋮	⋮	⋮
∞	170	755	925		170

belle ist jedoch relativ zeitaufwendig, da man nicht weiß, nach wie vielen Zeitperioden das neue Gleichgewicht erreicht wird. Der mathematisch elegantere Weg ist daher die Lösung des dynamischen makroökonomischen Modells mithilfe der Lösungsverfahren für Differenzengleichungen. Das dynamische Makromodell entspricht in der Regel einer inhomogenen Differenzengleichung 1. Ordnung.

Beispiel

Eine geschlossene Volkswirtschaft kann mit folgenden Gleichungen beschrieben werden:

$$C_t = 100 + 0{,}75Y_{t-1}$$
$$I_t = 100$$
$$G_t = 200$$

Gegeben sei ferner ein Ausgangseinkommen in Höhe von $Y_0 = 1200$ Geldeinheiten. Mit dem keynesianischen Gütermarktmodell kann untersucht werden, auf welches Gleichgewichtseinkommen sich die Volkswirtschaft bewegen wird. Nach Einsetzen der Funktionen in die Gleichgewichtsbedingung ergibt sich:

$$Y_t = C_t + I_t + G_t$$
$$Y_t = 100 + 0{,}75Y_{t-1} + 100 + 200$$
$$Y_t = 400 + 0{,}75Y_{t-1}$$

Bei dieser Gleichung handelt es sich um eine inhomogene Differenzengleichung 1. Ordnung, die mit dem entsprechenden Lösungsschema gelöst werden kann.

$$Y_t = 0{,}75^t 1200 + 400\left(\frac{0{,}75^t - 1}{0{,}75 - 1}\right)$$

Nach Umformung erhalten wir als allgemeine Lösung der Differenzengleichung:

$$Y_t = 0{,}75^t(-400) + 1600$$

Da $0 < a < 1$ konvergiert das Einkommen Y gegen das Gleichgewichtseinkommen $Y^* = 1600$ Geldeinheiten. Die dynamische Entwicklung des keynesianischen Makromodells im Zeitverlauf ist in Abb. 4.9 illustriert.

Das keynesianische Makromodell kann um den Geldmarkt erweitert werden. In diesem Kontext wird das exogen gegebene Geldangebot M und die Geldnachfragefunktion L eingeführt. Die keynesianische Geldnachfrage hängt von der Transaktionskasse, d. h. dem Volkseinkommen und von der Spekulationskasse, d. h. dem Zinsniveau i ab. Die Transaktionskasse L_T ist zinsunabhängig, wie in Abb. 4.10 dargestellt. Die Transaktionskasse bzw. Transaktionsgeldnachfrage hängt vom Volkseinkommen ab, da diese Kasse der „Bezahlung" der Produktion dient. Steigt das Volkseinkommen, so steigt auch die Nachfrage nach Transaktionskasse. Die Spekulationskasse dient dem Erwerb von Wertpapieren. Die Spekulationskasse bzw. Spekulationsgeldnachfrage hängt von den Zinsen ab. Bei hohen Zinsen ist die Spekulationsnachfrage niedrig, da die Haushalte ihr Geld

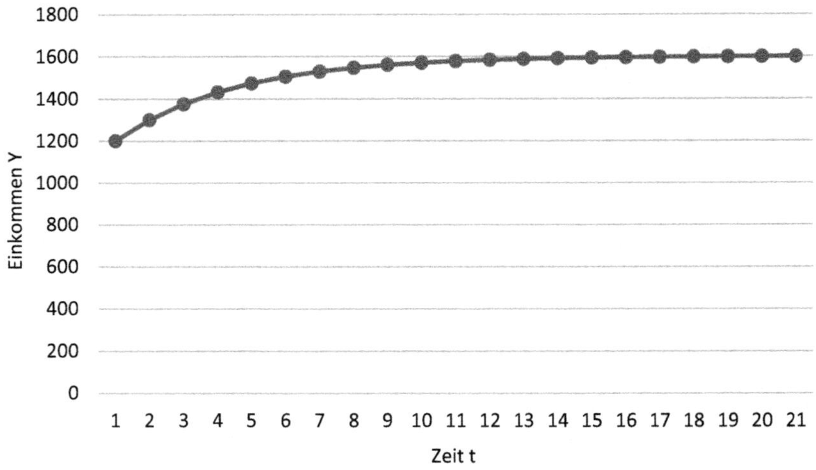

Abb. 4.9 Die Entwicklung des Einkommens im keynesianischen Gütermarkt im Zeitverlauf

Abb. 4.10 Die Geldnachfrage L

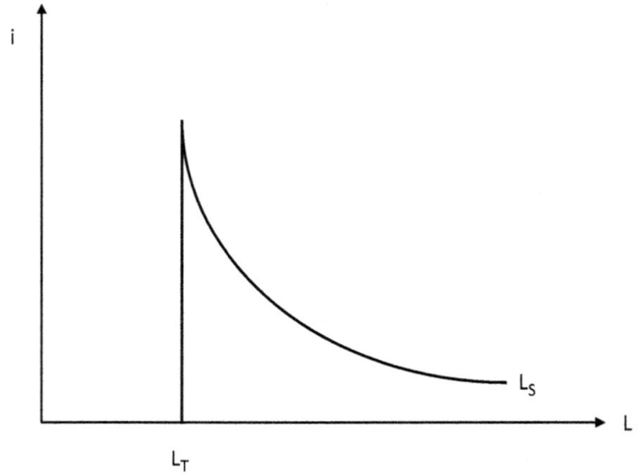

auf dem Bankkonto „parken“, um hohe Zinserträge zu realisieren. Sinken die Zinsen, dann steigt die Geldnachfrage nach Spekulationskasse, da sich bei fallenden Zinsen durch den Erwerb von Wertpapieren höhere Erträge generieren lassen.

Das Geldangebot M ist exogen von der Zentralbank vorgegeben. Für den Geldmarkt gilt die Gleichgewichtsbedingung Geldangebot = Geldnachfrage, also $L = M$. Über den Schnittpunkt von Geldangebot und Geldnachfragekurve wird der Gleichgewichtszinssatz i^* ermittelt. Das Geldmarktgleichgewicht ist in Abb. 4.11 dargestellt.

Wenn in Folge von Wirtschaftswachstum das Volkseinkommen steigt, so verschiebt sich die Transaktionsgeldnachfrage und in der Konsequenz die gesamte Geldnachfragekurve nach rechts. Bleibt nun das Geldangebot M konstant, so steigen die Zinsen auf i'. Das neue Gleichgewicht ist in Abb. 4.12 dargestellt.

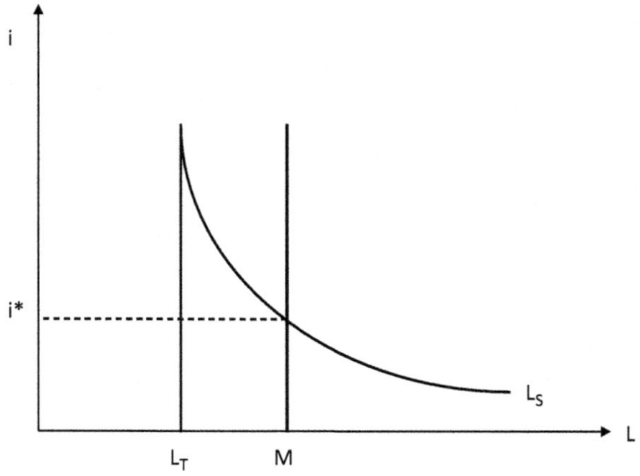

Abb. 4.11 Das Geldmarktgleichgewicht

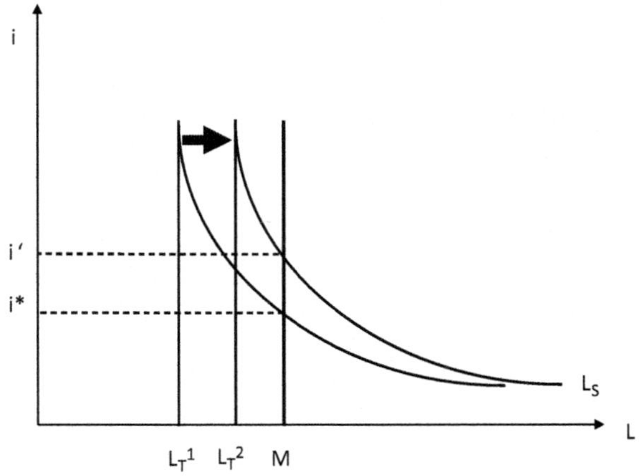

Abb. 4.12 Wirkung einer Einkommenserhöhung auf den Geldmarkt

Die Gleichung des Gütermarktgleichgewichts in der Form $i = f(Y)$ wird auch als IS-Funktion bezeichnet. Die IS-Funktion zeigt sämtliche Kombinationen von Zins und Volkseinkommen, bei denen ein Gleichgewicht auf dem Gütermarkt herrscht. Die Gleichung des Geldmarktgleichgewichts, ebenfalls in der Form $i = f(Y)$, heißt dementsprechend LM-Funktion. Die LM-Funktion zeigt wiederum sämtliche Kombinationen von Zins und Volkseinkommen, bei denen ein Gleichgewicht auf dem Geldmarkt herrscht. Im simultanen Gleichgewicht von Güter- und Geldmarkt liegt der Schnittpunkt beider Funktionen. Über diesen Schnittpunkt kann der Gleichgewichtszinssatz i und das Gleichgewichtseinkommen Y ermittelt werden, wie in Abb. 4.13 dargestellt.

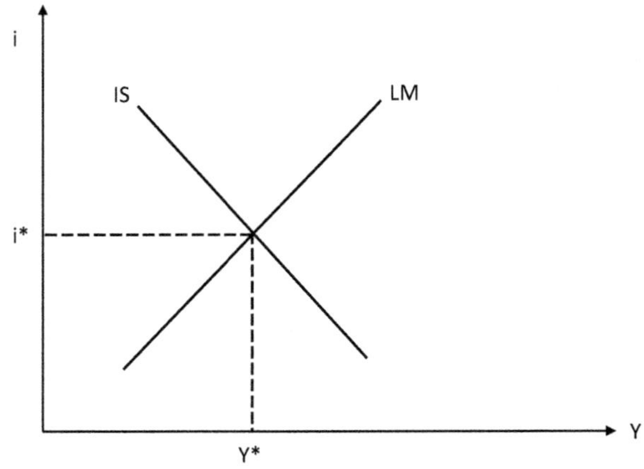

Abb. 4.13 Das simultane Gleichgewicht auf dem Güter- und Geldmarkt: IS/LM-Modell

Beispiel

In einer geschlossenen Volkswirtschaft ohne Staat kann der Gütermarkt mit folgenden Konsum- und Investitionsfunktionen beschrieben werden:

$$C = 150 + 0{,}8Y$$
$$I = 200 - 20\mathrm{i}$$

Der Geldmarkt kann durch die folgenden Geldnachfrage- und Geldangebotsfunktionen definiert werden

$$L = 50 + 0{,}15Y - 5i$$
$$M = 150$$

Für das Gütermarktgleichgewicht gilt die Gleichgewichtsbedingung

$$Y = C + I$$
$$Y = 150 + 0{,}8Y + 200 - 20i = 350 + 0{,}8Y - 20i$$

Umstellen nach i ergibt die IS-Funktion in der Form $i = f(Y)$

$$i = 17{,}5 - 0{,}01Y$$

Für den Geldmarkt gilt die Gleichgewichtsbedingung

$$L = M$$
$$50 + 0{,}15Y - 5i = 150$$

Umstellen nach i ergibt die LM-Funktion in der Form $i = f(Y)$

$$i = -20 + 0{,}03\mathrm{Y}$$

Im simultanen Güter- und Geldmarktgleichgewicht gilt

$$IS = LM$$
$$17{,}5 - 0{,}01Y = -20 + 0{,}03Y$$
$$Y = 937{,}5$$
$$i = 17{,}5 - 0{,}01 \cdot 937{,}5 = 8{,}125$$

Im simultanen Gleichgewicht wird also ein Volkseinkommen in Höhe von $Y = 937{,}5$ Geldeinheiten bei einem Zinssatz von $i = 8{,}125\,\%$ erreicht.

Genau wie das keynesianische Gütermarktmodell, so kann auch das IS/LM-Modell durch Einführung von zeitlichen Verzögerungen dynamisiert werden.

Beispiel

Der Gütermarkt einer Volkswirtschaft kann mit folgenden dynamisierten Konsum- und Investitionsfunktionen beschrieben werden:

$$C_t = 100 + 0{,}8Y_{t-1}$$
$$I_t = 200 - 10i_t$$

Der Geldmarkt wird durch folgende Geldnachfrage- und Angebotsfunktion definiert:

$$L_t = 150 - 10i_t + 0{,}1Y_t$$
$$M_t = 200$$

Das Ausgangsvolkseinkommen sei $Y_0 = 700$ Geldeinheiten.

Zunächst wird das Gütermarktgleichgewicht ermittelt, hierbei gilt die Gleichgewichtsbedingung $Y_t = C_t + I_t$:

$$Y_t = 100 + 0{,}8Y_{t-1} + 200 - 10i_t = 300 + 0{,}8Y_{t-1} - 10i_t$$

Umstellen nach dem Zinssatz i führt zu:

$$i_t = -0{,}1Y_t + 0{,}08Y_{t-1} + 30$$

Dies ist die IS-Funktion. Für den Geldmarkt gilt $L = M$:

$$150 - 10i_t + 0{,}1Y_t = 200$$
$$i_t = 0{,}01Y_t - 5$$

Dies ist die LM-Funktion. Im simultanen Güter- und Geldmarktgleichgewicht gilt: IS-Funktion = LM-Funktion:

$$-0{,}1Y_t + 0{,}08Y_{t-1} + 30 = 0{,}01Y_t - 5$$
$$-0{,}11Y_t = -0{,}08Y_{t-1} - 35$$
$$Y_t = 0{,}72Y_{t-1} + 318{,}18$$

Die vorliegende Gleichung kann mit der Lösungsformel für inhomogene Differenzengleichungen 1. Ordnung gelöst werden:

$$Y_t = 0{,}72^t 700 + 318{,}18\left(\frac{0{,}72^t - 1}{0{,}72 - 1}\right)$$

Die partikuläre Lösung für das Ausgangsgleichgewicht $Y_0 = 700$ ist daher

$$Y_t = 0{,}72^t(-466{,}66) + 1166{,}66$$

Da $0 < a < 1$ steigt das Einkommen Y monoton und konvergiert gegen das Gleichgewichtseinkommen $Y^* = 1166{,}66$ Geldeinheiten. Wie in Abb. 4.14 dargestellt, wird das Gleichgewichtseinkommen relativ schnell erreicht und bleibt dann konstant.

Mit Hilfe des IS/LM-Modells können politische Interventionen seitens des Staates im Rahmen der Fiskalpolitik, bzw. seitens der Zentralbank im Zuge der Geldpolitik analysiert werden. So führen expansive fiskalpolitische Maßnahmen des Staates, wie z. B. die Erhöhung staatlicher Ausgaben oder die Senkung der Einkommenssteuer, zu einer Verschiebung der IS-Kurve nach rechts bzw. oben. Die Konsequenz sind steigende Zinsen bei steigendem Volkseinkommen, wie in Abb. 4.15 dargestellt. Eine kontraktive Fiskalpolitik, die sich z. B. durch staatliche Ausgabenkürzungen oder Steuererhöhungen manifestieren kann, wirkt dementsprechend zins- und einkommenssenkend.

Beispiel

Wir gehen vom o. g. Zahlenbeispiel des statischen IS/LM-Modells aus, bei dem ursprünglich ein Gleichgewichtseinkommen von $Y = 937{,}5$ bei einem Zinssatz von $i = 8{,}125\,\%$ erreicht wurde. Der Staat möchte im Rahmen einer expansiven Fiskal-

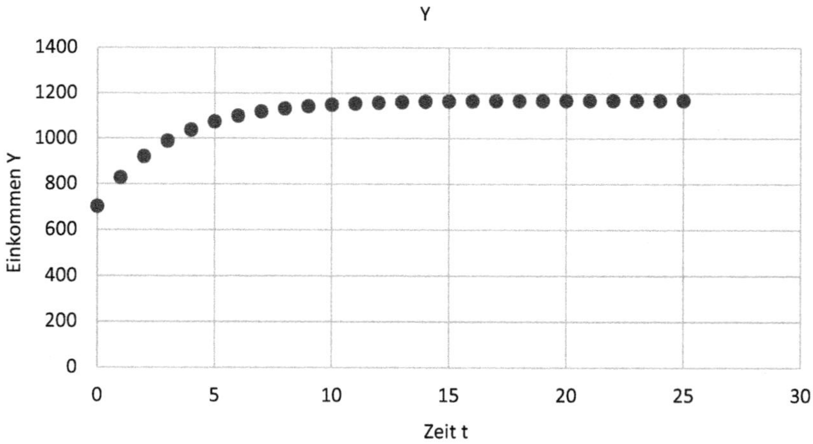

Abb. 4.14 Die Entwicklung des Einkommens im IS/LM-Modell im Zeitverlauf

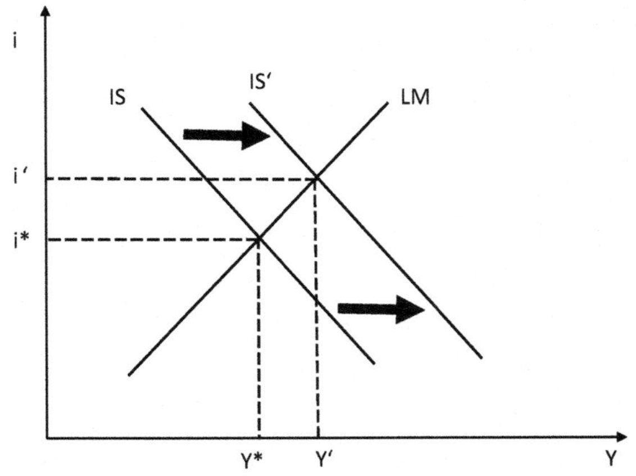

Abb. 4.15 Die Wirkung expansiver Fiskalpolitik im IS/LM-Modell

politik die Unternehmen bei deren Investitionsbemühungen unterstützen und vergibt Investitionsbeihilfen in Höhe von $\Delta I = 50$.

Expansive Fiskalpolitik verändert nur die IS-Kurve, während die LM-Kurve konstant bleibt. Für die IS-Kurve erhalten wir

$$Y = C + I$$
$$Y = 150 + 0{,}8Y + 200 - 20i + 50 = 400 + 0{,}8Y - 20i$$

Daraus folgt die IS-Kurve

$$i = 20 - 0{,}01\mathrm{Y}$$

Im Vergleich zur ursprünglichen IS-Kurve hat sich also die neue IS-Kurve nach oben verschoben. Im simultanen Güter- und Geldmarktgleichgewicht gilt daher

$$IS_{neu} = LM$$
$$20 - 0{,}01Y = -20 + 0{,}03Y$$
$$Y = 1000$$
$$i = 10$$

Die expansive Fiskalpolitik in Form von Innovationsbeihilfen führt also zu einem höheren Gleichgewichtseinkommen von $Y = 1000$ bei einem höheren Zinssatz von $i = 10\,\%$.

Die Geldpolitik wird von der Zentralbank betrieben. Wird die Geldmenge ausgeweitet, so liegt expansive Geldpolitik vor, die dazu führt, dass sich die LM-Kurve nach unten bzw. rechts verschiebt. In der Konsequenz sinken die Zinsen und das Einkommen steigt, wie in Abb. 4.16 dargestellt. Im Umkehrschluss führt kontraktive Geldpolitik, die die Geldmenge reduziert, zu einem Anstieg der Zinsen und einem Rückgang des Volkseinkommens.

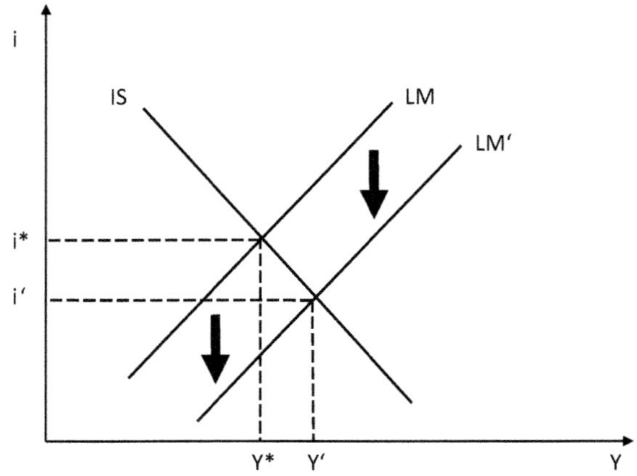

Abb. 4.16 Die Wirkung expansiver Geldpolitik im IS/LM-Modell

Beispiel

Wir gehen vom o. g. Zahlenbeispiel des statischen IS/LM-Modells aus, bei dem ursprünglich ein Gleichgewichtseinkommen von $Y = 937{,}5$ bei einem Zinssatz von $i = 8{,}125\,\%$ erreicht wurde. Die Zentralbank erhöht im Rahmen einer expansiven Geldpolitik die Geldmenge um $\Delta M = 50$.

Expansive Geldpolitik verändert nur die LM-Kurve, während die IS-Kurve konstant bleibt. Für die LM-Kurve erhalten wir

$$L = M$$
$$50 + 0{,}15Y - 5i = 150 + 50$$

Daraus folgt die LM-Kurve

$$i = -30 + 0{,}03\mathrm{Y}$$

Im Vergleich zur ursprünglichen LM-Kurve hat sich also die neue LM-Kurve nach unten verschoben. Im simultanen Güter- und Geldmarktgleichgewicht gilt daher

$$IS = LM_{neu}$$
$$17{,}5 - 0{,}01Y = -30 + 0{,}03Y$$
$$Y = 1187{,}5$$
$$i = 5{,}625$$

Die expansive Geldpolitik in Form einer Geldmengenausweitung führt also zu einem höheren Gleichgewichtseinkommen von $Y = 1187{,}5$ Geldeinheiten bei einem niedrigeren Zinssatz von $i = 5{,}625\,\%$.

Die Steigung der IS-Funktion hängt im vorliegenden vereinfachten Modell letztlich von der Investitionsfunktion ab. Wenn die Investitionen vollkommen zinsunelastisch sind,

Abb. 4.17 Investitionsfalle

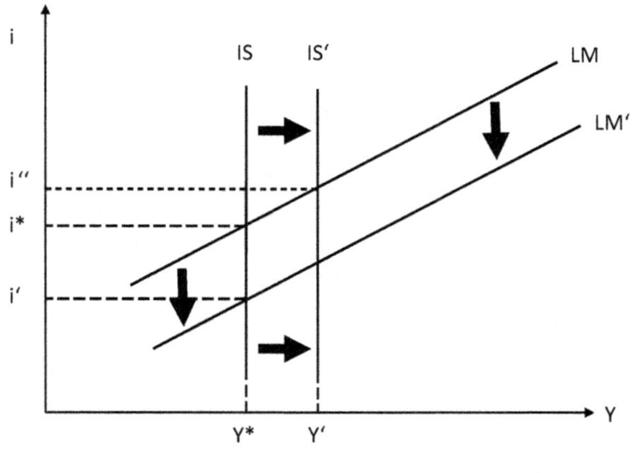

d. h. in keiner Weise auf Zinsänderungen reagieren, entspricht die IS-Funktion einer senkrechten Gerade. In dieser Situation ist das Gleichgewichtseinkommen durch exogene Investitionen und Staatsausgaben bestimmt. Dieser keynesianische Sonderfall einer unelastischen Investitionsfunktion wird auch als Investitionsfalle bezeichnet. Die Fiskalpolitik ist in dieser Situation wirksam, während die Geldpolitik unwirksam ist. Wie in Abb. 4.17 dargestellt, führt eine expansive Geldpolitik zwar zu einer Verschiebung der LM-Kurve nach unten (LM'), da jedoch die Investitionsfunktion und damit auch die IS-Funktion zinsunelastisch ist, führt die expansive Geldpolitik nur zu einer Zinssenkung auf i', während der Gütermarkt und das Volkseinkommen nicht beeinflusst wird. Würde der Staat in dieser Situation expansive Fiskalpolitik betreiben, dann würde sich die IS-Funktion nach rechts verschieben (IS') mit einer Einkommenserhöhung auf Y' und einer Zinserhöhung auf i'' als Konsequenz.

Beispiel

In einer offenen Volkswirtschaft mit Staatstätigkeit kann der Gütermarkt mit folgenden Gleichungen beschrieben werden

$$C = 100 + 0{,}8Y$$
$$I = 200$$
$$G = 100$$
$$Ex = 650$$
$$Im = 50 + 0{,}3Y$$

Der Geldmarkt kann durch die folgenden Geldangebots- und Geldnachfragefunktionen beschrieben werden

$$M = 300$$
$$L = 0{,}3Y - 3000i$$

Für den Gütermarkt gilt die Gleichgewichtsbedingung

$$Y = C + I + G + Ex - Im$$
$$Y = 100 + 0{,}8Y + 200 + 100 + 650 - 50 - 0{,}3Y = 1000 + 0{,}5Y$$

Da die Investitionen zinsunabhängig sind, kann in diesem Fall die IS-Funktion nicht nach i umgestellt werden. Es ergibt sich daher das Gleichgewichtseinkommen

$$Y = 2000$$

Für den Geldmarkt gilt die Gleichgewichtsbedingung

$$L = M$$
$$0{,}3Y - 3000i = 300$$

Daraus ergibt sich die LM-Funktion

$$i = -0{,}1 + 0{,}0001Y$$

Nach Einsetzen des Gleichgewichtseinkommens aus dem Gütermarktgleichgewicht erhalten wir den Gleichgewichtszinssatz

$$i = -0{,}1 + 0{,}0001 \cdot 2000 = 0{,}10$$

Da die Investitionsfunktion zinsunabhängig ist, wird also das Einkommen ausschließlich auf dem Gütermarkt gebildet. Um die Wirksamkeit von Fiskal- und Geldpolitik zu untersuchen, gehen wir zunächst von einer expansiven Fiskalpolitik aus, bei der der Staat die Staatsausgaben um $\Delta G = 50$ erhöht. Für den Gütermarkt erhalten wir

$$Y = C + I + G + Ex - Im$$
$$Y = 100 + 0{,}8Y + 200 + 100 + 650 - 50 - 0{,}3Y + 50 = 1050 + 0{,}5Y$$

Daraus ergibt sich das neue Gleichgewichtseinkommen in Höhe von

$$Y = 2100$$

Die LM-Kurve hat sich nicht verändert. Wir erhalten daher den neuen Gleichgewichtszinssatz

$$i = -0{,}1 + 0{,}0001 \cdot 2100 = 0{,}11$$

Um die Wirksamkeit der Geldpolitik zu untersuchen, gehen wir nun von einer expansiven Geldpolitik aus, bei der die Zentralbank die Geldmenge um $\Delta M = 30$ erhöht. Wir gehen vom ursprünglichen Zahlenbeispiel aus. Die Geldpolitik hat nur Einfluss auf die LM-Kurve, während die IS-Kurve, bzw. das Gütermarktgleichgewicht unverändert bleibt. Das Gleichgewichtseinkommen bleibt also bei

$$Y = 2000$$

Für den Geldmarkt erhalten wir die neue LM-Funktion

$$L = M$$
$$0{,}3Y - 3000i = 330$$
$$i = -0{,}11 + 0{,}0001Y$$

Nach Einsetzen des Gleichgewichtseinkommens aus dem Gütermarktgleichgewicht erhalten wir den Gleichgewichtszinssatz

$$i = -0{,}11 + 0{,}0001 \cdot 2000 = 0{,}09$$

Dies bedeutet, im keynesianischen Sonderfall der Investitionsfalle ist lediglich die Fiskalpolitik wirksam hinsichtlich einer Änderung des Volkseinkommens während die Geldpolitik unwirksam ist. Die Geldpolitik hat in diesem Fall nur Einfluss auf das Zinsniveau, aber keinen Einfluss auf das Volkseinkommen, da dies ausschließlich auf dem Gütermarkt gebildet wird.

Der zweite keynesianische Sonderfall liegt vor, wenn eine unendlich zinselastische Geldnachfrage unterstellt wird. In diesem Fall entspricht die LM-Kurve einer waagrechten Gerade. Dieser Sonderfall wird als Liquiditätsfalle bezeichnet und bedeutet, dass die Haushalte aufgrund niedriger Zinsen davon ausgehen, dass die Zinsen in naher Zukunft steigen werden und als Konsequenz Geld anstelle von Wertpapieren halten wollen. Wie in Abb. 4.18 dargestellt ist eine expansive Fiskalpolitik, die zu einer Rechtsverschiebung der IS-Funktion (IS') führt, in diesem Fall besonders wirksam und führt zu einer Einkommenserhöhung auf Y' bei konstantem Zinsniveau, während auch hier geldpolitische Maßnahmen unwirksam sind und keinen Einfluss auf das Einkommen haben.

Die Investitions- und Liquiditätsfalle zeigen, dass unter der Annahme recht extremer keynesianischer Zinselastizitäten der Geld- und Investitionsnachfrage die Fiskalpolitik in beiden Fällen wirksam ist, um das Volkseinkommen zu erhöhen, während die Geldpolitik keinerlei Wirkung auf das Einkommen entfalten kann.

Abb. 4.18 Liquiditätsfalle

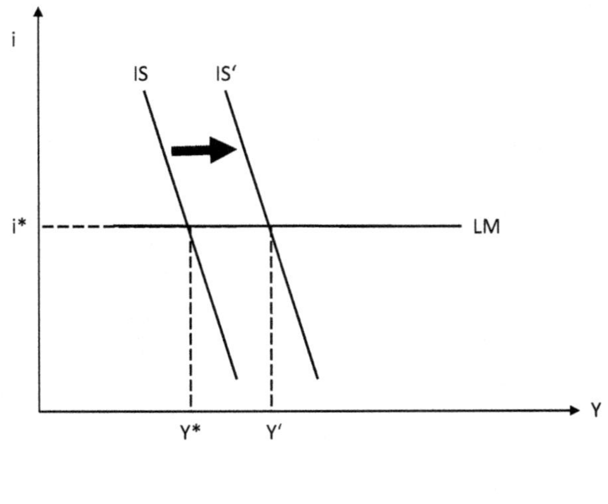

Im neoklassischen Ansatz sind die Investitionen zinsabhängig und dementsprechend ist auch die IS-Funktion von den Zinsen abhängig. Die Geldnachfragefunktion bestimmt die Steigung der LM-Funktion. Im keynesianischen Fall hängt die Geldnachfrage vereinfacht in erster Linie von der Transaktions- und Spekulationskasse ab. Im neoklassischen Ansatz wiederum ist die Geldnachfrage nur von Transaktionsmotiven geprägt. Eine Zinsabhängigkeit wird bestritten und daher entspricht im neoklassischen Extremfall die LM-Kurve einer senkrechten Gerade. Dies bedeutet wiederum, dass eine expansive Fiskalpolitik, dargestellt durch eine Rechtsverschiebung der IS-Kurve (IS'), zwar die Zinsen in die Höhe treibt (auf i'), jedoch keinerlei Einfluss auf das Einkommen hat, wie in Abb. 4.19 dargestellt. Bei der expansiven Fiskalpolitik im neoklassischen Sonderfall verdrängen die zusätzlichen Staatsausgaben die private Nachfrage. Dieser Verdrängungseffekt wird als Crowding-Out-Effekt bezeichnet. Crowding-Out-Effekte treten über verschiedene Wirkungsketten auf. Zum einen kann der Staat einen Teil seiner zusätzlichen Staatsausgaben über Kredite decken. Bei kreditfinanzierten Staatsausgaben tritt der Staat als Konkurrent zu den privaten Haushalten und Unternehmen im Kapitalmarkt auf und treibt daher die Zinsen in die Höhe. Höhere Zinsen für Konsumenten und Unternehmen reduzieren wiederum Konsum- und Investitionsnachfrage. Des Weiteren führen höhere Zinsen dazu, dass Haushalte weniger konsumieren und stattdessen einen größeren Teil ihrer Einkommen sparen. In der Konsequenz kann eine kreditfinanzierte Ausweitung der Staatsausgaben durch die damit induzierten Zinserhöhungen die private Nachfrage verdrängen. Eine Alternative wäre die Finanzierung zusätzlicher Staatsausgaben über ein Defizit der öffentlichen Haushalte, das sogenannte „deficit spending", dass zwar einen geringeren Crowding-Out-Effekt vermuten lässt, jedoch aus Sicht der öffentlichen Haushalte zu anderen Problemen führt. Eine steuerfinanzierte Ausweitung der Staatsausgaben verdrängt ebenfalls private Nachfrage, da die verfügbaren Einkommen sinken und daher auch in diesem Fall Konsum- und Investitionsausgaben durch Staatsausgaben verdrängt werden.

Abb. 4.19 Crowding-Out

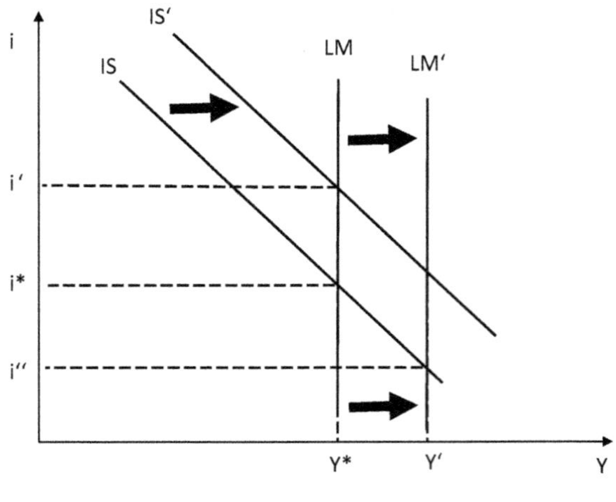

Im neoklassischen Extremfall ist daher die Fiskalpolitik unwirksam hinsichtlich einer Erhöhung des Volkseinkommens, während die Geldpolitik, die die LM-Kurve entsprechend verschieben kann (auf LM'), Wirksamkeit hinsichtlich einer Einkommenserhöhung (auf Y') besitzt.

Beispiel

In einer offenen Volkswirtschaft mit Staatstätigkeit kann der Gütermarkt mit folgenden Gleichungen beschrieben werden

$$C = 100 + 0{,}8Y$$
$$I = 300 - 3000i$$
$$G = 150$$
$$Ex = 650$$
$$Im = 50 + 0{,}3Y$$

Der Geldmarkt kann durch die folgenden Geldangebots- und Geldnachfragefunktionen beschrieben werden

$$M = 800$$
$$L = 290 + 0{,}3Y$$

Für den Gütermarkt gilt die Gleichgewichtsbedingung

$$Y = C + I + G + Ex - Im$$
$$Y = 100 + 0{,}8Y + 300 - 3000i + 150 + 650 - 50 - 0{,}3Y = 1150 + 0{,}5Y - 3000i$$

Umformung nach den Zinsen ergibt die IS-Funktion

$$i = 0{,}383 - 0{,}000166Y$$

Für das Geldmarktgleichgewicht gilt

$$L = M$$
$$290 + 0{,}3Y = 800$$

Daraus ergibt sich die LM-Funktion, die aufgrund der Zinsunabhängigkeit der Geldnachfrage nach Y statt nach i umgestellt wird mit

$$Y = 1700$$

Der Gleichgewichtszinssatz beträgt somit

$$i = 0{,}383 - 0{,}000166 \cdot 1700 = 0{,}10$$

Um die Wirksamkeit von Fiskal- und Geldpolitik zu untersuchen, gehen wir zunächst von einer expansiven Fiskalpolitik aus, bei der der Staat die Staatsausgaben um $\Delta G = 56$ erhöht. Für den Gütermarkt erhalten wir

$$Y = C + I + G + Ex - Im$$
$$Y = 100 + 0{,}8Y + 300 - 3000i + 150 + 650 - 50 - 0{,}3Y + 56 = 1206 + 0{,}5Y - 3000i$$

Umformung nach den Zinsen ergibt die IS-Funktion

$$i = 0{,}402 - 0{,}000166Y$$

Da die Fiskalpolitik keinen Einfluss auf die LM-Kurve hat, können wir das ursprüngliche Einkommen einsetzen und erhalten den Zinssatz im Gleichgewicht

$$i = 0{,}402 - 0{,}000166 \cdot 1700 = 0{,}1198$$

Eine expansive Fiskalpolitik ändert also nicht das Einkommen, führt jedoch zu einem Zinsanstieg.

Um die Wirksamkeit der Geldpolitik zu untersuchen, gehen wir nun von einer expansiven Geldpolitik aus, bei der die Zentralbank die Geldmenge um $\Delta M = 28$ erhöht. Wir gehen vom ursprünglichen Zahlenbeispiel aus. Die Geldpolitik hat nur Einfluss auf die LM-Kurve, während die IS-Kurve unverändert bleibt. Für das Geldmarktgleichgewicht gilt daher

$$L = M$$

$$290 + 0{,}3Y = 828$$

Daraus ergibt sich das neue Volkseinkommen

$$Y = 1793{,}33$$

Das neue Zinsniveau ergibt sich durch Einsetzen in die ursprüngliche IS-Funktion

$$i = 0{,}383 - 0{,}000166 \cdot 1793{,}33 = 0{,}085$$

Dies bedeutet, dass im neoklassischen Sonderfall einer zinsunabhängigen Geldnachfrage lediglich die Geldpolitik wirksam ist hinsichtlich einer Änderung des Volkseinkommens. Die Fiskalpolitik hingegen ist unwirksam und hat nur Einfluss auf das Zinsniveau.

Die Sonderfälle der keynesianischen und neoklassischen Makroökonomik treffen relativ extreme Annahmen, die wiederum die wirtschaftspolitische Analyse stark beeinflussen. In Tab. 4.3 sind beide Ansätze und deren geld- und fiskalpolitische Wirksamkeit gegenüber gestellt. Die Annahme einer zinsunelastischen Investitionsnachfrage im

Tab. 4.3 Wirksamkeit geld- und fiskalpolitischer Maßnahmen nach Paradigma

	Keynesianischer Ansatz	Neoklassischer Ansatz
Zinselastizität der Geldnachfrage	Hoch	Niedrig
Zinselastizität der Investitionsnachfrage	Niedrig	Hoch
Wirksamkeit der Geldpolitik	Niedrig	Hoch
Wirksamkeit der Fiskalpolitik	Hoch	Niedrig

keynesianischen Ansatz gilt jedoch nur in der sehr kurzen Frist. Längerfristig hängen Investitionsentscheidungen auch vom Zinssatz ab. Da sowohl der keynesianische als auch der neoklassische Ansatz extreme Positionen darstellen, ist in der praktischen Analyse des IS/LM-Modells weniger von unelastischen oder unendlich elastischen IS- bzw. LM-Funktionen auszugehen, sondern die Wirksamkeit wirtschaftspolitischer Maßnahmen hängt davon ab, ob die Zinselastizitäten als hoch oder niedrig eingeschätzt werden.

Die Steigung der IS-Kurve hängt maßgeblich von der Zinselastizität der Investitionsnachfrage ab. Für diese gilt allgemein

$$\varepsilon_{I,i} = \left(\frac{\textit{Investitionsnachfrageänderung in \%}}{\textit{Zinsänderung in \%}}\right)$$

Wenn nun für die Investitionsnachfrage die Variable I und für den Zinssatz i eingefügt wird, erhalten wir:

$$\varepsilon_{I,i} = \left(\frac{\frac{\delta I}{I}}{\frac{\delta i}{i}}\right)$$

Nach Auflösung des Doppelbruchs ergibt sich die Zinselastizität der Investitionsnachfrage:

$$\varepsilon_{I,i} = \left(\left(\frac{\delta I}{I}\right)\left(\frac{i}{\delta i}\right)\right) = \left(\frac{\delta I}{\delta i}\right)\left(\frac{i}{I}\right)$$

Beispiel

Gegeben sei die Investitionsnachfrage

$$I = \left(\frac{150}{i^{0,5}}\right) = 150i^{-0,5}$$

Dann ergibt sich daraus die Zinselastizität der Investitionsnachfrage mit

$$\varepsilon_{I,i} = \left(\frac{\delta I}{\delta i}\right)\left(\frac{i}{I}\right) = \left(\frac{-75i^{-1,5}i}{150i^{-0,5}}\right) = \left(\frac{-75i^{-0,5}}{150i^{-0,5}}\right) = -0,5$$

Dies bedeutet vereinfacht, wenn die Zinsen um 1 % ansteigen, so sinkt die Investitionsnachfrage um 0,5 %

Alternativ sei die folgende Investitionsnachfrage gegeben

$$I = 300$$

Dann erhalten wir für die Zinselastizität der Investitionsnachfrage

$$\varepsilon_{I,i} = \left(\frac{\delta I}{\delta i}\right)\left(\frac{i}{I}\right) = \left(\frac{0 \cdot i}{300}\right) = 0$$

Die Investitionsnachfrage ist daher vollkommen unelastisch und es handelt sich um den Sonderfall einer kurzfristigen keynesianischen Investitionsfunktion.

Die Steigung der LM-Kurve hängt maßgeblich von der Zinselastizität der Geldnachfrage ab. Für diese gilt allgemein

$$\varepsilon_{L,i} = \left(\frac{Geldnachfrage\ddot{a}nderung\ in\ \%}{Zins\ddot{a}nderung\ in\ \%}\right)$$

Wird für die Geldnachfrage die Variable L und für den Zinssatz i eingefügt wird, erhalten wir:

$$\varepsilon_{L,i} = \left(\frac{\frac{\delta L}{L}}{\frac{\delta i}{i}}\right)$$

Nach Auflösung des Doppelbruchs ergibt sich die Zinselastizität der Geldnachfrage:

$$\varepsilon_{L,i} = \left(\left(\frac{\delta L}{L}\right)\left(\frac{i}{\delta i}\right)\right) = \left(\frac{\delta L}{\delta i}\right)\left(\frac{i}{L}\right)$$

Beispiel

Gegeben sei die Geldnachfragefunktion

$$L = 300 + 0{,}3Y - 1500i$$

Das Einkommen sei $Y = 1000$ und der Zinssatz $i = 0{,}10$. Dann ergibt sich für die Zinselastizität der Geldnachfrage

$$\begin{aligned}\varepsilon_{L,i} &= \left(\frac{\delta L}{\delta i}\right)\left(\frac{i}{L}\right) = \left(\frac{-1500i}{300 + 0,3Y - 1500i}\right)\\ &= \left(\frac{-1500 \cdot 0,1}{300 + 0,3 \cdot 1000 - 1500 \cdot 0,10}\right) = -0,33\end{aligned}$$

Diese bedeutet vereinfacht, wenn die Zinsen um ein Prozent ansteigen, so sinkt die Geldnachfrage um 0,33 %. Dies lässt sich inhaltlich durch die Spekulationskasse der keynesianischen Geldnachfragefunktion erklären. Die zinsabhängige Komponente der Geldnachfrage dient dem Erwerb von Wertpapieren. Steigen die Zinsen an, so sinkt die Nachfrage nach Spekulationskasse, da sich höhere Erträge durch die Anlage auf einem Sparkonto realisieren lassen. Sinken die Zinsen, so steigt die Nachfrage nach Spekulationskasse, da somit durch den Erwerb von Wertpapieren höhere Erträge erwirtschaftet werden können.

Alternativ sei die folgende Geldnachfragefunktion unterstellt

$$L = 290 + 0{,}3Y$$

Für die Zinselastizität der Geldnachfrage ergibt sich daraus

$$\varepsilon_{L,i} = \left(\frac{\delta L}{\delta i}\right)\left(\frac{i}{L}\right) = \left(\frac{0 \cdot i}{290 + 0{,}3Y}\right) = 0$$

Die Geldnachfrage ist daher vollkommen unelastisch und es handelt sich um den Sonderfall einer neoklassischen Geldnachfragefunktion.

4.3.2 Konjunktur

Im verbleibenden 4. Kapitel wird Konjunktur und Wachstum behandelt. Der Zusammenhang zwischen Konjunktur und Wachstum kann vereinfacht mit einer volkswirtschaftlichen Transformationskurve dargestellt werden, wie in Abb. 4.20 illustriert. Die aggregierte Transformationskurve modelliert das Produktionspotenzial in einer Volkswirtschaft. Konjunktur beschreibt die kurzfristigen Abweichungen vom Produktionspotenzial, während Wachstum die langfristige Zunahme des Produktionspotenzials modelliert.

Die Konjunkturtheorie beschäftigt sich daher mit Schwankungen der wirtschaftlichen Entwicklung im Zeitverlauf. In der historischen Entwicklung lassen sich unterschiedliche wiederkehrende Entwicklungen beobachten. So lassen sich kurzfristige Wellen oder auch Kitchin-Zyklen, die zwischen zwei und vier Jahren dauern, beobachten, die einen engen Zusammenhang zwischen der Lagerhaltung in einer Volkswirtschaft und der volkswirtschaftlichen Produktion vermuten lassen. Mittelfristige Wellen oder Juglar-Zyklen mit einer Dauer zwischen drei und sieben Jahre lassen vermuten, dass wirtschaftspolitische Stabilisierungsmaßnahmen einen wichtigen Grund für Konjunkturschwankungen darstellen. Diese mittelfristigen Wellen werden zum Teil auch mit Maschineninvestitionszyklen in Zusammenhang gestellt. Daneben gibt es langfristige Wellen oder Kondratieff-Zyklen, die zwischen 50 und 60 Jahren andauern, die in Zusammenhang mit bahnbrechenden technologischen Entwicklungen und Innovationen gesetzt werden. Gerade Schumpeter hat gezeigt, dass langfristige wirtschaftliche Entwicklung, wie mit Kondratieff-Zyklen gezeigt werden kann, im Wesentlichen von der Zunahme an technologischem Wissen und Innovationen abhängt. Von daher haben sich gerade in den letzten Jahrzehnten die technologisch-bedingten Kondratieff-Zyklen im Zeitverlauf wesentlich verkürzt. Vereinfacht lassen sich Konjunkturschwankungen in vier verschiedene Phasen einteilen, wie in Abb. 4.21 dargestellt.

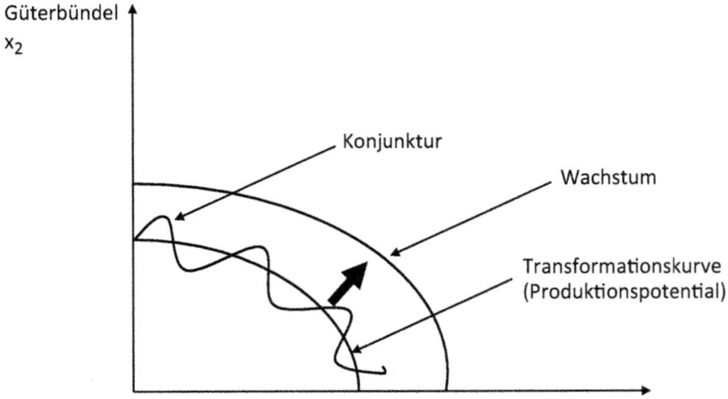

Abb. 4.20 Der Zusammenhang zwischen Konjunktur und Wachstum

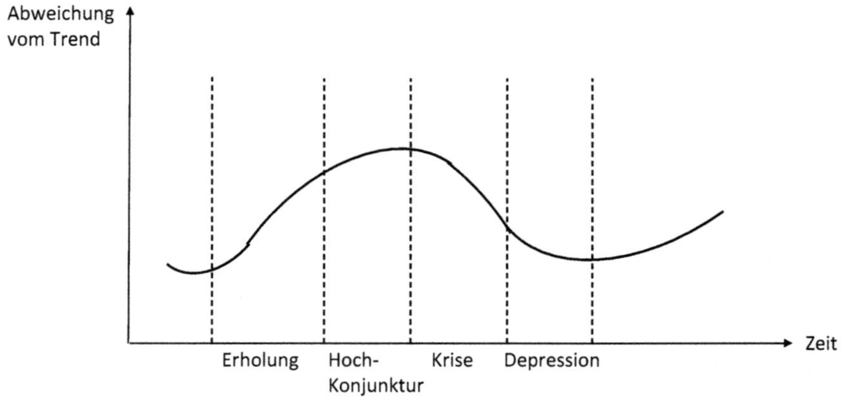

Abb. 4.21 Konjunkturverlauf

In der Erholungsphase nach dem unteren Wendepunkt des Konjunkturverlaufs steigt die Kapazitätsauslastung in der Volkswirtschaft wieder an. Die Auftragseingänge und andere Frühindikatoren ziehen langsam wieder an und die Gewinne der Unternehmen erholen sich langsam, wenn auch auf niedrigem Niveau. Mit zunehmender Erholung steigt die Kapazitätsauslastung auf Normalniveau, die Investitionsausdehnung der Unternehmen kann zu steigenden Zinsen führen. In der zweiten Phase, der Hochkonjunktur, steigen die Anzahl der geleisteten Überstunden und die Kapazitätsauslastung. In der Hochkonjunktur können Lohnerhöhungen, aufgrund von Engpässen am Arbeitsmarkt, zu sinkender Produktivität führen. In der Hochkonjunktur sinkt zumeist die Arbeitslosigkeit in einer Volkswirtschaft. In der Hochkonjunktur kann es, aufgrund geldpolitischer Maßnahmen zur Bekämpfung von Inflationstendenzen, zu hohen Zinsen kommen. Die in der Vergangenheit getroffenen Investitionsentscheidungen der Unternehmen bedingen häufig Überkapazitäten und in der Folge sinkt in der dritten Phase, der Krise, die Produktion. Der Abbau von Überstunden, Kurzarbeit oder Entlassungen können die Folge sein. Als weitere Konsequenzen sinken die Unternehmensgewinne, die Anzahl der Firmenschließungen steigt an und die Arbeitslosigkeit in der Volkswirtschaft steigt. In der vierten Phase, der Depression oder Rezession, befindet sich die Volkswirtschaft in einer Situation mit niedriger Kapazitätsauslastung und häufig, geldpolitisch bedingt, sinkenden Zinsen bei relativ geringer Kreditnachfrage.

In der Volkswirtschaftslehre existiert eine breite Palette konjunkturtheoretischer Modelle, die nach unterschiedlichen Aspekten und Erklärungsvariablen unterscheiden. Bei den auslastungsorientierten Ansätzen, die sich im Wesentlichen auf die Überlegungen von Keynes stützen, entstehen Konjunkturschwankungen in erster Linie durch mangelnde kaufkräftige Nachfrage im Vergleich zur gesamtwirtschaftlichen Kapazität. Bei den diffusionsorientierten Ansätzen wiederum hängen Konjunkturschwankungen davon ab, dass verschiedene wirtschaftliche Aktivitäten in den einzelnen Konjunkturphasen unterschiedliche Entwicklungen nehmen. Die Diffusionsansätze versuchen den Konjunkturverlauf durch einzelne Maßzahlen zu messen. Wichtige konjunkturrelevante Kennzahlen sind in diesem Zusammenhang der Auftragseingang, die Lagerbestände, die Nettoproduktion, die Kreditentwicklung oder das Lohnniveau, um nur einige Kennzahlen zu nennen. Die verschiedenen Diffusionsansätze verwenden unterschiedliche Gewichtungen der einzelnen Kennzahlen und lassen diese in eine Maßzahl einfließen, um den Konjunkturverlauf zu charakterisieren. In diesem Kontext kann zwischen verschiedenen Indikatoren im Zeitverlauf unterschieden werden. So laufen die Frühindikatoren, wie z. B. der Auftragseingang in der Investitionsgüterindustrie, die Anzahl der Baugenehmigungen, die Zahl der Neugründungen oder die Aktienkurse, der konjunkturellen Entwicklung einige Zeit voraus. Die Präsensindikatoren, wie z. B. Industrieproduktion oder Kapazitätsauslastung, werden als typische mitlaufende Größen behandelt, während die Spätindikatoren, wie z. B. die Preisindizes, die Zinssätze oder die Arbeitskosten, als nachlaufende Indikatoren bezeichnet werden. In der empirischen Analyse sind diese Kennzahlen von hoher Relevanz, obgleich die fehlende modelltheoretische Absicherung der Kennzahlen die Verwendung von Diffusionsansätzen störanfällig macht. Daher leiden diese Ansätze in der Praxis an geringer Treffsicherheit im Hinblick auf zukünftige Konjunkturprognosen.

Im vorliegenden einführenden Lehrbuch wird zunächst das Multiplikator-Akzelerator-Modell und das Lagerhaltungsmodell vorgestellt, bei denen die Investitionen und Lagerbestände als wichtige Erklärungsvariablen konjunktureller Schwankungen herangezogen werden. Im Anschluss wird gezeigt, dass wirtschaftspolitische Interventionen selbst destabilisierend wirken können und welche Rolle die Konsumnachfrage für konjunkturelle Schwankungen haben kann.

4.3.2.1 Multiplikator-Akzelerator-Modell nach Samuelson

Im keynesianisch-geprägten Multiplikator-Akzelerator-Modell nach Samuelson (1939) hängt die wirtschaftliche Entwicklung von drei Gleichungen ab:

$$\textit{Einkommensgleichung}: Y_t = C_t + I_t$$
$$\textit{Konsumfunktion}: C_t = \alpha Y_{t-1}$$
$$\textit{Investitionsfunktion}: I_t = \beta(C_t - C_{t-1})$$

Die Einkommensgleichung, die auch die Gleichgewichtsbedingung darstellt, und die Konsumfunktion mit Robertson-Lag stellen den Multiplikatorprozess dar. Das Einkommen ergibt sich als Summe aus laufendem Konsum und laufenden Investitionen. Die Investitionsfunktion besagt, dass die Investitionen von einer akzelerierten Änderung der Konsumnachfrage abhängen. Steigt also der Konsum von einer Zeitperiode zur nächsten an, so steigen auch die Investitionen und zwar verstärkt durch den Akzelerator β. Zusätzlich können im Modell noch autonome Investitionen I^a und/oder autonome Staatsausgaben G zugefügt werden.

Beispiel

Wir gehen von einem Multiplikator-Akzelerator-Modell nach Samuelson aus, wobei die marginale Konsumneigung $\alpha = 0{,}8$ ist und der Akzelerator den Wert $\beta = 1{,}3$ annimmt. Die autonomen Konsumausgaben seien $c_0 = 60$. Die autonomen Investitionsausgaben seien zunächst $I_0 = 20$ und steigen nach einer Periode auf $I_1 = 30$. Daraus ergeben sich die folgenden Modellgleichungen

$$C_t = 60 + 0{,}8Y_{t-1}$$
$$I_t = 30 + 1{,}3(C_t - C_{t-1})$$

Eingesetzt in die Gleichgewichtsbedingung erhalten wir

$$Y_t = 60 + 0{,}8Y_{t-1} + 30 + 1{,}3(60 + 0{,}8Y_{t-1} - 60 - 0{,}8Y_{t-2})$$

Zusammengefasst ergibt sich die inhomogene Differenzengleichung 2. Ordnung

$$Y_t = 1{,}84Y_{t-1} - 1{,}04Y_{t-2} + 90$$

Da die Anfangswerte mit $Y_0 = 400$; $Y_1 = 410$ vorgegeben sind, lässt sich die Entwicklung der makroökonomischen Größen in Tab. 4.4 darstellen. Für das Aufstellen

Tab. 4.4 Entwicklung makroökonomischer Größen: Multiplikator-Akzelerator-Modell

Periode t	Konsum C	Investitionen I	Einkommen Y
0	380	20	400
1	380	30	410
2	388,0	40,4	428,4
3	402,7	49,1	451,9
4	421,5	54,4	475,9
5	440,7	55,0	495,7
6	456,5	50,6	507,2
7	465,7	41,9	507,6
8	466,1	30,5	496,6
9	457,3	18,5	475,8
10	440,7	8,4	449,1
11	419,2	2,1	421,4
12	397,1	1,2	398,3
13	378,7	6,0	384,7
14	367,8	15,8	383,6
15	366,9	28,8	395,7
16	376,5	42,6	419,1
17	395,3	54,4	449,7
18	419,8	61,8	481,6
19	445,3	63,1	508,4
20	466,7	57,9	524,6

der Differenzengleichung wird, da diese die langfristige Entwicklung modelliert, die Investitionsgleichung nach Erhöhung der Investitionsausgaben herangezogen.

Die Konsumfunktion mit Robertson-Lag orientiert sich am Einkommen der Vorperiode. Der Akzeleratorprozess der Investitionsfunktion führt dazu, dass sich die Investitionen am Wachstum der Konsumausgaben orientieren. Sinken die Konsumausgaben, so sinken auch die Investitionsausgaben. In der Folge ergibt sich ein typischer Konjunkturverlauf der makroökonomischen Größen wie in Abb. 4.22 illustriert.

Ausgehend von der Differenzengleichung

$$Y_t = 1{,}84Y_{t-1} - 1{,}04Y_{t-2} + 90$$

wird zunächst die homogene Lösung ermittelt.

$$Y_t^H = 1{,}84Y_{t-1}^H - 1{,}04Y_{t-2}^H$$

Daraus ergibt sich die charakteristische Gleichung:

$$r^t = 1{,}84r^{t-1} - 1{,}04r^{t-2}$$
$$r^t - 1{,}84r^{t-1} + 1{,}04r^{t-2} = 0$$

Nach Division durch r^{t-2} erhalten wir:

$$r^2 - 1{,}84r + 1{,}04 = 0$$

Die charakteristische Gleichung einer Differenzengleichung 2. Ordnung ist eine quadratische Funktion, durch die die dynamische Entwicklung des Modells beschrieben werden kann. Die quadratische Gleichung kann mit der ABC-Formel gelöst werden.

$$r_{1,2} = \frac{1{,}84 \pm \sqrt{1{,}84^2 - 4 \cdot 1 \cdot 1{,}04}}{2 \cdot 1}$$

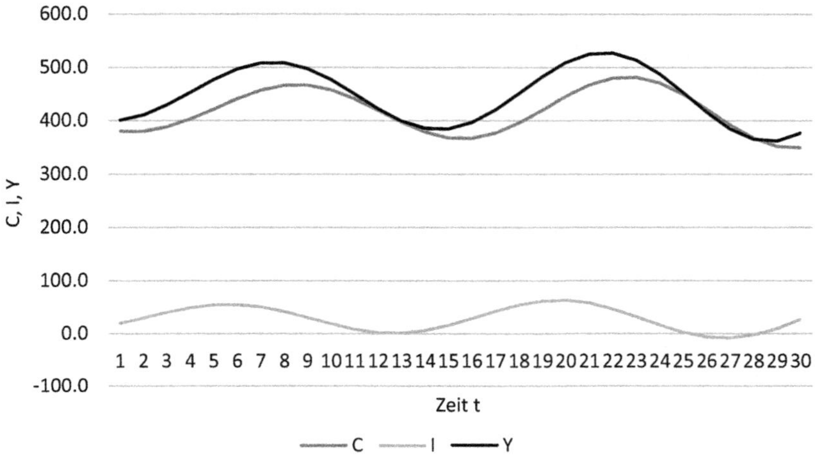

Abb. 4.22 Konjunkturverlauf im Multiplikator-Akzelerator-Modell

$$r_{1,2} = \frac{1{,}84 \pm \sqrt{-0{,}77}}{2}$$

Die charakteristische Gleichung hat zwei konjugiert komplexe Wurzeln. Wie bereits erwähnt, werden um Gleichungen mit negativen Diskriminanten zu lösen, imaginäre Zahlen eingeführt. Bezogen auf unser Zahlenbeispiel erhalten wir für den reellen Teil a = 0,92 und für den imaginären Teil b = 0,44, also

$$z = 0{,}92 + 0{,}44i$$

Für den Radius erhalten wir damit

$$r = \sqrt{0{,}92^2 + 0{,}44^2} = \sqrt{1{,}04}$$

Der Winkel φ ergibt sich aus

$$\varphi = \tan^{-1}\left(\frac{0{,}44}{0{,}92}\right) = 25{,}56°$$

Daraus ergibt sich die homogene Lösung:

$$Y_t^H = \sqrt{1{,}04}^t \left(\lambda_1 cos 25{,}56° t + \lambda_2 sin 25{,}56° t\right)$$

Nach der homogenen Lösung wird die spezielle Lösung für $f(t) = z$ ermittelt.

$$\begin{aligned} Y_t &= 1{,}84 Y_{t-1} - 1{,}04 Y_{t-2} + 90 \\ z &= 1{,}84z - 1{,}04z + 90 \\ z &= 450 \end{aligned}$$

Die Lösung der inhomogenen Differenzengleichung 2. Ordnung ergibt sich aus der Summe aus homogenem und speziellem Teil:

$$\begin{aligned} Y_t &= Y_t^H + z \\ Y_t &= \sqrt{1{,}04}^t \left(\lambda_1 cos 25{,}56° t + \lambda_2 sin 25{,}56° t\right) + 450 \end{aligned}$$

Um die Konstanten λ_1 und λ_2 zu ermitteln, werden die beiden Anfangswerte eingesetzt.

$$Y_0 = 400 = \sqrt{1{,}04}^0 \left(\lambda_1 cos 25{,}56° 0 + \lambda_2 sin 25{,}56° 0\right) + 450$$

$$\lambda_1 = -50$$

$$Y_1 = 410 = \sqrt{1{,}04}^1 \left(\lambda_1 cos 25{,}56° 1 + \lambda_2 sin 25{,}56° 1\right) + 450$$

Nach Umformung ergibt sich:

$$-40 = 0{,}92\lambda_1 + 0{,}44\lambda_2$$

Durch Einsetzen von $\lambda_1 = -50$ erhalten wir

$$\lambda_2 = 13{,}64$$

Daraus ergibt sich die allgemeine Lösung der inhomogenen Differenzengleichung 2. Ordnung:

$$Y_t = \sqrt{1{,}04}^t \left(-50cos25{,}56°t + 13{,}64sin25{,}56°t\right) + 450$$

Da $r = \sqrt{1{,}04} > 1$ divergiert das Volkseinkommen Y mit steigender Amplitude.

Beispiel

Wir gehen im Multiplikator-Akzelerator-Modell von einer marginalen Konsumneigung $\alpha = 0{,}5$ und einem Akzelerator $\beta = 1$ aus. Die Staatsausgaben seien $G = 100$ und die Gleichgewichtseinkommen zum Zeitpunkt $t = 0$ und $t = 1$ seien $Y_0 = 100$ und $Y_1 = 150$. Daraus ergibt sich, eingesetzt in die Gleichgewichtsbedingung, die Gleichung für den Gütermarkt:

$$Y_t = 0{,}5Y_{t-1} + 1 \cdot (0{,}5Y_{t-1} - 0{,}5Y_{t-2}) + 100$$
$$Y_t = Y_{t-1} - 0{,}5Y_{t-2} + 100$$

Dabei handelt es sich um eine inhomogene Differenzengleichung 2. Ordnung. Zunächst wird die homogene Lösung ermittelt.

$$Y_t^H = Y_{t-1}^H - 0{,}5Y_{t-2}^H$$

Daraus ergibt sich die charakteristische Gleichung:

$$r^t = r^{t-1} - 0{,}5r^{t-2}$$
$$r^t - r^{t-1} + 0{,}5r^{t-2} = 0$$

Nach Division durch r^{t-2} erhalten wir:

$$r^2 - r + 0{,}5 = 0$$

Die charakteristische Gleichung kann mit der ABC-Formel gelöst werden.

$$r_{1,2} = \frac{1 \pm \sqrt{1^2 - 4 \cdot 1 \cdot 0{,}5}}{2 \cdot 1}$$
$$r_{1,2} = \frac{1 \pm \sqrt{-1}}{2}$$

Die charakteristische Gleichung hat zwei konjugiert komplexe Wurzeln. Bezogen auf unser Zahlenbeispiel erhalten wir für den reellen Teil $a = 0{,}5$ und für den imaginären Teil $b = 0{,}5$, also

$$z = 0{,}5 + 0{,}5i$$

Für den Radius erhalten wir damit

$$r = \sqrt{0{,}5^2 + 0{,}5^2} = \sqrt{0{,}5}$$

Der Winkel φ ergibt sich aus

$$\varphi = \tan^{-1}\left(\frac{0{,}5}{0{,}5}\right) = 45^\circ$$

Daraus ergibt sich die homogene Lösung:

$$y_t^H = \sqrt{0,5}^t (\lambda_1 cos45^\circ t + \lambda_2 sin45^\circ t)$$

Nach der homogenen Lösung wird die spezielle Lösung für $f(t) = z$ ermittelt.

$$Y_t = Y_{t-1} - 0{,}5Y_{t-2} + 100$$
$$z = z - 0{,}5z + 100$$
$$z = 200$$

Die Lösung der inhomogenen Differenzengleichung 2. Ordnung ergibt sich aus der Summe aus homogenem und speziellem Teil:

$$Y_t = Y_t^H + z$$

$$y_t = \sqrt{0{,}5}^t \left(\lambda_1 cos45^\circ t + \lambda_2 sin45^\circ t\right) + 200$$

Um die Konstanten λ_1 und λ_2 zu ermitteln, werden die beiden Anfangswerte eingesetzt.

$$y_0 = 100 = \sqrt{0{,}5}^0 \left(\lambda_1 cos45^\circ 0 + \lambda_2 sin45^\circ 0\right) + 200$$
$$\lambda_1 = -100$$
$$y_1 = 150 = \sqrt{0{,}5}^1 \left(\lambda_1 cos45^\circ 1 + \lambda_2 sin45^\circ 1\right) + 200$$

Nach Umformung ergibt sich:

$$-50 = 0{,}5\lambda_1 + 0{,}5\lambda_2$$

Durch Einsetzen von $\lambda_1 = -100$ erhalten wir

$$\lambda_2 = 0$$

Daraus ergibt sich die allgemeine Lösung der inhomogenen Differenzengleichung 2. Ordnung:

$$y_t = \sqrt{0{,}5}^t \left(-100 cos45^\circ t\right) + 200$$

Die Wertetabelle Tab. 4.5 zeigt die zeitliche Entwicklung des Einkommens Y.

In Abb. 4.23 wird die dynamische Entwicklung grafisch dargestellt.

Die grafische Analyse zeigt den typischen konjunkturellen Verlauf des Einkommens im Zeitverlauf. Da $r = \sqrt{0{,}5} < 1$ konvergiert das Einkommen Y oszillierend mit fallender Amplitude gegen den Gleichgewichtswert $y = 200$.

Tab. 4.5 Wertetabelle: Dynamische Entwicklung des Einkommens Y

t	0	1	2	3	4	5	6	7	8	9	10	11
Y_t	100	150	200	225	225	213	200	194	194	197	200	202

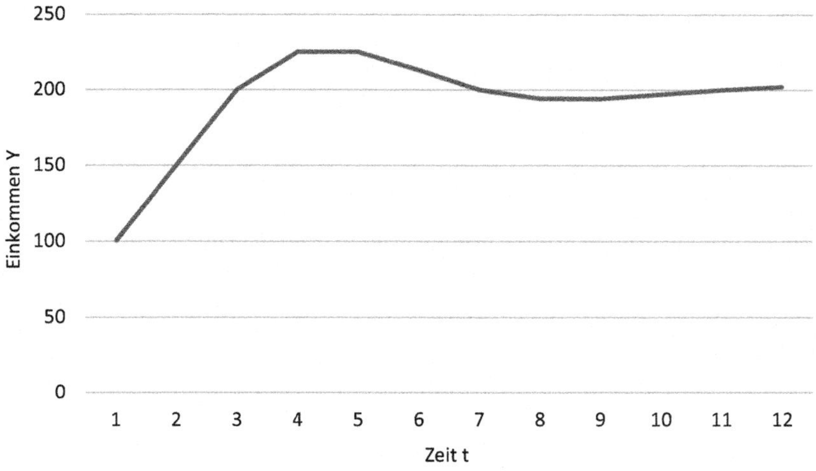

Abb. 4.23 Konjunkturverlauf im Multiplikator-Akzelerator-Modell

4.3.2.2 Lagerhaltungsmodell nach Metzler

Im Multiplikator-Akzelerator-Modell wird der Konjunkturverlauf in erster Linie durch die Investitionsnachfrage erklärt. Maßgeblich für die dynamische Entwicklung ist dabei der Akzelerator. Ein alternativer Ansatz, der Konjunkturschwankungen erklären kann, ist der Lagerhaltungsansatz nach Metzler (1941). Das Modell basiert auf der grundlegenden Annahme, dass Lagerinvestitionen bzw. Vorratsänderungen erhebliche zyklische Schwankungen aufweisen. Demnach sinken die Lagerbestände, wenn die Nachfrage das Angebot übersteigt und die Lagerinvestitionen steigen, wenn die Produktion, bzw. das Angebot größer als die Nachfrage ist. Die Unternehmen streben im Modell nach Metzler ein bestimmtes Niveau an Lagerbeständen an, um unvorhersehbare Schwankungen der Nachfrage auszugleichen. Grundsätzlich ist Lagerhaltung mit zwei gegenläufigen Effekten behaftet. Einerseits entsteht ein Problem, wenn die Lagerbestände zu niedrig sind, da sich dadurch entgangene Erlöse kumulieren, wenn nicht genügend Ware vorhanden ist, um die Nachfrage zu befriedigen. Andererseits ist Lagerhaltung mit Kosten behaftet, sodass für die Unternehmen die Herausforderung besteht, die Lagerhaltung optimal zu planen. Die Lagerbestände werden als Lagerinvestitionen mit der folgenden Funktion modelliert:

$$I_t^L = D_{t-1} - X_{t-1}$$

Die Nachfrage D_t wird mit der folgenden Nachfragefunktion beschrieben:

$$D_t = D_t^a + C_t + I_t^L$$

wobei D_t^a der autonomen Nachfrage entspricht. Die Produktion bzw. das Angebot ist definiert als

$$X_t = D_t^a + C_{t-1} + I_t^L$$

Für die Lagerinvestitionen ergibt sich daher nach Einsetzen von Angebots- und Nachfragefunktion

$$I_t^L = \left(D_{t-1}^a + C_{t-1} + I_{t-1}^L\right) - \left(D_{t-1}^a + C_{t-2} + I_{t-1}^L\right) = C_{t-1} - C_{t-2}$$

Letztlich hängen also die Lagerinvestitionen vom Wachstum der Konsumausgaben zwischen zwei aufeinanderfolgenden Zeitperioden ab. Der Lagerbestand $Lager_t$ hängt von der Differenz aus Produktion X_t und Nachfrage D_t ab, sowie den Lagerinvestitionen I_t^L und dem Lagerbestand der Vorperiode $Lager_{t-1}$:

$$Lager_t = (X_t - D_t) + I_t^L + Lager_{t-1}$$

Die Konsumausgaben wiederum sind abhängig von der marginalen Konsumneigung c_1 und der Produktion X_t, da Angebot, bzw. Produktion $X_t =$ Einkommen Y_t:

$$C_t = c_1 X_t$$

Wenn nun die Konsumfunktion in die Bestimmungsgleichung des Angebots eingesetzt wird, erhalten wir:

$$X_t = D_t^a + c_1 X_{t-1} + (c_1 X_{t-1} - c_1 X_{t-2}) = D_t^a + 2c_1 X_{t-1} - c_1 X_{t-2}$$

Hierbei handelt es sich um eine inhomogene Differenzengleichung 2. Ordnung.

Beispiel

Gehen wir von einem Konjunkturmodell nach Metzler aus. Gegeben sei ein Ausgangsgleichgewicht von $Y_0 = X_0 = 2000$ Geldeinheiten, eine marginale Konsumneigung von $c_1 = 0{,}8$ und eine autonome Nachfrage von $D_0^a = 400$. In Periode $t = 1$ sinkt die autonome Güternachfrage dauerhaft auf $D^a = 350$, so dass das Einkommen in dieser Periode $Y_1 = 1950$ beträgt. Die Unternehmen streben einen Lagerbestand von $Lager = 200$ an, so dass ein Gleichgewicht dann erreicht ist, wenn dieser Bestand realisiert wird. Die Entwicklung der makroökonomischen Größen kann durch Tab. 4.6 beschrieben werden.

Der Konjunkturverlauf ist in Abb. 4.24 dargestellt und zeigt, dass die Schwingungen wesentlich geringer sind als im Multiplikator-Akzelerator-Modell. Die Schwankungen nehmen im Zeitverlauf ab. Dies impliziert, dass der Lagerhaltungszyklus stabilisierend auf die wirtschaftliche Entwicklung wirkt.

Tab. 4.6 Entwicklung makroökonomischer Größen: Metzler-Modell

Zeit t	Produktion X	Nachfrage D	Autonome Nachfrage D^a	Konsum C	Lager-Investition I	Lagerbestand *Lager*
0	2000,0	2000,0	400,0	1600,0	0,0	200,0
1	1950,0	1910,0	350,0	1560,0	0,0	240,0
2	1870,0	1806,0	350,0	1496,0	−40,0	264,0
3	1782,0	1711,6	350,0	1425,6	−64,0	270,4
4	1705,2	1643,8	350,0	1364,2	−70,4	261,4
5	1652,7	1610,7	350,0	1322,2	−61,4	242,0
6	1630,2	1612,2	350,0	1304,2	−42,0	218,0
7	1636,1	1640,9	350,0	1308,9	−18,0	195,2
8	1663,7	1685,7	350,0	1330,9	4,8	178,0
9	1702,9	1734,4	350,0	1362,4	22,0	168,6
10	1743,8	1776,5	350,0	1395,0	31,4	167,3
11	1777,7	1804,8	350,0	1422,2	32,7	172,9
12	1799,3	1816,6	350,0	1439,4	27,1	182,7
13	1806,7	1812,6	350,0	1445,4	17,3	194,1
14	1801,3	1797,0	350,0	1441,0	5,9	204,3
15	1786,7	1775,0	350,0	1429,4	−4,3	211,7
16	1767,7	1752,5	350,0	1414,2	−11,7	215,2
17	1748,9	1733,9	350,0	1399,2	−15,2	215,0
18	1734,2	1722,3	350,0	1387,3	−15,0	211,8
⋮	⋮	⋮	⋮	⋮	⋮	⋮
N	1750	1750	350,0	1400	0	200

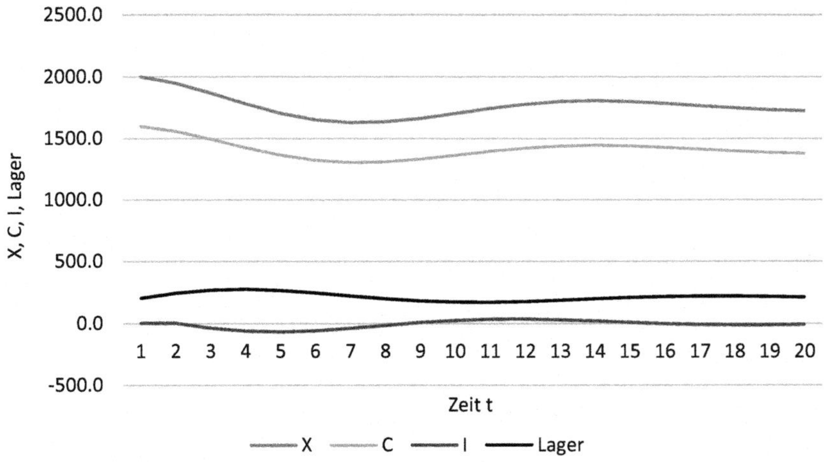

Abb. 4.24 Konjunkturverlauf im Lagerhaltungsmodell

Die Entwicklung der Produktion kann im vorliegenden Modell mit einer inhomogenen Differenzengleichung 2. Ordnung beschrieben werden. Für die autonome Nachfrage wird der Wert nach der Senkung, also $D^a = 350$, herangezogen. Im vorliegenden Fall gilt

$$X_t = 1{,}6X_{t-1} - 0{,}8X_{t-2} + 350$$

Zunächst wird die homogene Lösung ermittelt.

$$X_t^H = 1{,}6X_{t-1}^H - 0{,}8X_{t-2}^H$$

Daraus ergibt sich die charakteristische Gleichung:

$$r^t = 1{,}6r^{t-1} - 0{,}8r^{t-2}$$
$$r^t - 1{,}6r^{t-1} + 0{,}8r^{t-2} = 0$$

Nach Division durch r^{t-2} erhalten wir:

$$r^2 - 1{,}6r + 0{,}8 = 0$$

Die charakteristische Gleichung kann mit der ABC-Formel gelöst werden.

$$r_{1,2} = \frac{1{,}6 \pm \sqrt{1{,}6^2 - 4 \cdot 1 \cdot 0{,}8}}{2 \cdot 1}$$
$$r_{1,2} = \frac{1{,}6 \pm \sqrt{-0{,}64}}{2}$$

Die charakteristische Gleichung hat zwei konjugiert komplexe Wurzeln. Bezogen auf unser Zahlenbeispiel erhalten wir für den reellen Teil a = 0,8 und für den imaginären Teil b = 0,4, also

$$z = 0{,}8 + 0{,}4i$$

Für den Radius erhalten wir damit

$$r = \sqrt{0{,}8^2 + 0{,}4^2} = \sqrt{0{,}8}$$

Der Winkel φ ergibt sich aus

$$\varphi = \tan^{-1}\left(\frac{0{,}4}{0{,}8}\right) = 26{,}57^\circ$$

Daraus ergibt sich die homogene Lösung:

$$X_t^H = \sqrt{0{,}8}^t (\lambda_1 cos 26{,}57^\circ t + \lambda_2 sin 26{,}57^\circ t)$$

Nach der homogenen Lösung wird die spezielle Lösung für $f(t) = z$ ermittelt.

$$X_t = 1{,}6X_{t-1} - 0{,}8X_{t-2} + 350$$
$$z = 1{,}6z - 0{,}8z + 350$$
$$z = 1750$$

Die Lösung der inhomogenen Differenzengleichung 2. Ordnung ergibt sich aus der Summe aus homogenem und speziellem Teil:

$$X_t = X_t^H + z$$

$$X_t = \sqrt{0{,}8}^t (\lambda_1 cos26{,}57°t + \lambda_2 sin26{,}57°t) + 1750$$

Um die Konstanten λ_1 und λ_2 zu ermitteln, werden die beiden Anfangswerte eingesetzt.

$$X_0 = 2000 = \sqrt{0{,}8}^0 (\lambda_1 cos26{,}57°0 + \lambda_2 sin26{,}57°0) + 1750$$

$$\lambda_1 = 250$$

$$X_1 = 1950 = \sqrt{0{,}8}^1 (\lambda_1 cos26{,}57°1 + \lambda_2 sin26{,}57°1) + 1750$$

Nach Umformung ergibt sich:

$$200 = 0{,}8\lambda_1 + 0{,}4\lambda_2$$

Durch Einsetzen von $\lambda_1 = 250$ erhalten wir

$$\lambda_2 = 0$$

Daraus ergibt sich die allgemeine Lösung der inhomogenen Differenzengleichung 2. Ordnung:

$$X_t = \sqrt{0{,}8}^t \left(250 cos26{,}57°t\right) + 1750$$

Da $r = \sqrt{0{,}8} < 1$ konvergiert die Produktion X oszillierend mit fallender Amplitude gegen den Gleichgewichtswert $X = 1750$.

4.3.2.3 Wirkung konjunkturpolitischer Maßnahmen

Konjunkturschwankungen können durch Investitionen und Lagerveränderungen erklärt werden. Schwankungen in der gesamtwirtschaftlichen Nachfrage werden häufig vom Staat zum Anlass genommen, um mit konjunkturpolitischen Maßnahmen zu intervenieren. Diese Interventionen können jedoch selbst Schwingungen und Instabilitäten hervorrufen, wenn die Konjunkturpolitik zeitlich verzögert eingesetzt wird. Statt einer gewünschten antizyklischen Konjunkturpolitik kann staatliche Intervention prozyklisch und damit eher destabilisierend wirken. Dies begründet sich zum einen auf Informationsdefiziten hinsichtlich der tatsächlichen konjunkturellen Entwicklung einer Volkswirtschaft, da die Daten über die tatsächliche wirtschaftliche Entwicklung nicht simultan, sondern selbst zeitverzögert zur Verfügung stehen. Zum anderen kann eine zeitliche Verzögerung bei der Entscheidung über konjunkturelle Maßnahmen unterstellt werden, da der politische Prozess an sich zeitaufwendig ist, bis in verschiedenen Gremien oder Parlamenten über eine konjunkturelle Maßnahme entschieden wird. Des Weiteren führt die Umsetzung konjunkturpolitischer Entscheidungen durch Ministerien und Bundesämter zu weiteren Verzögerungen, bis die geplante Maßnahme tatsächlich in der Volkswirtschaft Wirkung erzielt.

In Anlehnung an Dieckheuer (2003) wird das Lagerhaltungsmodell nach Metzler um staatliche Konjunkturpolitik erweitert. Dazu wird die autonome Nachfrage D_t^a aufgeteilt in die autonome private Güternachfrage D_t^{Pr} und die Staatsausgaben G_t:

$$D_t^a = D_t^{\text{Pr}} + G_t$$

Der Staat passt die Staatsausgaben in Abhängigkeit von den Staatsausgaben der Vorperiode und der Differenz aus Zielwert X^Z und tatsächlich realisierter Produktion X an.

$$G_t = G_{t-1} + g\left(X^Z - X_{t-j}\right)$$

Die Variable g ist ein Reaktionsparameter, der die Stärke des fiskalpolitischen Impulses modelliert. Da davon ausgegangen werden kann, dass die konjunkturpolitische Maßnahme mit Zeitverzögerung erfolgt, wird die Veränderung der Staatsausgaben in Periode t durch die Differenz aus Zielwert X^Z und der realisierten Produktion der zurückliegenden Periode $t-j$ modelliert, wobei j die Verzögerung in Jahren modelliert. Das erweiterte Lagerhaltungsmodell mit zeitlich-verzögerter staatlicher Konjunkturpolitik kann daher mit folgender Gleichung dargestellt werden:

$$X_t = D_t^{\text{Pr}} + G_{t-1} + g\left(X^Z - X_{t-j}\right) + 2c_1X_{t-1} - c_1X_{t-2}$$

Beispiel

Ausgehend vom erweiterten Lagerhaltungsmodell mit zeitlich-verzögerten Staatsausgaben sei die marginale Konsumneigung $c_1 = 0{,}6$ und der konjunkturpolitische Reaktionsparameter $g = 0{,}2$. In der Ausgangssituation sei die Produktion $X_0 = 1000$, die private Güternachfrage $D_t^{\text{Pr}} = 200$, die Staatsausgaben $G_0 = 200$. Der Zielwert der Konjunkturpolitik sei das Gleichgewichtseinkommen $X^Z = X_0 = 1000$. Die autonome private Güternachfrage geht in $t = 1$ dauerhaft um 50 Einheiten zurück.

In Tab. 4.7 ist die zeitliche Entwicklung der Einkommen dargestellt. Dabei ist X^L die Produktion im Lagerhaltungsmodell ohne konjunkturpolitische Intervention. Bei $X(j = 1)$ entspricht die zeitliche Verzögerung der Konjunkturpolitik eine Zeitperiode, während diese in $X(j = 2)$ zwei Zeitperioden beträgt.

In Abb. 4.25 ist die Einkommensentwicklung im Zeitverlauf dargestellt. Während das Einkommen im ursprünglichen Lagerhaltungsmodell ohne konjunkturpolitische Intervention X^L nach dem Rückgang der privaten Güternachfrage wieder relativ schnell zu einem stabilen, niedrigeren Gleichgewicht zurück findet, spielt bei den beiden Modellansätzen mit fiskalpolitischer Intervention die zeitliche Verzögerung eine wichtige Rolle. Im Modell mit einer zeitlichen Verzögerung der Konjunkturpolitik von einer Periode wird am Ende ein höheres stabiles Gleichgewicht erreicht. Tritt allerdings die konjunkturpolitische Maßnahme mit einer zeitlichen Verzögerung von

Tab. 4.7 Die Wirkung zeitlich-verzögerter konjunkturpolitischer Maßnahmen

Periode t	D^{Pr}	X^L	$X(j = 1)$	$X(j = 2)$
0	200	1000,0	1000,0	1000,0
1	150	950,0	950,0	950,0
2	150	890,0	900,0	890,0
3	150	848,0	890,0	858,0
4	150	833,6	930,0	877,6
5	150	841,5	998,0	948,7
6	150	859,7	1056,0	1046,8
7	150	876,7	1073,6	1132,0
8	150	886,2	1045,2	1166,2
9	150	887,5	991,5	1129,5
10	150	883,2	945,8	1031,9
⋮	⋮	⋮	⋮	⋮
N	150	875	1000,0	-

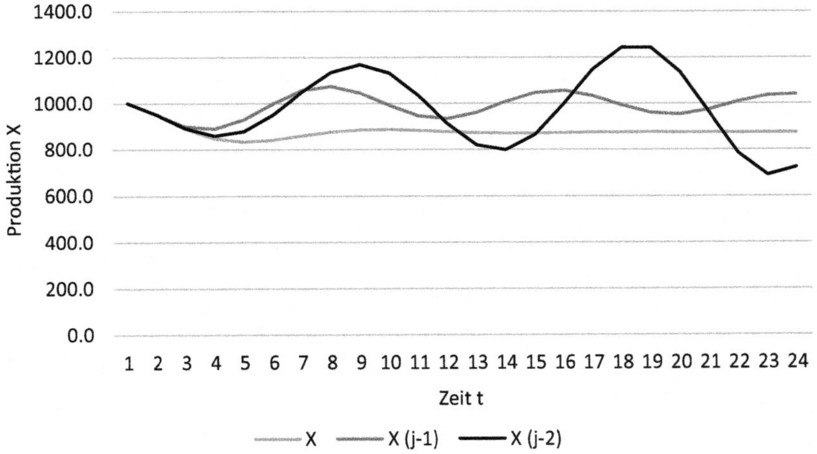

Abb. 4.25 Die Wirkung zeitlich-verzögerter Konjunkturpolitik

zwei Zeitperioden auf, schaukelt sich die Entwicklung des Einkommens auf und kein neues Gleichgewicht wird erreicht. In diesem Fall wirkt die Konjunkturpolitik selbst destabilisierend auf das Einkommen und die Produktion.

Obwohl die Modellstruktur recht einfach ist, zeigt das Zahlenbeispiel dennoch, dass die Einführung zeitlich-verzögerter konjunkturpolitischer Maßnahmen dazu führen kann, dass die Steuerungsfähigkeit des Staates massiv eingeschränkt sein kann. Wie in Kap. 1 beschrieben, geht das keynesianische Paradigma grundsätzlich von einer

Steuerungsfähigkeit des Staates, z. B. durch fiskalpolitische Maßnahmen aus, während die Neoklassiker eine Steuerungsfähigkeit grundlegend verneinen. Nach dem neoklassischen Paradigma können staatliche Interventionen selbst destabilisierend auf die wirtschaftliche Entwicklung wirken. Das vorliegende Modell zeigt, dass eine Steuerungsfähigkeit durch konjunkturpolitische Maßnahmen zwar grundsätzlich gegeben sein kann, jedoch nur, wenn die zeitlichen Verzögerungen bei der Entscheidung und Umsetzung einer Maßnahme gering sind.

Beispiel

In einer Modellökonomie können die Lagerinvestitionen I_t^L mit folgender Gleichung beschrieben werden:

$$I_t^L = D_{t-1} - X_{t-1}$$

Die Nachfrage D_t. wird mit der folgenden Nachfragefunktion beschrieben

$$D_t = D_t^{Pr} + G_t + C_t + I_t^L$$

wobei D_t^{Pr} der autonomen privaten Nachfrage und G_t der konjunkturpolitischen staatlichen Nachfrage entsprechen. Die Produktion bzw. das Angebot ist definiert als

$$X_t = D_t^{Pr} + G_t + C_{t-1} + I_t^L$$

Die staatliche Nachfrage wird modelliert durch

$$G_t = g\left(X^Z - X_{t-j}\right)$$

wobei j die Verzögerung der staatlichen Nachfrage darstellt. Für die Lagerinvestitionen ergibt sich daher nach Einsetzen von Angebots- und Nachfragefunktion

$$I_t^L = \left(D_{t-1}^{Pr} + G_{t-1} + C_{t-1} + I_{t-1}^L\right) - \left(D_{t-1}^{Pr} + G_{t-1} + C_{t-2} + I_{t-1}^L\right) = C_{t-1} - C_{t-2}$$

Die Konsumausgaben wiederum sind abhängig von der marginalen Konsumneigung c_1 und der Produktion X_t, da Angebot, bzw. Produktion X_t = Einkommen Y_t:

$$C_t = c_1 X_t$$

Wenn nun die Konsumfunktion und die staatliche Nachfrage in die Bestimmungsgleichung des Angebots eingesetzt werden erhalten wir

$$X_t = D_t^{Pr} + g\left(X^Z - X_{t-j}\right) + c_1 X_{t-1} + (c_1 X_{t-1} - c_1 X_{t-2}) = D_t^{Pr} + g\left(X^Z - X_{t-j}\right) + 2c_1 X_{t-1} - c_1 X_{t-2}$$

Für eine Wirkungsverzögerung der Konjunkturpolitik, d. h. der staatlichen Nachfrage, von einer Zeitperiode erhalten wir somit

$$X_t = D_t^{Pr} + g\left(X^Z - X_{t-1}\right) + 2c_1 X_{t-1} - c_1 X_{t-2}$$

Wenn wir von einer autonomen privaten Güternachfrage in Höhe von $D_t^{\mathrm{Pr}} = 350$, einem Reaktionskoeffizienten in Höhe von $g = 0{,}4$, einer marginalen Konsumneigung von $c_1 = 0{,}6$ und einem Zieleinkommen in Höhe des ursprünglichen Gleichgewichts von $X^Z = 1000$ ausgehen, erhalten wir die inhomogene Differenzengleichung 2. Ordnung

$$X_t = 350 + 0{,}4(1000 - X_{t-1}) + 1{,}2X_{t-1} - 0{,}6X_{t-2} = 0{,}8X_{t-1} - 0{,}6X_{t-2} + 750$$

Für die homogene Lösung ergibt sich die charakteristische Gleichung

$$r^2 - 0{,}8r + 0{,}6 = 0$$

mit den konjugiert komplexen Wurzeln

$$r_{1,2} = 0{,}4 \pm 0{,}66i$$

Für Radius und Winkel erhalten wir somit

$$r = \sqrt{0{,}6};\ \varphi = 58{,}91°$$

Für den inhomogenen Teil ergibt sich

$$z = 0{,}8z - 0{,}6z + 750$$
$$z = 937{,}5$$

Einsetzen der Startwerte $X_0 = 1000$; $X_1 = 950$ ergibt die Lösung der Differenzengleichung mit

$$X_t = \sqrt{0{,}6}^t \left(62{,}5 cos 58{,}91°t - 18{,}85 sin 58{,}91°t\right) + 937{,}5$$

Da $r = \sqrt{0,6} < 1$ konvergiert die Produktion X oszillierend mit fallender Amplitude gegen den Gleichgewichtswert $X = 937{,}5$.

Wenn nun alternativ von einer Wirkungsverzögerung der Konjunkturpolitik, d. h. der staatlichen Nachfrage, von zwei Zeitperioden ausgegangen wird, ergibt sich:

$$X_t = D_t^{Pr} + g\left(X^Z - X_{t-2}\right) + 2c_1X_{t-1} - c_1X_{t-2}$$

Wenn wir von einer autonomen privaten Güternachfrage in Höhe von $D_t^{\mathrm{Pr}} = 350$, einem Reaktionskoeffizienten in Höhe von $g = 0{,}4$, einer marginalen Konsumneigung von $c_1 = 0{,}6$ und einem Zieleinkommen in Höhe des ursprünglichen Gleichgewichts von $X^Z = 1000$ ausgehen, erhalten wir die inhomogene Differenzengleichung 2. Ordnung

$$X_t = 350 + 0{,}4(1000 - X_{t-2}) + 1{,}2X_{t-1} - 0{,}6X_{t-2} = 1{,}2X_{t-1} - X_{t-2} + 750$$

Für die homogene Lösung ergibt sich die charakteristische Gleichung

$$r^2 - 1{,}2r + 1 = 0$$

mit den konjugiert komplexen Wurzeln

$$r_{1,2} = 0{,}6 \pm 0{,}8i$$

Für Radius und Winkel erhalten wir somit

$$r = 1;\ \varphi = 53{,}13^\circ$$

Für den inhomogenen Teil ergibt sich

$$z = 1{,}2z - z + 750$$
$$z = 937{,}5$$

Einsetzen der Startwerte $X_0 = 1000$; $X_1 = 950$ ergibt die Lösung der Differenzengleichung mit

$$X_t = 1^t\left(62{,}5cos53{,}13^\circ t - 31{,}25sin53{,}13^\circ t\right) + 937{,}5$$

Da $r = 1$ divergiert die Produktion X oszillierend mit konstanter Amplitude. Wie in Abb. 4.26 dargestellt, findet die Produktion bei einer Wirkungsverzögerung der Konjunkturpolitik von einer Zeitperiode relativ schnell zum stabilen Gleichgewicht von $X = 937{,}5$, während bei einer zeitlichen Verzögerung der Fiskalpolitik von zwei Zeitperioden die Produktion zwischen $X \approx 870$ und $X \approx 1010$ schwankt.

4.3.2.4 Konjunkturschwankungen und Konsumverhalten

Bisher wurden Konjunkturschwankungen durch die Änderung von Investitionen, Lagerbeständen und zeitlichen Verzögerungen der Konjunkturpolitik erklärt. Ein weiterer Bestimmungsgrund kurzfristiger Schwankungen der Nachfrage sind Änderungen des Konsumverhaltens, da der private Konsum einen relativ hohen Anteil an der

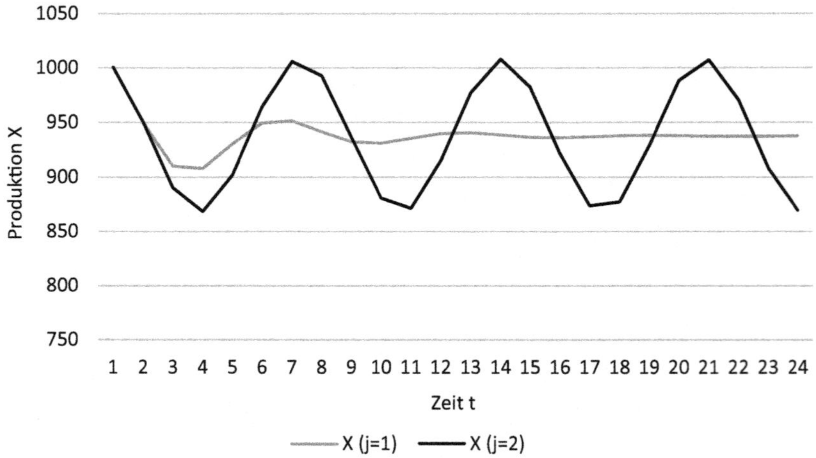

Abb. 4.26 Wirkung konjunkturpolitischer Maßnahmen bei Zeitverzögerung: Beispiel

gesamtwirtschaftlichen Nachfrage hat. In diesem Zusammenhang spielen unterschiedliche Annahmen im Hinblick auf die unterstellte Konsumfunktion eine bedeutende Rolle. Im keynesianischen Makromodell wird in der Regel eine absolute Einkommenshypothese unterstellt, bei der der Konsum vom autonomen Konsum, der marginalen Konsumneigung und dem aktuellen Einkommen abhängt.

$$C = c_0 + c_1 Y$$

Wie bereits erläutert, findet diese Konsumfunktion auch Anwendung in einer dynamisierten Fassung

$$C_t = c_0 + c_1 Y_{t-1}$$

Die bisher dargestellten keynesianischen Multiplikatoreffekte basieren auf der absoluten Einkommenshypothese. Diese Einkommenshypothese kommt vor allem bei kurzfristigen Analysen zur Anwendung. Bei der Konsumhypothese einer konstanten durchschnittlichen Konsumquote

$$C_t = c_1 Y_{t-1}$$

entfällt lediglich die autonome Konsumnachfrage. Gerade im Konjunkturverlauf können jedoch auch mittel- bis längerfristige Überlegungen der Konsumenten einen Einfluss auf das Konsumverhalten und damit die Veränderungen des Volkseinkommens haben. Bei der relativen Einkommenshypothese der Form

$$C_t = c_0 + c_1 Y_{t-1} + c_2 Y_0$$

hängt das Konsumverhalten sowohl vom kurzfristigen Einkommen der Vorperiode Y_{t-1} als auch vom bisher erreichten Einkommensniveau Y_0 ab. Die Konsumenten versuchen also, durch ihr Konsumverhalten ein bereits erzieltes Konsumniveau aufrechtzuerhalten. Die kurzfristige marginale Konsumneigung c_1 ist in diesem Falle geringer als bei der absoluten Einkommenshypothese, da sich die Konsumenten auch am bisher erreichten Einkommensniveau orientieren. Insbesondere in der neoklassischen Makroökonomik wird mit der permanenten Einkommenshypothese nach Milton Friedman eine langfristige Konsumfunktion unterstellt:

$$C_t = c_P Y_P$$

Bei der permanenten Einkommenshypothese werden Konsumentscheidungen nicht auf Basis des laufenden Einkommens oder des Einkommens der Vorperiode, sondern auf Basis des permanenten Einkommens Y_P getroffen. Dieses Einkommen entspricht dem durchschnittlichen Lebenszeiteinkommen und setzt sich aus dem gegenwärtigen und für die Zukunft erwarteten Einkommen zusammen.

Der private Konsum kann eine stabilisierende Wirkung auf konjunkturelle Störungen haben, wenn Konsumenten ihre Konsumnachfrage langfristig ausrichten. Diese Wirkung ist bei der neoklassischen permanenten Einkommenshypothese am größten. Bei der relativen Einkommenshypothese wirkt vor allem die Orientierung am bisher erreichten Einkommensniveau Y_0 stabilisierend und verringert damit den Einfluss exogener Schocks, wie z. B. eine Reduzierung der Investitionen, auf das Volkseinkommen. Die keynesianische absolute Einkommenshypothese und vor allem die Annahme einer konstanten durchschnittlichen Konsumquote, d. h. eine Orientierung der Konsumnachfrage am kurzfristigen Einkommen, führt dazu, dass es länger dauert, bis exogene konjunkturelle Schocks überwunden werden können. Die neoklassische Makroökonomik geht von der permanenten Einkommenshypothese aus und sieht diese als wichtige Begründung für die Stabilität und die Wirkung privatwirtschaftlicher „Selbstheilungskräfte" der Märkte, da Konjunkturstörungen relativ schnell überwunden werden. Um die Wirkungen alternativer Konsumhypothesen zu verdeutlichen, seien folgende Hypothesen unterstellt:

$$a)\ Konstante\ Konsumquote\colon\ C_t = 0{,}6Y_{t-1}$$
$$b)\ Absolute\ Einkommenshypothese\colon\ C_t = 100 + 0{,}5Y_{t-1}$$
$$c)\ Relative\ Einkommenshypothese\colon\ C_t = 100 + 0{,}3Y_0 + 0{,}2Y_{t-1}$$
$$d)\ Permanente\ Einkommenshypothese\colon\ C_t = 0{,}6Y_P$$

Im Ausgangsgleichgewicht sei $Y_0 = Y_P = 1000, C_0 = 600$. Des Weiteren treten zyklische Schwankungen der autonomen Güternachfrage D_a auf, die für einen Konjunkturzyklus mit Tab. 4.8 dargestellt werden.

Die Wirkung alternativer Konsumhypothesen im Konjunkturzyklus ist in Abb. 4.27 dargestellt. Es zeigt sich, dass das Einkommen Y unabhängig von der unterstellten

Tab. 4.8 Konjunkturelle Schwankungen der autonomen Güternachfrage

t	1	2	3	4	5	6	7	8	9	10	11	12
D_a	400	380	370	365	370	380	400	420	430	435	420	400

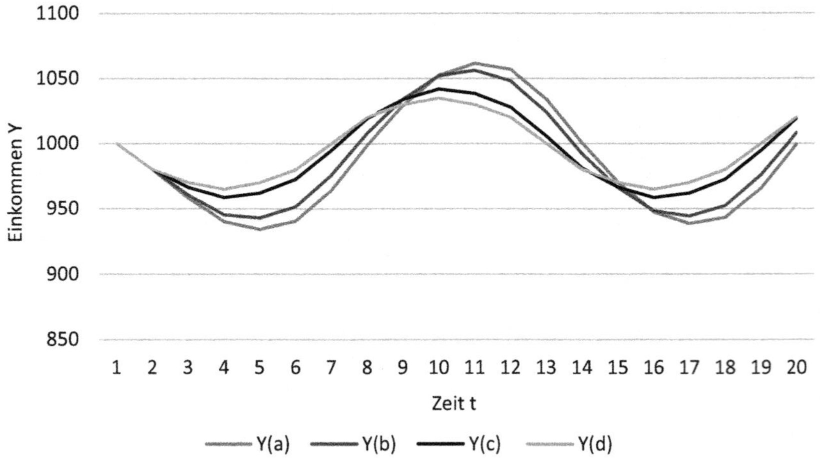

Abb. 4.27 Die Wirkung alternativer Konsumhypothesen im Konjunkturzyklus

Konsumhypothese, aufgrund der konjunkturellen Schwankungen der autonomen Güternachfrage, um das Einkommen $Y = 1000$ schwankt. Die Unterstellung einer Konsumhypothese mit konstanter durchschnittlicher Konsumquote führt zur höchsten Amplitude, d. h. die Schwingungen um das Einkommen von $Y = 1000$ sind hier am größten. Die Annahme einer keynesianischen absoluten Einkommenshypothese führt ebenfalls zu großen Schwingungen des Einkommens. Am geringsten sind die Schwingungen bei der neoklassischen permanenten Einkommenshypothese, da hier die Konsumenten ihre Konsumausgaben nicht am laufenden, sondern am permanenten Einkommen ausrichten.

Beispiel

In einer geschlossenen Volkswirtschaft ohne Staat gilt

$$Y_t = C_t + I_t$$

Die Investitionen betragen in der Ausgangssituation $I_0 = 700$. Das permanente Einkommen und das Einkommen in der Ausgangssituation seien $Y_P = Y_0 = 2000$. Zur Erklärung der Konsumnachfrage dienen die folgenden alternativen Einkommenshypothesen

$$a) \textit{ Konstante Konsumquote: } C_t = 0{,}65Y_{t-1}$$
$$b) \textit{ Absolute Einkommenshypothese: } C_t = 100 + 0{,}6Y_{t-1}$$
$$c) \textit{ Relative Einkommenshypothese: } C_t = 100 + 0{,}35Y_0 + 0{,}25Y_{t-1}$$
$$d) \textit{ Permanente Einkommenshypothese: } C_t = 0{,}65Y_P$$

In Periode $t = 1$ tritt eine konjunkturelle Verringerung der Investitionsnachfrage auf $I_1 = 500$ ein. In Periode $t = 2$ erreichen die Investitionen wieder ihr ursprüngliches Niveau. In Tab. 4.9 sind die konjunkturellen Effekte der alternativen Konsumhypothesen aufgeführt.

Tab. 4.9 Konjunkturelle Effekte alternativer Konsumhypothesen

Periode t	Investitionen I	$Y(a)$	$Y(b)$	$Y(c)$	$Y(d)$
0	700	2000	2000	2000	2000
1	500	1800	1800	1800	1800
2	700	1870	1880	1950	2000
3	700	1916	1928	1988	2000
4	700	1945	1957	1997	2000
5	700	1964	1974	1999	2000
6	700	1977	1984	2000	2000
7	700	1985	1991	2000	2000
8	700	1990	1994	2000	2000
9	700	1994	1997	2000	2000
10	700	1996	1998	2000	2000

Wenn die neoklassische permanente Einkommenshypothese unterstellt wird, hat das Einkommen $Y(d)$ bereits nach Anstieg der Investitionen auf das ursprüngliche Niveau in $t = 2$ das Ausgangsniveau erreicht. Bei Zugrundelegung der relativen Einkommenshypothese sind die Auswirkungen der konjunkturellen „Delle" größer, da das ursprüngliche Einkommensniveau erst in Periode $t = 6$ erreicht wird. Bei Annahme der keynesianischen absoluten Einkommenshypothese $Y(b)$ und vor allem bei der Konsumfunktion mit konstanter Konsumquote $Y(a)$ wird die konjunkturelle Störung durch den vorübergehenden Rückgang der Investitionen wesentlich langsamer überwunden. Abb. 4.28 zeigt die Entwicklung der Einkommen bei Zugrundelegung alternativer Einkommenshypothesen.

4.3.3 Wirtschaftswachstum

In der Volkswirtschaftslehre dominieren, zumindest in der wirtschaftswissenschaftlichen Grundausbildung im Rahmen eines Bachelorstudiums, die neoklassischen und post-keynesianischen Ansätze der Wachstumstheorie. Die neoklassischen Ansätze bauen dabei auf den gängigen Annahmen der Neoklassik auf und fokussieren daher auf der Angebotsseite. Im neoklassischen Paradigma gilt das Say'sche Theorem, demnach generiert jedes Angebot die dazugehörige Nachfrage. Dies bedeutet, dass in der neoklassischen Theorie die Nachfrage nicht begrenzend wirkt und folglich das Wirtschaftswachstum nur von der Angebotsseite, also der Produktionsfunktion, determiniert wird. In der post-keynesianischen Theoriebildung spielt die Nachfrage eine herausragende Rolle für die Bildung des Volkseinkommens und die Erklärung der wirtschaftlichen Entwicklung. Im keynesianischen und post-keynesianischen Modell ist die Nachfrage der begrenzende Faktor und daher spielen insbesondere nachfrageorientierte Ansätze eine wesentliche

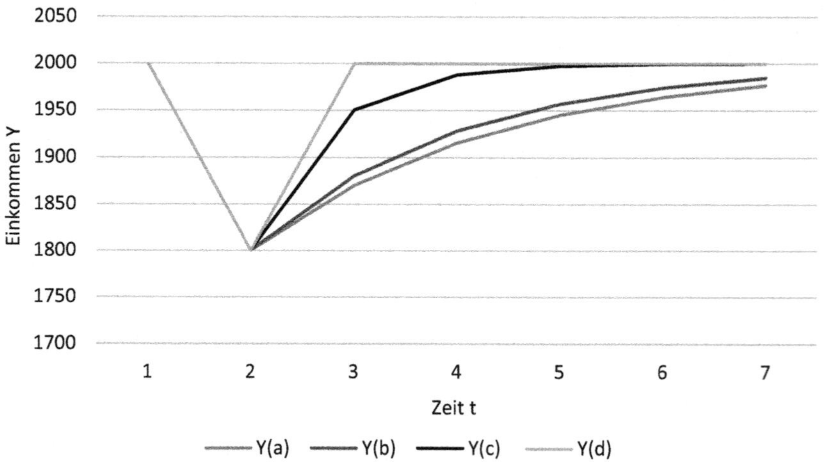

Abb. 4.28 Konjunkturelle Wirkung alternativer Einkommenshypothesen

Rolle für die Erklärung der Einkommensbildung und des Wirtschaftswachstums. In der post-keynesianischen Wachstumstheorie ist daher der Fokus insbesondere auf der Investitionsnachfrage als langfristiger Bestimmungsfaktor der volkswirtschaftlichen Entwicklung. Grundsätzlich zielen die gängigen Ansätze der Wachstumstheorie auf unbegrenztes Wachstum. Durch zunehmende Ressourcenverknappung und Umweltzerstörung sind in den letzten Jahren begrenzte Wachstumsprozesse in den Fokus der Wachstumstheorie gelangt. Gerade die Endlichkeit natürlicher Ressourcen zeigt, dass ökonomische Wachstumsprozesse häufig gegen eine obere Grenze stoßen. Daher wird im weiteren Verlauf des Buches zunächst das grundlegende neoklassische Wachstumsmodell dargestellt. Im Anschluss werden die für das Grundstudium relevanten Teile des post-keynesianischen Ansatzes dargestellt. Am Ende des Kapitels zur Wachstumstheorie werden Ansätze zum begrenzten Wachstum präsentiert.

4.3.3.1 Neoklassische Wachstumstheorie

Ausgangspunkt der neoklassischen Wachstumstheorie nach Solow (1956) ist die Produktionsfunktion. Die langfristige Entwicklung einer Volkswirtschaft hängt dabei vom Kapitalstock K, dem Humankapital N, dem exogen gegebenen Technologieparameter A sowie den Faktorelastizitäten α und β ab:

$$Y = AK^{\alpha}N^{\beta}$$

Bei konstanten Skalenerträgen ergibt sich daher die Produktion bzw. das Volkseinkommen als:

$$Y = AK^{\alpha}N^{(1-\alpha)}$$

Die Wachstumsrate des Kapitals ergibt sich aus den Ersparnissen der inländischen Bevölkerung und Kapitalimporten aus anderen Regionen. In einer geschlossenen Volkswirtschaft ohne Staatstätigkeit gilt daher

$$Investitionen\, I = Sparen\, S$$

Der Kapitalstock wächst im Zeitverlauf mit den Bruttoinvestitionen und schrumpft mit den Abschreibungen, wobei die Abschreibungsrate δ beträgt:

$$K_{t+1} = (1-\delta)K_t + I_t$$

Die Investitionen hängen von der Sparquote der Bevölkerung s und dem Volkseinkommen Y ab:

$$I_t = sY_t$$

Um das Wirtschaftswachstum verschiedener Volkswirtschaften vergleichen zu können, werden die Variablen in der Wachstumstheorie pro Kopf ermittelt. Der Pro-Kopf-Output bzw. das Pro-Kopf-Einkommen lauten daher

$$y = \frac{Y}{N} = \frac{AK^{\alpha}N^{1-\alpha}}{N} = \frac{AK^{\alpha}N}{N^{\alpha}N} = A\left(\frac{K}{N}\right)^{\alpha}$$

Das Pro-Kopf-Einkommen y hängt daher von der Kapitalintensität bzw. dem Pro-Kopf-Kapitalstock $\left(\frac{K}{N}\right)$, der Faktorelastizität α und dem exogenen Technologieparameter A ab.

Aus Vereinfachungsgründen sei der Technologieparameter $A = 1$, daraus ergibt sich, dass die zeitliche Einkommensentwicklung einer Volkswirtschaft im Wesentlichen von der Kapitalintensität abhängt. Der Kapitalstock pro Kopf einer Volkswirtschaft hängt wiederum von den Bruttoinvestitionen und den Abschreibungen ab.

$$\frac{K_{t+1}}{N} = (1-\delta)\left(\frac{\mathrm{K_t}}{\mathrm{N}}\right) + \mathrm{s}\left(\frac{\mathrm{Y_t}}{\mathrm{N}}\right)$$

bzw.

$$k_{t+1} = (1-\delta)k_t + sy_t$$

Die Bruttoinvestitionen hängen vom Pro-Kopf-Einkommen ab und die Abschreibungen von der Kapitalintensität. Ein Zahlenbeispiel soll den Zusammenhang zwischen Investitionen, Abschreibungen und Wachstumsimpuls erläutern. Dazu gehen wir von einem Kapitalstock in Höhe von $K = 4000$ Geldeinheiten und einer Erwerbsbevölkerung in Höhe von $N = 1000$ Personen aus. Des Weiteren sollen 30 % des Pro-Kopf-Einkommens gespart, bzw. investiert werden. Die Abschreibungsrate beträgt 10 % vom Pro-Kopf-Kapitalstock. Die Produktion der Volkswirtschaft kann mit folgender Produktionsfunktion beschrieben werden:

$$Y = K^{0{,}5}N^{0{,}5}$$

Das Pro-Kopf-Einkommen beträgt daher

$$y = \left(\frac{K}{N}\right)^{0{,}5}$$

Das Pro-Kopf-Einkommen in Periode $t = 1$ ist daher

$$y_1 = \left(\frac{4000}{1000}\right)^{0{,}5} = 2{,}000$$

Die Kapitalintensität, d. h. der Kapitalstock pro Kopf ist

$$k_1 = \left(\frac{K}{N}\right) = 4{,}000$$

Neben dem Pro-Kopf-Einkommen und der Kapitalintensität spielt auch der Pro-Kopf-Konsum eine wichtige Rolle.

$$c = \left(\frac{C}{N}\right) = (1-s)\left(\frac{Y}{N}\right)$$

Der Pro-Kopf-Konsum beträgt daher

$$c_1 = 0{,}7 \cdot 2{,}000 = 1{,}400$$

Da 30 % des Pro-Kopf-Einkommens investiert werden, beträgt $I_1 = 0{,}3 \cdot 2{,}000 = 0{,}600$ und die Abschreibungen belaufen sich auf 10 % des Pro-Kopf-Kapitalstocks, also $\delta k_1 = 0{,}1 \cdot 4{,}000 = 0{,}400$ Geldeinheiten. Da der Kapitalstock mit einer zeitlichen Verzögerung von einem Lag wächst, ergibt sich in Zeitperiode $t = 2$ ein Kapitalstock pro Kopf in Höhe von

$$k_2 = (1 - 0{,}1)k_1 + 0{,}3y_1 = 0{,}9 \cdot 4{,}000 + 0{,}3 \cdot 2{,}000 = 4{,}200$$

Durch die Erhöhung des Kapitalstocks steigt auch das Pro-Kopf-Einkommen auf

$$y_2 = 4{,}200^{0{,}5} = 2{,}049$$

Daraus ergeben sich wiederum Investitionen in Höhe von $I_2 = 0{,}3 \cdot 2{,}049 = 0{,}615$, Abschreibungen in Höhe von $\delta k_2 = 0{,}1 \cdot 4{,}200 = 0{,}420$ und Konsumausgaben in Höhe von $c_2 = 0{,}7 \cdot 2{,}049 = 1{,}435$.

Durch die Nettoinvestitionen ergibt sich ein Wachstumsimpuls in Höhe von

$$w_2 = \frac{y_2 - y_1}{y_1} \cdot 100 = \frac{2{,}049 - 2{,}000}{2{,}000} \cdot 100 = 2{,}45\,\%$$

Die weitere Entwicklung der einzelnen Variablen ist in Tab. 4.10 dargestellt.

Obwohl sich die Investitionsneigung und die Abschreibungsrate nicht verändert haben, nimmt der Wachstumsimpuls der Investitionen im Zeitverlauf ab. Zu Beginn war in $t = 2$ der Wachstumsimpuls des Kapitals hinsichtlich der Steigerung des Pro-Kopf-Einkommens bei $w_2 = 2{,}45$ % und bereits nach $t = 10$ ist der Wachstumsimpuls auf $w_{10} = 1{,}42$ % geschrumpft.

Da die Investitionen verhältnismäßig langsamer wachsen als die Abschreibungen, nähern sich diese im Zeitverlauf an, wie in Abb. 4.29 dargestellt. Dies bedeutet, dass die Wachstumsimpulse durch Investitionen im Zeitverlauf abnehmen. D. h. Kapitalinvestitionen haben abnehmende Grenzerträge, wie bereits in Kap. 3 dargestellt. Im langfristigen

Tab. 4.10 Zusammenhang zwischen Investitionen, Abschreibungen und Wachstumsimpuls

t	k	y	I	δk	c	w
1	4,000	2,000	0,600	0,400	1,400	
2	4,200	2,049	0,615	0,420	1,434	2,45%
3	4,395	2,096	0,629	0,440	1,467	2,29%
4	4,584	2,141	0,642	0,458	1,499	2,15%
⋮						
10	5,602	2,367	0,710	0,560	1,657	1,42%
⋮						
∞	9	3	0,900	0,900	2,100	0%

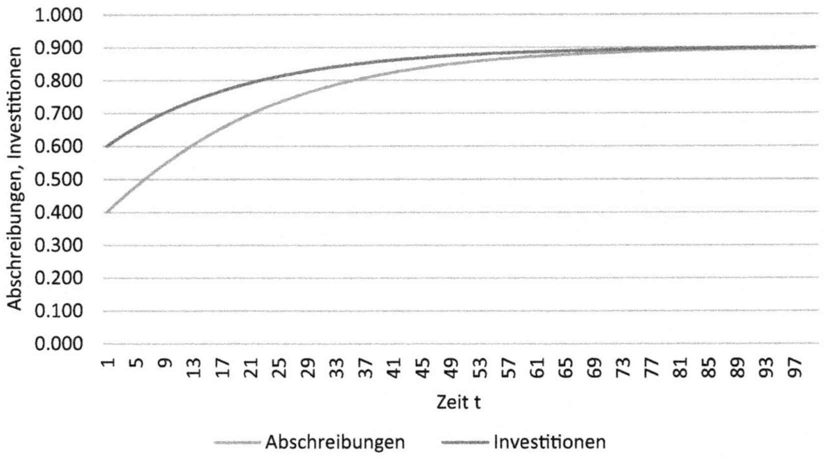

Abb. 4.29 Investitionen und Abschreibungen im Zeitverlauf

Wachstumsgleichgewicht, dem „steady state", entsprechen die Investitionen den Abschreibungen und der Wachstumsprozess ist zum Erliegen gekommen. Im vorliegenden Zahlenbeispiel sind die Investitionen und Abschreibungen im Gleichgewicht, wenn die Kapitalintensität auf $k = 9$ und das Pro-Kopf-Einkommen auf $y = 3$ Geldeinheiten angewachsen ist. Der Wachstumsimpuls der Investitionen beträgt dann $w = 0\ \%$.

Im langfristigen Wachstumsgleichgewicht, dem steady state, gilt also

$$Investitionen = Abschreibungen$$

$$s\left(\frac{K}{N}\right)^{\alpha} = \delta\left(\frac{K}{N}\right)$$

Division durch $\left(\frac{K}{N}\right)^{\alpha}$ führt zu

$$s = \delta\left(\frac{K}{N}\right)^{1-\alpha}$$

$$\frac{s}{\delta} = \left(\frac{K}{N}\right)^{1-\alpha}$$

Wir erhalten die Kapitalintensität $\left(\frac{K}{N}\right)$, indem wir mit dem Kehrwert von $1-\alpha$, also $\frac{1}{1-\alpha}$ potenzieren:

$$k = \left(\frac{K}{N}\right) = \left(\frac{s}{\delta}\right)^{\frac{1}{1-\alpha}}$$

Da das Pro-Kopf-Einkommen $y = \left(\frac{K}{N}\right)^{\alpha}$ ist, ergibt sich für das langfristige Wachstumsgleichgewicht:

$$y = \left(\frac{Y}{N}\right) = \left(\frac{s}{\delta}\right)^{\frac{\alpha}{1-\alpha}}$$

Dies bedeutet, dass das langfristige Wachstum einer Volkswirtschaft im Wesentlichen von der Spar- und der Abschreibungsrate abhängt. Die Faktorelastizitäten sind in der Regel technologisch bedingt und kaum beeinflussbar. Eine Konsequenz des neoklassischen Solow-Modells ist, dass Volkswirtschaften, die eine höhere Spar- bzw. Investitionsneigung aufweisen, ein langfristig höheres Pro-Kopf-Einkommen erzielen. Ferner nehmen die Wachstumsraten des Pro-Kopf-Einkommens im Zeitverlauf ab, bis ein langfristiges Wachstumsgleichgewicht, der steady state, erreicht ist. Dreh- und Angelpunkt der neoklassischen Wachstumstheorie ist die Produktionsfunktion. Für die langfristige Entwicklung einer Volkswirtschaft ist daher nur die Angebotsseite relevant. Für die neoklassische Wachstumstheorie wird das Say'sche Theorem vorausgesetzt, wonach sich jedes Angebot selbst seine Nachfrage schafft, wie in Kap. 1 erläutert. Im vorliegenden Modell wurde Bevölkerungswachstum und technologischer Fortschritt ausgeblendet.

Beispiel

Eine Volkswirtschaft hat die Sparneigung $s = 0{,}24$ (d. h. 24 %) und die Abschreibungsrate $\delta = 0{,}06$ (also 6 %). Die Produktion sei mit folgender Produktionsfunktion beschrieben:

$$Y = Y(K, N) = K^{0{,}5}N^{0{,}5}$$

Das Pro-Kopf-Einkommen, das langfristig im Wachstumsgleichgewicht (steady state) erreicht wird, ist daher:

$$y = \left(\frac{0{,}24}{0{,}06}\right)^{\frac{0{,}5}{1-0{,}5}} = 4$$

D. h. das Pro-Kopf-Einkommen strebt gegen den Gleichgewichtswert $y = 4$ Geldeinheiten.

In einer vereinfachten dynamischen Fassung des Wachstumsmodells nach Solow kann davon ausgegangen werden, dass der Kapitalstock $K(t)$ in Abhängigkeit von exogenen Investitionen I und der Abschreibungsrate δ nach folgender Gleichung wächst:

$$K'(t) = I - \delta K(t)$$

Die Investitionen sind dabei konstant und die Abschreibungsrate ist eine positive Konstante. Die Umstellung der Differenzialgleichung liefert:

$$K'(t) + \delta K(t) = I$$

Nach Einsetzen in die Lösungsformel für inhomogene Differenzialgleichungen 1. Ordnung mit $a = \delta$ und $b = I$ ergibt sich die allgemeine Lösung des vereinfachten Solow-Modells:

$$K(t) = e^{-\delta t}\left(K_0 - \left(\frac{I}{\delta}\right)\right) + \left(\frac{I}{\delta}\right)$$

Da die Abschreibungsrate des Kapitalstocks $\delta > 0$ ergibt sich eine konvergente Lösung gegen das Gleichgewicht $K_\infty = \left(\frac{I}{\delta}\right)$.

Beispiel

Der Kapitalstock $K(t)$ einer Volkswirtschaft wächst in Abhängigkeit von exogenen konstanten Investitionen I und der Abschreibungsrate δ nach der Gleichung $K'(t) = I - \delta K(t)$.

Die Abschreibungsrate sei 5 %, also $\delta = 0{,}05$ und die Investitionen sind $I = 10$. Wie entwickelt sich der Kapitalstock für $t \to \infty$, wenn von einem Anfangskapitalstock in Höhe von $K_0 = 150$ bzw. $K_0 = 250$ ausgegangen werden kann?

Für den Anfangskapitalstock $K_0 = 250$ ergibt sich

$$K(t) = e^{-0{,}05t}\left(150 - \left(\frac{10}{0{,}05}\right)\right) + \left(\frac{10}{0{,}05}\right) = -50e^{-0{,}05t} + 200$$

Da $\lim_{t\to\infty}\left(-50e^{-0{,}05t} + 200\right) = 200$ ergibt sich eine konvergente Lösung gegen den Gleichgewichtskapitalstock $K_\infty = 200$.

Wenn nun alternativ von einem Anfangskapitalstock in Höhe von $K_0 = 250$ ausgegangen wird, zeigt sich

$$K(t) = e^{-0{,}05t}\left(250 - \left(\frac{10}{0{,}05}\right)\right) + \left(\frac{10}{0{,}05}\right) = 50e^{-0{,}05t} + 200$$

Da das dynamische Verhalten der Lösung der Differenzialgleichung vom Exponenten a abhängt, ergibt sich auch hier, da $a = -0{,}05 < 0$ eine konvergente Lösung gegen den Gleichgewichtskapitalstock $K_\infty = 200$.

Bisher wurde das langfristige Wachstumsgleichgewicht bei gegebener Sparquote betrachtet. Langfristig weisen Volkswirtschaften mit hoher Sparquote ein höheres Pro-Kopf-Einkommen aus als Volkswirtschaften mit niedrigerer Sparquote. Eine Maximierung der Sparquote maximiert daher die Kapitalintensität und das Pro-Kopf-Einkommen, führt aber unweigerlich zu einer Minimierung des Pro-Kopf-Konsums. Da letztlich der Nutzen der Konsumenten vom Pro-Kopf-Konsum abhängt, stellt sich die Frage, bei welcher Sparquote langfristig der Pro-Kopf-Konsum maximiert wird. Dazu gehen wir wiederum vom bisherigen Zahlenbeispiel aus und analysieren, wie sich der Zusammenhang zwischen Sparneigung, Kapitalintensität und Pro-Kopf-Einkommen darstellt. Dazu gehen wir wiederum von einer Pro-Kopf-Einkommens-Funktion in Höhe von $y = k^{0{,}5}$ und einer Abschreibungsrate in Höhe von $\delta = 0{,}1$ aus. In Tab. 4.11 ist der

Tab. 4.11 Zusammenhang zwischen Sparneigung und Pro-Kopf-Konsum

s	k	y	c
0,0	0,0	0,0	0,0
0,1	1,0	1,0	0,9
0,2	4,0	2,0	1,6
0,3	9,0	3,0	2,1
0,4	16,0	4,0	2,4
0,5	25,0	5,0	2,5
0,6	36,0	6,0	2,4
0,7	49,0	7,0	2,1
0,8	64,0	8,0	1,6
0,9	81,0	9,0	0,9
1,0	100,0	10	0,0

Zusammenhang zwischen Sparneigung, Kapitalintensität, Pro-Kopf-Einkommen und Pro-Kopf-Konsum dargestellt.

Aus Tab. 4.11 geht hervor, dass sich der Pro-Kopf-Konsum bis zu einer Sparneigung von $s = 0{,}5$ steigern lässt. Das Pro-Kopf-Einkommen ist zwar bei einer Sparneigung von 100 %, also $s = 1{,}0$ maximal, aber für die Konsumenten spielt das Kopf-Einkommen eine untergeordnete Rolle, da diese in erster Linie den Pro-Kopf-Konsum maximieren möchten. In Abb. 4.30 ist der Zusammenhang zwischen Pro-Kopf-Konsum und Sparneigung grafisch dargestellt.

Die Sparquote, die den Pro-Kopf-Konsum maximiert, wird auch als steady state der Goldenen Regel der Kapitalakkumulation bezeichnet. Im vorliegenden Zahlenbeispiel

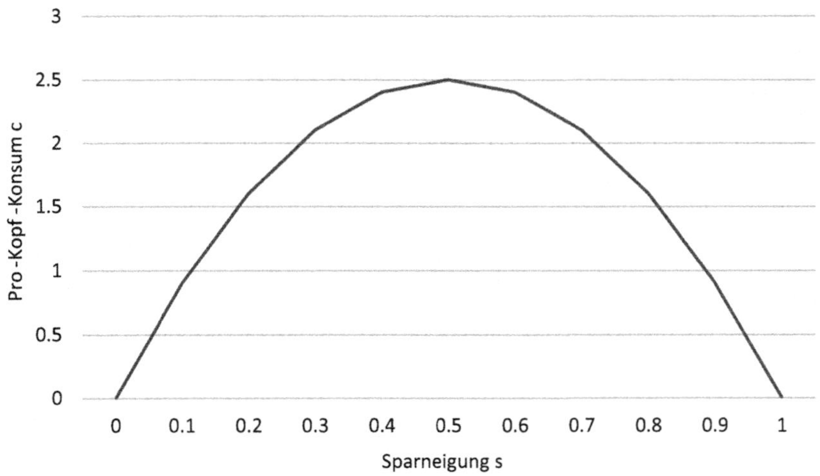

Abb. 4.30 Der Zusammenhang zwischen Sparneigung und Pro-Kopf-Konsum

liegt dieser steady state bei einer Sparquote von 50 % des Pro-Kopf-Einkommens, also $s = 0{,}5$.

Im bisher dargestellten neoklassischen Wachstumsmodell wurde Bevölkerungswachstum und der technologischer Fortschritt ausgeblendet. Zur Erweiterung des Modells gehen wir nun davon aus, dass die Bevölkerung mit der Wachstumsrate

$$n = \frac{\Delta N}{N}$$

wächst. Es ist daher ein Investitionsvolumen in Höhe von

$$(\delta + n)\left(\frac{K}{N}\right)$$

erforderlich, um die Kapitalintensität konstant zu halten. Im langfristigen Wachstumsgleichgewicht, dem steady state, gilt daher:

$$s\left(\frac{K}{N}\right)^{\alpha} = (\delta + n)\left(\frac{K}{N}\right)$$

$$\left(\frac{s}{\delta + n}\right) = \left(\frac{K}{N}\right)^{1-\alpha}$$

Daraus ergibt sich die Kapitalintensität mit

$$\left(\frac{K}{N}\right) = \left(\frac{s}{\delta + n}\right)^{\frac{1}{1-\alpha}}$$

Das Pro-Kopf-Einkommen ist daher

$$y = \left(\frac{Y}{N}\right) = \left(\frac{K}{N}\right)^{\alpha} = \left(\frac{s}{\delta + n}\right)^{\frac{\alpha}{1-\alpha}}$$

Das Solow-Modell wird des Weiteren um den technologischen Fortschritt in der Form einer erhöhten Arbeitseffizienz erweitert. Die Produktionsfunktion lautet daher

$$Y = K^{\alpha}(AN)^{1-\alpha}$$

Der Zuwachs der Arbeitseffizienz wird mit

$$g = \left(\frac{\Delta A}{A}\right)$$

modelliert. Da der technologische Fortschritt in dieser Form nur auf den Faktor Arbeit wirkt, wird AN als Arbeitseffizienzeinheit bezeichnet. Das Einkommen pro Arbeitseffizienzeinheit ist daher

$$\left(\frac{Y}{AN}\right) = \frac{K^{\alpha}(AN)^{1-\alpha}}{AN} = \frac{K^{\alpha}(AN)^{1}}{(AN)(AN)^{\alpha}} = \left(\frac{K}{AN}\right)^{\alpha}$$

Es ist daher ein Investitionsvolumen in Höhe von

$$(\delta + n + g)\left(\frac{K}{AN}\right)$$

erforderlich, um den Kapitalstock pro Arbeitseffizienzeinheit konstant zu halten. Im langfristigen Wachstumsgleichgewicht, dem steady state, gilt daher:

$$s\left(\frac{K}{AN}\right)^{\alpha} = (\delta + n + g)\left(\frac{K}{AN}\right)$$

$$\left(\frac{s}{\delta + n + g}\right) = \left(\frac{K}{AN}\right)^{1-\alpha}$$

Daraus folgt der Kapitalstock pro Arbeitseffizienzeinheit mit

$$\left(\frac{K}{AN}\right) = \left(\frac{s}{\delta + n + g}\right)^{\frac{1}{1-\alpha}}$$

Das Einkommen pro Arbeitseffizienzeinheit im steady state ist daher

$$\left(\frac{Y}{AN}\right) = \left(\frac{K}{AN}\right)^{\alpha} = \left(\frac{s}{\delta + n + g}\right)^{\frac{\alpha}{1-\alpha}}$$

Beispiel

In einer Volkswirtschaft gelte die Produktionsfunktion $Y = K^{\alpha}(AN)^{1-\alpha}$. Die Sparquote sei 10 % ($s = 0{,}1$) und die Abschreibungsrate 5 % ($\delta = 0{,}05$). Die Arbeitseffizienz wächst mit 2 % ($g = 0{,}02$) und das Bevölkerungswachstum sei 3 % ($n = 0{,}03$). Die Kapitalelastizität sei $\alpha = 0{,}5$.

Der Kapitalstock pro Arbeitseffizienzeinheit ist daher

$$\left(\frac{K}{AN}\right) = \left(\frac{0{,}1}{0{,}05 + 0{,}03 + 0{,}02}\right)^{\frac{1}{1-0{,}5}} = 1$$

Das Einkommen pro Arbeitseffizienzeinheit ist

$$\left(\frac{Y}{AN}\right) = \left(\frac{0{,}1}{0{,}05 + 0{,}03 + 0{,}02}\right)^{\frac{0{,}5}{1-0{,}5}} = 1$$

Wenn wir nun davon ausgehen, dass die Sparquote auf $s = 0{,}2$ ansteigt, ergeben sich die folgenden Gleichgewichtswerte im steady state:

$$\left(\frac{K}{AN}\right) = \left(\frac{0{,}2}{0{,}05 + 0{,}03 + 0{,}02}\right)^{\frac{1}{1-0{,}5}} = 4$$

$$\left(\frac{Y}{AN}\right) = \left(\frac{0{,}2}{0{,}05 + 0{,}03 + 0{,}02}\right)^{\frac{0{,}5}{1-0{,}5}} = 2$$

Dies bedeutet, dass eine Erhöhung der Sparquote zu einem höheren Kapitalstock pro Arbeitseffizienzeinheit und einem höheren Einkommen pro Arbeitseffizienzeinheit führt. Die Erhöhung der Sparquote wirkt also expansiv.

Gehen wir ceteris paribus davon aus, dass das Bevölkerungswachstum auf 4 % ($n = 0{,}04$) ansteigt. Dies führt zu folgenden Gleichgewichtswerten:

$$\left(\frac{K}{AN}\right) = \left(\frac{0{,}1}{0{,}05 + 0{,}04 + 0{,}02}\right)^{\frac{1}{1-0{,}5}} \approx 0{,}83$$

$$\left(\frac{Y}{AN}\right) = \left(\frac{0{,}1}{0{,}05 + 0{,}04 + 0{,}02}\right)^{\frac{0{,}5}{1-0{,}5}} \approx 0{,}91$$

Eine Zunahme des Bevölkerungswachstums führt zu einem Rückgang des Einkommens und des Kapitalstocks pro Arbeitseffizienzeinheit. Das Bevölkerungswachstum wirkt daher kontraktiv.

Wenn wir nun alternativ davon ausgehen, dass die Arbeitseffizienz auf $g = 0{,}04$ (d. h. 4 %) ansteigt, so folgen daraus die folgenden Gleichgewichtswerte im langfristigen Wachstumsgleichgewicht:

$$\left(\frac{K}{AN}\right) = \left(\frac{0{,}1}{0{,}05 + 0{,}03 + 0{,}04}\right)^{\frac{1}{1-0{,}5}} \approx 0{,}69$$

$$\left(\frac{Y}{AN}\right) = \left(\frac{0{,}1}{0{,}05 + 0{,}03 + 0{,}04}\right)^{\frac{0{,}5}{1-0{,}5}} \approx 0{,}83$$

Eine Erhöhung der Arbeitseffizienz führt also ebenfalls zu einem Rückgang des Einkommens und des Pro-Kopf-Kapitalstocks pro Arbeitseffizienzeinheit. Das Wachstum der Arbeitseffizienz wirkt also kontraktiv. Technischer Fortschritt, modelliert als Anstieg der Arbeitseffizienz, verringert die Zahl der Beschäftigten, die notwendig ist, um eine bestimmte Menge zu produzieren. Technischer Fortschritt erhöht die Arbeitseffizienz und eine Verdoppelung des Stands der Technik A wirkt so, als ob die Volkswirtschaft doppelt so viele Beschäftigte hätte!

Zum Abschluss wird nun ceteris paribus die Abschreibungsrate auf $\delta = 0{,}07$ (d. h. 7 %) erhöht. In der Folge ergeben sich die Gleichgewichtswerte im steady state:

$$\left(\frac{K}{AN}\right) = \left(\frac{0{,}1}{0{,}07 + 0{,}03 + 0{,}02}\right)^{\frac{1}{1-0{,}5}} \approx 0{,}69$$

$$\left(\frac{Y}{AN}\right) = \left(\frac{0{,}1}{0{,}07 + 0{,}03 + 0{,}02}\right)^{\frac{0{,}5}{1-0{,}5}} \approx 0{,}83$$

Eine Erhöhung der Abschreibungsrate verringert auch Einkommen und Kapitalstock pro Arbeitseffizienzeinheit. Die Abschreibungsrate wirkt also auch kontraktiv.

Aus einer wirtschaftspolitischen Perspektive sollten daher Anstrengungen unternommen werden, um die Sparquote zu erhöhen, da dies langfristig das Einkommen steigern kann. Die Abschreibungsrate ist in der Regel technologisch bedingt. Bevölkerungswachstum und technologischer Fortschritt sind wirtschaftspolitisch schwer zu beeinflussen.

4.3.3.2 Post-keynesianische Wachstumstheorie

Die post-keynesianische Wachstumstheorie überträgt Überlegungen der statischen keynesianischen Theorie auf die langfristig-orientierte Wachstumstheorie. Die keynesianische Theorie sieht die Nachfrageseite als wesentliche Beschränkung wirtschaftlicher Aktivitäten. Dies bedeutet, dass auch langfristig die Nachfrageseite den keynesianischen Wachstumsprozess determiniert. Ein wesentlicher Erklärungsfaktor für die langfristige Entwicklung ist insbesondere die Investitionsnachfrage der Unternehmen. Die Bestimmungsgründe der Investitionsentscheidungen sind von großem Einfluss auf die Modellergebnisse.

Eines der elementarsten Modelle der post-keynesianischen Wachstumstheorie ist das Wachstumsmodell nach Harrod (1948). In diesem einfachen Modell kann das Wirtschaftswachstum auf die Identität von Sparen und Investitionen zurückgeführt werden. Wir bezeichnen das Volkseinkommen mit Y, die Sparsumme mit S und die Investitionen mit I. Es gelten zwei Thesen. Die erste These besagt, dass die Sparsumme zum Zeitpunkt t vom der Sparneigung der Bevölkerung s und dem Einkommen der Bevölkerung zum Zeitpunkt t abhängt, also:

$$S_t = sY_t$$

Die Investitionen hängen von der Differenz aus dem aktuellen Volkseinkommen Y_t und dem Einkommen der Vorperiode Y_{t-1} und dem Akzelerator g ab. Die Differenz aus aktuellem Einkommen und dem Einkommen der Vorperiode modelliert das Wachstum der Volkswirtschaft und der Akzelerator g „beschleunigt" das Wachstum durch die zusätzlichen Investitionen, die durch den Wachstumsimpuls angestoßen werden:

$$I_t = g(Y_t - \mathrm{Y}_{\mathrm{t}-1})$$

Der Akzelerator g ist dabei konstant und positiv. Im Gleichgewicht sind die realisierten Investitionen gleich den gewünschten Investitionen, somit gilt

$$\begin{aligned} S_t &= I_t \\ sY_t &= g(Y_t - Y_{t-1}) \\ sY_t &= gY_t - gY_{t-1} \end{aligned}$$

Wir subtrahieren gY_t, damit alle zeitlich-abhängigen Variablen in der Grundform auf der linken Seite stehen:

$$sY_t - gY_t = -gY_{t-1}$$

Durch Ausklammern von Y_t erhalten wir:

$$Y_t(s-g) = -gY_{t-1}$$
$$Y_t = \left(\frac{-g}{s-g}\right)Y_{t-1}$$

Gemäß dem Lösungsschema für homogene Differenzengleichungen 1. Ordnung $Y_t = a^t Y_0$ ergibt sich für $a = (-g/s-g) = (g/g-s) = (1+(s/g-s))$ erhalten wir die allgemeine Lösung

$$Y_t = Y_0\left(1+\left(\frac{\mathrm{s}}{\mathrm{g}-\mathrm{s}}\right)\right)^t$$

Das Volkseinkommen wächst daher mit einer Rate von $\left(\frac{s}{g-s}\right)$.

Beispiel

Wenn wir nun davon ausgehen, dass in der besagten Modellökonomie eine Sparquote von 9,5 %, d. h $s = 0{,}095$ herrscht, ein Akzelerator von $g = 2{,}37$ vorliegt und das Volkseinkommen zum Zeitpunkt $t = 0$, also $Y_0 = 1341$ Mrd. € beträgt, dann gilt:

$$S_t = 0{,}095Y_t$$
$$I_t = 2{,}37(Y_t - Y_{t-1})$$

Nach Anwendung der Gleichgewichtsbedingung $I = S$ gilt dann:

$$0{,}095Y_t = 2{,}37Y_t - 2{,}37Y_{t-1}$$
$$-2{,}275Y_t = -2{,}37Y_{t-1}$$
$$Y_t = 1{,}042Y_{t-1}$$

Mathematisch handelt es sich hier um eine homogene Differenzengleichung 1. Ordnung. Nach Anwendung der Lösungsformel ergibt sich

$$Y_t = 1341 \cdot 1{,}042^t$$

Da $a = 1{,}042 > 1$ steigt das Wirtschaftswachstum monoton an und es ergibt sich eine divergente Lösung. Das Volkseinkommen wächst mit einer Rate von 4,2 % jährlich.

Wenn wir beispielsweise wissen möchte, wie hoch das Volkseinkommen nach zehn Jahren ist, erhalten wir

$$Y_{10} = 1341 \cdot 1{,}042^{10} = 2023{,}5\,Mrd.€.$$

Die zeitliche Entwicklung des Bruttoinlandsprodukts Y ist in Abb. 4.31 dargestellt.

Dieses einfache Modell nach Harrod geht davon aus, dass die Sparfunktion keine zeitliche Verzögerung („Lag") aufweist. Eine kleine Modifikation des Modells führt eine zeitliche Verzögerung in Höhe eines „lags" ein, sodass die Sparfunktion, wie folgt, verändert wird:

$$S_t = sY_{t-1}$$

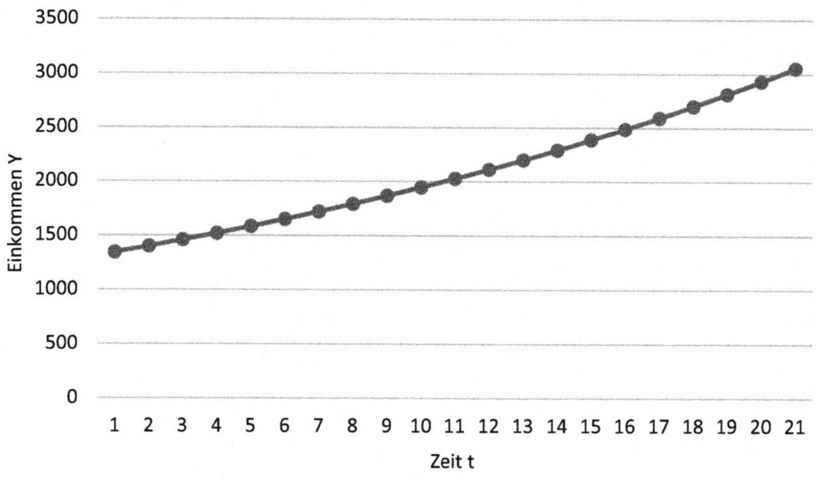

Abb. 4.31 Die Entwicklung des Einkommens nach dem Harrod-Modell

Eingesetzt in die Gleichgewichtsbedingung ergibt sich daraus:

$$sY_{t-1} = g(Y_t - Y_{t-1})$$
$$sY_{t-1} = gY_t - gY_{t-1}$$

Wir addieren gY_{t-1} und stellen die Gleichung um, damit auf der linken Seite die Grundform und auf der rechten Seite der Gleichung die zeitlichen Differenzen stehen:

$$gY_t = sY_{t-1} + gY_{t-1}$$

Division durch g ergibt:

$$Y_t = \left(\frac{sY_{t-1}}{g}\right) + Y_{t-1} = Y_{t-1}\left(\left(\frac{s}{g}\right) + 1\right)$$

Nach Einsetzen in das Lösungsschema für homogene Differenzengleichungen 1. Ordnung mit

$$a = \left(1 + \left(\frac{s}{g}\right)\right)$$

erhalten wir die Lösung:

$$Y_t = Y_0\left(1 + \left(\frac{s}{g}\right)\right)^t$$

Das Volkseinkommen wächst daher mit einer Rate von $\left(\frac{s}{g}\right)$.

Beispiel

Wenn wieder von $s = 0{,}095$, $g = 2{,}37$ und einem Volkseinkommen $Y_0 = 1341$ Mrd. ausgegangen wird, erhalten wir die Lösung

$$0{,}095Y_{t-1} = 2{,}37Y_t - 2{,}37Y_{t-1}$$
$$2{,}37Y_t = 2{,}465Y_{t-1}$$
$$Y_t = 1{,}04Y_{t-1}$$

Eingesetzt in die Lösungsformel für homogene Differenzengleichungen 1. Ordnung erhalten wir

$$Y_t = 1341 \cdot 1{,}04Y^t$$

Da $a = 1{,}04 > 1$ steigt das Wirtschaftswachstum monoton an und es ergibt sich eine divergente Lösung. Das Volkseinkommen wächst mit einer Rate von 4,0 % jährlich.

Nach zehn Jahren ergibt sich daraus ein Volkseinkommen in Höhe von

$$Y_{10} = 1341 \cdot 1{,}04^{10} = 1985\,Mrd.€.$$

Dies bedeutet, dass das Volkseinkommen mit einer jährlichen Wachstumsrate von 4 % statt vorher 4,2 % wächst und damit das Einkommen nach zehn Jahren wesentlich geringer ausfällt.

Das Wachstumsmodell nach Harrod modelliert den Wachstumsprozess in diskreter Zeit. Alternativ kann das Harrod-Modell auch in stetiger Zeit modelliert werden.

Beispiel

Gegeben sei die Sparfunktion $S(t) = sY(t)$ und die Investitionsfunktion $I(t) = aY'(t)$, wobei s die Sparquote und a den Akzelerator darstellen. Da Sparen und Investitionen gleich sind, erhalten wir

$$sY(t) = aY'(t)$$

Zunächst werden die Variablen getrennt, daraus folgt

$$\left(\frac{\mathrm{s}}{\mathrm{a}}\right) = \left(\frac{\mathrm{Y}'(t)}{\mathrm{Y(t)}}\right)$$

Durch Integration kann die Lösung ermittelt werden.

$$\int \left(\frac{Y'(t)}{Y(t)}\right) = \int \left(\frac{s}{a}\right) dt$$
$$\ln Y(t) = \left(\frac{s}{a}\right)t + C$$
$$Y(t) = e^{\left(\frac{s}{a}\right)t} e^C = Y_0 e^{\left(\frac{s}{a}\right)t} für\, Y_0 = e^C$$

Das Wirtschaftswachstum des Volkseinkommens wird in der ökonomischen Theorie häufig auch als stetiger Wachstumsprozess in der Zeit modelliert. Dies bedeutet, dass das Wachstum zum einen vom bisher erreichten Bruttoinlandsprodukt BIP und zum anderen von einem proportionalen Wachstumsfaktor abhängt. Das folgende Beispiel illustriert das stetige Wachstumsmodell des BIP.

Beispiel

Die zeitliche Änderung $Y'(t)$ des BIP sei proportional zum jeweiligen Wert $Y(t)$ des BIP. Der konstante Proportionalitätsfaktor sei $k = 0{,}03$ und das Volkseinkommen zum Zeitpunkt $t = 0$ sei $Y_0 = 1500$ Mrd. €.

Die Modellierung des stetigen Wachstumsprozesses als homogene Differenzialgleichung 1. Ordnung ergibt

$$Y'(t) = kY(t)$$

Die Trennung der Variablen führt zu

$$\frac{Y'(t)}{Y(t)} = k$$

Da homogene Differenzialgleichungen durch Integration gelöst werden können, erhalten wir

$$\int \left(\frac{Y'(t)}{Y(t)}\right) = \int k\, dt$$

$$\ln\, Y(t) = kt + C$$

$$Y(t) = e^{kt+c} = e^{kt}e^{C}$$

Da das Volkseinkommen für $t = 0$ gegeben ist, erhalten wir nach Einsetzen

$$Y_0 = Y(0) = 1500 = e^{k\cdot 0}e^{C}$$

$$e^{C} = 1500$$

Somit gilt als Lösung der homogenen Differenzialgleichung 1. Ordnung

$$Y_t = 1500e^{0{,}03t}$$

Da $a = 0{,}03 > 0$ erhält man einen monoton steigenden Verlauf und eine divergente Lösung. Das Volkseinkommen Y nimmt daher nach beispielsweise $t = 10$ Jahren einen Wert von $Y_{10} = 1500e^{0{,}3} = 2024{,}79$ Mrd. € an.

Ein alternatives post-keynesianisches Wachstumsmodell in stetiger Zeit ist das Wachstumsmodell von Domar (1946). In diesem Modell hängt das Wirtschaftswachstum einer Volkswirtschaft vom Einkommenseffekt einer Investitionserhöhung und vom Kapazitätseffekt der Investitionen ab. Der Einkommenseffekt wird über den keynesianischen Multiplikator modelliert. Dieser Multiplikator ergibt sich aus der marginalen Konsumneigung c_1. Die Konsumneigung gibt den Teil des Einkommens an, der für Konsumzwecke zur Verfügung steht. Die Konsumenten können das Einkommen für Konsumzwecke einsetzen oder alternativ sparen. Die Sparneigung s ist das Gegenstück zur Konsumneigung, da die Summe aus Spar- und Konsumneigung immer $c_1 + s = 1$ ergeben muss. Daher erhalten wir für den Multiplikator

$$m = \frac{1}{1 - c_1} = \frac{1}{s}$$

Der Einkommenseffekt einer Investitionserhöhung wird daher mit folgender Gleichung dargestellt:

$$Y' = \left(\frac{1}{s}\right) I'$$

Die Variable Y' modelliert den Wachstumseffekt des Einkommens Y in stetiger Zeit, während I' den Zuwachs der Investitionen I in stetiger Zeit darstellt. Der Einkommenseffekt zeigt also, um wie viel das Volkseinkommen wächst, wenn die Investitionen ansteigen. Der Kapazitätseffekt der Investitionen wiederum zeigt, dass durch eine Erhöhung der Investitionen das volkswirtschaftliche Angebot gestärkt wird, daher wird in der Wachstumstheorie das Domar-Modell den angebotsorientierten Wachstumsmodellen zugerechnet, obwohl es formal zu ähnlichen Ergebnissen wie das nachfrageorientierte Harrod-Modell kommt. Investitionen steigern die volkswirtschaftliche Kapazität und hängen vom Kapitalkoeffizienten v ab.

$$Y' = \left(\frac{1}{v}\right) I$$

Der Term $(1 / v)$ wird auch als Kapitalproduktivität bezeichnet.

Im volkswirtschaftlichen Gleichgewicht gilt:

$$\left(\frac{1}{s}\right) I' = \left(\frac{1}{\mathrm{v}}\right) \mathrm{I}$$

Trennung der Variablen liefert

$$\frac{I'}{I} = \frac{\mathrm{s}}{\mathrm{v}}$$

Nach Integration erhalten wir

$$\int \left(\frac{I'}{I}\right) = \int \left(\frac{s}{v}\right) dt$$

$$\ln I = \left(\frac{s}{v}\right) t + C$$

$$I = \mathrm{e}^{\left(\frac{\mathrm{s}}{\mathrm{v}}\right)\mathrm{t}+\mathrm{C}} = e^{\left(\frac{s}{v}\right)t} e^{C} = I_0 e^{\left(\frac{s}{v}\right)t} \, für \, I_0 = e^{C}$$

Dies bedeutet, wenn die Investitionsnachfrage mit der Rate $\left(\frac{s}{v}\right)$ wächst, sind Einkommens- und Kapazitätseffekt der Investitionen gleich groß.

4.3.3.3 Begrenzte Wachstumsprozesse

In den Wirtschaftswissenschaften hängen Wachstumsprozesse häufig von dem Erreichen einer oberen Wachstumsgrenze ab. Dies bedeutet, dass das Wachstum von der Differenz zwischen der maximal erreichbaren Wachstumsobergrenze und dem bisher erreichten Wachstumsniveau abhängt. Die Wachstumseffekte werden daher immer geringer, je näher man der Wachstumsobergrenze kommt. So hängt z. B. das Wachstum einer Volkswirtschaft vom angestrebten Kapitalstock ab oder die Marktdurchdringung, d. h. Diffusion, eines Produkts hängt von der Marktgröße ab. Ähnliche Anwendungskontexte finden sich auch in anderen Wissenschaften. So hängt in der Biologie das Wachstum von Infektionen von der Gesamtgröße der Population ab und eine vollständige Infektion ist dann erreicht, wenn die gesamte Population mit einem Virus infiziert ist. Dieser Sachverhalt kann mit Abb. 4.32 illustriert werden.

Diese Sättigungs- und Diffusionsprozesse können mit Differenzialgleichungen modelliert werden.

$$B'(t) = k(S - B(t))$$

Das Wachstum der Population wird durch $B'(t)$ beschrieben. Die Variable k definiert einen Proportionalitäts- bzw. Wachstumsfaktor, während S die obere Wachstumsgrenze oder auch Sättigungsmenge definiert. Der Term $(S - B(t))$ beschreibt die Differenz aus Wachstumsobergrenze und aktueller Populationsgröße. Nach Auflösung des Klammerausdrucks ergibt sich

$$B'(t) = ks - kB(t)$$

$$B'(t) + kB(t) = ks$$

Nach Anwendung der Lösungsformel für inhomogene Differenzialgleichungen 1. Ordnung mit $a = k$ und $b = kS$ erhalten wir allgemein:

$$B(t) = e^{-kt}\left(B_0 - \left(\frac{ks}{k}\right)\right) + \left(\frac{ks}{k}\right)$$

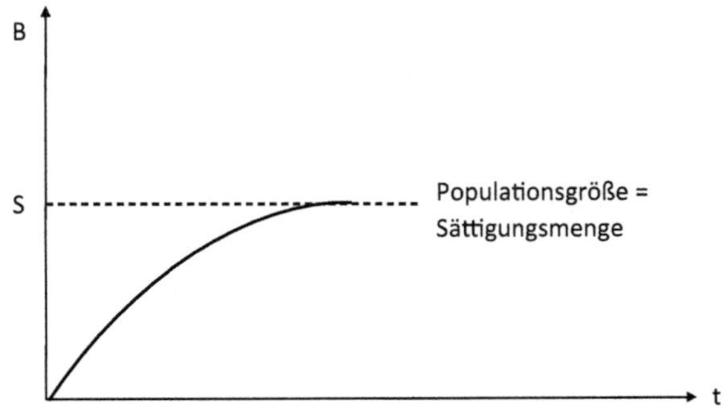

Abb. 4.32 Begrenzte Wachstumsprozesse

Beispiel

In einer Volkswirtschaft sei K* die Höhe des von einer Volkswirtschaft angestrebten Kapitalstocks und K(t) der zum Zeitpunkt t tatsächlich erreichte Kapitalstock, d. h. $K(t) \leq K^*$. Durch Nettoinvestitionen soll der Wert K* erreicht werden. In diesem Zusammenhang wird unterstellt, dass die zeitliche Änderung des Kapitalstocks K'(t) proportional zur Differenz K*-K(t) zwischen angestrebtem und bereits vorhandenen Kapitalstock sei. Der Proportionalitätsfaktor sei a mit $a > 0$.

Der zu erreichende Kapitalstock sei $K^* = 100$, der Anfangsbestand des Kapitals sei $K_0 = 10$ und der Proportionalitätsfaktor sei $a = 0{,}5$.

Daraus ergibt sich die Differenzialgleichung

$$K'(t) = a\big(K^* - K(t)\big)$$
$$K'(t) = 0{,}5(100 - K(t))$$
$$K'(t) = 50 - 0{,}5K(t)$$
$$K'(t) + 0{,}5K(t) = 50 \, mit \, a = 0{,}5 \, und \, b = 50$$

Nach Anwendung der Lösungsformel für inhomogene Differenzialgleichungen 1. Ordnung erhalten wir

$$K_t = e^{-0{,}5t}(10 - 100) + 100$$

mit der allgemeinen Lösung

$$K_t = -90e^{-0{,}5t} + 100$$

Wenn wir nun konkret wissen wollen, wie hoch der Kapitalstock nach $t = 5$ Jahren ist, dann erhalten wir

$$K_5 = -90e^{-0{,}5 \cdot 5} + 100 = 92{,}6$$

Dies bedeutet, dass nach fünf Jahren der Kapitalstock auf $K = 92{,}6$ Einheiten angewachsen ist. Das vorliegende Modell beschreibt das Kapitalstockanpassungsprinzip, bei dem a als Reaktionskoeffizient aufgefasst werden kann, der die Geschwindigkeit angibt, mit der die Unternehmer die Diskrepanz zwischen K^* und $K(t)$ abbauen möchten (Assenmacher 1998). Die Entwicklung des Kapitalstocks im Zeitverlauf ist in Abb. 4.33 dargestellt.

Die Marktsättigung und Diffusion neuer Produkte und Technologien kann ebenfalls als beschränkter Wachstumsprozess modelliert werden. In diesem Kontext wird die obere Wachstumsgrenze als maximal erreichbares Marktvolumen interpretiert. Um den Wachstumsfaktor k zu schätzen, können die bisher erzielten Verkaufszahlen Berücksichtigung finden.

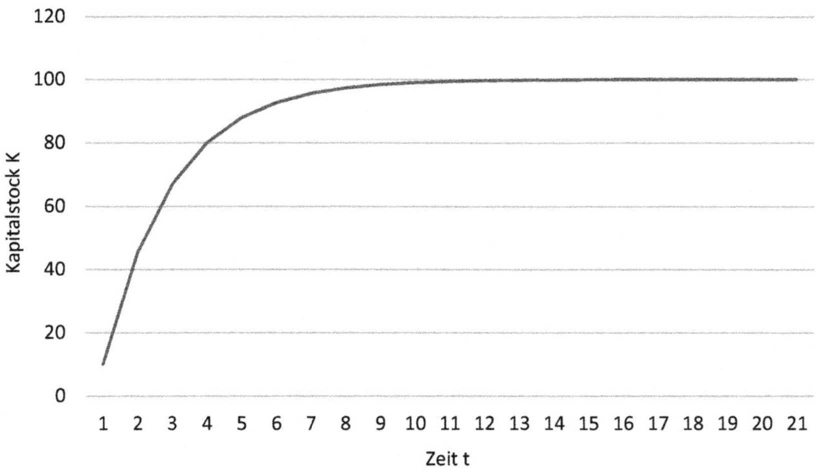

Abb. 4.33 Die Entwicklung des Kapitalstocks im Zeitverlauf

Beispiel

In einer Volkswirtschaft werden pro Jahr 50.000 Autos verkauft. Ein ausländischer Anbieter dringt in den Markt ein und verkauft bereits nach einem Monat $B(1) = 5000$ Fahrzeuge. Wenn davon ausgegangen werden kann, dass das Wachstum der Verkaufsmenge proportional von der Differenz aus Sättigungsmenge und den bisher erreichten Verkaufszahlen abhängt, kann die Entwicklung der Verkaufszahlen als Differenzialgleichung modelliert werden.

$$B'(t) = k(S - B(t))$$

Die Sättigungsmenge ist in diesem Fall $S = 50.000$. Daraus ergibt sich

$$B'(t) = k(50.000 - B(t))$$
$$B'(t) = 50.000k - kB(t)$$

Wenn alle zeitlich-abhängigen Variablen auf die linke Seite gebracht werden, folgt daraus:

$$B'(t) + kB(t) = 50.000k$$

Nach der Lösungsformel für inhomogene Differenzialgleichungen 1. Ordnung folgt für $B_0 = 0$, da das Unternehmen erst in den Markt eingetreten ist:

$$B(t) = e^{-kt}(0 - 50.000) + 50.000$$
$$B(t) = -50.000e^{-kt} + 50.000$$

Nach $t = 1$ wurden 5000 Fahrzeuge verkauft, eingesetzt ergibt sich daher:

$$\begin{aligned} B(1) = 5000 &= -50.000e^{-k} + 50.000 \\ -45.000 &= -50.000e^{-k} \\ e^{-k} &= 0{,}9 \\ -k &= \ln(0{,}9) = -0{,}11 \end{aligned}$$

Daraus folgt für die Entwicklung der Verkaufszahlen des neuen Anbieters:

$$B(t) = -50.000e^{-0{,}11t} + 50.000$$

Wenn nun ermittelt werden soll, wie hoch z. B. die Verkaufszahlen nach 6 Monaten, also $t = 6$ sind, erhalten wir:

$$B(6) = -50.000e^{-0{,}11 \cdot 6} + 50.000 = 24.157$$

Dies bedeutet, dass der neue Anbieter nach 6 Monaten bereits 24.157 Fahrzeuge verkauft hat.

Das vorliegende Diffusionsmodell geht allerdings von autonomen Wachstum aus und vernachlässigt Interaktionseffekte. Gerade bei Produktinnovationen und technologischen Standards hängt das Wachstum auch von Netzwerkeffekten und Komplementärgütern ab. Gerade bei Gütern wie Betriebssystemen oder Spielkonsolen steigt mit zunehmender Marktdurchdringung die Attraktivität der Produktion von Komplementärgütern, wie Software oder Spiele. Die Komplementärgütereigenschaften wurden bereits mithilfe der Kreuzpreiselastizität ermittelt. Sobald eine kritische Masse der Marktdurchdringung erreicht wird, erreicht das System eine monopolähnliche Stellung und die Marktanteile der konkurrierenden Systeme nehmen in der Regel rapide ab. Des Weiteren wurde beim vorliegenden Diffusionsmodell von einem gegebenen Marktvolumen, bzw. einer gegebenen Sättigungsmenge ausgegangen. In der Praxis verschieben gerade bedeutsame Produktinnovationen das Marktvolumen und daher auch die Sättigungsmenge nach oben. In schnell wachsenden Märkten kann daher die Marktdurchdringung nicht mit dem vorliegenden statischen Modell ermittelt werden.

Näher an der Praxis: Spieltheoretische Modelle

Vor allem in Märkten, in denen der Erfolg von Unternehmen von dem Durchsetzen technologischer Standards abhängt, ergeben sich temporäre monopol-ähnliche Strukturen. In diesen Fällen erlangt das „gewinnende" Unternehmen eine Quasi-Monopol-Position, wenn eine kritische Masse von Konsumenten sich für das Produkt dieses Unternehmens entscheidet. Dies ist besonders dann der Fall, wenn es sich um netzwerk-basierte Technologien handelt, bei denen komplementäre Güter eine wichtige Rolle spielen. Dies ist insbesondere bei Betriebssystemen der Fall, bei denen erst eine hohe Marktverbreitung dazu führt, dass komplementäre Güter, wie Software, von anderen Produzenten bereitgestellt werden. Wenn sich dann der technologische

Standard in Form eines Betriebssystems im Markt durchgesetzt hat, gibt es kaum Anreize für die Konsumenten und für die Hersteller komplementärer Güter, das Betriebssystem zu wechseln. Diese Situation kann mit dem Koordinationsspiel (Abb. 4.34) modelliert werden.

Im vorliegenden Koordinationsspiel hat das Betriebssystem A eine Auszahlung von 4 und das Betriebssystem B eine Auszahlung von 2 Nutzeneinheiten. Da der Nutzen des Betriebssystems von der Verfügbarkeit komplementärer Güter abhängt, sind die nicht-koordinierten Strategiewahlen AB und BA mit jeweils 0 Nutzeneinheiten belegt. Bei dem Koordinationsspiel handelt es sich um einen häufigkeitsabhängigen Prozess, bei der der Nutzen eines Betriebssystems mit der Marktdurchdringung dieses Betriebssystems ansteigt. Letztlich hängt also die Durchsetzung eines Betriebssystems von dem Erreichen der kritischen Masse ab. Ist die kritische Masse erst einmal überwunden, haben die Nutzer keine Anreize, das Betriebssystem zu wechseln. Zur Ermittlung der kritischen Masse werden die Erwartungswerte der einzelnen Strategien ermittelt.

Die kritische Masse liegt dort, wo der Erwartungswert der Strategie A dem Erwartungswert der Strategie B entspricht. Die Variable y entspricht daher dem Anteil der Spieler, die die Strategie A gewählt haben und die Gegenwahrscheinlichkeit $(1 - y)$ entspricht dem Anteil der B-Spieler. Im vorliegenden Beispiel erhalten wir daher:

$$E(A) = E(B)$$
$$4y + 0(1 - y) = 0y + 2(1 - y)$$
$$y = \left(\frac{1}{3}\right)$$

Die kritische Masse für Strategie A liegt also bei $y = (1 / 3)$.

Dies bedeutet, dass wenn eine Marktdurchdringung des Standards A von 1/3 vorliegt, sich dieses Betriebssystem im Markt durchgesetzt hat. Wenn die Anwendung des Betriebssystems A weiter über die kritische Masse ansteigt, gibt es für die Nutzer keinen Anreiz, das alternative Betriebssystem B zu nutzen.

Das Koordinationsspiel modelliert generell die Durchsetzung von Normen und Standards und wird daher in der Literatur auch häufig als Konventionsspiel bezeichnet. Das Spiel zeigt, dass grundsätzlich koordiniertes Verhalten zu Vorteilen für die Nutzer führt. Dies gilt nicht nur für technologische Standards, sondern auch für

Abb. 4.34 Das Koordinationsspiel

	A	B
A	4, 4	0, 0
B	0, 0	2, 2

Verhaltensnormen, wie z. B. das Rechtsfahrgebot in Kontinentaleuropa und andere Normen, die koordiniertes Verhalten erfordern. In der Praxis forcieren häufig die Unternehmen das Erreichen der kritischen Masse, indem die Produzenten von komplementären Gütern subventioniert und unterstützt werden.

Weiterführende Literatur

Assenmacher W (1998) Konjunkturtheorie. Oldenbourg, München
Blanchard O, Illing G (2014) Makroökonomie. Pearson, München
Bofinger P (2015) Grundzüge der Volkswirtschaftslehre: Eine Einführung in die Wissenschaft von Märkten. Pearson, München
Dieckheuer G (2003) Makroökonomik: Theorie und Politik. Springer, Heidelberg
Domar E (1946) Capital expansion, rate of growth and employment. Econometrica 14:137–147
Felderer B, Homburg S (2005) Makroökonomik und neue Makroökonomik. Springer, Heidelberg
Görgens E, Ruckriegel K (2007) Makroökonomik. Lucius & Lucius, Stuttgart
Harrod RF (1948) Towards a dynamic economics. MacMillan, London
Krugman P, Obstfeld M (2015) Internationale Wirtschaft: Theorie und Politik der Außenwirtschaft. Person, München
Metzler LA (1941) The nature and stability of inventory cycles. Rev Econ Stat 23:113–129
Mussel G, Pätzold J (2012) Grundfragen der Wirtschaftspolitik. Vahlen, München
Ott AE (1970) Einführung in die dynamische Wirtschaftstheorie. Vandenhoeck & Ruprecht, Göttingen
Rommelfanger H (2014) Differenzengleichungen, Differentialgleichungen, Wahrscheinlichkeitstheorie, Stochastische Prozesse. Mathematik für Wirtschaftswissenschaftler, Bd 3. Berlin: Springer-Spektrum
Samuelson PA (1939) Interactions between the multiplier analysis and the principle of acceleration. Rev Econ Stat 21:75–78
Senger J (2009) Mathematik: Grundlagen für Ökonomen. Oldenbourg, München
Solow RM (1956) A contribution to the theory of economic growth. Q J Econ 70(1):65–94
Sydsaeter K, Hammond P (2015) Mathematik für Wirtschaftswissenschaftler. Pearson, München
Wildmann L (2007a) Makroökonomie. Oldenbourg, Geld
Wildmann L (2007b) Wirtschaftspolitik. Oldenbourg, München

5 Übungsaufgaben

Dieses Buch versteht sich als Lehr- und vor allem Arbeitsbuch im Hinblick auf die wesentlichen mathematischen Ansätze in der Volkswirtschaftslehre. In den bisherigen Kapiteln dieses Buches wurden die wesentlichen Inhalte mit Hilfe von Beispielaufgaben dargestellt. In diesem Teil des Buches wird zusätzliches Übungsmaterial bereitgestellt. Dabei wurde darauf geachtet, verschiedenen Schwierigkeitsniveaus Rechnung zu tragen. So wurden im bisherigen Buch überwiegend Aufgaben mit relativ hohem Schwierigkeitsgrad behandelt und ausführlich, anhand von Musterlösungen, dargestellt. Im vorliegenden Übungsteil finden sich daher vor allem auch Aufgaben mit niedrigerem Schwierigkeitsgrad, die den Einstieg in die schwierigeren Modelle ermöglichen sollen. Damit dieser Einstieg aus mathematischer Sicht möglichst zielführend ist, wurden die Übungsaufgaben nach mathematischen Gesichtspunkten sortiert. Die Übungsaufgaben zu den elementaren Grundlagen dienen der Auffrischung wesentlicher Rechentechniken. Um zeitaufwendiges Hin- und Herblättern zu vermeiden, werden die Lösungen zu den einzelnen Übungsaufgaben direkt nach den Aufgaben abgedruckt. Als Wiederholung werden zu den einzelnen mathematischen Themenbereichen die wesentlichen Rechenregeln kurz dargestellt. Dabei ist die Darstellung bewusst knapp gehalten und soll keine ausführlicheren Darstellungen in grundlegenden Mathematik-Lehrbüchern ersetzen, sondern ist auf den Einsatz in einführenden Veranstaltungen des Bachelor-Studiums in den ersten Semestern ausgelegt. Eine möglichst verständliche Darstellung geht daher vor mathematischer Präzision!

Die hier dargestellten Übungsaufgaben sind bewusst kurz und knapp gehalten. Da für das Einüben der mathematischen Verfahren Übungsaufgaben unerlässlich sind, sei an dieser Stelle an die einschlägigen Übungsaufgabensammlungen verwiesen.

M. Sellenthin, *Volkswirtschaftslehre – mathematisch gedacht*,
DOI 10.1007/978-3-658-13905-6_5

5.1 Elementare Grundlagen

In Klausuren werden viel zu viele Punkte durch Mängel beim elementaren mathematischen Handwerkszeug verschenkt. Daher werden an dieser Stelle die grundlegenden Rechenregeln wiederholt.

Vorrangregeln und elementare Rechenregeln

Klammern haben absoluten Vorrang und werden zuerst berechnet. Danach folgen Potenzen, Punktoperationen (Multiplikation und Division) und danach Strichoperationen (Addition und Subtraktion).

Es gilt also:

Klammer vor Potenz vor Punkt vor Strich!

Für Addition/Subtraktion und Multiplikation gelten insbesondere das Kommutativgesetz und das Assoziativgesetz:

Kommutativgesetz:

$$a + b = b + a$$
$$a \cdot b = b \cdot a$$

Assoziativgesetz:

$$(a + b) + c = a + (b + c)$$
$$(a \cdot b) \cdot c = a \cdot (b \cdot c)$$

Das Distributivgesetz wird beim Umgang mit Produkten relevant:

$$(a + b) \cdot c = a \cdot c + b \cdot c$$

Für die Behandlung von Vorzeichen gilt grundsätzlich „minus mal minus gibt plus“, bzw. „plus und minus ergibt minus“:

$$a + (-b) = a - b$$
$$(-a) \cdot (-b) = a \cdot b$$

Beim Umgang mit zu quadrierenden Klammerausdrücken sind die binomischen Formeln zu berücksichtigen:

$$(a + b)^2 = a^2 + 2ab + b^2$$
$$(a - b)^2 = a^2 - 2ab + b^2$$
$$(a + b) \cdot (a - b) = a^2 - b^2$$

Übungsaufgaben: Vorrangregeln und elementare Rechenregeln

1. $18a - 3x + 6a - 3(x + a) - 5(a - 2x) = 16a + 4x$
2. $-3(x^2 - x) + (x^2 - 2x + 3)(-2) = -5x^2 + 7x - 6$
3. $5 + 3((9 - 6)4)^2 - 7 = 430$
4. $((10 - 7)2 - (3^2 - (7 - 4)))2 = 0$
5. $(3^4 + 5 \cdot 2 - 1)^2 - 700(1/2)^2 = 7925$

6. $(5+8)^2 = 25 + 80 + 64 = 169$
7. $(3x - 5y)^2 = 9x^2 - 30xy + 25y^2$
8. $(4x + 2y)(2x - 10y) = 8x^2 - 40xy + 4xy - 20y^2 = 8x^2 - 36xy - 20y^2$

Bruchrechenregeln

Brüche werden addiert, bzw. subtrahiert, nachdem die Nenner durch Erweiterung gleichnamig gemacht wurden:

$$\frac{a}{b} \pm \frac{c}{d} = \frac{ad \pm bc}{bd}$$

Brüche werden multipliziert, indem jeweils die Zähler und Nenner miteinander multipliziert werden:

$$\frac{a}{b} \cdot \frac{c}{d} = \frac{ac}{bd}$$

Brüche werden dividiert, indem der Zählerbruch mit dem Kehrwert des Nennerbruchs multipliziert wird:

$$\left(\frac{\frac{a}{b}}{\frac{c}{d}}\right) = \left(\frac{a}{b}\right)\left(\frac{d}{c}\right) = \left(\frac{ad}{bc}\right)$$

Übungsaufgaben: Bruchrechenregeln

1. $(6/5) + (1/2) \cdot (3/7) - (4/3)^2 = -(229/630)$
2. $(3/8) - (3/6) + (3/4) - (3/2) = -(7/8)$
3. $(1/4) + (3/8) : (5/4) - (1/10) = 9/20$
4. $(1/3) + (1/2) \cdot (3/4) - (1/2) : (2/3) = -(1/24)$
5. $(x/5) + (2x/5) - (3x/8) = (9x/40)$

Potenzrechenregeln

Potenzen mit gleicher Basis werden multipliziert, indem die Exponenten addiert werden:

$$a^m a^n = a^{m+n}$$

Potenzen mit gleicher Basis werden dividiert, indem die Exponenten subtrahiert werden:

$$\frac{a^m}{a^n} = \mathrm{a}^{\mathrm{m-n}}$$

Potenzen werden potenziert, indem die Exponenten multipliziert werden:

$$(a^m)^n = a^{mn}$$

Des Weiteren gilt:

$$(ab)^n = a^n b^n$$

$$\left(\frac{a}{b}\right)^n = \frac{a^n}{b^n}$$

Übungsaufgaben: Potenzrechenregeln

1. $2x^2x^4 = 2x^6$
2. $4x^2(x^4 - 5x) = 4x^6 - 20x^3$
3. $((1/4)x^2)^3 = (1/64)x^6$
4. $(21x^5/3x) = 7x^4$
5. $((ab^2)^3/(a^2b)^4) = \mathrm{b}^2/a^5$

Äquivalenzumformungen

Das Lösen von Gleichungen gehört zu den zentralen Hilfsmitteln bei der Anwendung mathematischer Ansätze. Gleichungen werden gelöst, indem die Gleichung nacheinander und immer auf beiden Seiten zugleich, mit einer oder mehreren erlaubten Operationen behandelt wird, bis am Ende auf einer Seite die Unbekannte, die in der Regel mit x abgekürzt wird, steht. Dabei sind alle Rechenoperationen erlaubt, die die Lösungsmenge nicht verändern. Dies bedeutet, dass beide Seiten der Gleichung mit derselben Zahl addiert, subtrahiert, multipliziert und dividiert werden dürfen.

Übungsaufgaben: Äquivalenzumformungen

1. $12 - (5x + 5) + (2x - 7) = 8x - 20;\ x = 20/11$
2. $(x - 2)(x - 9) = (x + 4)(x - 7) - 12;\ x = 7{,}25$
3. $((x + 4)/(7x + 2)) = ((x + 6)/(7x - 4));\ x = -7/5$
4. $10x - 2(5x + 7) = -2(2 - x);\ x = -5$
5. $-(4/5)x - (3/2) = -(1/2)x - 1;\ x = -(5/3)$
6. $(1/4)x + (3/4) = -(5/4)x + 4;\ x = 13/6$
7. $(x - 3)(x - 3) = (x - 1)(x - 8) + 6;\ x = 5/3$
8. $-(1/2)(x + 5) = 4x - 3;\ x = 1/9$

Quadratische Gleichungen

Quadratische Gleichungen werden häufig zur Nullstellenberechnung herangezogen. Die Grundform der quadratischen Gleichung lautet:

$$Ax^2 + Bx + C = 0$$

Zur Lösung von quadratischen Gleichungen kann die ABC-Formel verwendet werden:

$$x_{1,2} = \frac{-B \pm \sqrt{B^2 - 4AC}}{2A}$$

Übungsaufgaben: Quadratische Gleichungen

Lösen Sie die folgenden quadratischen Gleichungen:

1. $4x^2 + 8x - 48 = 0;\ x_1 = 2{,}61;\ x_2 = -4{,}61$
2. $x^2 + 4x - 5 = 0;\ x_1 = 1;\ x_2 = -5$

3. $7x^2 + 21x + 14 = 0;\ x_1 = -1;\ x_2 = -2$
4. $(x-3)^2 - 9 = 0;\ x_1 = 6;\ x_2 = 0$
5. $-3x^2 + 30x - 27 = 0;\ x_1 = 1;\ x_2 = 9$
6. $-3x^2 - 12x + 63 = 0;\ x_1 = 3;\ x_2 = -7$
7. $x^2 - 5x + 6 = 0;\ x_1 = 3;\ x_2 = 2$
8. $-0{,}3x^2 + 12x + 12{,}3 = 0;\ x_1 = 41;\ x_2 = -1$

5.2 Analysis

Die Analysis als Lehre von Funktionen ist eines der wichtigsten mathematischen Instrumente der Wirtschaftswissenschaften. Bei wirtschaftswissenschaftlichen Analysen werden Zusammenhänge zwischen ökonomischen Größen durch Funktionen dargestellt. Wirtschaftstheoretische Analysen sind, vereinfacht ausgedrückt, nichts als Anwendungen des mathematischen Instruments der Analysis mit einer ökonomischen Interpretation der erzielten Ergebnisse.

Analysis: Grundbegriffe

Eine Funktion $f(x)$ ist eine Zuordnungsvorschrift, die jedem Element x des Definitionsbereichs D genau ein Element $f(x)$ einer Zielmenge y zuordnet. Die Variable x wird auch als unabhängige Variable und die Variable $y = f(x)$ als abhängige Variable bezeichnet. Die Menge aller Funktionswerte $f(x)$ wird auch als Wertebereich W bezeichnet. Grundsätzlich kann jeder $x - Wert$ nur einen dazugehörigen $y = f(x) - Wert$ haben! Umgekehrt kann allerdings ein $y - Wert$ mehrere $x - Werte$ haben. Eine Funktion der Form:

$$f(x) = a_n x^n + a_{n-1} x^{n-1} + \cdots + a_1 x + a_0$$

wird als Polynom n-ten Grades in x bezeichnet. In den Wirtschaftswissenschaften sind insbesondere lineare Funktionen ($n = 1$), quadratische Funktionen ($n = 2$), Funktionen dritten Grades ($n = 3$), Exponentialfunktionen ($f(x) = a^x$) und Wurzelfunktionen $\left(f(x) = \sqrt{x}\right)$ relevant.

Lineare Funktionen

Lineare Funktionen spielen eine wichtige Rolle in den Wirtschaftswissenschaften. Diese Art von Funktion wird häufig für die Modellierung von Angebots- und Nachfragefunktionen verwendet. Die Grundform der linearen Funktion lautet:

$$f(x) = y = mx + b$$

Die Konstante b bezeichnet den Schnittpunkt mit der $y - Achse$ und die Steigung der Funktion wird durch m dargestellt. Die Steigung einer linearen Funktion ist eine Gerade. Wenn zwei Punkte einer linearen Funktion bekannt sind, kann daher die Steigung und auch die Funktion leicht hergeleitet werden:

$$m = \frac{\Delta y}{\Delta x} = \frac{y_2 - y_1}{x_2 - x_1}$$

Nach Ermittlung der Steigung lässt sich die Konstante b durch Einsetzen ermitteln.

Quadratische Funktionen

Quadratische Funktionen werden in der Volkswirtschaftslehre verwendet, um z. B. Erlösfunktionen oder Kosten mit progressivem Verlauf zu modellieren. Die Grundform der quadratischen Funktion lautet:

$$f(x) = ax^2 + bx + c$$

Grafisch lassen sich quadratische Funktionen durch Parabeln darstellen. Die Parameter a, b und c bestimmen die geometrische Lage der Parabel im Verhältnis zu den Achsen des Koordinatensystems. Wenn $a > 0$ ist die Parabel nach oben geöffnet, bzw. wenn $a < 0$ ist sie nach unten geöffnet. Wenn $c > 0$ ist die Parabel nach oben verschoben, bzw. wenn $c < 0$ ist sie nach unten verschoben. Der Betrag von a gibt Auskunft über die Öffnungsbreite der Parabel. Wenn $|a| = 1$ handelt es sich um die Normalparabel. Der Parameter b gibt die Steigung der Parabel im Schnittpunkt mit der Ordinate an. Am Vorzeichen von b kann man erkennen, ob die y-Achse mit den steigenden oder fallenden Ast der Parabel geschnitten wird.

Funktionen dritten Grades

Insbesondere Kosten- und Produktionsfunktionen werden in der Volkswirtschaftslehre durch Funktionen dritten Grades modelliert, da diese den typischen ertragsgesetzlichen Schwankungsverlauf aufweisen. Die Grundform von Funktionen dritten Grades lautet:

$$f(x) = a_3x^3 + a_2x^2 + a_1x + a_0$$

Übungsaufgaben: Lineare Funktionen

1. Gegeben seien die Punkte $P_1(2,0)$ und $P_2(-1,2)$. Ermitteln Sie die lineare Funktion!

Für die Steigung gilt $m = ((0-2)/(2-(-1))) = -(2/3)$. Durch Einsetzen von P_1 erhalten wir $y = mx + b$; $0 = -(2/3) \cdot 2 + b$. Für die Konstante b ergibt sich daher $b = 4/3$. Daraus folgt die lineare Funktion $y = f(x) = -(2/3)x + (4/3)$.

2. $P_1(3,4)$; $P_2(-2,-2)$ $\quad y = (6/5)x + (2/5)$
3. $P_1(100,4)$; $P_2(120,3)$ $\quad y = -(1/20)x + 9$
4. $P_1(5000,8000)$; $P_2(12.000,1000)$ $\quad y = 13.000 - x$

5. Bestimmen Sie den Schnittpunkt der Gleichungen $y = -x + 7$ und $y = 0{,}5x + 1$. $P(4, 3)$
6. Bestimmen Sie den Schnittpunkt der Gleichungen $y = 2x + 1$ und $y = 2{,}5x + 0{,}5$. $P(1, 3)$
7. Bestimmen Sie den Schnittpunkt der Gleichungen $y = 0{,}4x + 2{,}2$ und $y = -x + 5$. $P(2, 3)$
8. Ein Produkt hat Fixkosten in Höhe von 150.000 € und variable Stückkosten in Höhe von 15 €. Der Verkaufspreis beträgt 25 €/Stück. Bei welcher Verkaufsmenge liegt der Break-even-Point? $x = 15.000$ Stück.
9. Ein Produkt hat Fixkosten in Höhe von 300.000 € und variable Stückkosten in Höhe von 50 €. Der Verkaufspreis beträgt 90 €/Stück. Bei welcher Verkaufsmenge liegt der Break-even-Point? $x = 7500$ Stück.
10. In einem Markt gilt die Angebotsfunktion $p_A(x) = 50 + 2x$ und die Nachfragefunktion $p_N(x) = 250 - 2x$. Ermitteln Sie Preis und Menge im Marktgleichgewicht! $x = 50$; $p = 150$

Differenzialrechnung: Ableitungsregeln

Die Differenzialrechnung ist ein mathematisches Instrument, um Veränderungen an solchen Vorgängen zu analysieren, die mit Funktionen beschrieben werden können. Der erste Ableitungswert einer Funktion informiert über Richtung und Stärke der Änderung der abhängigen Variablen y bei geringfügiger Veränderung der unabhängigen Variablen x. Für die ökonomische Analyse sind häufig die Ableitungsfunktionen. In Tab. 5.1 ist eine Auswahl wichtiger wirtschaftswissenschaftlicher Funktionen und ihrer Ableitungsfunktionen dargestellt.

Es gelten die folgenden wesentlichen Ableitungsregeln:

$$f(x) = x^n \rightarrow f'(x) = nx^{n-1}$$
$$f(x) = c \rightarrow f'(x) = 0$$
$$F(x) = f(x) + g(x) \rightarrow F'(x) = f'(x) + g'(x)$$
$$f(x) = a^x \rightarrow f'(x) = a^x \ln a$$
$$f(x) = \ln x \rightarrow f'(x) = \frac{1}{x}$$
$$f(x) = e^x \rightarrow f'(x) = e^x$$
$$f(x) = \ln g(x) \rightarrow f'(x) = \frac{g'(x)}{g(x)}$$

Tab. 5.1 Wirtschaftswissenschaftliche Funktionen und ihre Ableitungen

Stammfunktion	Ableitungsfunktion
Kostenfunktion $K(x)$	Grenzkosten $K'(x)$
Erlösfunktion $E(x)$	Grenzerlöse $E'(x)$
Gewinnfunktion $G(x)$	Grenzgewinn $G'(x)$
Produktionsfunktion $x(r)$	Grenzproduktivität $x'(r)$
Indifferenzkurve in der Form $r_2 = f(r_1)$	Grenzrate der Substitution GRS $r_2' = f(r_1)$
Konsumfunktion $C(Y)$	Marginale Konsumneigung $C'(Y)$
Sparfunktion $S(Y)$	Marginale Sparneigung $S'(Y)$

Übungsaufgaben: Ableitungsregeln

1. Gegeben sei die Produktionsfunktion $x(r) = -0{,}1r^3 + 2r^2 + 10r$. Ermitteln Sie die Grenzproduktivität! $x'(r) = -0{,}3r^2 + 4r + 10$.
2. Gegeben sei die Kostenfunktion $K(x) = x^3 + 2x^2 + 5x + 15$. Ermitteln Sie die Grenzkosten! $K'(x) = 3x^2 + 4x + 5$.
3. Gegeben sei die Gewinnfunktion $G(x) = -x^3 - 6x^2 + 63x - 28$. Ermitteln Sie die Grenzgewinnfunktion! $G'(x) = -3x^2 - 12x + 63$.
4. Gegeben sei die Konsumfunktion $C(Y) = 200 + 0{,}6Y$. Ermitteln Sie die marginale Konsumneigung! $C'(Y) = 0{,}6$.
5. Gegeben sei die Sparfunktion $S(Y) = 0{,}3Y - 1300$. Ermitteln Sie die marginale Sparneigung! $S'(Y) = 0{,}3$.
6. Gegeben sei die Produktionsfunktion $x(r_1, r_2) = 10r_1^{0{,}7}r_2^{0{,}3}$ Ermitteln Sie die Grenzproduktivitäten. $\delta x/\delta r_1 = 7r_1^{-0{,}3}r_2^{0{,}3} = (7r_2^{0{,}3}/r_1^{0{,}3})$; $\delta x/\delta r_2 = 3r_1^{0{,}7}r_2^{-0{,}7}$ $= (3r_1^{0{,}7}/r_2^{0{,}7})$
7. Gegeben sei die Funktion $y(x_1, x_2, x_3) = 10x_1^2x_3 + 2x_2x_3^3$. Ermitteln Sie die partiellen Ableitungen. $\delta y/\delta x_1 = 20x_1x_3$; $\delta y/\delta x_2 = 2x_3^3$; $\delta y/\delta x_3 = 10x_1^2 + 6x_2x_3^2$
8. Gegeben sei die Funktion $y(x_1, x_2) = x_1^4x_2^2 - 3x_1^2 + x_2$. Ermitteln Sie die partiellen Ableitungen. $\delta y/\delta x_1 = 4x_1^3x_2^2 - 6x_1$; $\delta y/\delta x_2 = 2x_1^4x_2 + 1$

Differenzialrechnung: Kurvendiskussion

In der wirtschaftswissenschaftlichen Anwendung der Differenzialrechnung liegt der Fokus in erster Linie auf der Bestimmung und Analyse der ersten Ableitung, der Ermittlung von Extremwerten und der Untersuchung ökonomischer Funktionen in Hinblick auf Monotonie, Krümmung und die Ermittlung von Wendepunkten.

Die notwendige Bedingung für die Existenz eines Extremwerts an der Stelle x_0 lautet:

$$f'(x_0) = 0$$

Die hinreichende Bedingung für die Existenz eines Maximums an der Stelle x_0 lautet:

$$f'(x_0) = 0 \text{ und } f''(x_0) < 0$$

Für das Vorliegen eines Minimums an der Stelle x_0 gilt:

$$f'(x_0) = 0 \text{ und } f''(x_0) > 0$$

Die erste Ableitung einer Funktion gibt Aufschluss über die Änderung des Funktionswerts $f(x_0)$ bei einer infinitesimal kleinen Änderung von x_0. Mithilfe der Analyse der Monotonie einer Funktion wird diese Betrachtung auf alle Punkte eines Intervalls $[a, b]$ des Definitionsbereichs der Funktion ausgedehnt.

Die Funktion f steigt monoton in $[a, b]$, wenn $f'(x) \geq 0$ für alle x aus einem Intervall $[a, b]$.

Die Funktion f fällt monoton in $[a, b]$, wenn $f'(x) \leq 0$ für alle x aus einem Intervall $[a, b]$.

Wenn $f'(x) > 0$, bzw. $f'(x) < 0$ steigt bzw. fällt die Funktion f im Intervall $[a, b]$ streng monoton.

Das Krümmungsverhalten gibt darüber Aufschluss, ob eine Funktion konkav („rechtsherum") oder konvex („linksherum") verläuft. In diesem Kontext können vier verschiedene Fälle unterschieden werden:

Wenn $f'(x) > 0$ und $f''(x) > 0$ steigt die Funktion f streng monoton und ist konvex.
Wenn $f'(x) < 0$ und $f''(x) > 0$ fällt die Funktion f streng monoton und ist konvex.
Wenn $f'(x) > 0$ und $f''(x) < 0$ steigt die Funktion f streng monoton und ist konkav.
Wenn $f'(x) < 0$ und $f''(x) < 0$ fällt die Funktion f streng monoton und ist konkav.

In der wirtschaftswissenschaftlichen Praxis sind wichtige konkave Funktionen die Transformationskurve, Produktionsfunktionen mit abnehmenden Grenzerträgen und Nutzenfunktionen mit abnehmenden Grenzerträgen. Wichtige konvexe Funktionen sind in diesem Zusammenhang die Indifferenzkurven und Isoquanten.

Wendepunkte beschreiben den Übergang von konvexem zu konkavem Krümmungsverhalten einer Funktion. In der Volkswirtschaftslehre ist insbesondere die Bestimmung des Wendepunktes der Kostenfunktion relevant für die Ermittlung der Schwelle des Ertragsgesetzes. Für Wendepunkte gilt allgemein:

$$f''(x_0) = 0 \text{ und } f'''(x_0) \neq 0$$

Übungsaufgaben: Kurvendiskussion

1. Gegeben sei die Funktion $f(x) = (1/6)x^3 - (1/2)x^2 - (3/2)x + 2$. Ermitteln Sie Extremwerte und den Wendepunkt. *Maximum bei* $x = -1$; *Minimum bei* $x = 3$; *Wendepunkt bei* $x = 1$

2. Gegeben sei die Funktion $f(x) = 0{,}25x^3 - x^2 + x + 10$. Ermitteln Sie Extremwerte und den Wendepunkt. *Maximum bei* $x = 2/3$; *Minimum bei* $x = 2$; *Wendepunkt bei* $x = 4/3$
3. Gegeben sei die Produktionsfunktion $x(r) = -0{,}1r^3 + 6r^2 + 12{,}3r$. Bei welcher Inputmenge liegt das Ertragsmaximum und die Schwelle des Ertragsgesetzes? *Maximum bei* $r = 41$; *Schwelle (Wendepunkt) bei* $r = 20$
4. Gegeben sei die Funktion $f(x) = (1/3)x^3 - (5/2)x^2 + 6x + 3$. Ermitteln Sie Extremwerte und den Wendepunkt. *Maximum bei* $x = 2$; *Minimum bei* $x = 3$; *Wendepunkt bei* $x = 2{,}5$
5. Ein Unternehmen produziert mit der Kostenfunktion $K(x) = 2x + 60$. Die Preis-Absatz-Funktion sei $p(x) = 10 - 0{,}2x$. Ermitteln Sie die Gewinnschwellen und das Gewinnmaximum. *Gewinnschwellen*: $x_1 = 10$; $x_2 = 30$; *Gewinnmaximum bei* $x = 20$
6. Ein Unternehmen produziert mit der Produktionsfunktion $x(r) = -(1/2)r^3 + 5r^2 + 10r$. Bei welchem Faktoreinsatz werden maximale Grenzproduktivität und maximaler Durchschnittsertrag erzielt? *Maximum Grenzproduktivität bei* $r = 10/3$; *maximaler Durchschnittsertrag bei* $r = 5$

Lagrange-Verfahren

Das Lagrange-Verfahren ist ein standardisiertes Verfahren zur Ermittlung von Extremwerten unter Nebenbedingungen. Das Verfahren wird in den folgenden Schritten durchgeführt:

1. Bildung einer Zielfunktion (z. B. Maximierung einer Nutzenfunktion, Minimierung einer Kostenfunktion)
2. Bildung der Nebenbedingung (dabei befindet sich die vorgegebene Konstante, z. B. Budget oder zu erreichender Output, immer in der Nebenbedingung). Die Nebenbedingung wird 0 gesetzt.
3. Bildung der Lagrange-Funktion als Summe aus Zielfunktion und Nebenbedingung multipliziert mit dem Lagrange-Multiplikator λ.
4. Notwendige Bedingung für das Vorliegen eines Extremwerts: alle partiellen Ableitungen müssen 0 sein. Dazu werden die partiellen Ableitungen gebildet und 0 gesetzt. Im Zwei-Variablen-Fall ergeben sich daraus die drei partiellen Ableitungen I, II, III. Die partielle Ableitung III entspricht dabei der Nebenbedingung in der Lagrange-Funktion.
5. Die Gleichungen der partiellen Ableitungen I und II werden nach λ umgestellt und gleichgesetzt.
6. Die Gleichung wird nach einer der beiden Variablen umgestellt und in die partielle Ableitung III eingesetzt. Im Anschluss kann das Ergebnis ermittelt werden.

7. Einsetzen des Ergebnisses in eine der beiden nach λ umgestellten Gleichungen (siehe Schritt 5) ergibt den Wert des Lagrange-Multiplikators. Dieser gibt den Grenzwert der Zielfunktion im Optimum an.

Alternativ kann das Optimum in der Haushalts- und Unternehmenstheorie auch über den grafisch-orientierten Lösungsweg ermittelt werden. Die Lösung erfolgt dann vereinfacht in drei Schritten:

1. Ermittlung der Gleichung der Indifferenzkurve (Haushaltstheorie), bzw. Isoquante (Unternehmenstheorie).
2. Ermittlung der Grenzrate der Substitution, d. h. der Steigung der Indifferenzkurve, bzw. Isoquante.
3. Ermittlung des Haushaltsoptimums, bzw. der Minimalkostenkombination durch Gleichsetzen von Grenzrate der Substitution und negativem Preisverhältnis der Güter bzw. Faktoren.

Übungsaufgaben

1. Gegeben sei die Nutzenfunktion $U = 2x_1x_2$. Die Kosten der Güter betragen $p_1 = 10$ und $p_2 = 20$. Es steht ein Budget in Höhe von $B = 400$ Geldeinheiten zur Verfügung. Wie viele Einheiten der Konsumgüter x_1; x_2 sind zu konsumieren, damit der Nutzen maximiert wird? Wie hoch ist der Grenznutzen im Optimum? $x_1 = 20$; $x_2 = 10$; $\lambda = 2$
2. Gegeben sei die Produktionsfunktion $x = 5r_1^2r_2$. Die Kosten der Produktionsfaktoren belaufen sich auf $p_1 = 6$; $p_2 = 12$ Geldeinheiten. Gesucht ist die Minimalkostenkombination, bei der ein Produktionsniveau von $x = 80$ Einheiten realisiert wird! Wie hoch sind die Grenzkosten im Optimum? $r_1 = 4$; $r_2 = 1$; $\lambda = 0{,}15$
3. Gegeben sei die Nutzenfunktion $U = x_1^{0,5}x_2^{0,5}$. Die Preise der Konsumgüter belaufen sich auf $p_1 = 6$; $p_2 = 4$ Geldeinheiten. Ermitteln Sie den maximalen Konsum, wenn ein Budget von $B = 24$ Geldeinheiten zur Verfügung steht! Wie hoch ist der Grenznutzen im Optimum? $x_1 = 2$; $x_2 = 3$; $\lambda = 0{,}10$
4. Gegeben sei die Nutzenfunktion $U = x_1x_2^2$. Die Preise der Konsumgüter belaufen sich auf $p_1 = 1$; $p_2 = 4$ Geldeinheiten. Ermitteln Sie den maximalen Konsum, wenn ein Budget von $B = 6000$ Geldeinheiten zur Verfügung steht! Wie hoch ist der Grenznutzen im Optimum? $x_1 = 2000$; $x_2 = 1000$; $\lambda = 1.000.000$
5. Gegeben sei die Nutzenfunktion $U = 20x_1^{0,2}x_2^{0,8}$. Die Preise der Konsumgüter seien $p_1 = 3$; $p_2 = 12$. Ermitteln Sie den optimalen Konsumplan, wenn ein Nutzenniveau von $U = 100$ erreicht werden soll. Ermitteln Sie zunächst die Gleichung der Indifferenzkurve, die Grenzrate der Substitution und dann das Haushaltsoptimum! $x_2 = 7{,}48x_1^{-0,25}$ $x_2' = -1{,}87x_1^{-1,25}$ $x_1 = x_2 = 5$

6. Gegeben sei die Produktionsfunktion $x(r_1, r_2) = 2r_1^{0,5} r_2^{0,5}$. Die Preise der Faktoren sind $p_1 = 10$; $p_2 = 20$. Ermitteln Sie die Isoquante für $x = 6$ in der Form $r_2 = f(r_1)$, die Grenzrate der Substitution und die Minimalkostenkombination. $r_2 = 9r_1^{-1}$ GRS: $r_2' = -9r_1^{-2}$ $r_1 = 4{,}24$; $r_2 = 2{,}12$
7. Gegeben sei die Nutzenfunktion $U(x_1, x_2) = 2x_1^{0,5} x_2^{0,8}$. Ermitteln Sie die Indifferenzkurve für $U = 32$ in der Form $x_2 = f(x_1)$ und die Grenzrate der Substitution! $x_2 = 32x_1^{-(5/8)}$ GRS: $x_2' = -20x_1^{-(13/8)}$
8. Gegeben sei die Produktionsfunktion $x(r_1, r_2) = 2r_1^{0,4} r_2^{0,6}$ und die Faktorpreise $p_1 = 2$; $p_2 = 5$. Ermitteln Sie die Isoquante für $x = 100$ in der Form Die Lösungsformel für inhomogene Differenzengleichungen $r_2 = f(r_1)$, die Grenzrate der Substitution und die Minimalkostenkombination. Lösungsformel für inhomogene Differenzengleichungen $r_2 = 678{,}6r_1^{-(2/3)}$ GRS: $r_2' = -452{,}4r_1^{-(5/3)}$ $r_1 = 67{,}93$; $r_2 = 40{,}76$

5.3 Integralrechnung

Integralrechnung

Für das unbestimmte Integral, mit dem zu einer Funktion $f(x)$ die Menge aller Stammfunktionen $F(x)$ ermittelt wird, gilt:

$$F(x) = \int f(x)dx + C$$

wobei C die Integrationskonstante und x die Integrationsvariable darstellen.

Das bestimmte Integral I von a bis b liefert die Summe von Inhalten aller Flächen, die vom Graphen der Funktion und der x-Achse begrenzt wird:

$$I = \int_a^b f(x)dx$$

Allgemein gilt

$$f(x) = x^n; F(x) = \left(\frac{1}{n+1}\right)x^{n+1}$$

Übungsaufgaben

1. Ermitteln Sie das unbestimmte Integral von $f(x) = 5x^4 + 3x^2 - x - 9$ $F(x) = x^5 + x^3 - 0{,}5x^2 - 9x + C$
2. Ermitteln Sie das unbestimmte Integral von $f(x) = 20x^4 - 16x^3 + 3x^2 + 4x + 5$ $F(x) = 4x^5 - 4x^4 + x^3 + 2x^2 + 5x + C$
3. Ermitteln Sie das unbestimmte Integral von $f(x) = 9x^3 + 9x^2 - 4x + 10$ $F(x) = 2{,}25x^4 + 3x^3 - 2x^2 + 10x + C$

4. Gegeben ist die Grenzproduktivität $x'(r) = 0{,}8r^{-0{,}2}$. Wie lautet die Produktionsfunktion? $x(r) = r^{0{,}8}$
5. Der Grenznutzen eines Produkts sei $U'(x) = 2x^{-0{,}5}$. Wie lautet die Nutzenfunktion? $U(x) = 4x^{0{,}5}$
6. Der Grenznutzen eines Produkts sei $(\delta U/\delta x_1) = 0{,}6x_1^{-0{,}4}x_2^{0{,}4}$. Wie lautet die Nutzenfunktion? $U = x_1^{0{,}6}x_2^{0{,}4}$
7. Gegeben sei die Grenzkostenfunktion $K'(x) = x^2 - 5x + 6$. Die Fixkosten belaufen sich auf $K_{fix} = 1$ und der Marktpreis auf $p = 2$. Ermitteln Sie Gewinnfunktion, Gewinnmaximum, Betriebsminimum und die Schwelle des Ertragsgesetzes. $G(x) = -(1/3)x^3 + (5/2)x^2 - 4x - 1$; $GM\colon x = 4$; $BM\colon x = 3{,}75$; $Schwelle\colon x = 2{,}5$
8. Gegeben ist die Grenzkostenfunktion $K'(x) = 0{,}6x + 12$ und die Fixkosten $K_{fix} = 180$ Ermitteln Sie das Betriebsoptimum. $x = 24{,}5$
9. Gegeben ist die Angebotsfunktion $p_A = 3x + 20$ und die Nachfragefunktion $p_N = 100 - 0{,}5x^2$. Ermitteln Sie das Marktgleichgewicht und die volkswirtschaftlichen Renten im Gleichgewicht. $x^* = 10$; $p^* = 50$; $KR = 333{,}33$; $PR = 150$
10. Gegeben ist die Angebotsfunktion $p_A = 2x + 4$ und die Nachfragefunktion $p_N = 20 - 2x$. Ermitteln Sie Marktgleichgewicht und volkswirtschaftliche Renten. $x^* = 4$; $p^* = 12$; $KR = 16$; $PR = 16$

5.4 Differenzengleichungen

Differenzengleichungen

Die allgemeine Lösung für homogene Differenzengleichungen 1. Ordnung lautet

$$y_t = a^t y_0$$

Die Lösungsformel für inhomogene Differenzengleichungen 1. Ordnung lautet:

$$y_t = a^t y_0 + b\left(\frac{a^t - 1}{a - 1}\right) \textit{ für } a \neq 1$$

und für den Sonderfall $a = 1$

$$y_t = y_0 + tb \textit{ für } a = 1$$

Die allgemeine Lösung für inhomogene Differenzengleichungen 2. Ordnung lautet:

$$y_t = \mathrm{y}_\mathrm{t}^\mathrm{H} + \mathrm{z} = \lambda_1 r_1^t + \lambda_2 r_2^t + z$$

Wobei die Wurzeln r_1 und r_2 die Lösung der charakteristischen Gleichung darstellen und z der partikulären Lösung der inhomogenen Gleichung entspricht.

Die allgemeine Lösung für homogene Differenzengleichungen 2. Ordnung mit negativer Diskriminante lautet:

$$y_t^H = r^t(\lambda_1 cos\varphi t + \lambda_2 sin\varphi t)$$

Wobei der Radius r und der Winkel φ den Polarkoordinaten der komplexen Zahl entspricht.

Übungsaufgaben: Differenzengleichungen

1. $2y_t - y_{t-1} = 0;\ y_0 = 100 \quad y_t = 100 \cdot 0{,}5^t$
2. $2y_t + 4y_{t-1} = 0;\ y_0 = 1 \quad y_t = (-2)^t$
3. $2y_{t+1} = -2y_t;\ y_0 = 10 \quad y_t = (-1)^t 10$
4. Gegeben sei das Wachstumsmodell nach Harrod mit den Gleichungen $S_t = sY_t$ und $I_t = g(Y_t - Y_{t-1})$. Wie groß ist das Einkommen Y nach $t = 10$ Jahren, wenn $s = 0{,}3;\ g = 0{,}5;\ Y_0 = 1$? $Y_t = Y_0 \cdot 2{,}5^t;\ Y_{10} = 9536{,}74$
5. Gegeben seien die Angaben aus Aufgabe 4. Wie groß ist das Einkommen nach $t = 10$ Jahren, wenn die Sparfunktion einem zeitlichen Lag unterliegt, d. h. wenn $S_t = sY_{t-1}$? $Y_t = Y_0 \cdot 1{,}6^t;\ Y_{10} = 109{,}95$
6. $y_t = 4y_{t-1} + 2;\ y_0 = -2$
$$y_t = \left(-\frac{4}{3}\right)4^t - \left(\frac{2}{3}\right)$$
7. $2y_{t+1} + 3y_t - 27 = 0;\ y_0 = 10$
$$y_t = \left(\frac{23}{5}\right)\left(-\frac{3}{2}\right)^t + \left(\frac{27}{5}\right)$$
8. $3y_t = 2y_{t-1} + 3;\ y_0 = 10$
$$y_t = 7\left(\frac{2}{3}\right)^t + 3$$
9. $2y_t + 4y_{t-1} = 30;\ y_0 = 6 \quad y_t = (-2)^t + 5$
10. Der Gütermarkt einer Volkswirtschaft kann mit den folgenden Konsum- und Investitionsfunktionen beschrieben werden: $C_t = 0{,}8Y_{t-1};\ I_t = 260 - 1000i_t$. Der Geldmarkt wird durch folgende Geldangebots- und Geldnachfragefunktionen definiert: $L_t = 180 - 1000i_t + 0{,}1Y_t;\ M_t = 160$. Das Anfangseinkommen sei $Y_0 = 850$. Ermitteln Sie das simultane Gleichgewicht auf dem Güter- und Geldmarkt! Gibt es ein stabiles Gleichgewicht und falls ja, welchen Wert nimmt es an? $Y_t = 50 \cdot 0{,}72^t + 800 \quad Y_\infty = 800$.
11. In einem Gütermarkt gilt $C_t = 0{,}6Y_{t-1};\ I_t = 600;\ Y_0 = 1000$. Ermitteln Sie die Lösung! $Y_t = -500 \cdot 0{,}6^t + 1500;\ Y_\infty = 1500$

12. In einem Gütermarkt gilt $C_t = 0{,}5Y_{t-1}$; $I_t = 6000$; $Y_0 = 11.000$. Ermitteln Sie die Lösung! $Y_t = -1000 \cdot 0{,}5^t + 12.000$; $Y_\infty = 12.000$
13. In einem Markt gilt die Angebotsfunktion $p_{t+1} = 2x_{t+1} + 1$ und die Nachfragefunktion $p_{t+1} = -x_t + 5$. Ermitteln Sie die Lösung des Cobweb-Modells für $x_0 = (2/3)$ und analysieren Sie, ob ein Gleichgewicht vorliegt.

$$x_t = \left(-\frac{2}{3}\right)\left(-\frac{1}{2}\right)^t + \left(\frac{4}{3}\right);\ da -1 < a < 0 \text{ konvergent gegen } x_\infty = \left(\frac{4}{3}\right)$$

14. In einem Markt gilt die Angebotsfunktion $p_{t+1} = 2x_{t+1} + 1$ und die Nachfragefunktion $p_{t+1} = -3x_t + 5$. Ermitteln Sie die Lösung des Cobweb-Modells für $x_0 = (2/3)$ und analysieren Sie, ob ein Gleichgewicht vorliegt.

$$x_t = \left(-\frac{2}{15}\right)\left(-\frac{3}{2}\right)^t + \left(\frac{4}{5}\right);\ da\ a < -1\ \textit{divergent, kein Gleichgewicht.}$$

15. In einem Markt gilt die Angebotsfunktion $p_{t+1} = 2x_{t+1} + 1$ und die Nachfragefunktion $p_{t+1} = -2x_t + 5$. Ermitteln Sie die Lösung des Cobweb-Modells für $x_0 = (2/3)$ und analysieren Sie, ob ein Gleichgewicht vorliegt.

$$x_t = \left(-\frac{1}{3}\right)(-1)^t + 1;\ da\ a = -1\ \textit{divergent, kein Gleichgewicht.}$$

5.5 Differenzialgleichungen

Differenzialgleichungen

Die Lösungsformel für homogene Differenzialgleichungen 1. Ordnung der Form

$$y' + ay = 0; \quad a \neq 0$$

lautet:

$$y = y_0 e^{-at}$$

Die Lösungsformel für inhomogene Differenzialgleichungen 1. Ordnung der Form

$$y' + ay = b; \quad a \neq 0$$

für konstantes b lautet:

$$y_t = e^{-at}\left(y_0 - \left(\frac{b}{a}\right)\right) + \left(\frac{b}{a}\right)\ \textit{für } a \neq 0$$

Übungsaufgaben

Ermitteln Sie die Lösungen der folgenden Differenzialgleichungen

1. $y' = 0{,}5y;\ y_0 = 10 \quad y = 10e^{0{,}5t}$
2. $y' + 2y = 0;\ y_0 = 100 \quad y = 100e^{-2t}$
3. $y' - y = 3;\ y_0 = 5 \quad y = 8e^{t} - 3$
4. $y' = 3y - 30;\ y_0 = 15 \quad y = 5e^{3t} + 10$
5. $y' = 10 - 2y;\ y_0 = 8 \quad y = 3e^{-2t} + 5$
6. In einem Bestand von ursprünglich 10.000 gesunden Bäumen werden nicht geschädigte Bäume durch den Borkenkäfer befallen. Wie lautet die Differenzialgleichung für die Anzahl $B(t)$ der kranken Bäume, wenn nach einem Jahr $B(1) = 800$ Bäume befallen sind? Wie viele Bäume sind nach 5 Jahren vom Borkenkäfer befallen? $B(t) = -10.000e^{-0{,}083t} + 10.000 \qquad B(5) = 3397$

Weiterführende Literatur

Bofinger J, Mayer E (2015) Grundzüge der Volkswirtschaftslehre – Das Übungsbuch. Pearson, München

Böker F (2013) Mathematik für Wirtschaftswissenschafter – Das Übungsbuch. Pearson, München

Schwarze J (2015) Aufgabensammlung zur Mathematik für Wirtschaftswissenschaftler. NWB, Herne

Tietze J (2010) Aufgabensammlung zur Angewandten Wirtschaftsmathematik. Springer, Wiesbaden

Sachverzeichnis

M. Sellenthin, *Volkswirtschaftslehre – mathematisch gedacht*,
DOI 10.1007/978-3-658-13905-6

Printed by Printforce, the Netherlands